本书的研究得到教育部人文社会科学研究项目（编号：09YJA630039）及广东省教育厅人文社会科学研究创新团队项目（编号：07JDTDXM63005）资助。

动态群体决策

个体交互、知识学习和观点演化

杨 雷 左文宜 著

科学出版社
北 京

内 容 简 介

本书是一部在电子民主条件下，个体交互、知识学习、观点演化的群体决策协商过程行为的研究专著。本书将动态群体决策与决策个体知识学习进行集成，采用计算实验研究范式，结合实验室实验和案例研究，探寻影响偏好演化过程、群体一致性绩效和偏好收敛时间绩效的关键因素，发现改善电子民主群体决策观点收敛速度的途径，设计出既民主又能快速收敛的电子民主的群体决策运行机制和决策程序。为解决组织中重大的、复杂的决策问题提供了一种新的思路。

本书可供政府管理部门的决策者、企业运营管理的中高层人员、研究决策理论和知识创造的专家学者，以及管理决策、公共管理、知识管理、系统工程等相关专业的师生参考。

图书在版编目（CIP）数据

动态群体决策：个体交互、知识学习和观点演化／杨雷，左文宜著.
—北京：科学出版社，2012
　ISBN　978-7-03-032758-1

　Ⅰ.动…　Ⅱ.①杨…　②左…　Ⅲ.群体决策–决策学–研究　Ⅳ.C934

中国版本图书馆 CIP 数据核字（2011）第 231812 号

责任编辑：李　敏　王晓光／责任校对：朱光兰
责任印制：徐晓晨／封面设计：耕者设计

科　学　出　版　社 出版
北京东黄城根北街 16 号
邮政编码：100717
http://www.sciencep.com

北京京华虎彩印刷有限公司 印刷
科学出版社发行　各地新华书店经销

＊

2012 年 1 月第 一 版　　　开本：B5（720×1000）
2017 年 4 月第二次印刷　　　印张：18 1/4
字数：400 000

定价：160.00 元
（如有印装质量问题，我社负责调换）

前　　言

公众参与是公共决策科学化、民主化的客观要求。在当前信息和网络技术日新月异的时代，电子民主的兴起对公众参与决策起到了推波助澜的作用。公众借助计算机和互联网平台，可方便实现参与讨论并制定各项公众决策的目的。但当学者们试图以传统的数学方法或行为模型对公众偏好进行静态集结时，却遭遇到严峻的挑战。首先，对群体偏好进行集结及调控无法反映出群体决策所需的时间跨度，只要群体最终能够达成共识，无论耗时长短，都认为该决策是有效的，这并不符合现实中电子民主的群体决策的动态性和时效性特征；其次，这种方式忽略了决策者对偏好交互过程的自适应性，有可能会获得"全体一致的错觉"，即在从众压力下，决策个体无法充分表达自己的观点，仅仅是在表面上接受最终方案，而非从内心深处表示认同。此外，如何反映电子民主背景下的动态群体决策过程，为社会提供公平合理、效率较高的决策参与方式，成为亟待解决的问题。

本书用全新的视角和思路来审视和解决电子民主的公众决策中观点分歧多、决策效率低、决策耗时长等问题，开发群体决策绩效观察分析系统，提出电子民主群体决策偏好一致程度的测评方法和观点共识的判据；在微观层面上研究个体交互行为特点和偏好演化过程规律，用复杂系统仿真技术构建个体偏好演化动力学模型；在模型基础上，开展仿真实验，观察分析个体属性特征、群体结构、决策环境特征、交互行为、偏好演化规则中一些重要变量和过程参数对一致性绩效、收敛时间绩效的分别作用和综合影响；探究知识转移/共享对观点收敛速度的影响，推演决策公众参与广度与观点收敛速度的关系。

本书的学术价值主要体现在三个方面：

（1）区别于以往研究对决策个体偏好进行静态集结从而形成一个较优决策方案的手段，本书将群体决策视为一个决策成员通过意见交互及知识的学习吸收而使偏好动态演化，并逐渐集中的动态过程，开创性地运用了观点动力学及多主体建模仿真工具研究电子民主的公共决策中个体间知识交流以及观点演化的过程。本书认为，通过决策成员之间的偏好交互及知识学习，每个决策成员都能够利用实时掌握的信息及知识，并根据一定的自适应规则不断调整自己的偏好，最终达成决策共识，这是前人的研究所未曾考虑过的。本书的内容突破了传统群决策理论研究只注重决策结果，却忽略了对决策过程进行动态描绘的局限性，为动态群体决策理论研究提供了新的思路及方法。

（2）本书提出的基于动态群体决策与群体知识创造综合集成的电子民主公共决策理论，对拓展现有群体决策及知识创造理论体系、完善群体决策科学研究、提高电子民主决策绩效，以及形成新的理论融合亦具有显著的学术价值。书中内容弥补了这一领域的学术研究空白，有利于管理科学与工程学科体系的不断向前发展。

（3）本书在电子民主的背景下讨论了群体决策的收敛过程，考察知识共享、公众参与决策的广度和深度以及外部环境特征对群体决策收敛绩效的影响，从中获得若干提高群体决策绩效的新途径，从而为解决组织中重大复杂的决策问题提供了一种有效的工具和模式，为大型公众决策、企业招标采购、大型项目多专家联合评标决策等实际群体决策问题的解决提供了理论依据。

本书主体内容以教育部人文社会科学研究项目（编号：09YJA630039）及广东省教育厅人文社会科学研究创新团队项目（编号：07JDTDXM63005）为基础。本书作为目前国内第一本专门讨论电子民主的群体决策中个体交互、知识学习和观点演化过程改进，以及绩效测评的书籍，是对不同学科间相互渗透、交叉研究的有益探讨和尝试，将促进和提高我国电子民主建设的效益，并为电子民主中的公众决策项目可行性论证、发展规划等提供科学的、数量化的参考和依据。

本书具有如下几个突出的特点：

第一，创新的研究思路。虽然现有的研究默认知识与信息相等同，但本书对知识及信息进行了有效区分，为电子民主的公共决策情境下的知识赋予全新的内涵，将知识视为群体决策过程中决策成员之间交流沟通的高级信息形态，并对动态群体决策这一特定背景下的知识学习、知识转移进行重新定义；研究还将经典物理学中的位势理论引入知识创造体系当中，给出定量化描述知识势能及知识流的崭新方法。本书将知识管理研究拓展到群体知识创造这一全新领域，创新性地构建了群体知识创造理论体系，在研究领域上具有创新性及前瞻性，对完善知识管理理论具有重要的学术价值。

以往的书籍及文献忽略了决策成员的知识学习/知识转移行为对决策过程中的观点动态演化所起的内在作用。本书则将动态群体决策与群体知识创造进行综合集成，交叉研究，着重于探讨决策成员如何主动跟其他决策者交互并吸收同化其知识，从而对自身观点进行调整的动态过程，并通过诸多研究手段观察分析决策成员的知识学习/转移行为对动态群体决策过程及绩效的影响。本书在动态群体决策理论研究深度上具有较大的创新，研究动态群体决策与群体知识创造之间的互动关系是一种新型的途径，成果可为复杂决策问题的解决提供新的途径。

第二，科学的数量化研究方法。传统电子民主决策研究主要运用数学方法及行为模型对群体偏好进行静态集结，虽然通过对观点的集结及调控能够得出决策成员对最终决策方案的接受程度，但这一过程无法反映出决策者间观点迭代与自适应的过程，亦无法反映出群体决策所需的时间跨度。本书则将群体决策视为一个动态过程，引入观点动力学这一前沿构模思想，通过计算实验及复杂系统仿真等手段，从微观视角探讨决策成员之间互相交流的过程以及决策成员自适应动态调整偏好的特点，从而得到宏观层面上的群体观点演化特征。本书突破性地将自然科学工具运用于解决复杂社会科学问题当中，在研究方法上具有较大的创新性。

第三，完善的理论框架体系。许多群体决策理论研究已将决策一致性作为衡量决策绩效的重要指标，但以往的一致性研究大多是在一个时间截面上对成员观点的静态集结结果。本书则首创动态群体决策与群体知识创造集成的综合绩效观察分析系统，并将决策成员观点一致性及观点收敛时间作为衡量决策绩效的核心指标，分别测定群体知识创造行为变量组对群体决策绩效变量组的影响、群体决策行为变量组对群体知识创造绩效变量组的影响，以及群体决策环境结构变量组对群体决策绩效变量组的影响。本书突破传统研究只注重决策结果而忽略对动态过程进行描述的局限，得到若干提高动态群体决策绩效的新途径，使得本书在电子民主及群体决策理论建设方面具有一定的学术价值，且为群体决策理论的实际应用奠定了良好的基础。

本书倾注了作者的大量热情和辛劳。除两位主要作者外，田笑丹、孔雅倩、姜明月、习鹏等多位硕士研究生亦参与了项目的研究工作，并为本书撰写了部分章节的内容。由于本书涉及较多的创新性问题，尽管作者在撰写过程中做了很大努力，但由于水平有限，书中难免存在问题和疏漏，敬请广大读者批评指正。

本书在撰写过程中参考了国内外大量的文献和研究成果，在此向相关的作者和研究人员表示诚挚的谢意。同时，对教育部人文社会科学基金委员会以及广东省教育厅人文社会科学基金委员会的大力资助也表示衷心地感谢。

作　者

2011 年 10 月

目　　录

第 1 章　群体决策理论概述

　　群体决策由于其应用的广泛性历来受到社会科学学者的重视，群体决策能较好地保证决策结果的合理性和正确性，具有较好的执行性，还可以集合不同专家的信息和知识，借助众人的智慧弥补个人才智和经验的不足（杨雷，2004）。动态群体决策问题是群体决策理论新的研究分支领域，是对一般群体决策理论研究的拓展。动态群体决策中个体偏好不断调整、演化，明确其动态演化过程从而研究群体决策的绩效改善，对促进现实社会决策科学化有重要意义。本章对群体决策主要分支领域的现有研究成果进行系统整理，根据群体决策概念定义的不同侧重点及其理论发展过程，对数量集结和行为集结两大分支领域分别进行概要介绍，然后对动态群体决策的研究现状进行综述，最后给出本书的研究内容和研究框架。

1.1　群体决策的偏好集结模型

1.1.1　群体决策是什么

　　群体决策（group decision making，GDM），顾名思义，是由两个或两个以上个体组成的集合所作出的决策，这一术语最早由 Black 在 1948 年首先提出（Black，1948）。针对群体决策过程、规则、绩效展开的研究已有 200 多年的历史。群体决策的研究始于社会选择理论。该理论最早应用于对投票方法的研究，Borda 提出了群体对方案排序的 Borda 规则（Borda，1781）。4 年后，Condorcet（1785）将概率引入投票理论，提出判断选举方法优劣的 Condorcet 准则，发现了"投票悖论"。1951 年，Arrow 在其名著 *Social Choice and Individual Value* 中提出的不可能定理，对群体决策后续研究产生了深远影响，该理论提出没有任何决策是公正的观点（Arrow，1963）。1975 年，群体决策首次作为一个明确的概念被 Bacharach 和 Keeney 提出。Bacharach 将群体决策定义为"协调不同智力水平和行为特征个体关于某个具体行动方案意见的行为"（Bacharach，1975）。Keeney 在其基础上将群体决策的目标定义为"尽可能消除个体之间的不公平"（Keeney，

1975）。

　　群体虽由个体组成，但并非是个体决策行为的简单加合。由于群体决策本身的复杂性，加上不同学科领域的学者从自身角度对群体决策进行研究，群体决策形成了不同的定义：黄孟藩（1995）认为群体决策指的是由两个或两个以上的人对一组可能的备选方案做出抉择的过程，或是集结群体成员的个人偏好最终选择一个决策方案的过程，Hwang（1987）提出群体决策是将不同成员对各方案的偏好按某种规则集结为决策群体一致或妥协的群体偏好序，即群体决策是对参与者个体信息的集结，以上两种定义关注的是群体静态决策形成；李怀祖（1993）提出群体决策是研究一个群体如何共同进行一项联合行动抉择，所谓联合行动决策包括了各方参与同一行动时利益一致或不同的情况，该定义关注群体寻求最大效用函数的决策过程。

　　作为政治学、数学、管理学、经济学等不同社会科学学科研究领域的交叉点，群体决策具有个体决策不可比拟的优势。首先，不同领域的专家学者们从自身的角度提出各种各样的群体决策模型；其次，群体决策比个体决策更能集合众人的智慧，直接影响群体决策的质量；最后，不同于个体决策，群体讨论过程中存在着个体间的交互与沟通，正是这种沟通导致群体偏好收敛的可能性。所以，自 20 世纪 80 年代后，大量群体决策的研究成果开始涌现。群体决策定义的不同侧重点决定了各学者在研究过程中具体工具、方法的选择的不同，现有研究主要基于两类集结模型，数学集结模型和行为集结模型：①数学集结模型以经济学、运筹学为基础，用数学方法研究个体偏好数量集结算法；②行为集结模型以社会心理学、组织行为学为基础，通过实验方法观察、分析群体相互作用对偏好集结的影响。

1.1.2　个体偏好的数学集结模型

　　通过数学方法对偏好进行集结的研究建立在"理性"群体的前提假设下。群体理性存在两种表述，①"Arrow 理性"，一个理性群体能够建立备选方案的偏好序关系，且偏好序关系满足两个公理和五个合理性条件。②"Bayesian 理性"，理性的群体应该选择使群体期望效用函数最大的方案（Bacharach，1975）。现有偏好集结的数学模型主要有三类：决策个体偏好序集结、决策个体概率偏好集结和决策个体模糊偏好集结（魏存平，2000）。国内学者对这一部分研究较为深入。

　　（1）决策个体偏好序集结。为集结个体偏好，建立偏好集结函数（社会选择函数），群体按照这些函数确定各方案的优先序。在一个确定的群体决策问题中，个体偏好可以表示成一组可行方案的排序，由于个体差异，对决策问题一开始就得出一致意见一般是不可能的。许多文献在如何联合个体偏好，以形成群体妥协或一致的意见方面做了探索，其中重要的文献有 Armstrong（1982）、Blin（1974）、Cook（1985）等，偏好序的一致性集结所需信息少，每个个体只需表达一个方案对另一个方案的偏好，不需考虑偏好不确定性和模糊性的影响。

（2）决策个体概率偏好集结。这类研究基于"非交互性"条件，集结各决策个体对一个事件的概率估计成为群体对该事件的概率估计（杨雷，席酉民，1998）。在此给出几种经典模型：Madansky（1978）在修正权重的基础上，对个体概率进行加和集结；Bordley（1982）推导出基于群体先验概率的概率乘积集结算式；Morris（1977）讨论连续变量的 Bayes 集结问题，引入群体概率密度的概念，杨雷（1997）用 Bordley 模型证明了群体讨论的极端化倾向。

（3）决策个体模糊偏好集结。在一些实际问题中，决策者受客观环境的复杂性、自身知识结构和时间等诸多因素影响，往往不能提供对决策方案的精确偏好信息，存在一定的犹豫度和知识缺乏，引入模糊集合理论可处理偏好信息的不确定性和模糊性问题，决策个体模糊偏好集结和概率偏好集结同属于不确定性集结。杨雷（1997）采用模糊集观点将决策者对方案集的个体模糊偏好评判集结成群体模糊序关系。徐泽水（2007）给出了一种决策者对决策方案的偏好信息为区间直觉判断矩阵的群决策方法。陈晓红（2008）针对方案的属性评估信息和属性权重是模糊语言形式的多属性决策问题，提出了基于三角模糊数的一致性集结算法。

Simon 有限理性学说的提出对规范决策理论中"经济人"的假说进行了否定，现实中存在的大量社会悖论（social paradox）也动摇了数学集结模型中的群体理性假设。根据 Simon 的理论，现实中一项决策是否正确，在很大程度上受多方面因素的影响，包括决策者本人的价值观、有关知识的广度和深度、对目标的了解程度等。基于数学集结行为的研究只关注静态偏好的处理和集结结果，缺少对决策过程的考虑，使得群体决策的绩效指标一直不理想。因此，简单地为群体提供复杂的数学模型是不充分的，更重要的是提供结构化群体过程或其他规则使群体达成共识，使群体成员对决策的过程和结果感到满意（王刊良等，1994）。

1.1.3　个体偏好的行为集结模型

基于数学模型的不足，群体决策的行为集结模型应运而生，基于该模型的研究关注群体成员通过沟通达成群体判断的过程。这类研究倾向于从人际变量和社会互动的角度来解释群体决策过程及最后的绩效：冒险转移（choice shift/risk shift）、小集团意识（group think）、群体极化效应（group polarizing effect）均为这些研究的代表性成果。

实验手段（Valacich，1990；席酉民，1997；Brannick，1997）常被用于研究群体决策环境因素与决策绩效属性变量的关系，如个体特征、时间压力、群体特征、任务特征、环境特征对群体决策绩效的影响，领导风格的影响（Koehler，2000），匿名机制的影响（Jessup，1990），成员距离接近程度影响（Benbunan，2003），文化背景影响（井润田，1994），权威类型、决策程序影响（白云涛等，2008）。

行为集结模型关注对现实决策过程的模拟，其研究结论更符合实践。目前，许多关于群体决策的研究开始基于过程的视角关注决策过程动态交互，从而派生出动态群体决策这一群体决策研究的新分支。

1.1.4　动态群体决策理论

1. 动态群体决策研究现状

动态群体决策是新的群体决策研究课题，它是群体决策过程中各要素动态变化的群体决策，可分为三种类型：①交互式群体决策，群体成员之间通过群体交互过程相互影响并最终趋于基本一致的动态群体决策方法；②多轮群体决策，由多轮次交互式群体决策构成的一类动态群体决策方法，全面考虑各轮交互过程中得到的偏好信息；③多阶段群体决策，包含多个决策阶段的一系列相关联的连续性群体决策（彭怡，2006）。动态群体决策体现了群体决策行为的适应性，即通过反馈和互动，共享决策信息和知识，使后续决策能有效地随情景条件和决策过程变化而做出相应调整（何贵兵，2002）。

除了以上提到的对个体偏好进行集结的数学模型之外，Delphi 也是一种常用的群体决策方法。Delphi 是在不确定环境或不完全信息条件下向专家寻求复杂问题解的一种社会研究方法，最先由兰德公司提出，其后广泛地应用于医疗、护理和企业决策的预测和决策上，它具有交互性、专家的匿名性、反馈性和统计性的特点。通过多次收集专家的偏好信息，并将每次的统计结果反馈给专家，以供他们在下次决策时修正偏好，直至决策结果收敛到可接受的范围。由于应用的广泛性，学者们提出了各种改进的德尔菲法。德尔菲法的主要优点是决策过程中各个阶段的交互性，每一阶段的统计结果都是下一阶段决策过程的参考，而且专家给出的偏好信息也可以依据统计结果进行修正，这不仅可使决策结果包含了更多有用信息，也加快了决策的收敛。虽然实践中该方法也表现出了一些缺点，如专家的选择、决策结果难以定量评价等，但在实际决策中它仍然不失为一种有效的方法。

关于动态群体决策的关键和本质，几个经典研究均得出这样的结论：群体是个体成员认知资源的集合，交互的目的是对各成员的认知资源，特别是决策过程信息和决策专长知识，进行充分有效地转移、分享和利用，并在交互过程中产生新的知识，使后续决策能有效随情景条件及决策过程变化而做出相应的调整。

国内外很多学者选取不同决策要素的动态变化开展了一系列研究：Ibanez（2009）通过实验，研究时间压力动态变化下不同性别个体决策行为的变化；孙晓东和田澎（2008）将专家的偏好消息集结为序关系值向量，将该次集结结果作为"虚拟专家"给出的判断信息，然后吸收下一个专家的意见成为新的虚拟专家，以此类推，直到最后一个专家参与决策，并在过程中动态调整群体一致性强度；张开富等（2008）以过程中获得的协调指数作为动态变化的决策准则，实现专家意见的协调；朱建军和刘思峰等（2008）基于互反判断偏好与互补判断偏好，建立基于先验信息的多阶段偏好集结的决策阶段赋权模型，在过程中实现对各阶段权重和方案权重的动态修正，将多阶段判断偏好集结成群体综合偏好。

通过对群体决策及动态群体决策的文献综述可以看出，以往研究主要表现出以下几点不足：①现有研究注重从交互过程的角度研究动态群体决策行为，特别是注重对决策信息利用过程的分析，但研究的焦点往往是信息对动态群体决策绩效的影响，忽略了知识运动的影响；②大多数研究均采用一次性的决策选择任务，关注在个体偏好基础上形成群体决策的过程，缺乏对观点演化规律，分布序列变化过程、机制及其阶段特征的详细阐述；③很多研究考察各种形式的群体决策绩效（如"一致性"、"决策时间"、"满意度"等）"是否改变"、"改变多少"的问题，却较少涉及"为什么改变"的问题，即绩效改善的机理问题；④很少有研究涉及动态群体决策过程中的知识学习/转移问题，也没有研究将知识学习/转移作为群体偏好分布和偏好集结动态演化的原因。根据现有研究的不足，提出了本书群体决策的研究框架，如图 1-1。

本章的研究从群体决策的发展入手，着重关注动态群体决策的发展前沿，随后引入观点动力学与知识的概念，通过认真研读文献资料，结合观点动力学和知识转移，分别对动态群体决策中的观点形成、交互选择、知识转移和观点集结进行建模，形成一个完善的动态群体决策模型。基于这个模型，不断调整相关变量并进行大规模仿真来判断知识初始分布与观点一致性及演化速度的关系，知识转移机制对观点演化的影响，以及决策群体个性对观点演化的影响，最终建立电子民主背景下动态群体决策的运行机制，提出符合民主化、科学化的建议。

2. 电子民主背景下的群体决策

电子民主公共决策的提出源自对知识在群体决策过程中作用的探索。静态群体决策常见于个体单独进行方案评价或投票表决，但这类决策由于缺乏交流和偏好沟通，且个体没有意识到其评价或投票反映的偏好信息可能有妥协的余地，群

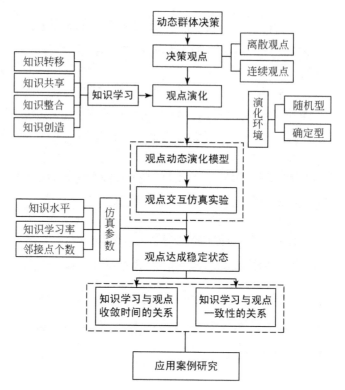

图 1-1　电子民主的动态群体决策研究框架

体很少能够达到完全一致。相反，现实中大量群体决策的情境都具有动态性，决策过程不是一次完成，需经过成员多次讨论，相互启发，相互影响，在讨论过程中决策个体给出的偏好信息可能会变化，决策问题的约束条件也可能会变化。个体动态交互过程对系统运行绩效产生显著影响（Robinson，2004）。陈飞翔等把物理学中势能、势差、能量转换的概念引入到知识扩散的研究中，认为知识扩散与共享也有类似的性质。师萍等在研究员工个人隐性知识扩散条件与激励时，提出了"高位势知识主体"及"低位势知识主体"等术语，认为知识共享的关键在于高位势知识主体扩散其个体知识的意愿和能力以及个体成员知识共享对群体运行绩效产生的显著影响。

　　有学者从理论层面提出，动态群体决策能否发挥集体智慧的优势、实现高的绩效取决于两方面：一方面，取决于群体成员在价值观、信息、专长知识、偏好等方面的分布和分享、协调过程；另一方面，取决于决策者能否有效适应群体过程的动态变化，表现出适应性，即群体成员能否在人际交互和结果反馈的基础上进行有效的适应性变化是影响动态群体决策绩效的重要因素。前者提出了交互过程对动态群体决策绩效的改善作用；后者进行了深化，即交互本身并没有作用，能否通过交互促使个体产生适应性变化才是关键。这里的适应性变化包括个体对决策问题认识的变化，对其他个体了解的变化，对决策过程理解的变化，因此本质上是个体掌握决策相关信息和自身知识结构的变化驱动了决策绩效的变化。

利用观点动力学的工具来研究群体决策是一种新的视角，是学科间合作的典范。与之前动态群决策研究不同的是，电子民主的公共决策一方面变革着决策个体参与群体讨论的渠道和途径，另一方面公共决策的时效性使人们重新思考群体决策绩效的改善途径。应用观点动力学来解释群体决策的社会现象已取得了初步的成果，电子民主背景下的公共决策研究由于具有群体决策的基本特征，且与公众生活息息相关，因此在电子民主背景下研究动态群体决策问题更具意义。在群体决策理论的研究方法的探索中，既要继承已有决策理论的成果，又要独辟蹊径进行有效的探索，形成将已有的理论与实际决策问题结合起来的研究方向。

动态群体决策过程包括初始知识和初始偏好的确定、交互对象的选择、知识转移、偏好变化的规则确定等四个过程，每个过程都被知识量影响，而回顾已有动态群体决策及观点动力学研究后发现：大量研究讨论了知识的转移规则和群体与个体以及个体之间观点的直接影响，却很少涉及知识如何影响偏好的确定和交互对象的选择。这部分研究正是本研究的兴趣所在，因此根据研究内容提出思路，如图 1-2 所示。

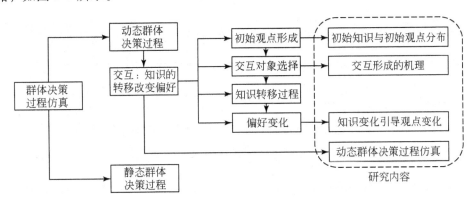

图 1-2　电子民主的动态群体决策研究内容

1.2　群体决策偏好一致性评述

1.2.1　一致性概述

在动态群体决策过程中，因为专家、决策者的知识背景及对问题的看法不同，要让他们取得一致意见或达成共识并不简单（顾基发，2001）。一致性通常被视作群体决策质量的指标，Roe 认为最优群体决策使决策结果体现全体成员观点的可能性最大，即最大化决策结果与个人偏好一致的可能性；Straffi 提出，应该使个体决策与群体决策一致的概率期望最大，Fishbur 也认为应该使投票者的满意度最大。由于各个决策者之间存在利益或者意见冲突，要得出一个决策结果，群体只能寻找妥协或者一致。任何一个决策群体，如果没有把寻求一致作为内在固有的、相对稳定的基本特征，就不可能找到某种被全体成员所接受的并同意遵从的客观规则。群体决策只有达成一致同意，才能达到 Pareto 最优。只要有一个人不同意，就意味着他认为这个决策结果有损于他，对他来说还存在有更好的方案。实际中，群体决策关心的往往不是做出什么决定，而是如何就最后的决定达成一致。因此，寻找一致才是群体决策的最主要的目标。

在群体决策中，一致性（consensus）通常是指群体所有成员形成严格统一的观点。Ness 和 Hoffman 对一致性进行了更为恰当的定义，一致性是这样的状态：群体中的大部分成员都同意一个清晰的观点，允许少部分反对的成员在合适的机会影响群体的选择，但最终所有的成员都会同意支持该决策（Ness，1998）。

与一致性紧密联系的概念是收敛，很多研究常常不注意两者的区别。通常，我们认为收敛是群体观点分歧逐渐减少，而逐步形成一致的过程，它是观点变化的一种动态过程，与之相反的概念是发散。而一致则是观点达成共识的一种状态，在动态群体决策中，它是伴随着观点收敛发生的，是观点依概率收敛的终态（王丹力，2001）。在多轮交互过程中，群体决策一致性指标的动态轨迹不外乎三种类型：①发散，意见差距越来越大，不能形成最终的决策；②震荡中逐步收敛；③不收敛，大家都固执己见，对初始判断不作修改，这样，在①和③的情况下不能做出有效决策。按照理性行为的公理，个人理性体现在随着多轮交互过程中决策者的沟通交流及信息不对称的逐渐消除，个人的评价应该越来越趋于合理，选择的方案趋于各项目标的理想值，从而达成群体内一致的观点。

从产生过程角度，一致性的形成有三种：①自发的（spontaneous）一致，一般是在类似原始部落或某种变化慢的社会中出现问题时达成的；②突发的（emergent）一致，出现在一些彼此有很多不同意见时，经过对意见的深化讨论、证据的收集，最后在权重利弊后形成的新的一致；③操作的（manipulated）一致，是指既有可能出现突发的共识，又允许自由表达意见，再经过沟通，将意见传到群体中，最后取得的一致。

1.2.2　一致性的国内外研究现状

对群体意见的一致性分析，是为了确认群体中有哪些决策者的意见与群体的意见相差较远，要求这些决策者修改评价信息，逐渐使群体的意见趋于一致，达成共识。通常，在日常的多人参赛评委主观评分的群体决策中，大都采用了剔除所有评分的最高和最低分，这也可以说遵从了少数服从多数的规则。在多属性的群体决策中，怎样评价群体决策的一致性，很多专家从不同的角度对其进行了研究。从一致性的形式来看，主要有以下几种评价方法：①通过距离来评价，计算各决策向量之间欧氏距离或者夹角相似度来衡量其一致性；②利用信息熵对其评价，用系统的紊乱程度来侧面反映其决策一致性程度；③统计一致性，对各决策值进行参数检验，从而判断在置信区间内是否达成一致；④决策满意度，决策个体在群体决策过程中外在观点与内部认可程度变化的匹配程度；⑤模糊隶属度，利用模糊集理论来对软指标进行评价；⑥语义算法评价一致性，如图 1-3 所示，各种评价方法的国内外现状如下文所述。

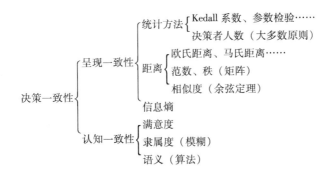

图 1-3　群体决策一致性的评价方法

1. 基于距离的一致性

通过距离来评价是最常见、最普遍的一种一致性评价方法。在决策方案空间中，若每个决策者的观点为空间中一方案向量，那么可以计算各个观点向量与零向量的欧氏距离、马氏距离、兰氏距离等来定义观点之间的差异（元继学，2004），从侧面反映该群体决策中各决策者的观点一致性，以精确数为基础定义群体各成员评价的一致性程度指标，如卓越等（1999）定义了两个决策人意见的广义距离，在此基础上计算一些软评价指标，帮助协调员在群体决策过程中及时确定群体意见一致的程度和不一致的程度；Cook 和 Kress 提出了利用 L_1 空间的模范数法（Cook，1985）；Yager（1988）提出的有序加权平均算子（OWA）为群体决策提供了采取大多数成员意见的工具，已有大量文献加以引用并对其进行了深入研究，这里不进行讨论。

另一种方法是利用余弦夹角来定义两个决策向量之间的相似性，来判别两者是否一致。各决策者的观点向量两两比较，若夹角越大，则一致性程度越低，反之越高。Warfield（1993）通过群体对任意一对备选方案比较的意见，构成 AHP 判断矩阵，随之以任意一对成员排序向量夹角的余弦，表示 AHP 矩阵的距离测度函数。也可以利用集合来定义群体决策观点的一致性，已知各决策者的非劣解集为 S^1, S^2, $\cdots$, S^m，若他们的交集非空

$$S^G = \bigcap_{i=1}^{m} S^i \neq \varnothing$$

则该交集 S^G 为群体决策的非劣解集。若 S^G 内仅有一个元素，即为唯一的共同协调解。而大多数情况下，S^G 可能为空集。

前文所述的一致性是以静态群体决策为背景的，然而决策是动态变化的，因此有学者提出在动态群体决策中观点一致性测度方法。在动态群体决策中，观点为多维的或者多阶段的，可采用集合的概念来判断群体内观点的一致性。廖貅武（2007）提出计算新的观点集合和前阶段的观点集合的交集，若交集为空集则为不一致，反之亦反。

2. 基于信息熵的一致性

除了常见的距离定义一致性指标以外，近年来也有学者利用热力学概念——熵来评价群体决策一致性程度。利用信息熵对其评价，用系统的紊乱程度来侧面反映其决策一致性程度。定义可转换熵的势作为群体决策与个体决策一致性的度量（程启月，2001）。刘冠晓利用离散化区间的平均信息熵来表示决策的一致性水平（刘冠晓，2006）。

3. 统计一致性

通过假设检验可以帮助弄清两个或多个专家意见之间是否达成一致，由于是社会系统的问题，一般会用到 Kedall 系数或非参数检验，如 K – S 检验等。同时，也可用聚类分析的方法来区分不同专家是否属于同类，然后看出不同类型专家的共识情况。另外还有决策者根据决策者数量来统计一致性，在群决策中对选择方案认同的决策者数量与群体规模的比值，即为一致性程度。例如，Fairhurst 和 Rahman（2000）给出了群体规模为奇数和偶数时计算一致性的算法。

4. 决策满意度

前文所述的一致性是决策个体在群体决策过程中观点差异的外在度量指标，该指标反映的是群体选择和个体选择的偏差程度。群体达到这样一种状态：群体中持不同观点的个体经过交互后，观点不存在统计差异。但是呈现一致性更多表现为外部的、客观的、可直接计算的，仅用该指标存在缺陷，即决策结果本身无

法完全反映成员的真实想法。有必要引入认知一致性反映成员内心是否真正认可群体决策结果的程度，从主观上了解成员是否真正对群体决策所得方案"心服口服"，对群体决策绩效进行评估。为获得认知一致性指标，引入决策结果满意度概念。决策结果满意度是衡量决策质量的重要主观测量指标（Huang，2003；Randall，2003），体现了群体成员主观上对于决策结果能够完成决策任务、目标的评价。由于该指标的主观性特点，通常采用问卷调查形式获得。认知一致性反映了决策个体在群体决策过程中外在观点与内部认可程度变化的匹配程度。

5. 模糊隶属度

传统的共识希望群体意见都能取得一致，而且所有人用的表述或证据是相同的。但是实际上这很难做到，因此提出一种"软"的共识度。因为决策观点并非完全确定，所以有些决策者的观点会是区间数或者为模糊值。因此也可运用三角模糊数的概念，根据个体加权向量，提出衡量个体间一致性的相似度量函数，由此构造个体、群体的一致性指标。Bordogna 等（1997）在模糊多度（fuzzy majority）概念的基础上，利用隶属度函数来表达决策者的模糊偏好，将个人偏好集结为群体偏好，根据模糊偏好关系空间距离计算一致性。

学者们提出了在模糊偏好和模糊多数的模糊环境下达成的共识，简称模糊共识（Groot，1974）。用模糊语言量词表达模糊多数，如大多数、几乎大多数、远远超过半数等，提出了计算一致性的方法。用模糊集理论研究群体的一致性条件，如 Kacprzyk（1997）设置了群体决策过程中的五个指标，即每个决策者对群体的共识的影响程度（CTC）、每个决策者和重要的决策者偏好的一致程度（PCD）、详细的个人决策一致性程度（DPCD）、每个方案对群体共识的影响程度（CTCP）、决策者对某个方案评价的一致程度（OCD）；Viedma 等（2002）定义了两个检测一致性的指标，成员评价结果与集体评价结果的一致性测量指标和贴近度测量指标；周洁等（1999）用 B. Spillman 和 R. Spillman 一致性测度提出了一套处理 GDSS 中一致性问题的算法。

6. 语义

在群体决策过程中，由于决策问题的复杂性以及决策者的个人喜好等原因，决策者提供的偏好信息有可能无法使用确定数值进行估计，而是采用自然语言的形式，即决策者对问题的评价意见通过语言措辞来表达。基于此，软测度算法不采用确定偏好值，而是使用语言措辞计算共识度。Fedrizzi 等（1999）提出群体决策过程中动态的一致性"软"指标网络模型；Ben-Arieh 和 Chen（2004，2006）利用决策者对方案评价的偏好信息为语言措辞，对决策者赋予权重，通过

OWA 算子将个体偏好集结为群体偏好，计算群体对所有方案的一致性以及群体对某方案的一致性程度。

目前针对如何使群体接近或达到一致性的研究主要有两个方向：①通过数量化集结的一致性（Ng Abramson，1992）。群体成员的观点不需要实际达成一致，在一些研究中，可通过改变群体成员的权重（Lee，2002）或计算各观点的加权平均（Davies，1994）获得群体一致的意见，也可以通过寻找一些如使各观点差异的加权或各观点距离最小的点来表示群体的一致性。②通过指导群体成员修正其观点达到一致。

在一致性寻求过程（consensus reaching process）中，通过信息交互和合理的争论，试图说服决策个体改变其观点。决策过程通常被分成多轮，每一轮都会按一定的法则计算各决策个体的观点差异，用观点差异值控制决策进程。通常设定一个阈值，当差异值低于阈值时，称该群体决策达到一致（Herrera，1997）。也有可以设定两个阈值 α、β，通过比较其一致性与这两个阈值的大小，从而推断其属于强一致性、弱一致性、弱不一致性或强不一致性。

现实中，每个决策个体都在决策过程中以不同的方式、速度改变着其观点，有必要将观点置于动态环境进行研究，即将研究问题从"持不同观点的个体是否会达成最终的一致"转向"具有改变自身观点倾向的个体是否会达成最终的一致"。我们更希望动态群体决策达到这样一种状态：个体成员对于问题的深度和广度都有较好的认识，群体观点易被接受和认可，具有较高的决策满意度，最终无论是在认知还是最终结果上都可能取得较高的一致性。

1.3　群体决策偏好收敛时间

群体决策的收敛时间是除了一致性之外，衡量群体决策绩效的另一个重要指标。达成一致对群体决策来说固然重要，但过长的决策时间使得决策的效率大大地降低，决策成本也随之升高。在信息时代的决策中，如何快速地进行决策，比怎样决策更为重要（闫慧，2005），在有限的决策资源下，如何做出收敛一致性高和收敛时间短的决策，对企业、集体和个体来说都是至关重要的。高农昌（1995）认为所谓决策时间，就是分布在以开始接受决策任务的时刻为初始点的一个适当时间范围内的值，亦即在接受决策任务后，经准备阶段而正式完成决策的时刻。他建立了以决策者对所需信息掌握的充分程度、决策者处理信息的能力大小、机会函数和决策时间为自变量，决策效能为因变量的一般决策过程模型，并论证了对于决策函数存在着最佳的决策时刻。

从管理决策角度来说，时间是决策中所投入的一个变量，是一种无形的资源，必须考虑其投入与产出，并在决策中进行时间管理（张冉，2006）。从社会科学计算实验的角度来讲，群体决策时间是指不同决策者的观点从不稳定、分散的状态逐渐变为稳定、一致的观点这一过程的仿真钟的推进（宣慧玉，2008）。

收敛常指减轻放纵的程度，如收敛行为，同时也有聚拢和收集、减弱或消失的意思。而群体决策观点收敛时间是指不同决策者的观点在动态决策过程中，从不稳定、分散的观点逐渐变为稳定、一致的观点的时间间隔。

柯西（Cauchy）收敛准则认为收敛的充分必要条件是任意给定 $\varepsilon > 0$，存在 $N(e)$，使得当 $n > N$，$m > N$ 时，都有 $|a_m - a_n| < \varepsilon$ 成立。

"柯西收敛原理"为研究收敛于极限提供了新的思路和方法。在有了极限的定义之后，为了判断具体某一数列或函数是否有极限，人们必须不断地对极限存在的充分条件和必要条件进行探讨。在经过许多数学家的不断努力之后，终于由法国数学家柯西获得了完善的结果。下面将以定理形式来叙述它，称为"柯西收敛原理"。

定理叙述：数列 $\{x_n\}$ 有极限的充要条件是，对任意给定的 $\varepsilon > 0$，有一正整数 N，当 $n > N$，$m > N$ 时，有 $|x_n - x_m| < \varepsilon$ 成立。

将柯西收敛原理推广到函数极限中则有：函数 $f(x)$ 在无穷远处有极限的充要条件是，对任意给定的 $\varepsilon > 0$，有 Z 属于实数，当 x，$y > Z$ 时，有 $|f(x) - f(y)| < \varepsilon$ 成立。

此外柯西收敛原理还可推广到广义积分是否收敛、数项级数是否收敛的判别中。

设 m 个决策者构成决策群体 $G = \{d_1, d_2, \cdots, d_m\}$，决策问题有 n 个备选方案 $X = \{x_1, x_2, \cdots, x_n\}$，决策者 d_i 的初始观点为 $OP_i = \{op_{i1}, op_{i2}, \cdots, op_{in}\}$，其中 $i = 1, 2, \cdots, m$，则借助决策规则 h，群体形成初始观点分布 $OP_G = \{g_1, g_2, \cdots, g_n\} = h\{OP_1, OP_2, \cdots, OP_m\}$。给出观点收敛的动态群体决策过程模型 P。

给出模型的数量化表达，并基于该模型考察过程中的呈现一致性变化，即验证（图1-4）中的收敛过程是否成立。

如前文所述，呈现一致性是客观的，可直接通过数量模型推演求得，式(1-1)给出呈现一致性计算公式，即

$$c_i = \sum_{j=1}^{n} \frac{|op_{ij} - g_j|}{op_{ij}} \tag{1-1}$$

式中，c_i 反映了 d_i 的决策与群体决策结果的差异程度。c_i 越小，说明决策结果越接近决策者 d_i 的观点，呈现一致性越好。op_{ij} 表示个体 i 对方案 j 的观点，g_j 表示群体对方案 j 的观点。由传统一致性寻求过程得，$c_i < \delta_i$ 成立时群体达到呈现一

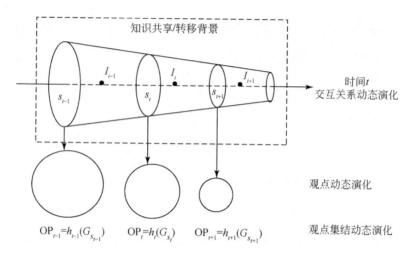

图 1-4　知识转移背景下观点收敛的动态群体决策过程

致状态，其中 δ_i 为一致性阈值。

在时间轴上取 T 轮交互，形成各决策者的呈现一致性指标序列 $\{c_i^t\}$，$t=1$，2，$\cdots$，T。$\{c_i^t\}$ 反映决策者呈现一致性的变化过程。有效的群体交互应使 $\{c_i^t\}$ 呈现逐步减小的趋势，但前文已提到交互过程本身并不能保证 $\{c_i^t\}$ 递减。通过 $\{c_i^t\}$ 的变化过程可用式（1-2）对动态群体交互是否达成呈现一致进行评价。其中，$i=1$，2，$\cdots$，m。

$$c_i^t = \begin{cases} c_i^t \to 0 & \text{完全一致} \\ c_i^t \to \alpha_i < \delta_i & \text{可接受一致} \\ c_i^t \to \alpha_i > \delta_i & \text{收敛失败} \\ \delta_i \text{ 发散} & \text{不收敛} \end{cases} \qquad (1\text{-}2)$$

由式（1-1）可知，对群体观点进行反馈调整，可能会使动态群体决策绩效改善，即提高呈现一致性。彭怡（2006）在这一问题上做了非常有意义的研究，他引入规范化的偏好调整方法，讨论引入群体观点信息和决策者前一轮观点信息，以及这两类信息的观点演化问题，并证明在这两类信息作用下，$\{c_i^t\}$ 为严格递减序列。本文在其研究基础上，对模型进行发展，引入知识要素，考察序列的收敛情况，图 1-5 给出了改进的动态群体决策过程呈现一致性的获取流程，图中交互过程中的知识共享/转移部分为具体改进。

两次相邻交互的观点演化遵循以下规则，$OP_i^{t+1}=f(OP_i^t，OP_G^t，K_i^t)$，该规则表示：个体 d_i 会根据第 t 次交互的观点信息 OP_i^t、OP_G^t 和第 t 次交互中产生的知识共享/转移 K_i^t 对 $t+1$ 轮的观点进行调整。令 f 为线性函数，OP_i^{t+1} 可由式

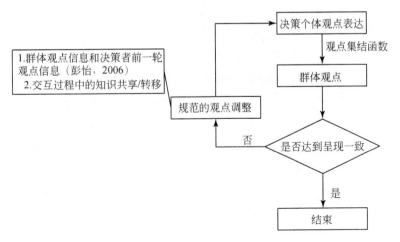

图 1-5　改进的动态群体决策过程呈现一致性的获取流程

（1-3）给出，即

$$OP_i^{t+1} = p_i^t OP_i^t + q_i^t (OP_G^t + K_i^t) \tag{1-3}$$

式中，p_i^t 表示决策者 d_i 对自己意见的坚持程度，q_i^t 表示知识共享/转移后根据群体所持观点的让步程度。p_i^t，$q_i^t \in [0，1]$，且有 $p_i^t + q_i^t = 1$。为简便起见，令函数 h 为加权平均函数，则有

$$OP_G^t = \sum_{i=1}^m \lambda_i OP_i^t \tag{1-4}$$

$$g_j^t = \sum_{i=1}^m \lambda_i op_{ij}^t \tag{1-5}$$

由（1-3）式，有

$$op_{ij}^{t+1} = p_i^t op_{ij}^t + q_i^t (g_j^t + k_{ij}^t) \tag{1-6}$$

由于 p_i^t，$q_i^t \in [0，1]$，且有 $p_i^t + q_i^t = 1$，

$$op_{ij}^{t+1} \in [\min(op_{ij}^t，g_j^t + k_{ij}^t)，\max(op_{ij}^t，g_j^t + k_{ij}^t)] \tag{1-7}$$

由（1-1）式

$$c_i^t = \sum_{j=1}^n \frac{|op_{ij}^t - g_j^t|}{op_{ij}^t} \qquad c_i^{t+1} = \sum_{j=1}^n \frac{|op_{ij}^{t+1} - g_j^{t+1}|}{op_{ij}^{t+1}}$$

一般情形下，g_{ij}^t 和 λ_t 均经过规范化处理，有 g_{ij}^t，$\lambda_t \in (0，1)$，现假设，在 $t+1$ 轮交互中，只有决策者 d_i 将观点由 op_{ij}^t 调整为 op_{ij}^{t+1}，其余决策者的观点保持不变，即

$$c_i^{t+1} - c_i^t = \sum_{j=1}^n \left(\frac{|op_{ij}^{t+1} - g_j^{t+1}|}{op_{ij}^{t+1}} - \frac{|op_{ij}^t - g_j^t|}{op_{ij}^t} \right) \tag{1-8}$$

在式（1-8）基础上，分别对两种情况进行讨论：

（1）当 $\mathrm{op}_{ij}^t > g_j^t + k_{ij}^t$ 时，由式（1-6）$\mathrm{op}_{ij}^t > \mathrm{op}_{ij}^{t+1} > g_j^t + k_{ij}^t$，$g_j^{t+1} = \sum\limits_{i=1}^{n} \lambda_i \mathrm{op}_{ij}^{t+1} <$

$\sum\limits_{i=1}^{n} \lambda_i \mathrm{op}_{ij}^t = g_j^t$。于是有 $\mathrm{op}_{ij}^t > \mathrm{op}_{ij}^{t+1} > g_j^t + k_{ij}^t > g_j^{t+1}$，则

$$c_i^{t+1} - c_i^t = \sum_{i=1}^{n} \left(\frac{|\mathrm{op}_{ij}^{t+1} - g_j^{t+1}|}{\mathrm{op}_{ij}^{t+1}} - \frac{|\mathrm{op}_{ij}^t - g_j^t|}{\mathrm{op}_{ij}^t} \right)$$

$$= \sum_{j=1}^{n} \left(\frac{g_j^t}{\mathrm{op}_{ij}^t} - \frac{g_j^{t+1}}{\mathrm{op}_{ij}^{t+1}} \right) = \sum_{j=1}^{n} \left(\sum_{k=1}^{m} \frac{\lambda_k \mathrm{op}_{kj}^t}{\mathrm{op}_{kj}^t} - \sum_{k=1}^{m} \frac{\lambda_k \mathrm{op}_{kj}^{t+1}}{\mathrm{op}_{kj}^{t+1}} \right)$$

$$= \sum_{j=1}^{n} \left(\frac{\lambda_i \mathrm{op}_{ij}^t + \sum\limits_{k=1,k\neq i}^{m} \lambda_k \mathrm{op}_{kj}^t}{\mathrm{op}_{ij}^t} - \frac{\lambda_i \mathrm{op}_{ij}^{t+1} + \sum\limits_{k=1,k\neq i}^{m} \lambda_k \mathrm{op}_{kj}^{t+1}}{\mathrm{op}_{ij}^{t+1}} \right)$$

由假设条件 $\sum\limits_{k=1,k\neq i}^{m} \lambda_k \mathrm{op}_{kj}^t = \sum\limits_{k=1,k\neq i}^{m} \lambda_k \mathrm{op}_{kj}^{t+1} = Z$，有

$$c_i^{t+1} - c_i^t = \sum_{j=1}^{n} \left(\frac{\lambda_i \mathrm{op}_{ij}^t + Z}{\mathrm{op}_{ij}^t} - \frac{\lambda_i \mathrm{op}_{ij}^{t+1} + Z}{\mathrm{op}_{ij}^{t+1}} \right) = Z \sum_{j=1}^{n} \left(\frac{1}{\mathrm{op}_{ij}^t} - \frac{1}{\mathrm{op}_{ij}^{t+1}} \right) < 0$$

（2）当 $\mathrm{op}_{ij}^t < g_j^t + k_{ij}^t$ 时，同理，$g_j^t + k_{ij}^t > \mathrm{op}_{ij}^{t+1} > \mathrm{op}_{ij}^t$，$g_j^{t+1} = \sum\limits_{i=1}^{n} \lambda_i \mathrm{op}_{ij}^{t+1} >$

$\sum\limits_{i=1}^{n} \lambda_i \mathrm{op}_{ij}^t = g_j^t$。于是有 $g_j^{t+1} > g_j^t > \mathrm{op}_{ij}^{t+1} > \mathrm{op}_{ij}^t$，则

$$c_i^{t+1} - c_i^t = \sum_{i=1}^{n} \left(\frac{|\mathrm{op}_{ij}^{t+1} - g_j^{t+1}|}{\mathrm{op}_{ij}^{t+1}} - \frac{|\mathrm{op}_{ij}^t - g_j^t|}{\mathrm{op}_{ij}^t} \right)$$

$$= \sum_{j=1}^{n} \left(\frac{g_j^{t+1}}{\mathrm{op}_{ij}^{t+1}} - \frac{g_j^t}{\mathrm{op}_{ij}^t} \right) = \sum_{j=1}^{n} \left(\sum_{k=1}^{m} \frac{\lambda_k \mathrm{op}_{kj}^{t+1}}{\mathrm{op}_{kj}^{t+1}} - \sum_{k=1}^{m} \frac{\lambda_k \mathrm{op}_{kj}^t}{\mathrm{op}_{kj}^t} \right)$$

$$= \sum_{j=1}^{n} \left(\frac{\lambda_i \mathrm{op}_{ij}^{t+1} + \sum\limits_{k=1,k\neq i}^{m} \lambda_k \mathrm{op}_{kj}^{t+1}}{\mathrm{op}_{ij}^{t+1}} - \frac{\lambda_i \mathrm{op}_{ij}^t + \sum\limits_{k=1,k\neq i}^{m} \lambda_k \mathrm{op}_{kj}^t}{\mathrm{op}_{ij}^t} \right)$$

由假设条件 $\sum\limits_{k=1,k\neq i}^{m} \lambda_k \mathrm{op}_{kj}^t = \sum\limits_{k=1,k\neq i}^{m} \lambda_k \mathrm{op}_{kj}^{t+1} = Z$，有

$$c_i^{t+1} - c_i^t = \sum_{j=1}^{n} \left(\frac{\lambda_i \mathrm{op}_{ij}^{t+1} + Z}{\mathrm{op}_{ij}^{t+1}} - \frac{\lambda_i \mathrm{op}_{ij}^t + Z}{\mathrm{op}_{ij}^t} \right) = Z \sum_{j=1}^{n} \left(\frac{1}{\mathrm{op}_{ij}^{t+1}} - \frac{1}{\mathrm{op}_{ij}^t} \right) < 0。$$

综合（1）（2）两种情况，可得 $c_i^{t+1} < c_i^t$ 始终成立。

考虑更一般的情况，如果在 $t+1$ 轮有 s 个决策者改变了其观点（$s>1$），可将该轮交互视作包含 s 次观点改变。将上述证明过程递推，仍可得 $c_i^{t+1} < c_i^t$。于是，可证 $\{c_i^t\}$ 是递减序列。

　　和彭怡博士论文的研究结论相比较，若两个模型个体在 t 轮交互的观点 op_{ij}^{t} 相同，则本研究中的 $|\mathrm{op}_{ij}^{t} - g_{j}^{t}|$ 更大，即说明在 t 轮个体观点和群体观点偏差很大时，只存在信息交互可能使呈现一致性序列无法收敛，而知识共享/转移的存在仍可实现呈现一致性指标序列 $\{c_i^t\}$ 的收敛。

第 2 章　电子民主与公众参与决策

电子民主（e-democracy），顾名思义，就是"电子"与"民主"的组合词，指应用现代的电子通信工具（尤其是 Internet）来加强社会民主的过程。其主要通过扩大公众在决策制定过程中的参与程度来增加公共决策的透明度和决策的合理性。因此在电子民主的背景下探讨群体决策问题更具现实意义。

在民主社会的管理中，社会公众的作用不可忽视。但随着个人主义和利己主义的泛滥，社会公众对公共事务漠不关心，仅关注个体利益的最大化。考虑到这些现象，当前民主管理的当务之急是促进公民在公共事务决策中的参与。在信息社会中，利用现代信息技术特别是因特网来扩大公民的政治参与程度的方法是可行的，电子民主的推崇者认为信息时代使直接民主成为可能，例如，信息高速公路就可以促进这种公众的参与。作为信息时代的产物，电子民主的发展仍处于初期。本章先回顾一下民主的含义，然后在当今社会信息化的背景下分节阐述电子民主的发展对群体决策的影响及其应用前景与发展趋势，旨在对电子民主背景下的群体决策研究现状做出评述，引导大家对电子民主与群体决策中公众参与的关系有一个正确的认识。

2.1　电子民主的兴起

2.1.1　民主的含义

民主作为不同国家不同发展时期的一种政治体制，源于希腊字"demos"，意为人民。其本质含义是"人民当家做主"，暗示公民与统治阶级以平等的身份参与国家公共事务的管理和决策。这个概念强调了民主决策过程中公民的参与，强调了管理当局与公民之间的相互交流。在技术水平、生活方式等不发达的工业化时代，公民平等地参与社会公共事务的管理和决策受到交通地理条件、通信交流方式和决策时效等的限制，代议制民主就是为了适应当代的社会发展水平而发展起来的取代"人人参与"民主的间接民主。所谓代议制民主是指公民并不直接参与社会事务的管理，而是选举委托一些公民代表（representatives）代为执行其决策权。这种间接的民主决策方式在适应时代发展潮流的同时，也不可避免地暴露了其固有的弊端。

随着现代信息技术的发展以及代议制民主的弊端不断暴露，"电子民主"的概念应运而生，成为改进代议制民主的一种积极尝试。越来越多的研究人员意识到电子民主对发展直接民主的巨大潜力，并做了许多有益的尝试，在实证研究的基础上分析了电子民主的实施障碍，指出电子民主是发展直接民主的趋向所在。

2.1.2　电子民主

自电子民主初现端倪的 20 世纪六七十年代以来，有多少人研究电子民主，就有多少种对电子民主的定义。在广义上，电子民主是一个无所不包的概念，电子投票、社区网络、议会网站和公共事务决策等与公共利益相关的一系列议题都可列为电子民主的研究对象。在狭义上，电子民主与电子政务（e-government）密切相关，泛指公民与政府当局共同决定社会资源的分配。为了深刻理解电子民主的含义，本节将在前人研究的基础上对电子民主的含义做出全面的概括。

建立了世界上与电子民主相关的第一个网络论坛的著名电子民主倡导者 Clift 认为，电子民主是指"如何利用因特网加强民主过程，为个人或社会群体提供与政府互动的机会，并为政府提供从社群中寻找输入的机会"，其后又于 1994 年对电子民主作出了明确的定义，认为"电子民主意味着在今天的代议制民主中通过互联网、移动通信和其他技术进行的更多的和更积极的公民参与，也包括公民以更为直接的形式参与到公共事务中来"。苏格兰的国际电子民主中心认为，电子民主是利用新的信息通信技术加强民主，特别是通过电子咨询和电子申诉的方式，改善民主决策，促进公民参与的过程。联合国的千年宣言指出，电子民主就是要"基于人民的意愿，运用信息通信技术，促进民主和参与式的治理，产生更具回应性和有效性的政府"。2002 年英国政府将电子民主划分为两个领域，即电子参与和电子投票，并认为电子投票是纯粹的技术问题，而电子参与则为政府和公民之间更大程度的交流和合作提供了可能。

国内的学者也在试图对电子民主做出界定。宋迎法等（2004）认为电子民主是"以发达的信息通信技术、网络及其相关技术为运作平台，以直接民主为发展趋向，以公民的全体、主动、切实参与民主决策、民主选举等民主运作程序为典型特征的一种民主新形式"。胡秋珍等（2009）则认为"电子民主是完全网络时代的民主新形式，它是在政权机关的积极支持下，以直接民主为发展趋向，以大众传播媒介、计算机网络及相关 ICT 技术为运作平台，强调政府与公民民主互动为典型特征的能够提高政府绩效的一种民主形式"。

从国内外学者对电子民主的定义可以看出，电子民主主要是应用现代信息通信技术来改善公民在民主决策中的参与程度，以提高公民的政治参与热情和增强公共决策公平性为目标的一种群体决策的新途径，其主要强调电子民主在促进公民参与公共决策方面的作用。

2.1.3　电子民主的组成要素

全球化和信息化极大地改变了人们的行为方式，影响着政治、经济和社会生活的方方面面，信息通信技术（information and communication technologies）在这些变化中扮演着不可忽视的角色。它为政府和公民之间的交流提供了新的沟通渠道，为公民方便快捷地参与民主决策的制定提供了新方法。尽管它作为一个新兴领域受到了许多人的支持或反对，但各个国家和地区对实施电子民主仍然充满了热情。按照电子民主的含义，可以推断出电子民主背景下的群体决策过程包含三个必不可少的要素。

1. 相关利益者/社会公众

在电子民主的实施中，公众是主要的参与方。电子民主的公共决策解决的是关系民生的决策问题，因此公众的参与对公共决策的输出显得极为重要。Jefferson 曾讲过，国家的最终权力在人民手中，假如人民的开明程度不足以应用这种权力，那么最好的办法就是教会人们运用手中的权力。从本章的内容出发，所谓的公民权在这里指决策参与权。King 认为地理距离和社会的复杂特性使公民直接参与决策不现实，为了解决这一矛盾，公民将决策权交予公民代表代为实行决策参与，也就是所谓的代议制民主。Aristotle 认为公民同时是管理者和被管理者，在社会决策过程中，搁置个人利益而做出对社会有益的选择。

然而众所周知，受西方利己主义的影响，公众只关心自身利益的最大化，而对社会公共事务的管理漠不关心，随之导致的是公众对政治参与的日益冷漠，反过来公共管理部门对一些公共事务的决策也不能令公众满意和信服。随着东欧民族运动的复兴和英国环境保护政策在国内的失效，人们开始重新思索公众在公共决策中的地位。公共管理者在联结公众和政治决策过程中发挥着不可替代的作用，在电子民主的逐步实施过程中，公众在决策中的角色变更如图 2-1 所示。

图 2-1　电子民主实施过程中公众参与角色的演变

　　电子民主发展前后公众参与的角色可以划分为三个阶段，首先是公众被动接受决策，其次是随着信息交流工具的改进，公众才有机会和公共管理部门进行决策的协商，但最后公民对决策结果也同样是被动接受，最后一阶段是公民在决策结果公布之后仍然可以反馈意见进行决策的修订。这三个阶段是循序渐进的，其中第三阶段是电子民主发展的最高水平，而目前电子民主的实施水平都仅停留在第二个阶段。

2. 信息通信技术

　　信息通信技术（ICT）作为公民参与民主决策的一种工具是在信息时代才出现的，尤其是 Internet 的出现使公众可以用较低的成本参与决策。与传统的通信方式相比，ICT 是多对多的信息交流方式，因其能以低成本的信息交互涉及大范围的社会公众而受到政治家、投票候选人的青睐。此外，ICT 允许公众进行异步交互（asynchronous interaction），个体不必同时到同一地点进行决策。

　　Zahid 就曾撰文说明现代信息通信技术在民主决策中的作用。应该认识到信息技术本身并不直接推动直接民主的实现，它只是为公众参与公共事务管理提供了途径。这就是为什么在发达的信息技术条件下电子民主的实践远未达到大家的期望水平。结构学理论（structuration perspective）认为信息技术需要在社会决策过程中和决策主体共同发挥作用，并在其中扮演着信息共享、在线讨论和咨询等角色。Orilkowski 发展了 SMT 模型（structurational model of technology）来解释信息技术的作用，指出了信息技术的双重性——人们创造了信息技术，并应用它来改造人们的活动。

　　由研究可以得出，信息技术必须和社会决策过程、决策个体结合起来发挥作用。尽管信息技术有促进公众参与的巨大潜力，但研究也表明数字鸿沟（digital divide）的存在阻碍了公众的公平参与。下一节中将通过案例来讨论电子民主的实施效果以及数字鸿沟对其的影响。

3. 公共管理部门

　　一直以来，公共管理部门都是社会决策的主要承载体。在代议制社会中，人们间接选举出的公民代表组成了公共管理部门的主要成员，在有关社会公共资源分配和关系民生的问题上，他们代为进行决策，可以说一个国家或地区的社会经济的运行与他们的运作分不开。随着信息技术的发展和应用，公众"主权在民"的意识得到了加强，也为公民直接参与政治决策提供了工具，借助于 Internet，公众的政治参与热情空前地高涨，与此同时，社会的公共管理部门应该意识到这种转变，将权力归还给人们。

随着公众参与角色的转变，公共管理部门的职能也相应地做了一些调整。从一开始的信息提供者转变为决策的参与方，公共管理者降为与公众平等的决策参与方，不再是高高在上的决策制定者。当然电子民主的最终目的是使公共管理部门成为社会决策制定过程的协调者，协调参与方的决策，使之达成一致。其角色转变过程如图 2-2 所示。

图 2-2　公共管理部门的角色转变

2.2　电子民主的技术和模型方法

2.2.1　公众参与的必要性

在电子民主的实施过程中，公众参与是公共决策合理化的一项重要输入，但却很少有文献或学者讨论公众参与在电子民主决策中的作用和角色。Bayley 和 French（2008）对公众参与公共决策的目的做了归纳，即信息共享、民主化的理想、增强团队凝聚力、参与的可行性和决策平等性。社会民主制度的变迁以及管理模式的变革都使得公共管理部门在制定决策时必须考虑公共大众的意见，不断增加的公民参与决策的案例也说明了公民参与决策的必要性。同时，新的信息技术的应用促进和推动了知识的传播速度，拓宽了知识的传播渠道，使公众有了更迅捷的信息获取途径，尤其是 Internet 作为管理者和被管理者之间沟通的桥梁，使公众之间的交流不再受地理交通和决策时效的限制，更重要的是公众不再满足于信息的共享，也迫切地希望能够参与到公共事务的管理中。1981 年美国学者台德发表的《电子民主：将权力归还于民》指出了信息通信技术使公民对政治的直接参与成为可能。除了具备直接参与的客观条件，公众的民主化要求和对决策公平性的需要是电子民主实施的内部因素。

1. 民主复苏的要求

在民主社会的管理过程中，政策输入对形成公平理性的决策输出具有至关重要的影响，而日益降低的公众参与（citizen participation）度使得人们重新反思实现民主复苏的新途径。自 20 世纪 50 年代以来，有研究表明公民对政治参与越来越冷漠，如 2001 年英国大选的官方统计数据显示公众参与度只有 59.4%，为 1918 年以来的最低值；2006 年英国选举委员会及汉萨德学会公布的公民政治参与调查表明大多数成年人不热衷于政治活动，只有 14% 的成年公民表示出对政治活动的兴趣；1979 年全民公选建立的欧洲议会，每五年的公民参与率都会下降 2%～3%，2004 年葡萄牙的平均投票率大概只有 38.6%，斯洛伐克甚至低于 16.96%。这些都显示了公民的政治参与率在与日递降，对公共管理部门的满意度也在逐步降低，各地政府都面临着民主赤字（democratic deficit）的危机。Joseph Nye 对美国和西欧的政治家信任程度做了调查，不仅发现公众对政治家的信任在降低，而且发现公众对权威人士的信任度也在下降。正如 Susan Tolchin 所言，公民将所有的不满都归罪于政府，政府成了各项过错的替罪羊。

19 世纪后半期，相关的法律条例的公布降低了人们的政治参与热情。除非对某项议题感兴趣，否则公民都不大愿意参加政治决策。例如，大萧条时期颁布的新经济政策、第二次世界大战和水门事件，它们都诠释了公众对政府的负面态度。加利福尼亚州第 13 号税收提案的通过，意味着纳税人"向真正的'抗税'迈出了重要性的第一步"，反映了公众对政府的不信任。从 20 世纪 60 年代末开始，公共管理部门机构和政治生活的复杂性不能使每个公民都参与到公共决策活动中，不少人都认为官僚机构的管理者是懒惰的、不可信的、奢侈的和权力追求型的。而政府对此的回应则是需要"改革"其内部工作机制，改革工作以一些私营部门或商业模式为基线，然而，Box 认为政府商业化的运作模式加强了政府与商业的联系，从而降低了政府与公民间的联系。出于管理专业化的考虑，公共管理部门也曾聘用一些专业管理人员（professional expertise），但却并未平息公众对政府的指责。随着专业管理人员人数的增加，公众对政府的接受程度也在成比例下降。为了解决这一困境，Richard Box 提出了让公民参与管理，以此来平衡冗繁的官僚机构和管理的过度专业化。

总而言之，公众对政府的不满在增加，我们所设想的民主社会还远远没有达到。随着公众当家做主意识的增强，他们对参与民主社会的管理跃跃欲试。而当今已进入到信息社会，这也为民众参与政治决策提供了各种可能的外部条件，所以说各种内外部条件都在促使着电子民主的实施。

2. 公共决策公平性的要求

公共决策的公平性有两个含义，即参与的公平性和决策过程的公平性。参与的公平性指每个公民都应该有同等的机会去参与政治决策活动，决策的公平性主要指决策过程中参与者的意见权重，表示各决策参与者在决策活动中的相对重要性。决策过程的公平性属于群体决策的研究范畴，本节将着重讨论参与的公平性，也就是公众的参与民主。

Rousseau 认为公民平等独立地参与决策对社会的民主进程至关重要，公众的参与，权利的分散化等都是参与民主的基础。公共管理者、公民和政客们都致力于界定公众参与在社会管理中的角色。James 指出，我们的社会被各种规则所支配，与此同时也被公民的参与活动所充斥，如咨询委员会、公民利益团体、街道委员会、国会调查人员等。广泛的公民参与意味着公众有机会发表自己的观点，公共管理者在制定决策时也会考虑公众的意愿。实证研究表明，现行的公众参与项目实施效果并不理想。King、Feltey 和 Susel 研究了如何设计有效满意的民主参与过程，他们发现有效的公众参与并不完全依赖于促进公众参与的工具或技术，真正的民主参与能够促进公共管理者和公民双方的参与兴趣，需要对管理者和公民之间的关系重新认识。

公众的民主参与过程包括四个要素：议题或环境、行政架构或是发生参与过程的场所、公共管理者和公民。在传统的民主参与中，管理者掌控着关于议题的所有信息，而公众只能被动地接受，成为管理者的客户。这种参与方式并非真正的参与民主，因为公民只是被动地接受议题的决策结果，而没有和管理者讨论进而达到一个双方都可以接受的决策结果。研究者们认为真正的民主意味着从头到尾的管理者和公民的协作过程，真正的民主参与过程包括让公众知晓他们的意见，公共管理者要做好的"听众"并取信于公众这两个方面。虽然学者们对构造真正的民主参与过程乐此不疲，但实证研究表明要做到真正的决策公平仍需很多努力。

2.2.2　电子民主的实施渠道

电子民主的实施渠道有如下几种：

（1）电子论坛（discussion forums）。电子论坛具有双重作用，一方面向公众提出问题，起到告知公众的作用，另一方面将公众对该问题的意见反馈给管理者。Rosén 认为电子论坛一般应用于诸如起草文件这样的初始决策阶段以及决策实施质量的评价阶段。Carlsson 等报道了电子论坛应用较为成功的案例，但是一些攻击性或非法的信息发布也对电子论坛造成了困扰，制定一些必要的管制措施势在必行，而目前的电子论坛在这方面的建设还不够完善，电子论坛作为一个协调者应该让公众有一种"被聆听"的感觉。例如，瑞典 19% 的自治市建有电子论坛，其中在大部分的论坛上公民都可以自由选择讨论的议题，但 Ranerup 的研究表明这些电子论坛的使用并不频繁，因此其在公众的民主参与过程中发挥的作用并不是很大。

（2）电子投票（referendums）。IT 技术支撑了网上投票系统的发展，但如果管理者没有充分地利用电子投票的结果，将会引起公众的愤怒情绪。同样的，电子投票也是旨在收集公众的观点，瑞典的民主联盟和自治政府公布了三个网上投票的公众参与度是介于 9% ~ 14%，于默奥大学的学生会公布了学生选举的参与度只有 9%，参与者中有 62% 使用 Internet 投票。从另一个角度来看，2000 年凯乐斯市的商业中心整改，管理者针对该问题征询了公众的意见，1200 个个体或是 8% 的公众参与了投票，与平时只有几百人参与的情况相比，这次的电子投票取得了稍许进展。

（3）电子邮件（E-mail）。电子邮件是公民最常用的一种参与决策的工具，Carlsson 等的研究都表明电子邮件是公众和政客们之间联系的纽带，这种异步交互方式允许政客们逐个回复邮件，但是过多邮件导致的信息过量也引起了人们的重视。Rosén 注意到最有影响力的政客收到了最多的邮件，大部分政客仅收到少量邮件甚至没有收到。

（4）政府主页（homepages）。政府主页向公众提供了项目的运行实况，对需要这方面信息的公众来说，这无疑是一种简单有效的信息获取途径。有研究者指出主页信息很可能会被管理者掌控，只发布一些对政党有利的消息。

（5）电子网络和 Internet。网络为公民提供了讨论政治或社会问题的空间，尤其是 Internet 的普及使公民的参与变得触手可及。例如，Vallentuna 市的政党 Demoex 就推行了一种介于直接民主和代议制民主的混合民主（mix democracy），在 2000 年的大选中，他们在市议会得到了一个席位，政党内部需要选出一位成员去担任这个职位，决策过程包括建议、讨论、筛选、会谈和投票，每个成员都可以提出建议并表示反对或赞成，筛选是指成员按照重要程度将候选人排序，然后按照排序结果对其投票。

除了以上几种常用的民主参与渠道之外，聊天室（chat room）也是一种公民参与决策的方式；在线问卷调查（on-line questionnaires）用来收集公众的意见，25% 的市政主页都会邀请公众参与调查；电子游说（E-lobbying）是电子邮件的一种特殊应用形式，指一些候选者给决策者发电邮，Grönlund 引用了社会民主党的评论，指出 25% 的电子邮件（按每天平均 500 封电子邮件来计算）属于电子游说；公民大会（public meetings）是参与范围较广泛的一种参与形式，但这种参与方式需要事先安排日程和公示公众；咨询委员会（advisory committees）的参与形式中，决策个体就特定的决策问题与公共管理者协商讨论，共同做出决策。

电子民主的实现方式借助于各种现代通信技术得到了很大程度的拓展。相比传统的参与方式，现阶段的公众参与形式赋予公民更灵活多变的决策自由。在各类电子民主的实施技术和方法上，民主决策的关键在于决策者选择合适的参与渠道，针对一些特别复杂的政策问题，这里列举的任何一项决策参与方式都不能保证决策参与的公平性和广泛性，所以在大多数情形下，决策的参与方式必须采用两种或以上的组合，才能平衡管理者和公众双方的意见权重，以民主的决策过程为参考，制定出符合社会民主化发展的一致决策。

2.3　电子民主公共决策的应用案例

电子民主作为一种新兴事物。由于各个地区的经济发展水平的不平衡，电子民主实施效果也因地各异。本节列举一些国内外电子民主的实施案例，希望从中找出电子民主的实施障碍和发展前景，为其他地区提供样板和借鉴。

2.3.1　国内电子民主的发展研究

电子民主的发展是以该地区的经济发展水平为基础的，目前，我国各地区的经济发展不平衡，还不能像西方国家一样为电子民主的发展提供完善的硬件和软件支持，同时我国仍然处在构建和谐社会的进程中，大力提高政府的公共服务水平直接关系到每个公民的基本利益，因此电子政务是我国电子民主发展的主要方向。我国各地的电子政务项目实施都集中在三个方面：政府信息公开、在线申报和公众参与。本小节以国内最近的个税改革为例说明我国目前的电子民主发展实况。

我国的个税征集主要是为了平衡高低收入者之间的差距，个税征集从 1981 年开始，当时多数公民都达不到每月 800 元的个税起征额，所以当年个税收入只有 500 元。2005 年 8 月 23 日，十届全国人大常委会第十七次会议审议国务院提交的《个人所得税法修正案（草案）》，此次将个人所得税的征集标准从 800 元调至 1500 元。随后十届全国人大常委会第十八次会议于 2005 年 10 月 27 日下午高票表决通过关于修改个人所得税法的决定，将个人所得税的免征额正式由 800 元提高至 1600 元。2007 年 12 月 29 日，十届全国人大常委会第三十一次会议决定，自 2008 年 3 月 1 日起，我国个税免征额将从 1600 元/月上调至 2000 元/月。

个人缴纳所得税关乎每个公民的切身利益。随着人民生活水平的提高，我国的税收制度也应随之改革。在十几年中，个税已经历了多次改革。信息时代网络的应用使得 2011 年 4 月国务院提请的十一届全国人大常委会第二十次会议初次审议的个人所得税法修正案（草案）不同以往，因为在全国人大常委会办公厅向社会公布了个税法修正案草案后，广泛征求民众意见，中国人大网于 4 月 25 日全文公布《中华人民共和国个人所得税法修正案（草案）》（以下简称“草案”），开始向社会公开征集意见，社会各界人士可以直接登录中国人大网（www.npc.gov.cn）提出意见，征集意见截止日期为 5 月 25 日。除了通过网络发表意见，社会各界人士也可以将意见寄送到全国人大常委会法制工作委员会。

　　自提出个税改革后，就引起了社会极大地参与和讨论，并创下首日就收到超10 万条意见的民意记录。截止到 2011 年 5 月 25 日，个税改革共征集了 82 707个网民的 237 684 条民意，创下了人大单项立法征求意见数之最。关于个税改革的讨论，主要集中在个税免征额上调到 3000 元是否合理，民意显示仅有 15% 的公众赞成草案提议，而 85% 的公众不同意以 3000 元作为免征额，其中要求修改草案的占 48%，反对的占 35%，持其他意见的占 2%。随后，在 2011 年 6 月 30日下午，十一届全国人大常委会第二十一次会议表决通过了全国人大常委会关于修改个人所得税法的决定。根据决定，个税免征额将从现行的 2000 元提高到3500 元，修改后的个税法将于 9 月 1 日起施行。

　　这次的个税改革向公众征集意见的做法充分体现了公共大众在决策制定方面的角色，也反映了公共管理部门认识到了公众参与的重要性。在我国建设民主社会的进程中，广泛地收集和尊重民意，在决策过程中充分考虑民众意见是保证决策公平合理的首要条件，这体现了"以人为本"的思想，也是我国电子民主实践的成功典范。

　　政府门户网站是公众获取政务信息的主要渠道，评测我国各地区电子政务的发展也是从政府网站入手的。李章程基于政务信息公开、在线办理和用户体验三个维度，用统计数据对浙江省各地区的电子政务发展水平作了比较分析，并为政府提高公众服务质量提出若干建议。首先，通过赋予政务信息公开、在线办理和用户体验三个维度的相对权重，对浙江省各地方政府的门户网站统计登录次数，计算各地方政府网站的综合得分和排名，得出经济发达地区的综合得分相对于欠发达地区较高，排名也较靠前。其次，通过问卷调查的方式对网站提供的价值项目进行因子分析，认为政府网站提供的公众服务水平和质量都为用户所认可。最后，指出政府对公众参与环节的重视程度不够，政府部门的反馈效率和质量不高，政府信息的公开不够及时、不够充分，这些都是政府网站的通病，因此扩展电子民主的深度和广度、为公众提供实用的在线服务、进一步凸显电子民主的价值是各地政府努力的方向。

　　纵观我国的电子民主，其发展都集中于电子政务，仍处于初期，公众的参与积极性不够。在政治决策参与方面，公众主要通过当地政府的门户网站，根据网站公布的信息，通过在线回复、电子邮箱等方法将意见反馈给有关决策部门。考虑到我国的特殊国情，可以通过以下几种途径改进公共决策质量：提高公众的文化素质，加强公民的民主意识教育；及时准确地在政府网站上公布有关决策信息，为公众的政治参与提供准备条件；完善民主参与的各项软件、硬件设施建设，为公众提供良好的参与途径，扩大民主参与的广度，加深民主参与的深度，推动电子民主的进一步发展。

2.3.2　国外电子民主的发展研究

随着第二次世界大战的结束和电子计算机的发明应用，西方电子民主也逐步发展起来。由于其民主发展的基础和所处的民主环境与国内有所不同，因此有必要研究西方国家的电子民主发展案例，以期这些案例能够在经济和信息化快速发展的环境中，对我国电子民主的发展提供一些借鉴和有益的策略选择。下面以美国施行的两项旨在扩大公众电子民主参与的项目（TOP 和 CTC 项目）为例，指出项目的实施取得的效果和项目的可持续性。

美国国家电信和信息管理局（NTIA）是美国商务部的一个公众服务机构，该机构的目标是为更多的美国公民提供无线通信的机会，并分别在 1995 年、1998 年、1999 年和 2000 年发表了一系列"遭遇网络"的报告，该机构于 2000 年更名为技术机会项目（technology opportunities program，TOP）。项目为学校、图书馆和当地政府等一些非营盈利机构提供改善教育、健康和公共安全服务等的资金，这些资金主要用于团体机构对信息技术的创造性运用，包括采购一些能够与计算机、电子会议系统、网络路由和电话相连的基础设备；购买管理数据库的软件；对员工和用户进行培训以使公民获得信息交流的机会。其主要应用领域有社区网络、健康、公共安全、公共服务以及教育文化和终身学习（ECLL）。社区网络使当地居民间的交流、信息共享和参与公民活动成为可能，健康基金则建立一些能够改善当地居民健康服务的信息设施，公共安全项目可以增加服务机构的社会服务递送（诸如住房或职业咨询）能力，ECLL 项目可改善当地居民的教育和培训质量。用另一种分类方法，可将项目的主要作用分为使用、示范和计划。使用（access）基金可以增加社群获取信息服务的机会；示范（demonstration）基金帮助那些受资助的社群运用信息技术解决群体内部的问题，并将成功的案例推广至其他社群；计划（planning）资金允许社群制定可以改善本群电子通信和信息设施的战略计划。

1999 年设立的社区技术中心（CTC）项目，是由美国联邦教育部管理的除 TOP 项目外的另一个联邦项目。据美国联邦教育部所言，其目的也在于为公民的民主参与提供信息技术的支持，并为教育机构、高等教育机构和其他的社会组织提供资金支持。访问 CTC 的公民大多数不具备个人计算机或者在工作和学习中不能够享用信息技术设备，所以该项目可使这些公民有机会使用信息技术进行民主参与。

Tara 用评价综合法（evaluation synthesis）分析了美国国内电子民主项目实施的成效。根据美国总审计局（GAO）的定义，评价综合法就是将现有的不相干的研究评估结论进行系统整合的一种系统全面的程序，该方法避开了数据收集的环节，可以较快地对议会提出的问题做出回应。由于是非定量化的研究方法，评价综合法得出的结论不仅可以为以后的政策制定指明方向，而且可为现行的电子民主项目实施提出建议。具体的研究方法包括文献查阅、邮件调查和案例研究。文献查阅既可以为评估提供最基础的信息，也可以为后续的邮件调查和案例研究拟定草案。作者对三个年度的项目实施情况做了问卷调查，在 1994/1995 年度中选取了 206 个 TOP 资助项目，由于 8 个项目的提前终止，实际参与调研的有 198 个项目。实地调研是根据地区位置、种类、资助额度和服务领域选取的，1994 年选取了 15 个实地调查点，1995 年选取了 10 个实地调查点。1996 年度的调研与上一次一样，仍然由 Westat 公司负责，但是该年度选取的调研项目是不再接收 TOP 资助的项目。1996/1997 年度的调研是由 JJA 公司负责的，总共选取了 48 个不再接受 TOP 资助的项目进行调研。调查结果表明，在 1999 年的评估中，198 个调研项目只有 92.4% 的参与率，实际参与的只有 183 个项目，在 2000 年的调研中，大概发出 48 份邮件调查表，只有 89.3% 的参与率，即只有 42 份邮件得到了回复，统计结果说明增加调研的回复率也是需要改进的一个环节。

　　TOP 项目的主要目的是提供或者改善公民对信息技术的使用条件或状况，通过一系列调查问卷和邮件访谈的形式得到的评估报告显示，大部分的 TOP 项目对劣势人群或得不到充分服务的社群的服务率在三个调研年度内分别达到了 90%、95% 和 93%，并且项目大多服务于极度贫困个体、郊区和居住隔离地区的公民。我们也可以认为 TOP 项目间接地改善了所有公民获取信息服务、社会服务的机会，降低了公众间的不平等。

　　Efthimios 对巴塞罗那和伦敦的布伦特市做了电子民主参与的实地调查，得出了几乎一致的结论。尽管投入了大量的宣传，但电子民主的参与率仍然很低。为了提高公众的政治参与率，作者从调查中得出了一些改进方法：调查时间的选取尽量避开假期，调查间隔尽可能延长，且单次的调查时间应足够充分，以使公众有充足的时间参与；大部分公众都担心电子民主的参与途径和方法过于复杂，因此降低民主参与的技术难度，设计用户友好型的交互界面是必需的。实证研究表明为了提高公众的社会决策参与度，技术因素、人文因素以及时间因素等都必须加以综合考虑。

2.4　电子民主发展前景与趋势

　　如 David 所言，21 世纪的社会是数字化的和移动的，20 世纪末数字化社会已有出现的趋势，电子商务、电子学习、电子教育等新兴领域的发展影响了人类社会生活的方方面面。电子民主的兴起改变了人们的生活方式和决策行为，在其实践过程中，我们也积累了不少的经验，总结了电子民主的优势和面临的挑战，并指出了跨学科研究的可能。

2.4.1 电子民主的优势

1. 直接民主的契机

发展电子民主的最终目的就是使公众能够直接参与公共事务的决策，这也是电子民主的主要优势。直接民主是 19 世纪代议制民主的对立面，19 世纪的工业化时代，由于交通地理条件的限制，公众不可能在某一时间聚集在指定地点进行决策活动，同时为了达成满意的决策结果，众多人组成的群体的决策往往会耗费较长的时间，决策成本较高。然而，信息技术的发展使得这些限制都可以轻易地解决，个体可以通过网络方便且随时加入到群体的讨论中，网络的易得性也大大地降低了群体决策的成本。另外，鉴于电子民主发展的外部条件已初步具备，公共管理人员也都采取了各种措施促进公众的政治参与，公众可以方便地在网络上获得所需的决策信息，进一步通过各种各样的现代信息通信技术反馈自己的意见，积极地投身于直接民主的实践中。

在信息时代来临之前，社会各部门的工作模式都是科层式的，不管是在公共决策上还是在提供公共服务上，都遵从着自上而下的垂直管理模式。作为最下层的公众没有机会参与决策的制定，即使是与他们的生活息息相关的决策，也是按照上令下达的方式被动地接受，这大大地削弱了公众的决策参与主动性和决策实施阶段的积极性，但不可否认这是与工业时代相适应的一种管理模式。在电子民主迅猛发展的新时代，这种决策模式或者说是管理模式越发地表现出它的不适应性，转而向着扁平化的趋势发展，这种转变一方面要归功于信息技术的发明使用，使得决策层到公众执行层的距离大大缩短，为公众直接参与决策制定创造了机会，另一方面源于公众民主意识的觉醒和公共管理者对公众角色的重新定位。公众的直接参与不仅使公共决策制定者能够掌握第一手的决策信息，为作出公平合理的决策打下基础，也能增强决策公众的主人翁意识，促进我国的民主政治建设。

2. 促进群体决策的合理性

由于决策活动的普遍性和决策环境的复杂性，一些涉及公众利益的群体决策往往需要大家一起讨论商议，而且群体讨论可以克服单个个体决策的不足，能够集中众人的智慧，激发个体的创造性思维，有助于群体意见收敛至公平合理的一致状态，电子民主的应用为决策个体提供了交互平台，便于协调各个参与方的相关利益，使不同地域、不同时间、不同背景的公民可以方便地、随时地加入群体的讨论，增强了群体决策收敛到合理结果的可能性。相对之前的群体决策，电子民主背景下实施的群体讨论过程，由于个体是应用电子媒介进行交互，因此即时性和交互性是其主要特点，个体可以随时获知交互对象的观点，并据此修正自身的观点，直至决策个体的观点不再变化为止。但也有可能发生每个个体各执己见，导致电子民主的群体决策观点最终不收敛，这时可以发挥决策主体即公共管理部门的作用，引导群体观点达成一致。这种讨论式的群体决策过程可以使做出的公共决策更加合理。

电子民主的实施可以在公共管理者和参与公众之间建立良好的沟通渠道，决策制定部门可以从公众那里获取十分有用的信息资源。此外，由于公共决策吸纳了公共管理部门和参与公众的双方意见，经过协商讨论得到的决策结果不仅涵盖了多方面的意见，体现了群体决策的公平性，保证了决策结果的合理性，而且可在决策实施阶段促进决策的实行，使项目或者决策方案的运作更加容易，因为公众切实地参与了决策的制定。所以，公众参与决策的制定除了保证决策结果的合理性和公平性外，也可以改善公共管理部门的绩效，帮助决策畅通无阻地施行。

3. 营造自由平等的决策参与环境

借助于电子民主的力量，可以很容易地营造出社会和政府一直推崇的民主参与环境，电子民主的实施使信息共享成为现实，决策个体都可轻易地获取网络上丰富的信息资源。同样的，电子民主也使公众的决策参与变得更平等，网络的出现为人们的交互消除了时空的障碍，决策个体可以充分利用网络上的信息资源，自由发表自己的观点和意见，在这个平等的网络世界里，无所谓阶级、官僚和平民，人人都可以参与决策和讨论。互联网论坛和博客等都是公众参与社会决策的渠道，它们加速了信息的传播，促使公众自由地表达意见。最后，电子民主使政府部门或者公共决策部门的决策透明度增加，公民代表和政府官员也可以借助网络广泛地了解民意，从而增强公众的政治责任感和决策参与信心。而政务信息的公开化也会使决策过程得到群众的监督，阻止了暗箱操作和幕后交易，有利于挽救社会民主赤字的危机。

众所周知，在代议制民主社会中，由于公共决策过程中没有接纳公众的参与，一方面，做出的决策得不到公共大众的支持，且通常情况下，公众会将决策的失误归罪于政策制定部门，使政府等机构受到了诸多非议；另一方面，不符合公众对民主参与的呼求与日俱增的趋势。电子民主的项目可以为政策制定营造一个自由平等的环境，帮助政府和公共管理部门免受更多的批评。当公众最大地参与到公共决策的协商过程中时，他们不大愿意与相关管理部门发生冲突。可以说良好的公众参与环境提高了决策公民对公共管理部门和政府机构的认知程度，缓和了公共管理部门和决策公民之间的关系。

2.4.2　电子民主的挑战

在信息时代，尽管电子民主的发展为公共决策者和公众带来了一些令人欢欣鼓舞的成果，可有效地克服时间、空间和资源的限制，为公众的民主参与提供更多的机会，尤其是网络的发展和应用，为公众互相讨论和反馈意见提供了交互空间，这是电子民主倡导者对其发展前景乐观的原因所在，但一些悲观者也指出系统安全、数字鸿沟、网络可得性的问题，这些问题仍然困扰着研究者们。了解电子民主的实施障碍将有助于我们更有效地提高公民的政治参与度。

1.　数字鸿沟

阻碍公民进行民主参与的是所谓的数字鸿沟（digital divide）。自从 1996 年数字鸿沟的概念诞生，它就受到了政治界、学术界等的关注。Lioyd Morriset 曾说过，互联网可能不是公平积极的，而容易导致信息的"有"和"无"之间的差异。韩民春则称，数字鸿沟是信息技术革命引起的信息差距。我们认为数字鸿沟主要指公众对信息技术可得性的差异，其直接导致了信息富有者和信息贫困者之间在政治参与程度方面的差异。Alexander 和 Pal 认为数字鸿沟是公众在信息技术使用上的差异。事实上，信息技术的应用使人们以更快的速度获取各种电子资源的同时，也加剧了人类社会或经济上的不平等。数字鸿沟的存在使一些人可以获得大量与决策制定过程方面的信息，而另一些公民则因网络技术方面的原因不能获得足够信息或者参与决策。Warschauer 指出，数字鸿沟会导致被边缘化的那些信息贫困者进一步失去提升自我的机会和加入交互网络参与决策讨论的机会。

美国哈佛 Norris 教授认为数字鸿沟有三个特征：一是全球鸿沟，即富裕国家和贫穷国家在信息技术共享上的差距，与贫穷国家相比，富裕国家在信息技术方面较为先进，公民最大限度地享有互联网，参与决策的机会也较大；二是社会鸿沟，指以上提到的信息富裕者和信息贫穷者之间在互联网使用上的差距，这是造成公民间决策参与差距的首要原因，而且目前电子民主的实施项目也都是针对社会鸿沟；三是民主鸿沟，指公民使用网络技术去主动参与决策讨论过程的主动性的差距，民主鸿沟更多地受个体的心理因素、社会经历等的影响，适当的时候可以通过教育来增强公民的民主意识，促使其参与决策。

科学是一把双刃剑，信息通信技术给电子民主带来曙光的同时，也带来了不可避免的挑战。从电子民主的实践过程中，我们已清晰地认识到了这一点，个体的受教育程度、居住地区等都会影响公众的政治参与。同时由于政治环境的复杂性和多样性，凭借单个地区或单项政策都不可能消除数字鸿沟的影响，现行电子民主的一些案例为我们解决数字鸿沟的问题提供了蓝图。

2. 电子专制和电子诚信

从另一种角度上来讲，电子民主的发展并非一定是民主的，因为信息通信技术和电子民主的实施渠道很容易被一些政治精英或核心权力集团掌控，而过滤掉那些不利于他们的信息，左右或者操控群众的情绪向着他们期望的方向演化，造成民主的集权和专制。网络提供给人们的论坛、博客等交互平台都属于虚拟世界，任何人都可以通过一个账号和密码获得虚拟世界的通行证，这很容易造成利用虚假信息重复注册网站、重复投票或恶意欺骗的行为，阻碍决策个体之间相互信任的交互环境的建立。此外，由于互联网上的信息传播极其迅速，也极容易激发群体极化，使决策难以达成一致，抑或虚假信息的快速传播危害到人们的理性思维，导致舆论的突然涌现，阻碍个体做出合理的决策。

在电子民主的时代里，个人隐私也不能得到保障，相关利益集团可以轻而易举地编辑和操纵信息，黑客频繁入侵个人、企业和政府的计算机行为，严重危害了个人和集体的利益。电子民主使得任何信息都是可得的，例如，"人肉搜索"问题，凭借一个网络地址或者网络链接关系，就可以搜索到任何人，并将其暴露在公众舆论的指责中，这无疑是电子民主发挥的力量，但也给个体的隐私安全带来隐患。面对强大的网络力量，完善相关的网络法律法规是必不可少的。现实也表明目前我国关于网络的规章制度远远落后于其发展需要，因此，克服电子民主发展面临的挑战，需要公众的自觉践行和政府规章的双重约束。此外，随着公民决策参与呼声的高涨，公民参与渠道的开拓使公民参与公共决策的广度和深度都有所深化，与此同时，也有一些公共参与方面的难题，诸如，如何确定参与的广度以保证决策成本低、决策质量高，选择什么样的参与渠道最有效等，这些疑问只有通过实践，在实践中不断摸索总结，才能发挥电子民主在决策参与方面的潜力。

2.4.3　电子民主与动态群体决策

动态群体决策的研究已受到不少研究者们的关注，而在电子民主的框架下研究动态群体决策尚未得到重视。由于电子民主使绝大多数公民能够直接参与政治决策，这与代议制民主社会中的决策参与形式不同，因此也带来了决策收敛绩效的问题。由于电子民主的应用扩大了民主参与的广度和深度，这很容易导致群体讨论的过程漫长，而影响群体决策的收敛时间。收敛时间关系着群体决策的效率和即时性，所以研究各种外部因素对群体决策收敛时间的影响问题显得尤为重要。

此外，公众参与决策的内容不仅仅是政治上的决策，还包括与公民生活相关的各种决策，它们都具有群体决策的基本特征。电子民主的公共决策是在信息技术和网络技术平台上实现的公众参与的公共决策，是当前公众参与公共决策的最新发展前沿。与之前群体决策研究不一样的是，电子民主的动态公共决策考虑了个体之间相互交流决策知识、个体的判断，并相互影响个体判断的修正，改变自己的决策偏好的动态性，反映了群体决策是一个不断反复交流、最终达成一致意见的动态过程。可以认为从动态群体决策的视角对电子民主公共决策观点收敛的动态演化过程展开研究，是一项学术研究空白，而填补这项空白不仅在学术理论上对创新公共政策管理理论，开拓群体决策新的研究视野，丰富公共决策研究理论、方法和手段，形成跨学科的理论融合有重要的学术价值，而且在实践上，研究对促进电子民主建设，构建网络环境下民主化、科学化的公共决策程序，降低公共决策成本，扩展公众参与渠道，提高公众参与的积极性，缩短决策时间，完善社会主义民主制度建设有重要意义，为我国公共政策制定与管理提供参考和借鉴，对建设和谐社会有普遍的现实意义。

在研究电子民主背景下的群体决策绩效时，观点动力学是一种有用的工具，不仅可以定量地表述出民主参与的广度和深度，也可以动态地展现个体偏好集结为群体意见的过程。针对电子民主背景下的群体决策过程普遍存在着决策时间长、决策成本高的问题，从现实意义出发，采用社会仿真实验的方法寻找出一种决策收敛一致性高和决策时间短的决策程序是电子民主的公众参与决策亟待解决的问题。总体来看，在民主决策过程中，电子民主具有提高公民参与度的潜力，然而这项技术本身并不是提高公民参与度的灵丹妙药，所以探寻公共决策中影响公民参与度的因素是必不可少的。最后，将电子民主与动态群体决策结合起来的研究不仅对政府开展民主社会管理具有启示意义，也为动态群体决策的研究拓展了新思路。

第3章　电子民主动态群体决策的建模思想——观点动力学

观点动力学（opinion dynamics）是运用数学、物理以及计算机，特别是基于个体的仿真建模方法来研究群体观点趋于一致或产生聚类分离现象的演化过程及规则的研究领域。作为"社会动力学"蓬勃发展的一个子领域，它是社会科学中各个学科研究的交叉领域。其研究对象非常广泛，包括时尚和流行趋势的出现、少数观点的存在和扩散、群体决策、一致性达成、政党的出现、谣言的扩散、极端主义的蔓延以及狂热崇拜主义的传播等各种社会现象。观点动力学模型旨在探讨群体决策一致性的形成机制以及人们观点改变的规律，并且可以动态直观地考察群体决策收敛一致性和收敛时间的绩效。本章总结观点动力学的起源——统计物理学（statistical physics），指出社会学和社会心理学的研究成果对其诞生具有深远的影响，并介绍社会网络背景上的个体交互以及观点动力学模型的主要应用领域。

3.1　观点动力学基本模型

近年来，研究者们都致力于运用统计物理学中的方法和工具来研究各种复杂的社会现象，由此诞生了社会物理学这一研究领域。应用社会物理学来描述物理学之外的各种社会现象已取得了丰硕的成果。Castellano（2009）对统计物理学在社会学科中的应用做了综述。观点动力学作为统计物理学主要的研究方向，以群体内观点的扩散和演化为研究对象而得到了人们的广泛关注。作为一个跨学科的研究领域，观点动力学中的个体和物理学中的物质有着本质的相似。希腊哲学家 Empedokles 就曾指出人类就像液体：有些人像酒和水一样能很轻易地融合在一起，另一些人则像水和油一样难以融合。同样地，天文学家 Halley 早在 17 世纪曾尝试着建立人群的死亡率表格，虽然单个个体的死亡时间难以预测，但应用统计物理学的方法，通过统计众多个体的死亡时间，则可以预测单个个体在某个时间死亡的概率。

从生物系统到社会系统，我们经常会观察到这些系统宏观性质的转变，并且多数情况下找不到这些转变的来源，然而物理学家已经通过应用物理系统中粒子间的微观相互作用，来解释这些社会系统的宏观相变行为。观点动力学就是研究个体微观层面不同的交互机制如何影响观点演化的，其研究框架是选定一些交互对象，按照既定的交互规则进行个体观点的迭代演化。综上所述，由于社会群体与物理物质的共通之处，使得应用统计物理学来研究社会现象的历史由来已久。Schweitzer（2000）就用活性布朗粒子模拟群体观点的形成过程。

观点动力学的一些概念和方法源于统计物理学领域，因此其模型的产生也是从物理模型中提炼出的。第一个观点动力学模型是由 Weidlich（1971）给出的，该模型完成了对社会极化现象的统计描述。观点动力学中最基本且应用最广泛的 Ising 模型于 1982 年被提出。最初的物理模型是把一块磁铁细分为若干一维链上的磁矩（spin），取向为上或下，其中某一指定磁矩的取向受其周围邻居组成的局部磁场和全局磁场的影响，这种磁矩间的相互作用使得磁矩的取向趋于有序排列，从而导致物质磁性的涌现。由于 Ising 模型机理简单且具有丰富的动力学行为，能有效地模拟二值观点的演化，因此被广泛地应用于观点动力学的研究中。假设一个群体由 N 个个体组成，个体具有二值的观点。$\sigma_i(t) = \pm 1$，$i = 1, 2, \cdots, N$。个体 i 的观点更新受周围邻居和整个社会趋势的影响：$\sigma_i(t+1)$ 以概率 $p_i(t)$ 取 $+1$，$1 - p_i(t)$ 取 -1。$p_i(t)$ 由式（3-1）给出

$$p_i(t) = \frac{1}{1 + e^{-2\frac{I_i(t)}{K_B T}}}, I_i(t) = \alpha \xi(t) \frac{1}{N_i} \sum_{j=1}^{N} \sigma_j(t) + h_i \eta_i(t) r(t) \qquad (3\text{-}1)$$

式中，K_B 表示 Boltzmann 常数，T 表示个体决策中的随机因素，包括噪声、决策错误等，$I_i(t)$ 的右端第 1 项表示个体周围邻居的影响（局部场），α 表示其作用强度，第 2 项表示整个社会趋势的影响（外场），即系统平均观点 $r(t)$（系统反馈）对个体决策的影响，h_i 表示系统反馈对个体决策作用的大小程度，$r(t) = \frac{1}{N} \sum_{j=1}^{N} \sigma_j(t)$。另外，$\xi(t)$，$\eta_i(t)$ 分别表示个体与周围邻居和系统反馈的确信程度，一般取为介于（$-1, 1$）之间的非相关随机噪声。为模型简单和方便处理，一般假设 $K_B T = 1$。特殊地，若考虑 $T = 0$，则个体观点更新的过程由一个随机的过程变成了确定性的更新过程。此时 $\sigma_i(t+1) = \text{sign} I_i$，若 $I_i = 0$，则个体随机选择 $+1$ 或 -1。

随后 Ising 二维模型被提出，它可以解释物质的临界相变现象。这种由磁矩间的微观相互作用行为导致的物质宏观行为出现的特点，使之可以很方便地模拟社会中个体的交互行为。磁矩的上下取向代表个体的二元观点，由于周围邻居和整个群体的综合影响，群体中的个体观点倾向于达成一致。与物理模型不同的是，描述个体交互行为的 Ising 模型中的物理量和表述等都有其自身的意义。

观点动力学基本模型中对观点的表述不同，有的模型中观点表示为二元数值（如 0 或 1），这是表示观点的最简单的形式，这种情形适用于人们的观点是二元值（如同意或不同意、左或右、买或卖等）的情形，特别是投票模型和 Ising 模型通常采用这种表示方法。观点也可以表示为离散的整数值，连续的实数值（如 Deffuant 和 HK 的有界自信模型），或矢量/字节模型（如 Axelrod 的文化动力学模型及其扩展模型）。基于对观点表述的不同，可将观点动力学模型划分为二元模型、离散模型、连续模型以及多维（矢量）模型等。本节将按照这种分类方法对这些基本模型进行分类阐述。

3.1.1　Sznajd 模型

2000 年 Sznajd 提出的模型是对 Ising 模型的一个扩展，简称为 USDF 模型。它的提出基于社会群体中的一个现象，即团结则立，分裂则亡（united we stand，divided we fall）。同样地，模型界定个体持有二元观点并分布在一维链上（$S_i = \pm 1$，$i = 1, 2, 3, \cdots, N$），随机选择两个相邻个体 S_i 和 S_{i+1}，如果二者观点相等即 $S_i S_{i+1} = 1$，则 $S_{i-1} = S_{i+2} = S_i = S_{i+1}$，反之 $S_{i-1} = S_{i+1}$，$S_{i+2} = S_i$。与 Ising 模型不同的是，该模型描述了两个相邻的个体对其邻居的影响，是信息外流（information-outflow）的交互模式，蒙特卡洛仿真实验表明这种交互规则最终会导致群体状态以 25% 的概率出现 +1 观点，25% 的概率出现 −1 观点（铁磁状态）和 50% 的概率出现 +1，−1 交替的观点（反铁磁状态），并且模型证明了个体改变一次观点状态的时间（decision-time）$P(\tau)$ 服从指数为 $-\dfrac{3}{2}$ 的幂率分布。此外模型还研究了群体终态与初始观点密度的关系，通过拟合仿真实验图，得出当 +1 的初始观点密度大于 0.7 时，群体决策观点终态收敛为 +1 的概率大于 0.5，而且群体决策观点终态与初始观点密度呈指数为 2.12 的幂率分布。最后模型引入了社会温度 p（social temperature），表示个体受噪声的影响随机做出决策的概率，发现从个体观点都为 +1 的初始状态开始，存在一个临界 p^* 使得 $p < p^*$ 时，系统最终仍然会趋于该初始的稳定状态。在 $p \to 0$ 时，个体的决策时间分布是幂率分布，当 $p \to 1$，个体的决策时间分布是指数分布。USDF 模型描述了封闭群体内的民主决策过程，由两个简单的交互规则衍生出了群体复杂的动力学行为，最后 Sznajd 也为模型交互规则的改进提出了建议。

3.1.2　其他离散观点动力学模型

观点动力学模型中其他比较常用的离散模型，通常指具有二元观点状态的投票者模型（voter model）和多数决定模型（majority rule model）。由于它们的演化机理相对简单并且符合个体现实中的决策行为，因此对它们的研究也较多。投票者模型是研究社会交互现象的较为原始的模型，通常个体都被定义在 d 维规则网络上，同时每个个体都被赋予一个离散变量 S，例如，可以用 $S = \pm 1$ 表示两个相反的观点，从初始的无序状态开始，每次随机选择一个持有离散观点的个体 S_i 及它的邻居 S_j，每一步中都令 $S_i = S_j$，即个体 i 总是采纳个体 j 的观点。这个交互规则的假设是个体不存在自信度（self confidence），每一步都无条件地采纳其邻居个体的观点状态，一维网络上的投票者模型类似于零温度下的 Glauber 动力学模型，不同之处在于前者采纳某种观点状态的概率为其在邻居个体观点中所占的比例，而后者则是根据局部多数原则更新其观点状态的。在一般维度上，热力学极限下（thermodynamic limit）的群体磁化（global magnetization）是守恒的。模型的交互规则相对简单，并且在规模固定的群体中，模型总能演化到某一种离散的观点状态，从而使群体的观点得到收敛。这种动力学规则模拟了个体观点一致化的过程，在一维和二维的规则网络上，群体的终态观点总可以收敛为一个固定的观点值，该状态也被称为吸引态（absorbing state）。该模型的主要特点是能在任何维度空间内得到精确的解析解，所以它在研究群体决策过程中得到了深入的研究和扩展。

多数决定模型作为二元观点形成的模型得到了统计物理学研究领域的重视，该模型描述了群体内互相影响的投票者们达成一致的过程，刻画了个体的"从众"心理。模型通常包括 N 个个体，每个个体都具有二元离散观点 $S = \pm 1$，持有离散二元观点的个体随机的组成局部决策小组 r（local decision group），模型中，小组大小 r 是不确定的，须在每次选取中按给定分布确定。如果 r 是奇数，则该群体内占大多数的观点非常容易确定。而当 r 是偶数时，就可能出现刚好各有 $r/2$ 个个体支持两种观点的情况，在这种情况下，只能人为地引入对某一观点值的偏爱。这样的处理方法和社会惯性理论相符，即当群体不存在一个明确的占据优势的观点时，个体不愿意接受变革。

定义 p_+^0 为初始群体中持有观点 $+1$ 个体的比例，设定一个阈值 p_c，当 $p_+^0 > p_c$（$p_+^0 < p_c$），群体内所有的个体均会长期持有观点 $+1$（-1）。当群体内个体数目为奇数时，$p_c(r) = 1/2$；当群体内个体数目为偶数时，$p_c(r) < 1/2$，即使设定的偏爱观点只被少数人掌握，该观点仍然能够成为群体最后的观点。给出固定小组大小为 r 的多数选择模型，令 $s_k = \pm 1$ 为个体 k 所持的观点，则群体的平均观点为 $m = \dfrac{1}{N} \sum_k s_k = p_+ - p_-$。令每个小组的规模为 3，在每一次观点更新中，若群体的状态为 $+ + -$，持 $+$ 观点的人数会增 1，反之若群体的状态为 $- - +$，则持 $+$ 观点的人数会减 1。在每次观点更新过程中，新增的持观点 $+1$ 的人数为

$$dN_+ = 3(p_+^2 p_- - p_+ p_-^2) = -6p_+\left(p_+ - \frac{1}{2}\right)(P_+ - 1) \qquad (3\text{-}2)$$

由于考察群体由 3 个个体的小组构成，式（3-2）可改写为

$$\frac{dN_+}{N}\frac{N}{3} = \frac{dp_+}{d_t} = p_+ = -2p_+\left(p_+ - \frac{1}{2}\right)(p_+ - 1) \qquad (3\text{-}3)$$

当时间增值 $d_t = 3/N$，可知当 p_+ 取值为 0、1/2、1 时，个体观点停止更新，其中 $p_+ = 1/2$ 是不稳定的，其余两个值是稳定的，可得从任何 $p_+ \neq 1/2$ 出发，任何的个体均为在群体初始的多数意见上达成一致，其中演化时间可用 $\log N$ 表示。在网络上，个体下一刻选择某一观点的概率等于周围邻居持有此观点的数量与邻居总数量之比。

通过这种不断重复的局部小组交互，个体的观点受组内其他个体观点的影响而更新。群体观点最终都会收敛于一个稳定状态，模型最终收敛到哪一种观点状态取决于初始观点密度，初始观点密度较大的观点成为群体稳定观点的概率较大。多数决定模型并不是精确地描述了某种社会现实，而是通过对社会事实进行粗略的描述来把握各种复杂社会现象的主要特征。它反映的是群体中的开放式民主决策，决策观点收敛终态与局部决策小组的规模相关。模型显示平均场极限下，群体观点的收敛时间与 $\ln N$ 成比例。Galam 将多数决定模型应用到了观点动力学中，解释了 2000 年法国公民投票否决欧盟宪法、"9·11"谣言扩散现象。虽然不像投票者模型一样可以在任意维度得到解析解，但由于其更符合人们做决策时的心理，因此也得到了深入的研究。

3.1.3　连续观点动力学模型

用二元观点表示个体的态度或行为是对实际中人们的决策行为的过分简化，二元或离散的观点不能表示个体观点的连续变化，因此出现了用介于一段区间的连续数值来表征个体的观点，其中最经典的连续观点动力学模型当属 Deffuant 模型和 HK 模型，其基本假设是人们倾向于和自己具有相同观点的人结成政治联盟。Deffuant 模型是受 Axelrod 的文化动力学模型的启示而提出的，HK 模型是由 Krause 提出的，并由 Hegselmann 和 Krause 做了仿真实验。这两个模型中的个体观点 S_i（$i = 1, 2, 3, \cdots, N$）都是介于 $[0, 1]$ 的随机分布，个体之间相互连通，Deffuant 模型是基于有界自信假设的，假如随机挑选的两个个体的观点 S_i 和 S_j 的差异 $|S_i - S_j|$ 大于自信阈值 ε，则他们会因观点差异过大而拒绝交互，反之，二者下一时刻的观点会向彼此靠近 $\mu|S_i - S_j|$，交互对象下一时刻的观点可以表述为

$$S_i(t+1) = S_i + \mu(S_j - S_i), S_j(t+1) = S_j + \mu(S_i - S_j) \qquad (3\text{-}4)$$

式中，μ 为收敛参数，取值介于 $[0, 0.5]$，$\mu = 1/2$ 时表示两个个体取他们观点

的平均值，仅需一次交互这两个个体的观点就可达成一致。研究表明自信阈值影响到观点最终的分布状态，而且最终的观点簇数量与自信阈值的关系是 $1/2\varepsilon$。HK 模型采用的是顺序迭代，每次选择的一个个体 S_i 对所有落入其自信区间的个体进行观点的加权平均，该个体下一时刻的观点可用公式表示为

$$S_i(t+1) = \frac{\sum_{j=1}^{I(i)} a_{ij} S_j}{I(i)} \tag{3-5}$$

式中，$I(i)$ 是观点差异与个体 i 小于自信阈值的个体 j 的集合，a_{ij} 表示个体 j 对个体 i 的影响，取值为 1 时代表个体 i 下一时刻的观点取其交互对象观点的算术平均值。模型的仿真结果与 Deffuant 模型并无本质不同。

除了以上介绍的离散和连续观点模型，考虑到人们的态度和观点往往是多维的，研究者们也提出了矢量观点模型，最早当属 Axelrod 为了研究文化传播而提出的"文化"动力学模型。该模型将文化表示为若干个离散的二元值，个体置于二维网络上，个体与最近的四个邻居间存在一个交互阈值，当两个个体相同的文化特征（traits）不小于交互阈值时，第一个个体会随机的改变一个文化特征使得两者的文化更加接近。仿真表明文化的同一性（homogeneous）和多元化取决于模型中的交互阈值，该模型解释了为什么个体间局部交互的一致性会导致群体文化的多样性。矢量观点模型由于能表示个体观点的多维性，在技术创新领域、劳动力市场领域以及语言演化领域涌现出了很多研究成果。

3.1.4　社会影响理论模型

社会影响理论（social impact theory），顾名思义，起源于社会心理学研究领域，最初是研究人员对社会群体的不理性和狂热行为进行讨论而引申出的。研究者们用社会心理学中的"从众"等概念，制定了一系列的实验解释这些群体的不理性现象。为了探讨这种群体行为的潜在机制，社会学和经济学中发展了各种各样的"阈值"和"临界质量"模型对其研究。Latané 等及后来的研究者们在这个方面作出了显著的贡献。1981 年 Latané 提出了"社会影响理论"，对个体如何受周围环境的影响给出了微观描述，他认为任何信息源对个体的影响依赖三个因素：组成信息源的个体数量、他们的紧密度以及他们的社会力量（如显著性或权利）。

模型是在由 N 个个体构成的群体内，每个个体均持有二元的观点，用 $\sigma_i = \pm 1$ 表示，并且引入了两个参数来描述个体受到的影响力。说服力（persuasiveness）p_i，表示个体改变自己观点的能力。支持度（supportiveness）s_i，表示个体保持自己观点的能力。p_i 和 s_i 均为随机数。用个体 i，j 之间的距离 d_{ij} 作为衡量个体间关系紧密度的变量，个体 i 受到的总体影响 I_i 为

$$I_i = I_p \left[\sum_{j=1}^{N} \frac{t(p_j)}{g(d_{ij})}(1 - \sigma_i \sigma_j) \right] - I_s \left[\sum_{j=1}^{N} \frac{t(s_j)}{g(d_{ij})}(1 + \sigma_i \sigma_j) \right] \quad (3-6)$$

式中，I_p 和 I_s 是观点的多项式函数，用于表达说服或支持的影响强度，g 是距离 d_{ij} 的增函数。基于社会影响理论模型的个体观点动态演化规则为 $\sigma_i(t+1) = -[\sigma_i(t)I_i(t) + h_i]$，其中，$h_i$ 表示其他各种对个体观点产生影响的因素总和。令 $h_i = 0$，当 $I_i > 0$，即个体改变其观点的压力大于保持自身观点的压力时，个体的观点发生改变。

3.2 离散观点模型拓展

不可否认的是，观点动力学中提出的基本模型都是为了研究宏观的群体行为特征而对交互规则和交互对象的选择过分简化。随后人们意识到个体的异质性、观点领袖（opinion leader）、外界噪声、大众媒体（mass media）、自由意志（free will）以及社会交互网络的存在等因素都会对群体行为的最终状态产生影响，因此后来的研究者们也对这些基本模型进行了各方面的拓展。目前的研究工作主要是在复杂网络的研究成果上增强观点动力学模型的解释和预测能力，引进了社会网络拓扑结构和群体观点同步演化的社会事实，以及进一步地挖掘真实社会系统的层级性和社团结构，引入了子群体间的交互过程，对矢量观点模型作出各种拓展研究。本节将在这些基本模型的基础上，分类阐述研究者们对它们做出的拓展研究及其应用。

3.2.1 Sznajd 模型的拓展研究

1. 对交互规则的拓展

2000 年 Sznajd 提出的是一维链上的二元观点演化，其交互规则导致初始观点状态的随机分布可出现三种群体决策的最终状态。Sanchez（2004）指出第三种反铁磁性状态不符合实际决策情况，并对原模型的第二个交互规则做了修改：假如 $S_i S_{i+1} = -1$，那么 $S_i = S_{i-1}$，$S_{i+1} = S_{i+2}$。修改后的模型会以 50% 的概率分别收敛到 +1 和 -1 的吸引子状态。随后 Stauffer 和 de Oliveira（2002）证明一维 Sznajd 模型中保持观点状态不变的个体数量以幂率指数 -3/8 衰减，但是改进后模型的幂率衰减指数则为 -1/4。Slanina 和 Lavicka（2003）用解析近似法证明了 Sznajd 模型相变点的存在，与实验仿真方法得出的结论相符。Li（2008）在原始 Sznajd 模型的基础上，研究了团队（team）对模型演化的影响。与原始模型中的两个个体说服邻居的规则不同，改进模型中持有相同观点的这些个体组成团队，团队会影响周围邻居采纳他们的观点，仿真结果显示，模型不会出现僵局状态（stalemate state），并且缩短了群体达成一致的时间，模型容纳噪声的能力与原始模型相比增加了 1000 倍。涂育松（2005）则略去一维标准 Sznajd 模型的反磁性规则，修改后的模型演化的决定时间分布没有发生变化，但弛豫时间延长，铁磁性终态吸引子出现的概率对初始态度人员密度有着重要的依赖关系。田兴玲（2006）考虑到在现实社会的舆论传播过程中，存在各种干扰、阻碍、扭曲信息传播内容的内在和外在因素，使得人员在改变态度时存在一定的随机性，修改 Sznajd 模型后发现群体的观点演化不再有终态吸引子的出现。肖海林（2005）为了研究舆论系统中人员的移动以及存在观点坚定者的因素对舆论形成和演化的影响，建立了相应的元胞自动机舆论模型，在观点改变规则为少数服从多数的情况下，模拟了群体观点演化，结果表明人员的移动将加快舆论的形成。在此基础上，吴青峰（2004，2006）仿真了不同噪声强度以及个体不同倔强度时元胞自动机的演化，仿真结果表明态度固执者和坚定者会降低观点之间的转化率，在人员移动的情况下，态度坚定者使系统不能达到稳定的终态。

2. 对个体属性的拓展

以上对 Sznajd 模型的拓展基本上都集中在对其交互规则的扩展上，本质都是计算邻居中各个离散观点所占的比例，并据此比例更新下一时步的观点。之后有的研究者用个体观点之外的属性值来限制个体交互对象的选择范围。Sznajd（2004）提出用不一致函数作为个体间交互的规则，研究了二维网络上信息外流的 Sznajd 模型。通过计算个体的不一致函数使之局部最小化，个体决定是否改变观点。模型显示这种交互规则可使群体收敛到退化态（四种不同态共存）、铁磁态、双重退化和反铁磁态这四个位相之一。与原始模型不同的是，我们不可以从群体的初始态分布得知终态分布。Crokidakis（2010）在二维网络上引入了个体声望（reputation）来控制个体间的交互。当随机选择的四个个体观点相同，计算这四个个体的平均声望 $\bar{R}$，8 个邻居中只有声望小于平均声望的才采纳这些中心个体的观点，随后这些中心个体的声望会根据被说服的个体数量相应地增加声望值。仿真显示模型的弛豫时间（relaxation time）近似服从对数正态分布（log-normal distribution），模型同样在初始密度 $p = 0.5$ 处存在相变。

王茹（2008）在小世界网络上引入了个体持续度概念，研究了异步更新观点的条件下群体观点收敛的弛豫时间分布和决定时间分布。文中构建了在规则网络上随机增加连线的 NW 小世界网络，采用了两种个体持续度，即每个个体采取邻居态度的概率：持续度正比于节点的连接度，持续度服从无标度幂率分布。仿真显示群体总会以相等概率到达 +1，-1 这两个吸引子状态，且系统的弛豫时间和决定时间都会随着 NW 网络连通度的增加而衰减，在网络稳定状态下，个体持续度正比于连接度的策略时，群体的弛豫时间和决定时间最短，而满足幂律分布的时间最长，幂指数越大其衰减也越快。

3. 对个体交互网络的拓展

除了对模型的交互规则进行改进，学者们也对交互网络进行了拓展。不同于原始模型中一维链上的交互，Stauffer（2000）提出将一维链上的 Sznajd 模型扩展到大小为 $L \times L$ 的二维网络上，并提出了六种交互规则，其中的两种规则经常被引用：①假如随机选择的四个相邻个体取向相同，他们周围 8 个邻居的取向与他们一致，否则这 8 个邻居的取向不发生变化；②随机选择的两个个体说服他们的 6 个邻居采纳他们的观点。实验表明群体采用这种交互规则总能达成一致，并且会在初始密度 $P = 1/2$ 处发生相变。Stauffer 认为二维 Sznajd 模型与一维模型并无本质不同，但他认为二维模型更能反映真实的交互行为。Sznajd 模型是采用异步更新的方式，这样的迭代方式适用于个体间非正式的交互行为，但如果群体组织正式会面，需要个体同时做出决策时，就更适合采用同步更新观点的方法。因此 Stauffer（2002）又用同步更新方式研究了二维 Sznajd 模型，规模为 $L \times L$ 的群体采用两个个体说服 6 个邻居的同步更新观点的规则，每次随机选择一个个体，$L \times L$ 次之后增加一个时间步长，同步更新状态下，同一个个体可能被不同观点状态的邻居包围，此时该个体保持观点不变。因此同步更新观点的规则下群体一致性的收敛时间会相应地延长，仿真实验也说明在此种情况下群体较难达成一致，且在 $L \geq 13$ 的群体中，初始密度 $P = 1/2$ 处永远不会收敛。在 $7 \leq L < 13$，$P = 1/2$ 处少数情况下会收敛，其他群体规模下，初始密度偏离 $P = 1/2$ 时还是会收敛的。最后作者指出随机顺序更新对应于个体间的非正式交互，随机同步更新对应于正式交互，得出非正式随机交互更有助于群体观点收敛的结论。

考虑到个体并不总是居于固定的社会位置，Moreira（2001）引用了稀疏的二维网络，指出网格上有可能没有个体占据，采用的交互规则是随机选择四个相邻个体，假如观点相同则可说服他们周围的 8 个邻居。随机选择的这 4 个邻居的数目 $1 \leq k \leq 4$，同样地，模型在初始密度 $P = 1/2$ 处存在相变，再一次证明了 Sznajd 模型相变点的稳定性。

随着真实世界中社会网络小世界性和无标度性的发现，研究复杂网络上的各种动力学行为成为了热点。对观点动力学的研究也不再局限于全连通网络和二维规则网络。Elgazzar（2003）将对 Sznajd 模型的研究拓展到了小世界网络上，此时个体除了与左右最近邻连接之外，还与其他的捷径个体（shortcutting individuals）相连。假如随机选择的两个相邻个体 $S_i S_{i+1} = 1$，则 $S_{i-1} = S_{i+2} = S_i = S_{i+1}$，

且与个体 i 和 $i+1$ 的所有邻居的观点都与这两个中心个体的观点一致，反之 S_{i-1} $=S_{i+1}$，$S_{i+2}=S_i$，个体 i 的所有邻居观点等于 S_i+1，个体 $i+1$ 的所有邻居观点等于 S_i。拓展后小世界网络上的模型表明原始模型的第三种反铁磁性状态消失了，从随机初始态开始，群体以同等的概率分别到达 $+1$ 和 -1 的终态。Bernardes（2002）研究了 Barabasi 无标度网络上的 Sznajd 模型，若干离散的观点均匀分布在个体间，假如随机挑选的个体 i 与他的邻居 j 观点相同，则与他们相连的个体都采纳他们的观点，反之不发生变化，仿真说明无标度网络上的观点演化收敛时间很短，平均每个个体迭代 100 次就可收敛。其在投票选举中的应用也被证实与二维和三维 Sznajd 模型相吻合。

王茹（2008）研究了推广小世界网络上二维 Sznajd 模型的异步更新演化。在构造小世界网络时使新增加的连线呈幂率衰减形式，仿真表明在随机的初始状态下，群体以相等的概率演化到 $+1$ 和 -1 的终态，群体观点收敛的弛豫时间服从对数正态分布，决定时间服从幂率分布。苏俊燕（2008）分析了加权网络上 Sznajd 模型演化，用节点间的连接权重表示个体之间的亲疏关系，计算机模拟同样显示群体以相等的概率演化到 $+1$ 和 -1 的终态，并得出权重更新系数越大越不利于群体一致观点终态形成的结论。

4. 对观点表征方式的拓展

紧随对 Sznajd 模型交互规则和交互网络的研究，Sznajd 模型的二元观点状态也被拓展到了多元离散观点和连续观点。Rodrigues（2005）将二元观点拓展到了多元离散观点，研究了复杂网络上多元离散观点的 Sznajd 模型，模型中的个体持有第 q（$q=1$，2，3，$\cdots$，Q）个离散观点，同样地，观点相同的两个相邻个体可以说服他们的邻居采纳他们的观点，此外模型还设定了交互阈值，即个体与其邻居的观点差异小于交互阈值时，他的邻居才会采纳该个体的观点。比如，交互阈值为 1 时，观点为 3 的两个个体只可以说服观点为 1 和 4 的邻居采纳观点 3。作者分别在小世界、无标度和 Sznajd 网络上进行了仿真，得出如果群体规模 N 远大于观点个数 Q 时，这 Q 个观点都会存在于群体中，当 N 远小于 Q 时，群体最终的观点数量将是 N。然后 Fortunato（2005）将 Sznajd 中的二元观点研究拓展到了复杂网络上 $[0，1]$ 区间的连续观点，采用交互阈值 ε 表示两个个体的"相容性"，并且应用了两种交互规则：假如随机挑选的两个个体 $\mid S_i - S_j \mid \leqslant \varepsilon$ 时，这两个个体及其所有邻居都采纳 $S_m = \mid S_i - S_j \mid /2$ 的观点（strong continuous sznajd）；或者只有那些观点与个体 i 或 j 之差小于交互阈值的邻居才会采纳平均观点 S_m（weak continuous sznajd），仿真表明应用 SC 规则的群体总能达成一致，应用 WC 规则的只有 $\varepsilon > 1/2$ 时才会收敛到一致，否则群体会形成若干观点簇。

3.2.2　投票者模型的拓展研究

二元观点动力学中的投票者模型描述了个体采纳其邻居观点的决策过程，它也被研究者们推广到了复杂网络上并且加入了个体复杂的属性。Krapivsky（1992）和 Ben-Naim（1996）研究了规则格子上的投票者模型。Castellano（2003）研究了小世界网络拓扑结构对投票者模型性质的影响，表明小世界网络上的投票者模型在热力学极限下不会收敛至一致，这一点与一般认为的长程连接（long-range connections）促进群体达成一致相违背，而对相同规模的群体，达成一致的时间 $\tau_n \sim N$ 相比规则网络的时间要短。Suchecki（2005）研究了复杂网络的维度、无序性以及度分布对投票者模型有序性的影响，指出网络的维度对投票者模型的收敛性有着重要影响。在维度小于 2 的规则网络上群体观点得到收敛，维度大于 2 的规则网络和小世界网络上已经证明在热力学极限下投票者模型不收敛。此外，还给出了群体收敛至一致的时间量级：维度为 1 的规则网络为 $\tau_n \sim N^2$，维度为 2 的规则网络为 $\tau_n \sim N\ln N$。Suchecki 的研究表明在小于等于 2 维的规则网络和 SSF（structured scale free）一维网络上投票者模型可以收敛，此外网络的无序性可以降低亚稳态的存在时间，从而使得群体达成一致的时间缩短，最后节点的异质性也能降低群体观点的收敛时间，进而促进群体决策一致性收敛。

Sood（2005）研究了异质网络（heterogeneous networks）上的投票者模型，忽略节点度的相关性，群体观点收敛的时间与节点度分布指数 ν 有着以下关系：$\nu < 2$ 时，收敛时间 $T_N \sim o(1)$；$\nu > 3$ 时，收敛时间 $T_N \sim N$；$2 < \nu < 3$ 时，收敛时间 $T_N \sim N^{(2\nu-4)/(\nu-1)}$；$\nu = 3$ 时，收敛时间 $T_N \sim N/\ln N$，大节点度个体的存在加速了群体决策的收敛过程。Castellano（2005）对原始投票者模型的更新规则做了修改：随机选择个体 i 和他的邻居 j，假如两者观点不同则令 j 采纳个体 i 的观点，这个演化规则与原始投票者模型是相反的，Castellano 用解析近似法研究了模型的性质，发现网络上的节点度以 $k^{-\nu}$ 衰减，对无标度网络维度 $\nu > 2$ 的群体而言，其收敛时间随群体规模线性增长。文章还发现当 ν 减小时，群体观点的收敛时间会增大。Mobilia（2007）在投票者模型中引入了"狂热者"，这些少量的永远不改变观点的狂热者阻碍了群体观点的收敛，并能长时间地保持这种不同观点共存态。Suchecki（2005）研究了网络上的边演化（link-update）与点演化（node-update）的异同。之前研究的模型都是采用点演化的方式，点演化时群体的平均磁化是不守恒的，只有对节点度进行加权才能保证平均磁化的守恒。但作者在 BA 无标度网络上证明了边演化能导致平均磁化的守恒，其收敛时间为 $T_N \sim N$。

Stark（2008）在投票者模型中引入了个体改变观点的惰性（individual inertia），讨论了个体的惰性 ν 对群体决策收敛时间的影响。模型假定个体的惰性随个体持有该种观点状态的时间而增长，我们发现引入适度的惰性值可以加快群体观点的收敛时间，而且收敛时间的缩短与网络的拓扑结构无关。但当惰性值过大时，理所当然地会增加群体决策的收敛时间。Yang（2009）在无标度网络上的投票者模型中引入了个体的社会多样性（social diversity），随机选择的两个个体达成一致时选择的那个观点与持有该观点的个体节点度成正比，模型表明存在一个最优的指数值 α 使得群体观点收敛的时间最短。

在对个体性质和交互网络进行深入研究之后，新的研究关注点是社会交互网络和个体观点同步演化。Santiago（2006）提出了个体观点和社会网络同步演化的研究，文章以群体内 N 个个体的投票者模型为基础，在初始观点密度均匀分布的情况下，每一时步随机选择的两个相邻个体假如观点相同，则放回群体重新选择，假如两者观点不同，其中一个个体以概率 p_1 采纳另一个个体的观点，达成局部一致，以概率 $1-p_1$ 观点不变，随后以概率 p_2 断开连接。当群体观点稳定时会出现三种状态：形成两个规模相同且持有相反观点状态的群体；形成一个观点收敛的大群体；一个观点一致的大群体和若干分散的小群体。作者最后指出对那些断开连接的个体建立新的连接关系更具显示意义。

3.2.3　多数决定模型的拓展研究

对观点动力学中多数决定模型的研究也取得了很多显著性成果，Galam 对多数决定模型做了较多的研究及应用。最初的 Galam 模型是为了研究自下而上的选举过程而提出的，初始状态为群体中的 N 个个体以概率 p_0 持有观点 A，以 $1-p_0$ 的概率持有观点 B，个体可以任意地选择其他个体组成大小为 r 的讨论组，随后讨论组里的个体按照局部多数原则小组选出一个"代表"组成选举的第一层，然后在由代表组成的小组内选出第二层代表，直至最终选出一个代表来表示群体的观点。Galam（2002）将多数决定模型应用到了观点动力学中，研究了少数观点的扩散问题，作者指出在二元观点群体中，即使少数观点的初始观点密度较低，但经过若干次局部讨论组的多数决定规则，群体的最终观点会收敛为初始的少数观点。Galam（2002）以 A，B 两种初始观点为例，计算出只需经过 7 次迭代群体观点就可从初始时刻 70% 的个体支持观点 A 转变为所有个体支持观点 B 的状态，并指出局部讨论组的规模为奇数时，临界相变点为 $P_c = 0.5$，即初始密度大于 0.5 的观点最终成为群体的收敛观点。当讨论组规模分别为 4 和 6 时，临界点分别为 $P_c \approx 0.77$ 和 0.65。作者指出虽然模型的规则简单，但其能解释社会群体中少数观点的扩散，其后又将模型应用到了谣言扩散研究中。

随后 Galam（2004）在多数决定模型中引入了与一般大众做法相反的个体，对于局部讨论组的规模为奇数时，多数决定模型能使群体较快地收敛至初始的多数占优观点。当引入少数的"逆向个体"（contrarians）后，群体会形成多数 – 少数共存态。作者用仿真实验证明当局部讨论组规模分别为 3、5、9 或者更大时，存在一个阈值 $a_c = 1/6$，0.23，0.3，1/2 使得当"逆向个体"的密度大于 a_c 时，群体内持有多数 – 少数观点的个体密度相等，此时个体总是在不断地改变观点状态。2000 年 Galam 用实空间重整化群方法（real space renormalization group）研究了多数选举模型的极权主义悖论，指出等级结构的群体中自下而上的民主选举，多数观点的取胜取决于选举层级和选举组的规模。保证多数观点取胜的初始密度从 50% ~77% 不等，并解释了 20 世纪东欧社会主义的垮台。2007 年 Galam 研究了顽固少数派在二元观点动力学中的作用，普通个体遵循局部讨论组的多数决定规则更新观点，顽固个体（inflexible agents）自始至终都不改变观点状态。在原始的多数决定模型中 Galam 证明 50% 是群体观点转变的相变点，但在顽固个体模型中，顽固少数派的存在使得这个相变点低于 50%。17% 以上的顽固派足以使群体观点收敛为他们的少数观点。此外假如存在两类相等数量的顽固个体分别持有两种二元观点，群体观点的相变点又会是 50%，当顽固个体的比例小于 25% 时，初始多数观点取胜。

如以上介绍的模型一样，研究者们也将多数决定模型放到了网络上进行研究。Krapivsky（2003）研究了方格网络上的二元多数决定模型，发现在平均场条件下，群体观点收敛的时间量级为 $T_N \sim \ln N$，在有限维度的方格网络上，群体观点的收敛时间波动较大，当维度空间大于 4 时，群体观点的收敛时间与群体规模 N 无关。Li Pingping（2006）研究了小世界网络上的多数决定模型，通过在二维方格网络上随机加边研究了群体观点的收敛时间，指出在规则网络上随机加边可以缩短网络的平均最短距离，进而缩短群体决策的收敛时间，并总结了在固定维度的网络上增加捷径（shortcuts）等同于增加网络的维度。Zanette（2009）系统地研究了平均场极限下多数决定模型的收敛时间，通过解析近似和实验仿真手段，指出每次迭代中随机组成的局部讨论组规模对群体观点的收敛时间具有不同的影响，当这些讨论组规模的平均值小于群体规模 N 时，收敛时间与群体规模 N 之间呈现对数关系，当这些讨论组规模的平均值等于群体规模 N 时，收敛时间则与群体规模 N 之间呈现幂率关系。

Guan（2007）研究了全连通网络上个体的非均匀影响力（inhomogeneous influence）对群体决策有序 – 无序相变点的影响，文中引入了两类个体 A 和 B，初始密度分别为 ν 和 $1 - \nu$。研究表明群体的相变点取决于初始密度 ν 和影响概率 ω。Lambiotte（2007）研究了子群体间交互的多数决定模型，定义每次更新观点时随机选择 3 个个体，文章引入了耦合全连通网络 CFCN（coupled fully-connected networks），两个内部全连通的子群体之间有少量的连接关系，通过子群体内与其他子群体个体有连接关系的个体所占的比例 ν 协调子群体间的连通度，解析近似给出 $\nu \approx 0.355$ 是群体一致性状态与极化状态的临界连通度，仿真结果给出 $\nu \approx 0.32$ 是临界连通度，作者认为是有限尺寸效应（finite size effects）导致了两种方法给出的临界值有差异。Lambiotte（2007）研究了二分网络上节点度的异质性对多数决定模型相变点的影响，二分网络是异质网络的代表，网络中具有两种节点度的个体 k_1 和 k_2，结果显示群体状态从一致性到极化的相变点取决于节点度的异质性 $r = k_2/k_1$，当 $r \neq 1$ 时，平均磁化呈现出非均分现象（不同节点度的个体持有的平均观点不同）。

Mobilia（2003）研究了多数–少数二元观点动力学，每次更新中个体随机组成的局部讨论组以概率 p 采纳组内多数观点，以概率 $1 - p$ 采纳另一个少数观点。对 $G = 3$ 的局部讨论组，$P_c = 2/3$ 是群体的临界相变点，对 $P > 2/3$，初始的多数占优观点会成为群体的一致观点，对 $P < 2/3$，群体会呈现持有两种观点的个体相等的混合状态，对 $P = 2/3$，群体的平均磁化守恒，模型类似于投票者模型。Wu（2008）研究了自由意志（free will）和多数观点（massive opinion）对多数决定模型的影响，模型演化时考虑了两个规则：个体以概率 q 随机作出决策，以概率 $1 - q$ 与其邻居按照多数决定模型更新观点；或者以概率 q 遵循多数观点，以概率 $1 - q$ 按对数决定模型更新观点。研究发现有序–无序相变点的位置与文中引入的动力学有关，解析实验和仿真实验都证明了在有限尺寸下总有一个临界阈值 q，使得低于 q 时，群体总能达成一致。

3.3　连续观点和矢量观点模型拓展

3.3.1　Deffuant 模型的拓展研究

Krause 等 Deffuant（2000）和 Krause（2002）等提出的连续观点动力学模型吸引了社会仿真学界的注意，他们提出的模型都是基于有界自信的，并指出最终的观点状态与自信阈值 ε 有关，群体规模 N 和收敛参数 μ 只影响收敛时间。Weisbuch（2003）对这个基本模型进行了阈值差异性、阈值衰减、社会网络交互的拓展，模型引入了 8 个阈值为 0.4 的个体和 192 个阈值为 0.2 的个体，决策前期观点簇数取决于低阈值，仿真中呈现出两个观点簇，决策后期的观点簇数取决于高阈值，群体最终达成一致。阈值差异化得出结论开放程度高（open-minded）的个体有利于群体决策一致性的收敛。Fortunato（2004）用数值仿真法证明了 Deffuant 模型阈值 ε 的普适性（universality），无论是在全连通网络、方格网络、ER 随机网络还是 BA 无标度网络，阈值大于 0.5 时群体观点最终会收敛到 0.5。

　　刘常昱（2008）等在 Deffuant 模型中引入个体意见的不确定性以及个体间的信任因子，建立了个体间的不对称影响函数，验证了模型的有效性，对仿真结果的分析说明个体意见的不确定性和个体间的相互信任是影响最终舆论涌现形态与涌现速度的重要因素。此外，张立（2009）建立了具有可自行改变观点交互策略的观点演化模型，对参与观点演化的个体的记忆进行了建模，获得了与实际观点演化情况相符的结果，并得到了观点演进中个体策略选择的公平性结论。

　　以上的研究结论都是建立在个体之间的随机交互基础上的，然而必须认识到个体的交互对象并不总是随机选择的，而是倾向于与同事、朋友、家人等交互，随后 Deffuant（2000）将有界自信模型应用到了二维方格网络上，此时随机挑选的两个个体是网络上相邻的个体，与原始模型一样，他们的观点按照有界自信的规则进行演化，自信阈值 $\varepsilon > 0.3$ 时群体观点围绕 0.5 基本达成一致，但有一些少量的接近 0 和 1 的极端观点，$\varepsilon < 0.3$ 群体会分裂为若干个观点簇。Stauffer（2004）将 Deffuant 模型推广到了 BA 无标度网络上，将对交互对象的选择范围限定为无标度网络上的最近邻，随机选择的两个邻居个体按照原始的有界自信规则交互，文中的收敛参数 μ 取为 0.3，仿真表明 $\varepsilon > 0.4$ 时群体观点会收敛到一致，观点簇的数量会随着自信阈值 ε 的降低而增加。原始模型中已证明群体最终的观点簇数量与 $1/\varepsilon$ 有一定的比例关系，且与群体规模 N 无关，但在无标度网络上的 Deffuant 模型中，群体最终的观点簇数量却是与 N/ε 有着比例关系的，说明此时群体规模也对观点簇数量产生影响。个体间交互对象的选择对群体行为的研究具有举足轻重的作用。

　　同样地，在对连续观点的交互规则和交互网络进行拓展研究之后，学者们也对模型中的观点状态进行了扩展，将连续观点模型应用于离散观点的研究。Stauffer（2004）研究了有向 BA 无标度网络上的离散 Deffuant 模型，个体的观点不再是 [0，1] 的连续数值，而是同 Sznajd 模型中的观点一样，个体的观点 $S_i = 1，2，\cdots，Q$（$i = 1，2，3，\cdots，N$），模型中个体观点的演化规则为：如果随机挑选的两个邻居观点差异为 1，其中的一个个体采纳另一个个体的观点，观点差异大于 1 时两者不交互。仿真结果说明当 $Q = 2$ 时群体观点总能收敛，当 Q 增大至 N 时，群体中的观点簇数趋于 N，表示群体观点呈分裂状态，每个个体各持己见。

3.3.2　HK 模型的拓展研究

　　Fortunato（2004）研究了离散的 HK 模型，意识到对自信区间内的个体观点做加权平均不切实际，文章应用了概率更新方法：持有观点 k 的个体 i 自信区间内的个体为 n_{k-1}，n_k，n_{k+1}，分别持有观点 $k-1$，k，$k+1$，$n = n_{k-1} + n_k + n_{k+1}$ 为

个体 i 自信区间内的个体数目之和，那么个体 i 下一时刻的观点分别以 n_{k-1}/n，n_k/n，n_{k+1}/n 的概率采纳观点 $k-1$，k，$k+1$。实验表明离散的 HK 模型比连续的 HK 模型更消耗时间，并且演化时间的标准差也较原始的连续模型波动更大。最后离散的 HK 模型给出了收敛阈值 $Q_c=7$，观点数量小于或等于 7 时群体总能达成一致，其收敛阈值高于 Sznajd 模型。作者也在无向的 BA 网络上验证了收敛阈值的稳健性，发现收敛阈值与 BA 网络的初始节点个数 m 有关。对 $m=1$，2，收敛阈值 $Q_c=3$，4；当 m 大于 40 时，收敛阈值才会达到 $Q_c=7$。有界自信 HK 模型中群体的最终状态表现为若干互不交互的观点簇，Slanina（2010）证明这些不同的观点状态之间存在着真实的动力学相变行为，其主要标志就是平均演化时间的分歧（divergence），分析结果揭示每一个相变过程也是群体的内部结构导致。

　　相比在静态网络上的观点演化，我们应该认识到不同个体间观点的相互影响也会反作用于网络拓扑结构的演变。一方面个体的观点受到交互网络的制约，另一方面，交互网络也受到观点演化的影响而处于缓慢的演变中。Kozma（2008）就研究了自适应网络上的 Deffuant 模型，初始交互网络定义为 ER 随机网络，通过参数 $\omega \in [0,1]$ 来协调个体的交互和网络拓扑结构的演化，随机选择的两个邻居 i，j 假如观点之差大于交互阈值则以概率 ω 断开连接，个体 i 随机选择另一个邻居 k 相连，如果 i，j 观点差异小于交互阈值则以概率 $1-\omega$ 按照原始 Deffuant 模型进行观点演化。模型对比了静态网络和自适应网络上的 Deffuant 模型，发现在交互阈值较大的情况下，网络的演化使得群体更易分裂成互不交互的观点簇，而交互阈值较小时却能显著降低群体中分裂成的观点簇数量。同时自适应网络上的观点演化达到稳定分布的时间较短。Gargiulo（2010）以自适应网络为基础研究了多个子群体交互的 Deffuant 模型，网络由若干小群体组成，每一步交互中，个体可以选择更换与自己观点差异过大的小集团，或者与所在小群体的个体按照 Deffuant 模型规则更新观点。模型以 5000 人和 500 个小群体为例做了演化仿真，结果表明，促成群体观点收敛所需的交互阈值 ε 比原始模型要小，并且这些小群体的规模分布表现为个别小群体规模增大，另外一些小群体的规模则越来越小。

3.3.3　矢量观点模型的拓展研究

　　Laguna（2003）研究了社会影响下的矢量观点动力学，以建立在二维网格上的 Axelrod 二元文化模型为基础，文章用一组取值为 0 和 1 的向量表示个体的观点状态，但个体间的交互对象不再局限于其周围的四个最近邻，而是考虑两种交互方式：随机选择的两个个体进行交互，选择小世界网络上的邻居进行交互。用汉明距离计算个体间的差异度，并定义个体的交互阈值 u，当个体间的观点差异度低于交互阈值时，一个个体以概率 μ（收敛参数）随机改变一个观点向量值使之与交互对象的观点差异度减小。在随机选择中，交互阈值 $u < 2$ 时，收敛参数 $\mu = 0.066$ 还是 $\mu = 1$ 对最终的观点状态影响不大，表现为群体观点收敛到几个观点簇，而 $u > 7$ 时，两种情况都使群体观点收敛为一个观点簇，$2 < u < 7$ 时，观点簇的数量取决于收敛参数。在小世界网络上交互时，作者发现最终收敛的观点簇数量与随机选择的情况没有差别，观点收敛的簇数只取决于交互阈值。

针对矢量观点模型中离散的观点状态，Fortunato（2005）将二元矢量观点模型拓展到了二维连续观点研究中，旨在用主方程分析（rate equation）比较矢量观点模型与之前的 HK 标量观点（scalar opinions）模型的异同。他将原来一维的标量观点用矢量的二维观点表示，分别用正方形和圆形自信区间表示个体之间的紧密度，这两种自信区间的形状可映射为只有两个观点都足够接近时个体才会交互，以及个体综合评价两个观点的平均近似度小于自信阈值时进行交互。作者在全连通网络上通过求解主方程的解析解验证了二维矢量观点模型，发现尽管拓展模型的收敛阈值与一维标量观点很接近，但圆形自信区间的收敛阈值比同样维度下方形自信区间的阈值要大一些，也就是说，矢量观点群体的演化与一维模型演化没有很大的差异。Alaali（2008）在 ER 随机网络和 BA 无标度网络上将 Deffuant 模型拓展为多维观点，对矢量离散观点模型使用汉明距离精确计算个体间的观点差异度，而对连续矢量观点模型，通常采用欧氏距离来表示个体间的观点差异。作者对持有 6 个矢量观点的 100 个个体进行了仿真实验，个体可以选择网络上的邻居进行交互，并计算出前五个观点的欧几里得距离，并根据 Deffuant 模型的规则更新他们的第六个观点。最后引入了单相（single phase filtering process）和二相过滤过程：单相过滤过程是指当前五个观点的欧几里得距离小于交互阈值 t_1 时，他们的第六个观点会相互靠近；二相过滤过程除了要求前五个观点的距离小于交互阈值 t_1，还要求第六个观点的差异小于交互阈值 t_2 时个体才会根据 Deffuant 模型的规则更新他们的第六个观点。实验表明网络直径影响了群体观点的收敛一致性，网络直径越小，群体观点越容易收敛至一致，而且 BA 网络和 ER 网络上的收敛时间差别不大。在引入二相过滤过程后，这个过程反映了个体在进行观点演化时对当前观点和历史观点赋予的权重，当个体考虑最近邻的观点较多时，群体观点的收敛绩效并不理想。

3.4　观点动力学应用案例

观点动力学的应用非常广泛，它在政治领域、电子商务以及群体决策方面的发展促进了人们对观点形成和演化的理解，也引起了不同领域学者专家们的研究兴趣。由于其在群体决策领域内的应用能弥补传统的群体决策研究方法的弊端而得到人们的关注，不同于原先对个体决策的数学或行为集结，因此在观点动力学的框架下重新审视群体决策问题有助于决策制定者对决策过程的理解。刘常昱（2006）就研究了基于 NW 小世界网络上的舆论传播模型，为量化研究舆论传播提供了有益的探索和思路。Sobkowicz（2009）也指出应用物理学工具来模拟群体观点的形成过程需要与现实结合，在把握了系统的基本特征之后，更重要的是加强跨学科领域的合作，改进对个体的描述、交互过程以及观点改变过程的解释。北京大学的王龙等（2008）把观点动力学模型和群体决策研究联系起来，为交互式群体决策提供了新的研究思路。伴随着观点动力学基本模型的提出，以及后来的研究对其进行了各种各样的研究和拓展，下面列举了观点动力学成功应用的案例。

3.4.1　政治选举

政治选举是民主社会中最基本的社会交互过程，个体对候选人的选择可以抽象为观点，用观点动力学模型来模拟个体间交互导致的政治选择变化因与现实情况拟合得较好而得到了研究人员的广泛关注。因此，研究人们如何做出自己的政治选择也是众多社会学科的研究主题。例如，修正后的 Sznajd 模型就很好地拟合了巴西和印度选举中政治候选人的投票分布。观点动力学模型在政治选举中的应用并不是可以准确预测选举中哪一位候选人能够得胜，只是对通过众多选举过程的统计总结出投票数量的分布特征。Costa Filho（1999）研究了 1998 年的巴西政治选举问题，作者分析了巴西的全民公选，统计了候选人的得票分布，指出这种投票服从幂率分布 $\nu^{-\alpha}$，且 $\alpha = 1.00 \pm 0.02$。文章指出虽然各个国家的选举背景、经济背景等不同，但都遵循同一个分布规律，说明人们的选举动机、选举心理和决策行为都是相似的。

Bernardes（2001）用 Sznajd 模型研究了方格网络上的投票分布，持有相同观点的相邻个体说服他们的邻居也采纳他们的观点，该模型证实了候选人的得票分布与 1998 年巴西选举的投票分布相吻合，都服从指数为 –1 的幂率分布。随后 Bernardes（2002）又在立方体网格和 BA 无标度网络上分析了巴西选举问题，同样证明了投票者的得票服从幂率分布，与现实情况相吻合。Stauffer（2002）引入的稀疏网络上的 Sznajd 模型中每个个体有四个选择（1，2，3，4），每一时步个体移动到其他空的网格上，然后随机选择两个相邻个体，如果观点相等，则可以说服邻居中与他们观点差异不大于 1 的个体采纳他们的观点，实验表明当有 4 个候选人时，41% 的概率会出现候选人 1 和 3 共存的状态，41% 的概率出现候选人 2 和 4 共存的状态，以及 9% 的概率出现候选人 2 和候选人 3 的状态。当有 3 个候选人时，几乎整个群体的观点都会收敛于候选人 3。当有 5 个候选人时，会有一小部分支持候选人 1 和 5，大部分个体支持候选人 3，几乎没有人选择候选人 2 和 4。

Sznajd（2005）将 Sznajd 模型拓展到二维观点上，研究了群体决策收敛一致性的条件，将个体决策划分为经济观点（economic area）和私人观点（personal area），并为这两种观点的演化定义不同的规则，仿真结果发现经济背景上的差异并不会对群体观点的收敛造成阻碍，而如果私人背景的差距过大，则群体观点很难收敛至一致。Ben-Naim（2005）研究了政治党派的形成，指出个体间的交互由两种机制组成：协商机制和扩散机制。用整数 n 表示个体观点，随机选择的两个个体可以在交互阈值内达成一致，也可以以概率 D 随机地改变观点。模型显示扩散机制占主导地位时，观点分布较均匀，群体内没有政党形成；扩散机制较弱时，小的政党会被规模大的政党吞并；没有扩散机制时，政党的规模分布比较均匀。

3.4.2　市场渗透

除了以上介绍的观点动力学模型适用于政治选举问题，其在市场渗透领域也为企业的经营管理者们提供了借鉴意义。研究最多的是在一定的市场范围内，通过个体间的交互，群体决策收敛为某一产品所需的最小广告强度。Ben（2005）就研究了市场上的两种产品中的一种怎样能在较低的初始密度下扩散至整个群体，考虑市场上的两种产品 A 和 B，假定产品 A 是广告宣传的产品，采取的交互规则是随机选择的两个相邻个体如果观点相同，则可以说服他们的六个邻居采纳他们的观点，然后在每次迭代中，每个个体以很小的概率 ε 选择产品 A 的方式引入外界大众媒体对产品 A 的广告宣传效应。实验表明只需广告的宣传力度 ε 为 0.25，就足以使初始密度为 10% 的产品 A 最终占领整个市场。对不同规模的市场，发现在相同的初始密度下市场越大，产品 A 取胜所需的广告强度越小。Sznajd（2003）研究了双头垄断市场上的广告效应对市场渗透的影响，致力于解释何种情况下广告宣传会起作用，文章应用二维 sznajd 模型的蒙特卡洛仿真方法来回答上述问题。市场上的个体位于周期性边界条件的 $L \times L$ 的二维网格上，市场上的两种产品用 A 和 B 表示，定义产品 A 为广告宣传的产品，采用的交互规则是随机选择四个相邻个体，如果观点相等，则可说服他们的八个邻居采纳他们的观点，如果是三个观点相等，则他们的邻居以 3/4 的概率采纳他们的观点，如果两个观点相等，他们的邻居不改变观点。假如个体没有被邻居说服采纳他的观点，那么他会以 ε 的概率选择产品 A。实验表明存在一个阈值 ε 使得产品 B 在不采取任何措施的情况下，产品 A 能够最终占领整个市场。

3.4.3　语言演化

人类社会中的语言演化现象可以用观点动力学模型来加以研究，人类社会中语言的分布从 1（濒临灭绝）到 10^9（汉语），Stauffer（2005）用蒙特卡洛仿真方法模拟了人类社会语言的演化。文章将语言映射为一串取值是 0 和 1 的矢量观点，初始时刻所有个体的语言都为 0，子代可以从父代那里继承语言特征，并以一定的概率发生语言的突变。每一时步还会发生与群体规模成比例的费尔哈斯死亡率（verhulst death），每个个体抚育一个子代，子代语言中的一个特征会发生突变。实验发现，对固定规模的群体，会观察到相变现象：在突变率较低情况下，群体基本上会收敛到一种语言，如果突变率较高，语言的分布就像人类社会中的语言分布一样呈现出对数正态分布（log-normal）。Schulze（2007）对语言的产生、发展和消亡做了总结回顾。文章回顾了物理学家们对人类语言的竞争演化所做的仿真研究，指出现在的研究都是建立在矢量观点模型的基础上，而计算机语言提供了详尽的语法语言，因此发展更复杂的描述语言结构本身的演化是亟待解决的问题。

Stauffer（2005）描述了两种语言间的竞争演化过程，指出目前模拟人类语言的演化或者是用宏观上的 Lotka-Volterra 微分方程来描述，或者是采用蒙特卡洛微观仿真方法来研究。文章定义了具有 16 个 0，1 字符的矢量语言特征，从仅有一个持有全零语言的个体开始，每一时步每个个体产生一个子代，子代继承父辈的语言特征，并以 p 的概率发生突变，文中令 $p = 0.48$。考虑语言作为一种交流方式，个体都有倾向学习那些规模大的语言，因此个体也会发生一个与语言规模成比例的转变概率，模型显示语言的分布与现实社会中的分布相接近。最后作者指出应用计算机仿真方法来研究人类语言的演化还处于初期，并且非常有必要在以后的工作中对比分析这些研究方法的异同。

3.4.4　谣言扩散

谣言扩散是由社会生活中个体间的交互导致，应用观点动力学模型来研究谣言扩散现象也取得了不少成果，其为引导和控制舆论的传播提供了参考。最初对谣言扩散的研究是借鉴疾病传播领域的研究成果，运用微分或差分方程组成的动力学系统导出系统宏观的演化公式，如研究传染病扩散的 SIS 模型和 SIR 模型，Hethcote（2000）就对谣言扩散模型做了总结。随着观点动力学中基于个体的仿真方法的引入，Galam（2002）应用渗透理论建立了恐怖主义的扩散模型。2003年 Galam 又用观点动力学中的多数决定模型解释了"9·11"谣言扩散现象，在短短的几天时间内关于"美国没有发生'9·11'事件"的相关书籍就售出了 20

多万册，令人不可思议的是法国民众都相信了这个谣言，最终还是通过一些权威机构和报纸等媒体澄清了事实。Galam 提出的个体随机组成不同规模的局部交互小组，并按照组内多数原则更新观点，作者以 +1 的初始观点密度 $p = 0.8$ 为例，按照局部多数决定模型，只需经过 11 次讨论群体观点就会最终收敛到另一个观点 -1，这也是为什么初始只有 20% 的反对观点，但仍可以通过公众的自由讨论成为整个群体的最终观点。文章指出群体中存在一个阈值，使得初始观点密度高于该阈值时，群体最终可以收敛为该观点，而这个阈值依赖于局部讨论组的规模和选举的层级。模型得出的结论与社会中舆论或者谣言传播有极大的相似性，舆论或观点总能以这种方式以较快的速度在整个群体内传播开来，从而整个群体都会在很短的时间内达成一致。

掌握谣言扩散的传播机理对政策制定、有效地引导或控制舆论的扩散有重要的现实意义。Nekovee（2007）研究了复杂网络上的谣言扩散理论，分别以随机网络、不相关的无标度网络（uncorrelated scale-free networks）和配对度相关的无标度网络为个体潜在的交互网络，研究表明在均质网络和随机网络上，存在一个临界阈值使得谣言传播率低于该值时，谣言不会扩散至整个群体，而在无标度网络上的无限群体中，该阈值不存在，且无标度网络上的传播率大于随机网络上的。模型显示准无标度网络中，谣言或者疾病更容易传播。最后作者提出在动态网络上研究谣言的传播更具挑战性。

与谣言扩散的社会过程相似的是时尚的流行，Galam（2005）应用了一个物理模型来描述服装市场上的流行现象。讨论只有两种品牌的市场在何种情况下，群体对品牌的认同会收敛至一致。考虑到扩散现象来源于个体对其最近邻行为或观点的模仿，将个体的交互对象局限为最近邻，探讨在个体组成的匿名小组中的传播和在社会等级组织中的传播这两种传播方式哪种更有效。模型显示当个体组成匿名小组交互时，使得某种产品扩散到整个市场的投资成本比较高，而此时仿冒品的出现则会有效的降低产品的投资额。当个体组成非匿名的社会组时，跟随者（followers）模仿领导者（leaders），随后也会变为领导者。这种传播方式可以避免市场上仿冒品的出现以及降低他们的沉没成本（sunk costs）。

3.4.5　群体决策研究

考虑到现有的群体决策理论和方法都不尽完善，尤其是对于动态群体决策的研究仍然集中于个体偏好的集结上，个体间动态的交互过程以及偏好的变动都不能得到很好地反映。以观点动力学为工具来研究群体决策问题是史无前例的。不同于传统的群体决策研究方法，观点动力学在群体决策中的应用是将个体的决策量化为若干离散的或一定区间上连续的观点值，且事先定义个体间的交互规则，建立个体交互的动态演化模型，来动态地考察群体决策的收敛性和收敛时间问题。在现有的群体决策研究中，以观点动力学中的基本模型为基础，研究者们将其拓展后运用到了群体决策领域，规避了传统群体决策的弊端，无论在理论意义上还是实践意义上，对群体决策问题的解决都具有不可估量的作用。在观点动力学的框架下研究群体决策问题目前主要沿着三个方向：对群体内的个体属性的描述、对交互过程和交互个体权重的改进以及知识共享/知识转移下决策者的交互范围对群体决策绩效的影响。

1. 决策个体的属性对群体决策绩效的研究

现有的研究都是将群体看做是由均质个体组成的，即决策者都具有相同的决策行为和心理。然而现实却是决策个体具有异质性，每个个体在交互中都遵循着自身特有的决策习惯。针对这种现象，杨雷等（2011）研究了决策者个性混合的群体决策的演化过程。文章以连续观点的 Deffuant 模型为基础，将无主见型个体、随和型个体、偏执型个体和固执型个体引入群体，个体的类型决定了他们在交互中向彼此观点靠近的程度。仿真发现随和型个体较多时群体观点演化的一致性较好，收敛时间也较短；无主见型个体增多时收敛时间呈阶段性增长；偏执型个体较多时收敛时间则稳步增加；固执型个体增多时，群体观点的收敛一致性降低，且收敛时间大幅增加。研究表明在群体中引入具有复杂属性的个体对群体决策的收敛绩效有显著的影响。

2. 决策公平性和决策个体的权重对群体决策的绩效研究

群体决策的公平性一直都是决策研究领域研究者们乐此不疲的研究主题。杨雷、潘科（2010）以离散的 Galam 模型为基础，讨论了如何解决平局状态下的个体决策问题，对有三个决策选项的群体收敛时间做了研究。在由三个个体随机组成的小组中，会出现每个个体各持己见的平局状态（local tie），文章提出了两种处理方法：随机选择一个决策项作为小组的决策结果和选择最近邻小组已经达成一致的观点。仿真结果显示采用这两种方法的群体观点达成一致性收敛的时间相差不大，但决策前期群体决策收敛的时间图有少许差异。随后文章也观察了群体规模对群体决策收敛时间的影响，虽然群体观点的收敛时间随着规模而增大，但在平局状态中随机选择观点的方法收敛时间较长，进一步的，通过变动决策项 A 的初始密度，文章也指出了当它的初始密度逐渐增加时，群体观点的收敛时间也逐渐增加。

群体决策研究中不可避免地会遇到如何给个体的交互对象赋予权重的问题，杨雷、解敬媛（2010）在 HK 有界自信模型的基础上引入了过渡函数的概念。指出个体在交互中会根据观点差异的大小而给交互对象的观点赋予不同的权重，文章比较了三种权重函数：双曲线函数、余弦函数和线性函数，模型表明引入过渡函数之后的群体观点演化到稳定的时步较长，采用不同的权重函数，群体决策的收敛时间也明显不同。

3. 个体的交互范围对群体决策的绩效研究

在上文中我们综述了利用观点动力学工具来动态地仿真群体观点的演化过程。然而考虑到在动态群体决策过程中，个体选择不同的交互对象数量对群体决策的观点演化具有重要影响。因此研究在知识转移背景下个体的交互范围对群体决策绩效的影响是必要的。杨雷等（2010）撰文研究了知识转移背景下个体的交互对象范围对动态群体决策观点收敛时间的影响。模型假设决策个体的知识水平为交互时间的增函数，且个体观点间的相互影响是非对称的。研究了决策个体分别选择 1、3、5 个邻接个体对群体观点稳定性和收敛时间的影响。仿真表明交互节点数越多，群体收敛到一致的时间越短。

4. 群体决策研究展望

将观点动力学应用于群体决策的研究虽然已取得了丰硕的成果，但不可否认的是我们的研究仍处于初级阶段。观点动力学作为一种研究工具，其巨大的发展潜力使我们明晰了未来群体决策的研究方向和研究内容：建立对动态群体决策偏好收敛绩效的评价体系、构建符合实际的个体偏好动态演化群决策模型，在此基础上找出影响群体决策收敛一致性和收敛时间的影响因素，讨论群体特征、决策环境、个体的交互行为特征等各种内外部因素对群体决策绩效的影响，进一步得出改善群体决策绩效的方法。电子民主背景下的群决策研究尚未得到关注，信息技术的发展使得人们能够随时加入公共决策的讨论中，促进群体决策的公平性和合理性，可以说观点动力学在群体决策领域内的应用不仅对完善动态群体决策理论具有推动作用，而且会对人们现实的决策活动产生积极的指导意义。

3.5　观点动力学发展前景与趋势

本章回顾了观点动力学的学科起源，指出作为一个跨学科的研究领域，它囊括了政治、市场营销、生物演化和社会科学等现象的研究，与物理学、心理学和复杂网络等学科有着相互依存、相互促进的关系。观点动力学中的基本模型都是对人类交互行为的抽象，定量地反映决策过程中个体偏好或观点的动态调整，这无疑是之前群体决策研究所不曾有的。在基本模型的基础上，随着人类认识的深入和决策行为的复杂性，学者们陆陆续续地对基本模型进行了交互规则、社会交互网络、观点表示方式上的改进，提出了许多更符合实际，更真实地描述人类交互行为的模型。

然而，我们必须认识到模型的意义在于通过对真实社会系统和个体决策行为的客观描述来解释各种社会现象，而不是通过牺牲社会系统某方面的真实特征来完善发展模型本身。因此对观点动力学模型的不断完善可以通过挖掘个体实际的行为特征、系统所处的社会环境等方面来改进。而这也正是观点动力学领域将来的研究重点所在。Xia（2010）在他的文章中展望了观点动力学的研究方向，认为现在的观点动力学仍处于发展初期，没有一个统一的框架，而且没有与真正的社会研究接轨。此外大部分的研究者们都提出了加强跨学科领域合作的重要性，尤其是观点动力学模型在社会系统中的应用。

科学技术的发展使得人类从工业社会步入了信息社会，现代信息通信技术的应用极大地改变了人们参与决策的方式。在工业社会中，人们参与公共事务决策的方式主要是代议制，也即公民选择一些能够代表他们利益的公民代表（representives），将投票权或者决策权全权交给他们这些代表，代为实行公共决策权。这种群体决策的参与方式是在当时落后的交通地理条件和闭塞的信息通信条件下符合当时社会实际的决策方式。随着科技的进步，公民对政治参与的要求提高，为了缓解日益增加的民主赤字危机，电子民主的公共决策方式应运而生。在电子民主的背景下进行民主决策的协商讨论，不仅符合人民要求公共决策公平合理的愿望，而且能促进和谐社会的民主建设。因此研究电子民主的社会公共决策既能反映出真实社会的群体决策特征，也能更好地指导群体决策的实践。

如前所述，群体决策面临的外部环境随着社会的进步也在不断地变化，个体参与决策的渠道变得越来越多样化，网络的普及也变革着人们的交互网络，参与决策的个体不必在同一时间、同一地点集合起来进行协商讨论。相反，个体可以克服空间距离的限制，异步地做出决策，并在合适的时机调整自身的观点，以追求群体决策的一致性。在后续的群体决策讨论中，有必要考虑外部技术条件带给群体决策方式的变革和其对群体决策绩效的影响。

根据当前的研究现状，在应用观点动力学模型解决群体决策问题时，应注意几个方面的改进：①社会交互网络，社会网络决定了个体如何选择交互对象，个体总是先选择交互的对象，然后才根据交互规则决定是否进行观点的调整，这是群体决策的首要环节。目前，复杂网络研究和观点动力学的结合是主要的研究趋势。主要的研究方法是事先制定一种拓扑结构（规则、随机、等级、小世界、无标度等），然后探讨发生在网络上的观点动力学行为。在不考虑网络结构变化的情况下，这是一种很好的方法，然而，社会关系网络往往是随着个体观点的变换而缓慢演化的。一方面，观点的扩散和演化受制于社会网络；另一方面，观点的扩散和演化也影响了社会网络的调整。当群体决策时间较短时，可以不考虑网络的演化。然而在某些长时间的群体决策中，不考虑社会网络的演化是不现实的。目前社会交互网络和观点的共同演化的研究还不够，也不系统、全面。②观点交互过程，许多研究者们都在致力于增进我们对社会影响和个体态度改变的理解。这需要研究人员对个体特性进行准确的把握和观点交互规律的正确认识，据此设计出符合人们真实交互行为的决策过程，这当然也包括个体交互过程中的规则设定，由于每个个体的特质性，对所有个体一视同仁的做法明显是不符合实际的，对交互过程的探讨应更多地集中于现实中人们的交互行为和观点改变规律。③应用现实社会系统的统计数据验证并改进模型的解释和预测能力。由于模型的最终用途是服务于群体的决策过程，很明显这方面的研究工作还不充分。过去的研究通常集中于二元和离散的观点模型，以后的研究重点可能会集中于连续和多维模型，以便于处理人类态度或行为的多维性。最后，观点动力学的发展有赖于其他学科的进步，跨学科的研究和合作将有助于观点动力学的发展。综上所述，无论是从理论意义还是实践意义出发，观点动力学的研究都有待深化。

第4章 电子民主的决策时间影响因素研究

电子民主的公共决策是在信息技术和网络技术平台上实现的公众参与决策,是当前公众参与决策的最新发展,具有群体决策的基本特征。公共决策具有时效性,特别是在紧急情况下的应急公共决策中,决策时间成为评价决策绩效的最重要指标。"决策时间"是指公众观点收敛到某一指定的一致性水平所花费的时间,也被称为"收敛时间"。同群体决策一样,电子民主公共决策受到的最大质疑是公共决策达到一致同意的决策时间长、效率低、观点收敛速度慢或难以收敛。因此,研究电子民主公共决策过程中影响决策时间的重要因素,提高观点收敛速度,显得尤为重要。本章将分别从决策群体规模、决策观点值域、有界信任和噪声影响等角度研究电子民主的决策时间影响因素。

4.1 群体规模对决策时间的影响

4.1.1 群体规模研究综述

国内外学者普遍认为群体规模是影响群体决策绩效的重要因素。群体规模是群体决策支持系统的主要作用因素之一(Watson,1994)。群体行为的重要变量是群体规模,尤其在小群体情况下。

目前,群体规模对决策绩效的作用得到了广泛的关注。Dennis(1990)等研究3人、9人和18人群体,发现方案数量和结果满意度随着群体规模的增加而增加。Valacich(1992)研究匿名和群体大小对计算机协调方法下产生的影响,发现更大的群体产生更多和更好的决策。Hwang则研究3人和9人群体,发现大群体相对于小群体产生更多的方案,但用更长的时间达成决策结果。Aiken(1994)使用平均8人的小群体和平均48人的大群体进行对比实验,发现决策使用直接口头交互方式时,群体规模影响很大。以上研究主要是实验室研究,结论集中在大群体能产生更好的决策绩效。但Lowry等(2006)的研究则表明小群体能够建立和维持高层次的交互沟通质量,大群体在面对面讨论会面临过程损失。可知,群体规模的增加对决策绩效的影响是两面的,大群体产生更好的决策绩效,但同时由于协调问题而导致过程损失，决策时间长。Carletti 从群体间交互作用出发，仿真发现：群体规模的一个分界点是 20，小群体中信息通过个体频繁相互作用而流动，而大群体则是群体内部的平均行为起作用。

国内对群体规模的研究也有部分成果。席酉民（1997）等对 GDSS 环境下群体规模进行实验研究，结论是在非 GDSS 和 GDSS 情形下，群体产生唯一想法数量随着群体规模的增加而递增。刘树林等（2002）则针对口头面对面的情况进行实验研究，结果发现群体创建方案的数量随群体规模增大呈中间高两头低的"n"形曲线变化，人均方案数量随群体人数增大而减小。此外，乐晴（1999）从决策收益和成本角度论述群体规模对群体决策的影响，并提出在确定合理的决策规模时，应考虑决策的内容、群体的凝聚力、文化要素以及选择性激励等因素。也有学者根据增加人数带来资源促进以及沟通协调问题抑制群体绩效的分析推测存在最佳的群体规模范围。

以上研究集中在实验研究和定性分析。实验只能研究部分规模的影响作用，没有对连续变化群体规模做出研究。而定性分析则说服力不强。现实中的决策群体为了得到最大收益应当采取多大的群体规模已成为一个亟待研究的问题。本节试图用新的方法研究群体规模对决策绩效的影响：通过设定连续变化的群体规模，用建模仿真实验来找到其规律。根据个体观点值的不同表达方式，形成二元离散观点和连续观点，对应人们面对的判断性问题和评价性问题。引入部分个体主导交互与全部个体同时交互的机制，根据群体决策交互过程的动态性来建立观点演化模型。

4.1.2　基于多数选择原则建模

现实中的决策问题可分为判断性问题和评价性问题。在面对判断性决策问题时，个体会给出离散观点代表多种不同的意见，如优、良、中、差，赞成或反对。由于二元观点的判断性问题更为普遍，本节只讨论二元离散观点情况。多数选择模型在此类研究中的运用最为广泛。假设在规模为 N 的群体中，N_+ 部分个体赋予观点变量 $s_i = +1$，其余部分个体 $N_- = N - N_+$ 赋予观点变量 $s_i = -1$。由于每个决策成员的个性以及知识的不同，个体参与到决策交互的过程有不同的表现，有些个体积极参与讨论，有些个体则可能不发表或改变其意见。假设决策交互过程存在部分个体主导交互和全部个体同时交互的不同情况。本节设定两种不同的交互个体选择规则：一是每个步长随机选择 r 个不同个体进行交互，二是每个步长重复 n/r 次随机选择 r 个不同个体进行交互。观点演化规则选用多数选择原则，即抽取的小组成员采用该小组的大多数观点。当 r 是奇数，就会存在一个大多数观点。当 r 是偶数，则需要引入一个打破僵局的规则，如观点取 $s = +1$。

4.1.3　基于 Deffuant 交互规则建模

现实生活中有更多以连续值表示偏好的评价性决策问题，Deffuant 模型在研究连续观点问题中应用最多。假设规模为 N 的群体中，个体观点值服从 $[0,1]$ 均匀分布。同理假设存在部分个体主导交互和全部个体同时交互的不同情况，从而设定两种交互个体选择规则，一是每个步长随机选择两个不同个体进行交互，二是每个步长重复 $n/2$ 次随机选择两个不同个体进行交互。被抽取的两个不同个体的观点值分别为 x_i 和 x_y，给定阈值 ε。当 $|x_i - x_j| < \varepsilon$，个体 i 和个体 j 按如下规则进行交互，即

$$x_i(t+1) = x_i(t) + \mu(x_j(t) - x_i(t))$$
$$x_j(t+1) = x_j(t) + \mu(x_i(t) - x_j(t)) \tag{4-1}$$

式中，μ 表示个体观点的改变程度，取值范围为 $[0,0.5]$。当 $|x_i - x_j| > \varepsilon$，个体 i 和个体 j 不进行交互，两者的观点也不发生改变。由此可见，观点值越接近的个体越容易相互交互而达成一致，这与生活中人们容易接受与自己相近的观点的习惯相符合。本文将此再进行拓展，假定个体观点的改变程度与个体之间的观点差存在联系，定义新的 μ 值

$$\mu = \left(\frac{1}{2} - \frac{|x_i - x_j|}{2\varepsilon}\right) \tag{4-2}$$

当个体 i 和个体 j 进行交互时，他们将根据观点差 $|x_i - x_j|$ 来决定其观点改变的程度 μ。μ 的取值范围同样为 $[0,0.5]$。

4.1.4　多数选择模型的仿真分析

为了考察群体规模对群体演化过程的影响，基于 Windows XP 平台下使用 Matlab 进行仿真。参数设置：①小组人数 r 分别取 3，5，7，对应的群体规模取值为 15，33，…，321；15，35，…，355；21，35，…，259；②对于每个群体规模的独立实验，产生一组持有 +1 和 −1 观点的人数之差为 1 的二元观点分布并固定；③随机选择 r 个个体代表部分个体主导交互情况，重复 n/r 次随机选择 r 个个体交互代表全部个体同时交互情况；④设定群体中持有多数观点的人数比例作为观点一致性的值，即 $con = \dfrac{\max(N_+, N_-)}{N}$，$con \in (0.5,1]$，当 con 越接近 1，则群体的一致性越好，设定 con = 1；⑤对于每个独立实验均重复 500 次，排除随机性的影响，观点达成一致时的时间步长即收敛时间取 500 次实验的步长平均值。

1. 部分个体主导交互

设 $r = 3$，在每个步长中随机选择三个个体进行交互，在不同的群体规模下进行实验观察，发现无论群体规模是多少，群体通过意见交互都能达成一致观点。记录平均收敛时间形成图4-1。可知，随着群体规模 N 以 18 为增量而逐渐增大时，群体观点收敛时间呈线性增长。线性回归分析得到 $t = 4.131N - 87.14$，相关系数 $R^2 = 0.997$。这表明当主导个体人数为 3 时，群体规模的增大导致群体观点收敛时间线性增长，单位增长幅度为 4.131 个步长。

再对 $r = 5$ 和 $r = 7$ 的情况进行相同仿真实验以获取更好的实验外部性。将收集的数据形成图，发现收敛时间与群体规模也呈线性增长关系，于是进行线性回归分析得出拟合公式，即

$$t(r = 5) = 1.812N - 43.85 \quad R^2 = 0.996 \tag{4-3}$$

$$t(r = 7) = 1.089N - 24.33 \quad R^2 = 0.996 \tag{4-4}$$

由式（4-3）、式（4-4）可知，当主导个体人数为 5 或 7 时，群体规模每增加一个人，决策收敛时间增长 1.812 或 1.089 个步长。综合分析表明，在部分个体主导交互的情况下，观点收敛时间与群体规模呈现线性正相关，即 $t \propto N$ 或 $t = aN + b(a, b \in R)$。根据以往的研究，原因在于群体规模的增加导致个体之间的沟通和协调变得困难，交互意见流通不畅，从而导致收敛时间的增长。

2. 全部个体同时交互

设 $r = 3$，在每个步长随机选择三个个体进行交互，在不同的群体规模下进行实验观察，发现群体规模的大小对于群体通过交互达成一致观点不存在影响。记录其平均收敛时间并形成图4-2，发现随着群体规模 N 以 18 为增量而逐渐增大，群体观点收敛时间呈对数式增长。进行对数回归分析得到 $t = 1.889\ln(N) + 0.63$，相关系数 $R^2 = 0.995$。这表明，群体规模的增大导致群体观点收敛时间呈单位幅度为 1.889 的对数增长。群体规模的增加对收敛时间的影响在群体规模较小时比较显著，而当群体规模已达到一定数量时，其对收敛时间的影响不显著。

再对 $r = 5$ 和 $r = 7$ 的情况进行同样的实验观察，发现群体观点在不同的规模下都能达成收敛。随着群体规模的增大，收敛时间呈对数式增长趋势，对数回归分析结果见式（4-5）和式（4-6）。

$$t(r = 5) = 1.384\ln(N) - 0.403 \quad R^2 = 0.989 \tag{4-5}$$

$$t(r = 7) = 1.207\ln(N) - 0.804 \quad R^2 = 0.981 \tag{4-6}$$

由式（4-5）、式（4-6）可知，当主导个体人数为 5 或 7 时，随着群体规模

的增加，决策收敛时间对数增长 1.384 或 1.207 个步长。综合分析得出，在全部个体同时交互的情况下，观点收敛时间与群体规模呈现对数式正相关的关系，即 $t \propto \ln(N)$ 或 $t = a\ln(N) + b(a, b \in R)$。群体规模的增加对收敛时间的影响在群体规模较小时显著，在规模大时不显著。在部分个体主导交互的情况下，观点收敛时间的数量级为 1000；而在全部个体同时交互的情况下，收敛时间的数量级为 10。这说明，决策个体的积极参与交互能够大量地节省决策时间，从而获得更好的决策效率。

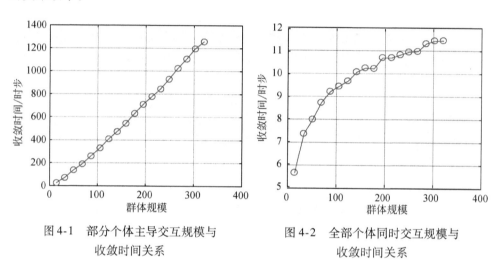

图 4-1　部分个体主导交互规模与　　　　　图 4-2　全部个体同时交互规模与
　　　　收敛时间关系　　　　　　　　　　　　　　收敛时间关系

4.1.5　Deffuant 模型的仿真分析

仿真参数设置：①不充分交互的群体规模取 10，20，50，…，250，充分交互的群体规模取 10，20，50，…，1000，个体交互的阈值取 0.7，0.8，0.9 以作对比实验；②对于每个独立实验产生一组 [0,1] 均匀分布的观点值作为初始观点并固定，以消除其对收敛时间的影响；③设定群体观点收敛区域的大小 D 作为一致度，其中，$D_t = x_{\max}(t) - x_{\min}(t)$，$x_{\max}(t)$、$x_{\min}(t)$ 分别表示在 t 时刻群体中最大观点值与最小观点值，D 越大则群体一致度越差，设定 $D \leqslant 0.001$；④每次实验重复 200 次，收敛时间（达成一致时的交互步长）的取值为 200 次实验的平均值。

1. 部分个体主导交互

仿真实验发现：通过个体间的交互，群体观点由分散到集中，最终达成一致收敛。针对部分个体主导交互情况，为了实验结论的普适性，设定三个不同阈值 $\varepsilon = 0.7$，$\varepsilon = 0.8$，$\varepsilon = 0.9$ 以作对比实验。每个步长随机抽取两个不同个体进行交互，在不同的群体规模下进行实验观察，发现群体在不同的群体规模下群体观点都能达成一致。将收集的平均收敛时间形成图4-3。可见，在不同的阈值情况下，收敛时间均与群体规模线性正相关。线性回归分析得出拟合公式，即

$$t(\varepsilon = 0.7) = 19.73N - 120.2 \quad R^2 = 0.999 \tag{4-7}$$

$$t(\varepsilon = 0.8) = 19.16N - 118.6 \quad R^2 = 0.999 \tag{4-8}$$

$$t(\varepsilon = 0.9) = 18.85N - 119.1 \quad R^2 = 0.999 \tag{4-9}$$

因此，当部分个体交互时，群体观点收敛时间与群体规模呈现线性正相关，即 $t \propto N$ 或 $t = aN + b (a, b \in R)$。当决策人数每增加一人，决策收敛时间增长约19个步长。原因在于群体规模的增加带来沟通和协调问题，需要更多时间来解决。

2. 全部个体同时交互

同理分别设定 $\varepsilon = 0.7$，$\varepsilon = 0.8$，$\varepsilon = 0.9$ 以获取较好的实验外部性。每个步长随机抽取两个不同个体进行交互，在不同的群体规模下进行仿真实验观察，发现群体规模的大小并不影响到最终决策观点的一致收敛。将收集的平均收敛时间形成图4-4。

可见，群体规模的增大导致观点收敛时间呈对数式增长。但每个规模区间的增长幅度不同。在阈值为0.7时，当群体规模从10增加到100时，平均收敛时间增长5.17个步长，而当规模从100增加到1000时，平均收敛时间只增长了2.02个步长。对数回归分析得出拟合公式，即

$$t(\varepsilon = 0.7) = 1.448\ln(N) - 21.26 \quad R^2 = 0.924 \tag{4-10}$$

$$t(\varepsilon = 0.8) = 1.512\ln(N) - 19.68 \quad R^2 = 0.899 \tag{4-11}$$

$$t(\varepsilon = 0.9) = 1.526\ln(N) - 18.87 \quad R^2 = 0.883 \tag{4-12}$$

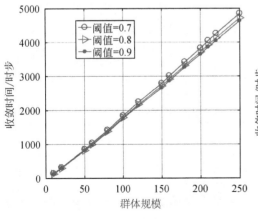

图4-3　部分个体主导交互规模与
收敛时间关系

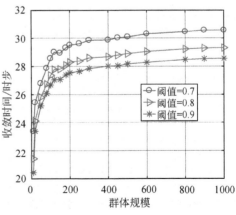

图4-4　全部个体交互规模与
收敛时间关系

综合分析发现，对于评价性决策问题，在全部个体同时交互决策的情况下，群体观点收敛时间随着其规模的增长呈对数式增长，即 $t \propto \ln(N)$ 或 $t = a\ln(N) + b(a, b \in R)$。每增加一个决策个体，平均收敛时间对数增长约 1.5 个步长。当群体规模较小时，增加的决策人数使得收敛时间增长较快；而当群体已达一定规模时，增长趋于饱和。当群体规模为 250 时，全部个体同时交互情况下的观点收敛时间约为 30 个步长，而部分个体主导交互情况下观点收敛时间约为 4800 个步长。这说明决策个体认真地参与沟通过程能够节约大量决策时间。

4.1.6　结论

本节研究群体规模对动态群体决策收敛时间的影响。通过引入观点动力学的多数选择模型和 Deffuant 模型，分别研究在面对判断性问题与评价性问题时，决策参与人数的多少对收敛时间的影响。通过仿真发现，群体规模对群体观点演化时间存在重要的影响。在部分个体主导交互过程的情况下，随着群体规模的增大，决策收敛时间呈现线性增长，即 $t \propto N$。而在全部个体同时交互的情况下，群体规模使得决策收敛时间呈对数式增长，即 $t \propto \ln(N)$。全部个体同时交互的情况下决策收敛时间比部分个体主导交互的情况少。这说明，群体的积极参与讨论是提高决策效率的途径。研究进一步验证前人关于群体规模的增大导致决策时间增大的结论。但不同的是，本节引入不同的交互过程机制，能够更好地描述现实生活的决策情况。在全部个体同时交互情况下，群体规模的增大只能使决策时间在一定程度上增大。因此，在需要多种意见的决策时，可以考虑选用较大规模的决策群体。而在决策时效相对重要时，企业应考虑较小规模的决策群体。

本节对群体规模对收敛时间的影响研究，为动态群体决策提供了一种新的研究途径和思路，进一步完善了群体决策的相关理论。但本节只研究选择性决策和评价性决策问题，忽略排序性决策问题，且假定所有的决策个体都是同质个体，不区分决策个体的属性等，同时决策者的不同学习能力没有被考虑等，对此更深入的研究需要后续完成。

4.2　观点值域对决策时间的影响

4.2.1　决策中的观点值域

不同于单次群体决策的多轮简单重复，动态群体决策主要体现在决策成员之间的交互性，决策者之间会相互影响，进而更新偏好信息。每个决策者都有属于自己的决策偏好信息，表示对备选决策方案的主观评价。在传统的群体决策理论中，最常见的偏好信息形式有序关系、效用值、互反判断矩阵、互补判断矩阵和语言评价信息等。基于这些偏好形式，学者们研究的焦点主要集中在偏好信息的群体集结方法，以寻求最终一致方案，并取得了许多有意义的结论。近些年，随着复杂性科学的兴起，统计物理学被广泛应用于群体决策领域。学者们将决策者的偏好简化为一个数值，表示个体的态度或观点，并借助仿真技术来研究动态群体决策绩效。著名的理论物理学家 Sznajd 将个体的偏好简化为一个二元离散值，分别用 $+1$ 和 -1 表示，如投票或选举中选择赞成（$+1$）与反对（-1）。后来 Stauffer 又将偏好状态 q 扩展为大于 2 的情形，在一维偏好的基础上，又引申出多维矢量偏好。当然现实中个体的观点并非泾渭分明，而具有一定的模糊性。所以一般地，可以将个体偏好映射为一段连续区间上的实数。如对某一产品的满意程度，可以用区间 $[a, b]$ 描述，表示从"完全不满意"到"完全满意"，二者之间的值表示各种中间选择或态度。于是，所有决策者的偏好就分布在一个区间内，该区间称为偏好值域（preference spectrum）。Deffuant 等和 Hegselmann 等所分别建立的偏好交互模型，都是在 $[0, 1]$ 区间上研究偏好的动态演化，主要研究信任水平与一致性绩效之间的关系。在现实决策环境中，由于决策信息的多样性和复杂性，群体的偏好范围并不仅仅局限于 $[0, 1]$ 区间上，可能会更长或者更短。另外，群体的偏好也不一定完全服从均匀分布。本节将从偏好值域出发，探求它对动态群体决策影响的规律。

纵观整个偏好值域，各个成员的偏好显得毫无规则可言。受启发于社会科学家 Schelling 的种族隔离模型，所有的集体行为都有一个重要方面，大家在作出决策时，都会受到他人影响。正是由于这种相互依赖性，群体行为便不会是个体行为的简单延伸。我们将群体偏好视作一个群体属性，一旦出现了个体之间的交互因素，各自的偏好变化趋势将是一个值得深思的问题。文章通过建立交互模型，借用 Multi-Agent 的仿真方法，主要回答以下几个问题：

在其他条件相同的情形下，当偏好值域变化时，群体决策演化趋势会出现哪些情形？

偏好值域的长度与决策收敛时间和最终偏好簇的数量之间存在何种关系？

当群体的初始偏好服从偏好值域上的非均匀分布时，群体决策的演化结果如何？

元胞自动机（cellular automation）是一种理想化的数学模型，由 Von Neumann 在研究自我复制问题时提出，是复杂系统建模的主要工具之一。其基本特点是，时间和空间都离散，散布于规则网格中的每一元胞均取有限数集，各元胞遵循相同的演化规则进行同步演化且仅和它临近的元胞发生相互作用。与传统的建模方法相比，元胞自动机直接模拟系统各组元之间的相互作用，因此能够通过一些简单的规则产生出高度复杂的演化结果。鉴于元胞自动机模型的模拟因素和对象特征的简单性，本节将元胞自动机与动态群体决策相结合，通过对决策者行为进行若干简化，将元胞自动机本身的微观规则同决策个体的主观偏好信息结合，建立了基于元胞自动机的群体决策演化模型，专门讨论偏好值域的影响作用。

4.2.2　模型构建

1. 偏好值域

在决策过程中，由于无法把握所有的相关信息以及自身的局限，人们无法准确地表达出自己的主张。对于这种不太确定的情形，决策者用几个极端的离散情形无法描述其观点，而只能主观地模糊估计出自己的看法。例如，对于价格、税率或是其他宏观变量的预测，用少数几个数值就无法全部概括。甚至在政治选举问题中也不只是存在极左和极右两种情况，还有这两者之间的各种选择。运用一个连续区间就可以直观地描述出决策者的各种主观偏好的变化范围，即偏好值域。不同于离散的偏好描述方式，偏好值域允许决策者充分表达自己的观点。一般情况下认为，群体初始偏好服从偏好值域上的均匀分布。当然不同的群体，决策成员的偏好分布也会出现变化。对于比较开放的群体，区间范围越长，群体偏好的演化范围越大，个体偏好变化的自由度越大。

2. 群体基本属性描述

设定一个包含 N 个决策成员的群体 G。初始时刻，每个决策成员就一决策问题发表自己的观点，然后随着时间的演进而不断调整自己的观点。对于任一决策个体 $i(1 \leqslant i \leqslant N)$，在时步 t 的偏好表示为 $x_i(t)(x_i(t) \in R)$。于是，群体 G 的偏好空间（preference profile）为 $X(t) = \{x_1(t), x_2(t), \cdots, x_N(t)\}$。初始时刻，整个群体的偏好服从偏好值域 $S = [a, b]$ 上的均匀分布。每个群体成员都有一个有界的信任水平（bounded confidence level），表示个体愿意与其他决策成员发生交互的程度。信任水平受决策个体的性格、心理以及知识水平等因素影响。个体 i 的信任水平值 $\varepsilon_i \in (0, 1)$，信任水平越高，表明个体对自身观点的不确定越高，进而越愿意接受其他个体的意见。反之，说明个体越偏执和极端，越坚持自己的观点而不愿吸收其他个体的意见。为了简化，假定群体 G 为一个同质（homogeneous）群体，即所有群体成员的信任水平相同。

3. 基于元胞自动机的动态群体偏好演化规则

在群体行为中，个体往往表现出一种倾向，他们在作选择时容易采纳与自已有相似之处的个体的意见。社会物理学中的观点动力学理论（opinion dynamics）认为，在群体决策过程中，决策个体的偏好会受周围决策个体偏好的影响，并相应调整自己的偏好。本模型正是基于这一基本假设来建立群体偏好的演化规则。

　　本节的群体偏好演化模型建立在四方网格的二维元胞自动机上，其中每一个元胞（即网格点）代表一个决策个体。在每一时步，元胞的状态就表示个体的偏好，且任一元胞的决策偏好都可能会受到周围元胞偏好信息的影响。在群体决策过程中，由于影响决策者的邻居是有限的，邻居的选取规则采用领域半径 $r = 1$ 的 Von Neumann 邻域，且边界条件采用循环边界，如图 4-5 所示。位于中心元胞的决策个体并不能与所有邻居元胞发生交互，而只有当二者的偏好差异不超过中心元胞所在个体的信任水平时，才会受到邻居偏好的影响。下面用数学形式表述偏好的演化模型。

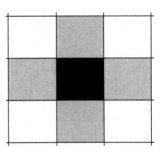

图 4-5　二维元胞自动机的
Von Neumann 邻域

　　我们不采用元胞所在的二元坐标形式来表征决策个体，而是采用决策个体的编号 $i = 1, 2, \cdots, N$ 来代表。在某一时步 t，对于任一决策个体 i，偏好状态为 $x_i(t)$。每一时步内，个体 i 在其 Von Neumann 邻域中搜寻并选择交互对象。当邻居个体 j 的偏好满足条件

$$|x_i(t) - x_j(t)| \leqslant \varepsilon_i \tag{4-13}$$

则下一时步 $(t + 1)$，个体 i 的偏好状态演化为

$$x_i(t + 1) = \mu x_i(t) + (1 - \mu) \frac{\sum_j f_{ji}(t) x_j(t)}{\sum_j f_{ji}(t)} \tag{4-14}$$

式（4-14）中，μ 表示耦合因子，用来衡量个体自身和周围邻居的相对影响程度。在一般情况下，$\mu \in (0, 0.5]$。本节一律取 $\mu = 0.5$。j 为个体 i 周围的邻居元胞，在本节中表示的是 Von Neumann 邻域的四个邻居。式（4-14）第一部分表示个体对自身偏好的记忆效应，第二部分表示周围邻居的影响。$f_{ji}(t)$ 为权重函数，表示邻居 j 对 i 的影响权重，与二者之间的偏好差异相关。当邻居 j 不满足交互条件时，个体 j 的影响权重则为 0。于是，$f_{ji}(t)$ 可以表示为

$$f_{ji}(t) = \begin{cases} \exp\left[- \left(\dfrac{x_j(t) - x_i(t)}{\varepsilon_i} \right)^2 \right], & if\, |x_j(t) - x_i(t)| \leqslant \varepsilon_i \\ 0 & else \end{cases} \tag{4-15}$$

4.2.3　实验设计

根据上述若干假设，利用仿真技术来探讨偏好信息对动态群体决策演化结果的影响，仿真实验的示意性算法设计如下：

步骤1　初始化。构建一个 $N = n \times n$ 的二维元胞自动机，每个元胞代表一个 agent，即群体中的决策成员。N 即为群体规模。设置初始时刻所有决策成员的偏好状态服从值域为 $[a, b]$ 上的均匀分布，所有决策成员的信任水平为 ε，且仿真时步为 T。

步骤2　选择交互对象。对任一决策成员 $i (1 \leq i \leq N)$，从周围的 Von Neumann 邻域中根据式（4-13）的交互条件，寻找交互对象，并根据式（4-14）更新自身的偏好。

步骤3　随机游走。每一个决策成员从所在的元胞位置向任意方向随机游走一个单位。

步骤4　遍历群体中的每一个决策个体，同步更新所有个体的偏好。

步骤5　重复步骤2至步骤4，直到时步 T 终止。

4.2.4　仿真实例与结果分析

下面以一个决策系统 G 为例，讨论模型的实际运用，根据第3节的实验设计步骤，在 Matlab 仿真平台上完成多个仿真实验。

1. 偏好值域长度对群体决策收敛绩效的影响

在群体决策理论中，收敛绩效反映的是群体决策的一致性程度和决策效率。我们利用群体在偏好达至稳态时，最终出现的偏好簇的数量来表征群体决策的一致性绩效，并将群体达到偏好稳态所需的时步数定义为收敛时间。初始群体偏好信息决定了群体偏好的演化结果，在最终达到稳态时，群体或达成一致意见，或两极分化，或分裂成更多个簇。本节的实验研究了偏好值域 d 的长度对收敛绩效的影响。偏好值域的长度 d 表示整个群体的偏好变化范围的大小，反映了整个群体偏好的离散程度。偏好值域长度 d 越大，表示整个群体对于决策问题的意见越分散，相互之间的观点差异越大。很明显，这会导致群体成员之间越难发生偏好交互，不利于群体决策达成一致意见。本节通过仿真实验考察偏好值域长度与偏好簇数和收敛时间之间的关系。仿真实验均在信任水平 $\varepsilon = 0.4$，群体规模 $N = 400$，仿真时间 $T = 50$ 的条件下进行，考察偏好值域长度 d 分别为 1、3 和 5 时，群体偏好达到稳态时形成的偏好簇的数量和所耗时间。由于每次单独实验的初始偏好值域都是采用随机分布，所以每个结果值都采用 100 次重复试验求平均值。

实验结果见表 4-1 至表 4-3。

表 4-1　偏好值域长度 *d* 为 1 时，群体达到稳态时的偏好簇数

初始偏好值域 *S*	[0,1]	[1,2]	[2,3]	[3,4]	[4,5]	[5,6]	[6,7]	[7,8]
偏好簇数	1	1	1	1	1	1	1	1
收敛时间/时步	14	15	15	14	15	15	14	15

表 4-2　偏好值域长度 *d* 为 3 时，群体达到稳态时的偏好簇数

初始偏好值域 *S*	[0,3]	[1,4]	[2,5]	[3,6]	[4,7]	[5,8]	[6,9]	[7,10]
偏好簇数	3.68	3.61	3.85	3.73	3.84	3.75	3.74	3.67
收敛时间/时步	41	45	50	43	41	47	41	48

表 4-3　偏好值域长度 *d* 为 5 时，群体达到稳态时的偏好簇数

初始偏好值域 *S*	[0,5]	[1,6]	[2,7]	[3,8]	[4,9]	[5,10]	[6,11]	[7,12]
偏好簇数	5.82	5.68	6.01	5.66	5.71	5.88	5.87	5.83
收敛时间/时步	84	75	80	69	71	65	78	86

　　分别观察表 4-1 至表 4-3 可知，在相同的偏好长度下，群体演化达到稳态时，偏好簇的数量基本相同，且收敛时间大致相同。由于每次实验都采用不同的随机初始偏好分布，所以演化结果会出现随机性。对比表 4-1 至表 4-3 可以看到，随着偏好值域长度的增大，至达到稳态时，群体的偏好簇数也相应增大。同时，收敛所需要的时间也就越长。根据偏好演化模型，在一定的信任水平下，决策者之间能否发生交互只与相互之间的偏好差异有关，而与偏好值无关。决策者的偏好值越接近，相互之间越容易发生交互。这正反映了"物以类聚，人以群分"的特点。所以偏好离散程度越高的群体，越难以达成统一，导致更多的偏好簇。另外，决策成员之间需要经历足够多时步的交互之后，才能够使得偏好相互靠拢。

　　为了进一步弄清达到稳定时，群体偏好的分布状态，我们计算出了偏好簇数与 $d/2\varepsilon$ 之间的大致关系，如图 4-6 所示。可以看到，偏好簇数 NC 基本上在 $[d/2\varepsilon]$（[ ] 为取整符号）上下波动。所以只要知道群体偏好值域长度 d 和群体的信任水平 ε，我们就可以估计出群体偏好的最终簇数。如果群体偏好值域范围较大，整个群体难以达成一致时，可以通过增大群体的信任水平值来改善收敛绩效。这与现实是相符的，当决策系统中的个体们观点分散、各持己见时，决策效率势必很低。但是只要大家保持开放的心态，愿意相互沟通，接受其他个体的决策信息，必然有利于整个群体决策达成共识。

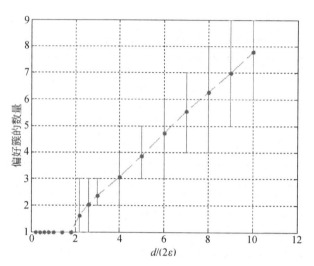

图 4-6　偏好簇数 Nc 与 $d/(2\varepsilon)$ 之间的关系，误差棒上下限分别
对应 50 次重复试验的最大值和最小值

2. 非均匀分布下的初始偏好值域与演化结果之间的关系

本节实验尝试改变初始偏好值域的完全均匀性，研究不同偏好比例分布下的偏好值域。群体规模为 $N = 400$ ，仿真时步 $T = 100$ 。实验中偏好值域被分成两个子区间：$S = [0,1] = [0,0.5] \cup [0.5,1]$ 。此处将隶属于区间 $[0,0.5)$ 内的决策偏好定义为左倾偏好，而隶属于区间 $(0.5,1]$ 的决策偏好则定义为右倾偏好。p 表示群体 G 中的所有左倾偏好与右倾偏好之间的比例，我们考察不同 p 值对群体决策偏好达到稳态时的平均值的影响。图 4-7 表示在不同信任水平下，达到稳态时群体的平均偏好与初始偏好分布比例 p 之间的关系。

可以发现，稳态时的群体平均偏好与初始偏好分布比例之间符合一定的数量关系，即群体平均偏好约等于初始随机偏好分布的期望值。根据初始偏好值域中的偏好分布比例 p ，我们可以计算出当偏好值域为 $S = [0,1] = [0,0.5] \cup [0.5,1]$ 时，群体偏好的期望值如式（4-16）所示。

$$\text{EX} = \frac{0 + p}{2} \times p + \frac{0.5 + 1}{2} \times (1 - p) = 0.75 - 0.5p \tag{4-16}$$

式（4-16）可以推广为一般情形，偏好值域 $[a,b] = [a_l,b_l] \cup [a_r,b_r]$ 下的群体偏好期望值如式（4-17）所示。

$$\text{EX} = \frac{a_l + b_l}{2}p + \frac{a_r + b_r}{2}(1 - p) \tag{4-17}$$

式中，a_l,b_l 和 a_r,b_r 分别表示两个偏好子区间的上下限。利用 4.2.4 节中的三个例

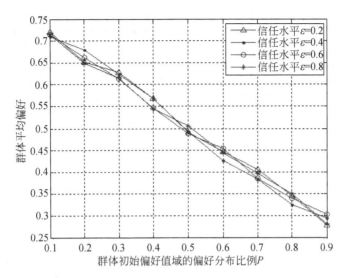

图 4-7   稳态时，群体的平均偏好与初始偏好分布比例 p 之间的关系

子，即 $p = 0.5$ 时，可以验证群体最终平均偏好均满足式（4-17）。事实上，式（4-17）还可以进一步扩展为任意多个偏好子区间的情形，即偏好值域 $[a, b] = [a_1, b_1] \cup [a_2, b_2] \cup \cdots \cup [a_m, b_m] \cup \cdots$

$$EX = \frac{a_1 + b_1}{2}p_1 + \frac{a_2 + b_2}{2}p_2 + \cdots + \frac{a_m + b_m}{2}p_m + \cdots \qquad (4\text{-}18)$$

式（4-18）中，a_m, b_m 表示第 m 个子区间 S_m 的上下限，p_m 表示 S_m 在整个偏好值域内的分布比例。所以根据群体初始时刻的偏好分布情况，我们可以利用式（4-18）预测出群体偏好的最终演化结果。尤其是当群体最终可以达成一致意见时，可以直接计算出群体偏好的演化结果。

3. 结 论

从个体的微观角度来看，偏好值域表示个体的偏好变化范围；从群体的宏观角度来看，偏好值域衡量群体偏好的离散程度。本节从社会物理学理论出发，讨论不同初始偏好值域对群体行为绩效的影响。不仅关注单独的决策个体，而且关注整个群体的行为趋势。群体行为并非个体行为的简单放大，因为个体之间的局域性相互行为会发展出集体行为特征。尽管个体有自由意志存在，但只要个体之间存在相互依赖关系，我们还是可以在某种程度上对社会整体进行预知。

在元胞自动机理论的基础上，通过构建合适的群体决策偏好演化的动力学模型来讨论偏好值域对群体决策绩效的影响。借助仿真技术进行若干实验，重点考察了偏好值域范围和非均匀分布下的偏好值域这两大因素对动态群体决策收敛绩效和演化结果的影响。仿真实例表明，偏好值域的范围会影响群体决策的演化结果。群体偏好值域跨度越大，群体成员偏好的离散程度越高，则达到稳态时的群体偏好簇数越多，且达到收敛所需的时间越长。这表明，虽然较大的偏好值域范围允许决策成员充分表达自己的观点，却不利于达成一致意见，而且决策效率更低。当群体偏好达到稳态时，偏好簇数由偏好值域长度与信任水平的比值共同确定，二者满足一个关系式。所以，已知群体偏好值域的长度和信任水平就可以推知群体决策的最终结果，到底是形成多个分裂阵营，还是达成共识。

4.3　柔性信任对决策时间的影响

4.3.1　决策中的柔性信任

群体决策研究一个群体如何共同进行一项联合行动抉择（李怀祖，1993）。所谓联合行动抉择，既可能是各方为了共同的利益而参与同一行动，如董事会对投资项目进行表决，也可能是各方为了不同的利益而参与同一行动，如厂商和客户的谈判过程（李武，2002）。与个体决策相比较，群体决策具有多方面的优势。由于组织内个体的利益和影响都不相同，因此每个人的观点都不相同，群体决策会综合组织内很多个体的观点，在决策时候，每个个体之间进行交流，相互影响，从而聚集到更多的知识和经验，能够更清楚地看清问题的方方面面，并可能产生更好的想法和结论去解决问题，保证了结果的合理性和正确性。

一般来说，个体观点的更新受到周围环境中其他个体决策（或社会群体选择趋势）的影响。在群体的交流中，个体对待他人的观点的态度必然受到自身观点的影响，个体是很难接受与自己差距太大的观点，只有与个体的观点差距在一定范围内的邻居才会影响到个体的观点，这就是有界自信模型的思想。但经典有界自信模型假设每个个体产生的影响权重是相同的，这没有考虑到个体对待不同观点时的不同反应。在现实当中，并不是任何群体对待观点交流的态度都是一样的，不同的文化、不同的习俗传统都会导致群体本身的不同特质，有很多特质在群体交流时都会体现出来。有些群体中，个体很喜欢相互交流，他们的交流圈子很广，并且乐于接受别人的观点，也就是很大范围内的观点值会对个体产生影响。有些群体比较闭塞，个体不喜欢听取别人的意见，在和别人交流以后，别人的观点对他的影响很小。而柔性有界信任假定个体会根据其观点与邻居观点的差值来决定受邻居影响的程度。引入柔性信任将会更好地描述群体观点交互的真实性和动态性。本节通过定义三个信任过渡函数来引入柔性有界信任，研究其对决策时间的影响。

4.3.2　柔性信任的观点演化模型

经典有界自信模型（HK 模型）中，个体观点值用 0 和 1 之间的连续小数表示。设 $X(i,t)$ 是个体 i 在时刻 t 的观点值。假设两个个体之间的观点差异在某一个界之内时，他们之间的观点才有相互影响，对 i 产生影响的个体集合为

$$I(i,X(i,t)) = \{1 \leq j \leq N \mid |X(i,t) - X(j,t)| \leq \varepsilon\} \qquad (4\text{-}19)$$

式中，ε 表示个体 i 的自信强度。由此，个体 i 下一时刻的观点值取为

$$X(i,t+1) = \frac{\sum_{j=1}^{N} X(j,t)}{|I(i,X(i,t))|} \qquad (4\text{-}20)$$

式中，$|\cdot|$ 表示集合元素个数。但个体在对待不同观点时反应是不一样的，引入柔性信任更加符合现实。

假定规模为 N 的群体 G，在 t 时刻，群体观点为 $X(t) = [X(1,t), X(2,t), \cdots, X(N,t)]$，其中 $X(i,t)$ 为决策者 $i(1 \leq i \leq N)$ 的观点值。为了排除初始观点的影响，固定一组群体观点。此外，决策个体还有自己的属性——自信水平，描述个体愿意与其他个体发生观点交互的程度。自信水平受到决策个体的性格、心理和知识水平等因素影响。自信水平越高，表示个体越开放，越愿意接受其他个体的意见。反之，说明个体越保守，越坚持自己观点而不愿吸收其他个体的意见。一般用区间 $(0,1)$ 上的值表示个体的自信水平，用 ε 表示，即群体结构可以记为 $G = \{N, X, \varepsilon\}$。

在群体决策过程中，每个个体都会受到其他个体的影响，个体根据邻居的观点来动态调整自己下一时刻的观点。由于个体与邻居观点的差值大小不一样，因此不同的邻居对个体的影响也不一样。而且同一个邻居也会因决策环境的不同而对个体产生不同的影响。我们定义 t 时刻邻居 j 对个体 i 产生的影响为 $w(i,j,t)$，$w(i,j,t)$ 会随着决策环境的不同而发生变化。将自信水平 ε 定义为阈值，假使 $X(j,t)$ 处在区间 $[X(i,t) - \varepsilon, X(i,t) + \varepsilon]$ 内，那么认为它对 $X(i,t)$ 的演化产生影响，同时把它对 $X(i,t)$ 的影响程度定义为影响权重 $w(i,j,t)$，认为不同值 $X(j,t)$ 对个体 i 产生影响是不同的，它与 i，j 都有关系。这样就与原来仅仅通过控制阈值 ε 来判断影响所不同，并且更加符合实际当中人们对待其他人观点的态度。演化公式如式（4-21）所示。

$$X(i,t+1) = \frac{\sum_{j=1}^{N} w(i,j,t) X(j,t)}{\sum_{j=1}^{N} w(i,j,t)} \qquad (4\text{-}21)$$

本节针对三种不同的柔性信任函数公式，分别如下所示（无阈值即取 ε 为 1）：

（1）$w(i,j,t) = \dfrac{2\varepsilon}{|X(i,t) - X(j,t)| + \varepsilon} - 1$ 代表的是随着观点差值逐渐变大，权重值逐渐变小，并呈现双曲线递减的趋势。这表示在很小的一个范围内，差值很小的情况下，差值对权重值影响很小，在这个范围以外，在差值比较大的情况下，这种影响就很大。我们定义这种函数为双曲线型柔性信任函数。

（2）$w(i,j,t) = 1 - \dfrac{|X(i,t) - X(j,t)|}{\varepsilon}$ 表示随着观点差值逐渐变大，权重值随之呈线性递减的关系。我们将这种函数定义为直线型柔性信任函数。

（3）$w(i,j,t) = \cos(\dfrac{|X(i,t) - X(j,t)|}{\varepsilon}\pi)$ 是一个权重的余弦函数。这表示在很大的一个范围内，差值对权重值影响很小，在这个范围以外，在差值比较大的情况下，这种影响就变得很大。与（1）正好相反，定义这种函数为余弦型柔性信任函数。将这三种函数曲线的图形画在坐标系中，如图4-8所示。

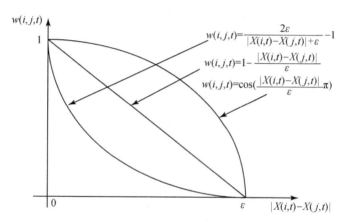

图4-8　三种柔性信任函数的曲线图

4.3.3　模型仿真与结果分析

1. 模型仿真过程

本实验研究柔性信任对决策收敛绩效和时间的影响。当收敛簇数和收敛观点值不再变化，则认为已经达到稳定状态。模型仿真过程如下：

步骤1　设定群体规模为 $N = 100$，群体观点集 $X(t) = [X(1,t),X(2,t),\cdots,X(N,t)]$，信任阈值 ε，仿真时间 T。初始决策观点 $X(i,t)$ 服从 $[0，1]$ 之间的随机分布。

步骤2　随机找出两个不同的个体 i 和 j，根据它们的观点差值的情况给个

体 j 赋影响权重值。具体规则为，首先判断 j 与 i 的观点值的差值的绝对值是否小于阈值 ε 。如果 j 与 i 的观点值的差值的绝对值大于阈值 ε ，则给 j 赋影响权重值为 0 ，即表示 j 对 i 观点的更新没有影响；如果 j 与 i 的观点的差值的绝对值小于阈值 ε ，则根据上面的权重公式给个体 j 赋影响权重值。

步骤 3　针对个体 i ，遍历群体中的所有个体，用上面的权重计算公式给群体中的每个个体赋权重。

步骤 4　用观点演化公式计算个体 i 在 $t+1$ 时刻的观点值 $X(i, t+1)$ 。

步骤 5　遍历群体中的所有个体，重复步骤 2 ~ 步骤 4，直到所有的个体都发生一次观点同步更新，这就完成了一个仿真时步内的观点更新。

步骤 6　不断重复步骤 2 ~ 步骤 5，直到 T 时刻结束。

2. 仿真结果分析

为了排除偶然性因素的影响，分别取阈值 ε 为 0.05，0.1，0.15，0.2，0.25，0.3，0.35，0.4 并分别运行基本 HK 模型、双曲线型权重函数模型、直线型权重函数模型和余弦型权重函数模型，得到结果如图 4-9 所示。

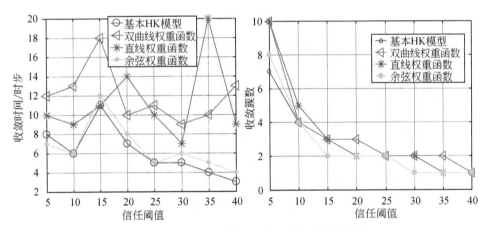

图 4-9　不同信任阈值下的收敛时间和收敛簇数

由图 4-9 可知，收敛时间和收敛绩效受到柔性信任的影响。随着柔性信任函数的变化，收敛时间发生变化。现实生活中，如果每个个体对待邻居的观点的态度不一样，势必会影响群体最终的决策状况。如果群体是一个比较民主开放的群体，大家更倾向于综合考虑大多数邻居的观点，那么这个群体决策时间肯定会更快，收敛簇数也会更少。如果群体中的个体比较固执己见，考虑与自己观点差值不大的邻居更多，而不愿意听进不同意见，那么这个群体最终达成一致的时间肯定会很长，而且最终稳定时的收敛簇数也会更多。

　　从三种函数的曲线形状可以看出，双曲线型权重呈现下凹形状，曲线比较陡峭，表示阈值内的邻居对个体的影响权重的变化比较大。对应现实生活中的状况即表示个体比较固执己见，不愿轻易改变自己的意见，与邻居交互时重点考虑与自己观点差值小的邻居的意见，而与个体观点差值大的邻居对个体观点影响比较小。余弦型曲线权重呈现上凸形状，曲线比较平缓，表示阈值内邻居对个体的影响权重的变化比较小。对应现实生活中的状况即表示个体与邻居在交互时能够集思广益，综合考虑大家的意见，而不是重点考虑与自己观点差值比较小的邻居的意见。直线型权重函数对应二者之间的状况。

　　从仿真实验的数据可以看出，在收敛簇数方面，余弦型柔性信任函数最多，直线型次之，双曲线柔性信任函数最少；在收敛时间方面，余弦型柔性信任函数情况下收敛最快，直线型次之，双曲线柔性信任函数情况下收敛最慢。仿真的结果与现实生活中相符合。给现实决策的启示是群体要加强群体民主建设，建设集思广益的群体，鼓励大家在决策交互时要综合考虑大家的意见，这样群体才可以更容易而且更快达成一致。

4.4　噪声对决策时间的影响

4.4.1　噪声研究综述

　　群体决策由于集中了若干决策个体的智慧和知识而具有个体决策不可替代的优越性。传统的动态群体决策都假定个体间的交互不受到任何随机因素的干扰。然而，现实的观点交流过程中会出现各种随机干扰，阻碍、扭曲观点的内在和外在因素，即噪声。因此，考虑到噪声的影响能够更好地模拟现实的交互过程。

　　国外学者 Sznajd（2000）最先在 Sznajd 模型中引入噪声（社会温度 p），噪声表示为个体不遵守演化规则的概率，发现从个体观点都为 1 的状态开始，存在临界 p^* 使得当 $p < p^*$ 时，系统最终会趋向该初始的稳定状态。Luca（2009）在 Axelord 文化传播模型加入外部干扰作用（噪声），发现噪声的增大引导系统从有序向无序转换。Pineda（2009）则认为可将噪声表示为自由意愿，让个体以概率 m 不遵从演化规则而重新设定观点，发现存在关键噪声强度使得系统从有序向无序转换。而关键噪声强度 m_c 与阈值 ε 有关。Nyczka（2011）也定义个体随机重设观点的概率为噪声强度，通过仿真发现噪声的存在使得群体观点不能收敛到固定的值，而是呈现相近观点集簇的动态平衡。Janusz（2000）则发现噪声的存在使得最终群体观点从在领导者观点附近集簇的状态转换为群体一致。Carletti

（2008）定义个体观点的距离时引入正态分布的噪声 $\eta(0,\sigma)$，称为社会温度。

国内学者对噪声的研究集中在离散观点上。如有学者基于一维 Sznajd 模型，定义噪声为下一时刻选择观点的随机性，噪声的加入使得系统的观点演化不会趋向稳定（田兴玲，2006）。也有学者认为噪声使得个体只能以一定的概率服从多数原则演化，结果显示，在不同噪声强度影响下，观点演化呈现出观点收敛、对峙、周期性震荡这三种状态。也有研究表明噪声的加入不利于一致观点的形成（苏俊燕，2006）。

本节在以往的研究基础上，认为噪声的存在使得决策个体只能以一定概率根据交互规则交互，这必然会影响到观点演化的过程和结果。同时，引入个体的社会位置和影响域来更好地模拟现实决策的过程，运用建模仿真的方法来重点探讨噪声的存在对决策收敛时间、收敛性以及观点演化的影响。

4.4.2 引入噪声的群体决策观点演化模型

一方面，人们的观点可简化成一个二元离散值，如投票中选择赞成（ +1 ）或反对（ –1 ）。但现实中个体的观点更多表示为连续区间观点，如对某一产品的满意程度，用区间 $[a, b]$ 描述，表示从"完全不满意"到"完全满意"，二者之间的值表示各种中间选择或态度。本文给定初始观点分布服从 $[0, 1]$ 均匀分布。在 t 时刻，群体观点集为 $X(t) = [S_1(t), S_2(t), \cdots, S_N(t)]$，其中 $S_i(t)$ 为决策个体 i 的观点值。

另一方面，决策个体有自己的社会位置和交互范围，交互范围也表征个体受到其他个体影响的范围。交互范围受到决策个体的性格、心理以及知识水平等因素影响。交互范围越大，个体表现越开放，越愿意接受其他个体的意见。反之，说明个体越固执和保守，越坚持自己观点而不愿吸收其他个体的意见。设定群体 G 非连续地分布在空间区域上。每个决策者对应于一个坐标 (x, y)，表示其社会位置。交互范围 I 用半径为 r 的圆形区域映射，反映能够影响个体决策的其他个体的范围。如个体 i 的交互范围表示为

$$I_i = \{1 \leqslant j \leqslant N \mid \sqrt{(x_i - x_j)^2 + (y_i - y_j)^2} < r_i\} \tag{4-22}$$

为了简化，假定 $r_1 = r_2 = \cdots = r_N = r$。

观点动力学理论认为决策个体的观点会受周围决策个体观点影响，并相应调整自己的观点。一般情况下，决策个体不会随意接受或排斥其他个体的观点，而是根据自己的社会位置来判断是否与之发生交互，以形成自己的观点。在每个交互步长中，随机选择一个个体进行观点更新。由于噪声的存在使得个体只能以一定概率 $1 - p$ 根据交互范围的个体观点来更新其观点，而以概率 p 随机选择 $[0,1]$ 区间的数值作为自己的新观点。因此，在 t 时刻，决策个体 i 的观点更新为

$$S_i(t+1) = S_i(t) + \sum_{j \in I_i} a_{ij}(t)\left[S_j(t) - S_i(t)\right] \quad 概率 1 - p$$

$$S_i(t+1) = \mathrm{rand}[0,1] \quad 概率 p \tag{4-23}$$

式中，$a_{ij}(t)$ 表示决策个体 j 对 i 的观点影响程度，满足 $\sum_{j \in I_i} a_{ij}(t) = 1$。若 $j \notin I_i$，表示在 t 时刻决策个体 j 对 i 的观点没有影响，则 $a_{ij}(t) = 0$。为了简化，我们认为在时刻 t，与决策个体 i 发生交互的所有决策个体 j 对 i 的决策观点影响程度相同，即对所有 $j \in I_i$，$a_{ij}(t) = |I_i|^{-1}$（$|\cdot|$ 表示集合元素的个数）。$\mathrm{rand}[0,1]$ 则表示随机选择 $[0,1]$ 区间的数值作为个体的观点值。

4.4.3　模型仿真过程与结果分析

1. 模型仿真过程

为了在动态决策观点演化模型中研究噪声对决策收敛时间的影响，本文定义群体观点收敛区域的大小 D 为观点一致性的值，其中 $D_t = S_{\max}(t) - S_{\min}(t)$，$S_{\max}(t)$、$S_{\min}(t)$ 分别表示 t 时刻群体中最大观点值与最小观点值，D 越大则群体一致性程度越差，定义 $D \leqslant 0.0001$，即当一致性少于 0.0001 时，则认为系统达到收敛。仿真平台为 Matlab，仿真过程如下：

步骤 1　设定空间区域为 10×10 的方形网格，规模 $N = 50$ 的决策群体 G 非连续地分布在上面，他们的社会位置如图 4-10（a）所示。给定服从区间 $[0,1]$ 均匀分布的初始观点并固定不变，如图 4-10（b）中的柱状图所示。设定影响半径 r 和噪声强度 p，$p \in [0,1)$。

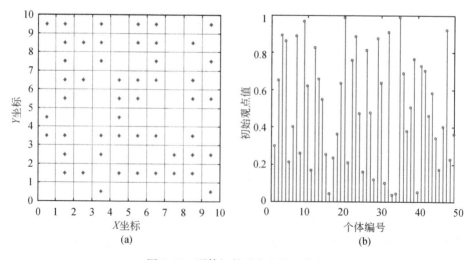

(a)　　　　　　　　　　　　(b)

图 4-10　群体初始观点和位置分布

步骤 2　随机选择决策个体 i。i 以概率 $(1 - p)$ 取交互范围内的全部个体观点均值作为自己在下一时步的观点，以概率 p 随机选择 $[0,1]$ 区间内的任一数值作为自己在下一时步的观点。

步骤 3　重复步骤 2，直到群体观点收敛区域 $D \leqslant 0.0001$，达成一致收敛。一次实验完成。

通过不断改变个体的影响半径 r 和噪声强度 p 来进行观点演化，每个实验重复 200 次，取 200 次的平均收敛时间和最终收敛观点作为最终的决策收敛时间和收敛偏好，并且设定最大运行步长为 10 000，即假设群体中的决策个体经过 10 000 次的交互后群体观点没有收敛，则认为系统不会收敛。

2. 仿真结果分析

1）不同噪声强度下的观点演化

首先对不同噪声强度下的观点演化进行对比。四种情形下各初始参数设置均相同，并设定 $r = 5$。由图 4-11 可知，当噪声强度 $p = 0$ 时，系统经过短时间的

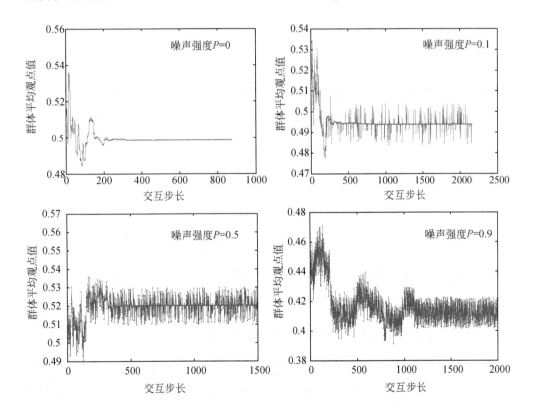

图 4-11　不同噪声强度下的群体平均观点演化时间图

演化，很快达到一定稳定的状态。当 $p = 0.1$ 时，系统达到一个相对稳定的状态，群体平均观点围绕稳定不动点 0.495 有小幅度的涨落。当 $p = 0.5$ 时，系统也能达到相对稳定的状态，但群体平均观点围绕稳定点 0.52 有较大幅度的涨落，涨落频率相对噪声强度为 0.1 时的要大。而当 $p = 0.9$ 时，系统很不稳定，群体平均观点处于震荡中。由此可见，噪声的存在使得观点演化时产生波动，系统趋向不稳定的状态。

　　2）决策中噪声对收敛时间和收敛性的影响

　　虽然噪声的产生使得系统产生不定时的观点波动，但本文认为群体决策的过程是呈一个个交互步长而推进的，只要在某一个步长时，群体观点收敛区域 $D <$ 0.000 1 则认为群体已取得一致观点，则交互停止，记录当时的交互步长作为收敛时间。通过仿真实验，本文得到不同噪声强度下的收敛时间，整理得到图 4-12。

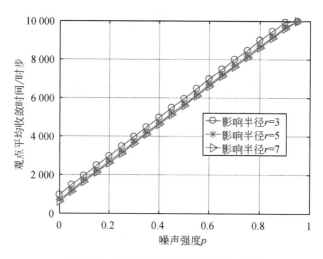

图 4-12　不同噪声强度下的收敛时间

　　由图 4-12 可知，随着噪声强度的增大，群体收敛时间呈现线性增长。这表明噪声的存在不利于群体观点一致的形成，它导致个体间需要更多的交互时间来克服随机干扰所产生的观点突然改变。而噪声对系统产生的波动是否会引导群体观点向突变的观点推进呢？图 4-13 和图 4-14 展示了不同噪声强度下最终收敛观点值和观点收敛观点标准差。可知，在没有噪声的情况下，最终群体观点集中在 0.51，而噪声的存在使得最终收敛观点发生变化，最终观点收敛值在 0.4 和 0.6 之间波动。这说明噪声具有一定的引导观点演化的作用，使得最终决策结果发生改变。噪声的增大则使得最终收敛观点标准差增大，即收敛性变差。

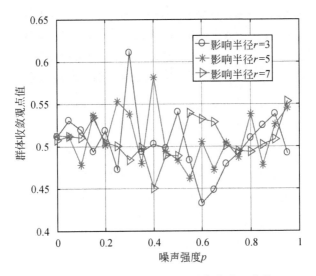

图 4-13 不同噪声强度下的最终收敛观点值

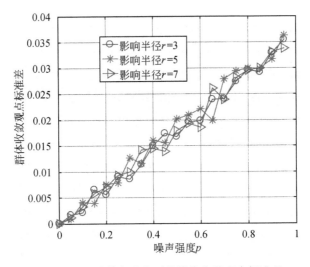

图 4-14 不同噪声强度下的最终收敛观点标准差

4.4.4 结论

考虑到在动态群体决策过程中噪声对观点演化的影响，建立相应的动态观点演化模型，通过仿真实验，得到以下结论：①噪声的存在使得系统较难达到一个稳定的收敛观点值状态，但能够处于一个围绕稳定不动观点值有幅度涨落的相对稳定状态。②假定交互过程在一致性取得 0.000 1 时停止的情况下，发现噪声强度的增大使得群体观点收敛时间线性增长。这说明噪声的存在不利于观点一致性的形成，这与以往的研究结论相符合。交互个体需要更长的时间来克服随机干扰带来的观点突然变化。③噪声的存在有一定的观点演化引导作用，使得最终观点收敛值呈现一定幅度的波动，而不再是一个相对固定的值，并且噪声的存在使得收敛性变差。

第 5 章　群体决策中的知识学习

本章从主体、内容、情境和途径四个维度对知识学习进行了界定，并引入加权知识网络定量表示个人及群体的知识结构。在此基础上引入知识位势理论，从知识深度、知识广度刻画个体对特定知识领域的掌握程度。通过研究个体交互过程中偏好调整的自适应行为，提出以下观点：个体知识总量是其掌握的决策规则的体现，影响了决策精度；不同维度知识量的比值反映了个体对不同决策规则掌握的相对丰富程度，并影响了个体决策偏好。本章最后部分提出了知识转移影响动态群体决策的机理。

5.1　群体决策中的知识与知识的分类

5.1.1　知识的概念

Shannon（2001）认为信息是确定性的增加，是事物现象及其属性标识的集合。Sveiby 将知识定义为"行动的能力"，Davenport（1998）等认为知识是"可以辅助我们作出决策或采取行动的有很高价值的一种信息形态"。Nonaka 认为知识是一种被确认的信念，通过知识持有者和接收者的信念模式和约束来创造、组织和传递，他区分了两种知识形式：隐性知识和显性知识。组织可通过阅读材料，参加会议和查询数据获得显性知识，而隐性知识则更加含蓄，难以量化，难以通过正式的信息渠道转让。

目前，许多学者都是从数据、信息和知识三个概念的区别与联系出发来定义知识。知识是一种信息流或意义流，知识与数据、信息不同，知识是经过系统化和结构化的一种直觉、经验与事实（Machlup，1983；Stewart，1995）。一些学者对数据、信息和知识三者之间的关系进行了分析。数据是一系列的观察、测量、事实，并以数字、文字、声音或影像的形式表现，其本身没有任何意义；信息是将数据整理成有意义的模式，通过分析数据而赋予数据意义，其表现形式可能是报告或图表；知识则是信息的应用，须通过经验与学习才能觉察或了解。另一类研究认为对数据、信息和知识三者的区分是：从相关情境里面获得的是数据，将数据放在某个有意义情境中获得的事实与观察是信息，对信息进行分析、归纳而形成的规律性认识即是知识（Zack，1999）。刘常勇（2002）认为信息是知识的传递输入端，知识则需要经过客观分析与主观认知才能得以形成，与人相关，难以系统化和明确萃取。知识不同于信息，信息要经过学习过程与价值认知才能成为知识。总而言之，信息是经过分类、分析等格式化处理过的数据，可以通过语言、图片、表格来传递；知识则是信息和行动间有意义的联结。通过行动以及理解的联结性来区分知识与信息，知识由行动和理解而来，同时也可促使人们使用知识并付诸行动。

知识尽管和信息、数据相关，但与后两者有所不同（Davenport et al.，1998）。Nonaka 指出知识是从信息中变化、重构、创造而得到的，其内涵更丰富（Nonaka，1994）。从集合论角度，知识、信息是两个互不包含且有交集的集合，目前主要存在两种流派的解释。Russell Ackoff（图 5-1）认为知识和信息均由数据派生出来。数据未经加工，以简单形式（如符号）存在，若没有平台支撑就无任何意义，数据本身不存在有用和无用的区别，其自身不具有任何意义；信息是通过某种关联而具有含义的数据，而这个"含义"同样可能是有用或无用的，信息主要回答关于"谁"、"什么"和"何时"的问题；知识是经过选择的信息，具有一定目的性，有明确的作用，回答"如何"的问题。

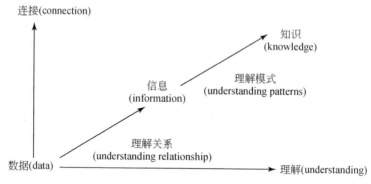

图 5-1　Russell Ackoff 给出的数据、信息和知识的转换关系

图 5-1 用理解构筑信息和知识之间转换的关系，数据表示一种事实或对没有任何关联的时间描述，如"下雨了"；信息包含着对一些时间的关系，可能出现的后果的理解，"温度下降到 15 度，然后开始下雨"；知识表现为一种模式，它可以进一步预测可能发生的事情（Ackoff，1979）。布鲁金的研究也表达了类似的观点：信息是编制好的数据，有一定的环境；知识是有一定环境的信息，加上对怎样应用它的理解。

Tuomi（1999）对知识、信息及数据的层次结构进行了再思考，并提出了相反的层次结构，指出当知识为语法、语义等结构描述后成为信息，信息被详细定义的数据结构规范后成为数据。图 5-2 综合两者流派，较为全面地反映了知识和信息的关系。

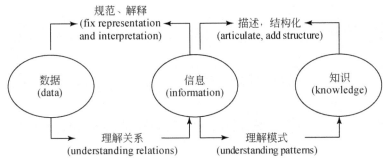

图 5-2　数据、信息与知识的关系

本书研究认为关于知识与信息层次结构的不同认识可以统一存在于知识学习/转移背景下动态群体决策模型中。研究关注的焦点是知识，在现有定义基础上，结合实际研究问题，对本文涉及的知识概念做以下定义：知识是依附于决策个体存在的，对决策过程、决策问题有明确辅助作用，并能预测决策进程的高级信息形态。

5.1.2　知识的分类

最常见的知识分类标准是根据知识存在的层次将知识划分为个人知识、群体（团队）知识与组织知识。国际经济合作组织把知识划分为四种类型：事实性知识，即人们对某些事物的基本认识和辨别；技能性知识，即操作某项工作的方法、技巧、能力等方面的认识和掌握；原理性知识，即某些事物或事件发生的原因及其规律性的认识；社会性知识，即清楚知识的社会网络，由此可搜寻自觉学习的网络途径。OECD 的知识分类方法目前仍是比较流行的权威划分，它较为全面地界定了不同类型的知识内容。但是它难以说明不同知识在社会经济发展过程中所对应的作用和功能，很难运用到管理实践之中。

从知识表达的角度分析，知识管理学界一般都认同著名学者 Polanyi（1962）从认知科学角度对知识的分类，即分为隐性知识（tacit knowledge）和显性知识（explicit knowledge）（Polanyi，1962）。显性知识便于传递、交流和分享，而隐性知识是高度个人化的知识，更加含蓄，难以量化和信息化，难以通过正式的信息渠道转让。显性知识和隐性知识的划分，有助于理解知识本质和知识转移过程，对于知识管理产生了广泛而深远的影响。

从知识的复杂性角度分析，知识具有"波粒二相性"（艾莉，1998），即可分为作为实体的知识作为过程的知识。实体知识衍生出知识编码、产权管理，同时产生了知识识别、组织、收集和测度等一系列问题；作为过程的知识则衍生出知识如何发挥作用以及如何更好地发挥作用等管理决策问题，如知识的创造、共享、学习与应用等问题。

本体论

理智知识 (embrained)	编码知识 (codified)
体现知识 (embodied)	嵌入知识 (embedded)

图 5-3　知识类型的二维分类

从个人与集体两层次的本体论、隐性知识与显性知识二分法的认识论两大层面，将知识分为四类（图 5-3），即理智知识（embrained）、编码知识（codified）、体现知识（embodied）和嵌入知识（embedded），这种分类方法整合了认知维度与组织维度（Lam，2000）。其中，理智知识是指抽象推理知识，强调个人概念化技巧与认知能力；编码知识是指能用符号与记号对知识进行编码，如设计蓝图、规章制度等；体现知识是指存在于个人大脑中，必须经由参与、实践才能产生的知识，即 Polanyi 所定义的隐性知识；嵌入知识是一种关系导向，根植于彼此互动学习和实践之中。

大多数学者在对知识进行分类时都考虑到了知识的内隐性与外显性特征，也有学者从两个不同层面或维度的组合来划分知识，如 Lam（2000）。而基于知识创造和知识存在的载体不同，将知识分为个人知识和集体知识也有较强的现实意义和应用价值。

5.2　国内外知识学习研究进展

5.2.1　群体决策中的知识学习

知识转移是指知识以不同的方式在不同的组织或个体之间的转移或传播，使新知识被有效吸收和利用的过程（Davenport，1998）。最早提出知识转移的思想的是美国技术和创新管理学家 Teece（1977），他认为企业通过技术与技能的国际转移，能积累大量跨国界应用的知识。此后，知识转移这一概念迅速引起各国学者的广泛关注。但由于知识转移内部的复杂性、学科的交叉性以及学者研究的角度不同，形成了各种研究模式，因此，对知识转移的理解至今没有一个统一的定义。

Davenport 和 Prusak（1998）指出知识运动普遍存在于组织中。知识运动可具体分为知识学习和知识转移。知识学习是指个体知识通过各种交流方式为群体中其他成员所共同分享，从而转变为群体知识财富的过程。知识转移是指知识以不同的方式在不同的组织或个体之间的转移或传播，使新知识被有效吸收和利用的过程（罗志勇，2003）。比较定义发现：知识学习和知识转移是两个密不可分的知识运动过程，知识转移体现了知识转移的过程性，知识转移体现了知识学习的动态性，很多研究中对两者不加以区分（Huber，1991）。知识学习存在于许多层面，如个体、集群、组织间不同方式的知识转移或传播（李炳英，2007）。从动态群体决策实际问题出发，本研究所提到的知识学习发生在个体层面，即是个体受其他个体知识背景影响的过程（Argote et al.，2000），将过程进一步具体化，即是知识源一方与知识接受体一方之间知识的双方交换过程，它由知识的传输和知识的吸收两个过程组成（Szulanski，1996）。知识学习本身与个体间的动态交互密不可分，Holtham（2000）指出知识学习本身就是一种沟通的过程。Dong Gil（2005）将知识学习定义为知识在知识接受体与知识源之间的沟通，使其能够为接受体吸取和应用（杜静，2004）。

不同学者由于各自研究的角度和出发点不同，对知识转移的定义各有所异。结合上述文献综述，本文将知识转移的概念界定如下：知识转移是指为了缩小知识差距、促进知识应用，从知识源到知识受体的传递沟通、吸收交互的双向交流过程。

1. 知识转移的双向过程

知识转移包括知识传递和吸收两种过程，即传递知识给潜在接受者及接受知识的个人或团队加以吸收。Davenport（1998）认为：知识转移 = 知识传递 + 知识吸收。

知识转移过程牵涉到知识提供者和接收者，并通过中介加以实现。在完整知识转移过程中，知识提供者必须愿意且有能力把自己的知识传递给知识接收者，知识接收者要能够以模仿、倾听或阅读的方式来理解和吸收所接收到的知识。知识转移的整个过程可以分为若干个阶段，理清知识转移内在机制和影响因素是进一步开展研究的基础。

2. 知识转移的主要目的是为了缩小知识差距，促进知识的创新

当发送方与接受方存在知识差距，且接受方认可转移知识的价值时，知识转移就有可能发生。知识位势概念基于物理学中"物体由于处于某一位置必然具有一定的势能"提出，物理学认为物质或非物质总由高势能向低势能扩散，知识也不例外，各知识主体之间由于势差的存在使彼此之间存在一定交互作用（党兴华，2005）。对知识位势进一步定义，每个领域的知识可由知识广度与知识深度构成的二维空间刻画。在不同知识点 p 的空间中，有的个体掌握最前沿、高端的知识，有的只掌握相对落后的知识。某一领域的高位势个体，却可能是其他知识点空间中的低位势个体，所以群体中的个体可看做多个领域知识位势的集合体，

拥有不同领域不同的知识位势（陶厚永和刘洪，2008）。

这种知识势差在现实社会中客观存在，而知识转移的主要目的就是为了缩小这种知识差距，提高接受者的知识水平和能力，加速知识的合理流动。由于知识转移过程涉及转移双方的反馈与交互，知识源在向知识受体转移知识的同时也从知识受体那里获得了新的知识，其知识水平也会在原有基础上有所提高。

本文提到的知识学习发生在个体层面，即个体受其他个体知识背景影响的过程（Argote et al.，2000），将过程进一步具体化，即知识源一方与知识接受体一方之间知识的交换过程（Szulanski，1996）。知识学习本身与个体间的动态交互密不可分，Gil（2005）将知识学习定义为知识在知识接受体与知识源间的沟通。综上所述，知识学习概念可界定为：在个体利益一致的群体决策情境下，与决策问题相关的知识通过语言调制或联结学习方式由知识源个体向知识接受个体不断运动的过程。

知识学习是知识在群体网络中由知识势能高的主体向知识势能低的主体进行传播（Inkpen et al.，2005）。知识流在传播的过程中如同水流一般，水流从势能高的地方向势能低的地方流动，知识流也从知识势能高的地方向知识势能低的地方流动。所谓的知识流（knowledge flow），是指知识传递过程中从知识源到知识接收者之间发生的知识转移。不同的是，水流从高势能处流向低势能处，本身的势能会减少，而知识在流动（传播）的过程中，势能却不一定会减少。除去传播中干扰等影响因素，知识从知识传播者流到知识接收者处时，知识流的势能可能减少、不变或者增加。

5.2.2　知识学习研究现状

知识转移是一个复杂的过程，既涉及被转移知识的特性、知识发送方、知识接受方和知识转移背景等层面的因素，同时又涉及知识转移过程、知识转移对观点的影响、知识转移在群体决策中的作用。从文献查阅的情况来看，国内对于知识转移的研究主要集中在知识转移的过程、影响因素以及相应的对策建议上，组织间知识转移研究相对多于个体间知识转移研究。学者研究的视角、成果和主要观点如图 5-4 所示。

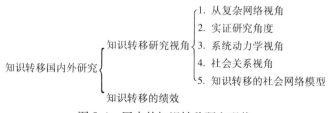

图 5-4　国内外知识转移研究现状

1. 从复杂网络视角

社会网络指人们之间相互了解和认同的各种联系，是系统的社会关系集合。人们偏好从人际网络中而不是从文本中获取知识；复杂网络分析可用于反映人与人之间或部门之间重要的知识关系，因此有助于提高组织中的知识创新和知识转移（Pelz and Andrews，1996）。近年来，学者们将复杂网络的研究成果应用于知识转移、知识共享和知识扩散等方面，探讨了网络结构与网络群体知识转移行为之间的关系，为从复杂网络角度分析个体及组织间知识转移的过程及影响因素，提供了很好的分析基础和框架。

一部分研究基于静态分析工具，分析了静态群体网络的参数（如联结点数）变化对网络中知识转移产生的影响。通过建立加权小世界网络模型，利用网络的全局效率、局部效率和成本三个参数，提出了一种群体网络上的知识转移模型，分析了群体网络中的知识转移和知识共享。这类研究对动态网络缺乏细致的考察，对群体网络所具有的各种网络特征如何影响网络中的知识转移并未有清楚的解答。

成员间关系和社会网络对知识转移的影响受到越来越多的关注。许多研究表明，嵌入网络或具有超级关系的组织比相互独立的组织间知识转移要容易得多。例如，Ingram 和 Simons（1999）对以色列集体农场研究发现，联盟内部其他集体农场的经验转移对农场经营绩效有积极影响。Darr 等（1995）研究发现，特许经营速食店能够从同一特许经营商的不同分店，而不是不同的特许经营商那里获得更多的知识和经验。

另外，研究主要集中在群体网络中的各种网络特征和参数，包括网络规模、网络连接强度、网络的稳定性，对网络隐性知识产生的影响等。张志勇等（2007）通过构建团队隐性知识转移的动态网络模型，探讨了群体网络的结构特征对群体知识水平和知识转移速度产生的影响。孟晓飞等（2003）利用群体决策模型模拟网络环境下的知识转移过程，分析多决策者分布密度、单个决策者知识转移范围、相同分布密度下多决策者的不同分布状况对知识转移的速度等的影响情况。以上主要概括了知识转移在复杂社会网络中的研究现状。

2. 实证研究角度

在对知识转移的研究分析中我们发现，对知识转移的实践研究占到了4.74%，对知识转移模型研究占到了7.89%，相对于其他领域的研究，知识转移在实证方面的研究比较匮乏。原因是知识本身就是一个难以测度的概念，且知识的理念引入我国不过几十年，其理论还不完备，对实践的指导作用还不明显。通过对知识转移实证相关文献进行统计，目前学者已做的工作主要是关于知识转移影响因素和知识转移绩效方面的实证研究。

在知识转移影响因素方面，学者们通过实证研究发现知识特性、转移意愿、关系信任、知识距离、吸收能力、知识存量、知识转移机制等因素的相互作用。有学者分别对个体、群体间知识转移影响因素进行了实证研究，采用结构方程分析方法，揭示了信任、人际关系、激励、决策者态度、知识管理系统、知识吸收能力六因素及其相互间的量化关系，研究发现群体中的人际关系、决策者态度、知识管理系统对个体知识转移有显著影响。也有学者通过实证研究发现知识转移影响因素中知识内隐性、转移意愿、传授能力、关系信任、知识差距和吸收能力在不同的情境背景下存在一定的差异。

在知识转移绩效方面，研究主要集中在个体关联绩效、群体知识转移成效和群体绩效方面。周密对这三者进行了实证分析，实证结果表明，研发团队的个人关联绩效与群体绩效存在正相关关系，个人绩效与知识转移成效存在正相关关系，知识转移成效与群体绩效存在正相关关系，个人关联绩效可以通过知识转移成效影响群体绩效。Inkpen 和 Dinur（1998）则强调了知识转移情境的重要性，知识转移双方的情境相似性可以极大地促进知识转移绩效。Szulanski 提出了知识黏性概念，并强调了知识黏性与知识转移间的关联性。Kogut 等（1993）着重研究了隐性知识的不易转移性。

国内对知识转移领域实证研究成果十分有限。虽然部分研究采用了客观方法（如结构方程等），也从不同的角度来分析知识转移中的影响因素，但其探讨的因素比较有限，缺乏全面性。同时，部分学者将知识转移过程孤立看待，只是探讨在知识转移过程中的因素、绩效、效率，并没有将其与管理决策及知识转移前后观点是否发生变化联系起来。

3. 系统动力学角度

关于知识转移的研究方法，国内学者普遍采用的是定性研究，定量分析和数学模型较少，案例分析也不多见。在仅有的几篇涉及数学模型的文献中，学者通过因果相互关系分析确定知识转移系统反馈结构的框架，利用系统动力学模型进行直观描述。

知识转移是一个连续变化的过程，因此利用离散的转移次数来模拟知识转移不能完全体现知识的特性。因此有学者考虑利用微分动力学和状态转移方程这些数学工具来动态仿真知识转移过程。卢兵（2008）针对隐性知识的特征及知识转移的过程和特点，如图 5-5 所示，考虑了知识的遗忘率，群体成员的调入调出流动以及交互概率，建立了群体进行隐性知识转移的微分动力学模型，揭示了隐性知识转移的规律和转移条件。

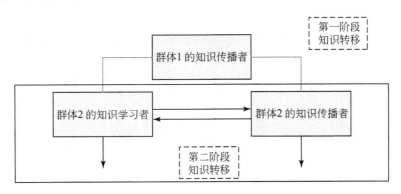

图 5-5　群体通过外部学习进行隐性知识转移的过程图

在知识转移动因方面，有学者认为知识势能差是引起知识传播和知识转移的重要因素。基于系统动力学的相关理论，可建立知识传播的量化模型，来探讨知识转移速度和动态仿真知识转移的过程。模型考虑了决策者的学习能力和遗忘能力，较为真实地仿真了通过外部学习进行知识转移的动态过程。

唐方成（2006）借助于虚拟实验探讨了知识转移与网络组织动力学行为模式间的相互影响，发现决策交互的人数越少，越能达成群体的稳定性，若群体中存在知识水平较高的个体也更容易达成一致稳态。谈正达等利用状态转移方程建立了网络知识转移的模型，$\mathrm{d}x_{ij}^{n}/\mathrm{d}t = w_{ij}(n\,|\,n-1)x_{ij}^{n-1} + w_{ij}(n\,|\,n+1)x_{ij}^{n+1} - w_{ij}(n-1\,|\,n)x_{ij}^{n} - w_{ij}(n+1\,|\,n)x_{ij}^{n}$。式中，$w_{ij}(n\,|\,n-1)$ 表示单位时间内个体 i 向 j 转移状态的程度，它由 $n-1$ 向 n 转移的概率决定。研究发现高影响力的个体不愿意共享，知识转移程度低；个体间距离的变大使群体的知识转移程度减弱。

4. 社会关系视角下的研究

知识可通过多种机制从知识拥有者向获取者转移，对转移是如何发生的有多种解释（Argote，2000）。一类解释建立在认知心理学基础上，强调联想的学习与吸收能力对有效知识传递的作用（Simon，1991）；另一类解释强调非正式的社会关系在知识转移过程中的作用（Uzzi，1997）。其中从社会关系角度研究知识转移是当前研究的热点。

从社会关系角度，最初的研究是基于联系强度（tie strength）的知识转移观点。Granovetter 在 1973 年以两人间交互频率的高低为标准，将交互联系分为强联系和弱联系，提出了弱联系理论，强调弱联系在知识转移中的作用。研究表明弱联系能够联结组织中一些分离的群体和个体，从而能够获得新颖、有价值的信息。相反，由于强联系往往发生在来往比较密切的人群中，这些人的社会特征较为相似，信息交流较为充分，因此知识的重叠性很高，所以弱联系对知识转移和知识共享相对更有效。

与之相反的是强联系理论，许多研究者证实了个体间缺乏直接关系和大量的交流是影响知识转移的重要原因，并提出了强联系优势（Bian，1997），认为强的人际联系影响知识转移的容易程度。对强联系在知识转移过程中的作用主要有以下几种观点：①频繁交流的个体或有着强烈感情依附的个体间更容易分享知识。对关系的情感依附或承诺的水平也是重要的，因为这会影响提供帮助与支持的动机。这种动机可能源于社会的考虑，例如，对互惠的期望，也可能从心理学角度出发；又如，对维持和谐关系的期望。二人之间感情依附越强烈，越容易为对方的利益投入更多的时间和努力，包括转移知识的努力。②强的人际依附也会促进信任的形成。信任使各方不再顾虑知识分享的不恰当和误用，从而更进一步地促进知识转移。③Uzzi 的人类学研究揭示了强联系形成了特殊的启发式关系能够引起更为有效地交流。也有研究强调两者在知识转移中的交互作用，认为弱联系理论关注相关信息与资源的发现问题，强联系理论关注知识的流动。但联系强度只是代表了人际交往频度，难以充分解释知识转移，比如，相互不信任的双方即使交往频繁，也不易产生知识转移。为了进一步剖析知识转移，需要引入社会关系中的其他特征变量。

信任作为一种变量，对知识转移也会产生影响。信任关系可以导致更多的知识转移，当信任存在时，人们更愿意给予他人有用的知识，聆听和吸收他人的知识。通过减少冲突和核查信息的需要（Tsai，1998），信任也使知识转移的成本更低。例如，Zand 发现信任将使信任主体减少对同伴行为的控制，更愿意接受其他决策者对自己的影响，从而提高二人之间信息交流的准确性和及时性（Zand，1972）；Andrews 等认为信任在知识转移中的重要性甚至超过了正式的合作程序（Andrews，2000）；高祥宇论证了信任不仅促进了二人间知识转移的意愿，而且可以使知识转移双方加深沟通，促使提供方划清知识领域和对对方的行为作出更为积极的归因，从而使知识转移更为容易（高祥宇，2005）。

5.2.3　知识转移的社会网络模型

随着知识转移研究的深入，许多学者从不同的角度和出发点提出了不同的知识转移模型，主要可分为知识转移过程模型、知识转移要素模型、知识转移路径模型和知识转移情景模型，且大多数工作都可归纳到以上几类模型。

1. SECI 模型

在知识转移研究中，SECI 模型是应用最广泛的模型。它从知识转移的方式、路径角度来建模，对隐性知识和显性知识之间的转移进行了成功的解释，树立了一个知识自我演进的知识螺旋；提出了连接着时间与空间的知识创造场所（Ba），以四个阶段为依据，提供了一个知识管理的有效工具，因此被广泛地应用于知识转移的研究中。

Nonaka 认为，知识可分为隐性知识与显性知识。内部化、外部化、组合、社会化四种模式的交互运作，使隐性知识与显性知识不断转换与重组，进而实现知识转移和创造的良性循环。如图 5-6 所示，SECI 模型主要描述知识转移的四个基本过程：

图 5-6 转移过程模型知识螺旋

（1）社会化是属于个体之间的隐性知识的共享，经验共享是这个转化过程的关键，而它又是通过组织成员之间的共同活动来实现的。此过程通常采用师徒制和跟师学艺的方式进行，亦即通常是面对面的沟通，形成默契与意会。

（2）外部化是个人的隐性知识转化为群体的显性知识的过程。在此过程中隐性知识通过暗喻、模拟等方式归纳综合，转化为语言可以描述和表达的内容，与群体中的成员达到一种知识的共享。隐性知识的外部化，是知识最能发挥效用的部分。

（3）组合是若干群体的显性知识转化为组织的显性知识的过程，并在组织范围内进行广泛传递和应用。如个人通过文件、会议、电话交谈、计算机网络交换等组合知识，并对既有知识加以分类和重新组合而产生新的知识。

（4）内部化是指通过实际决策与反复实践方式，个体将群体的一些观点和方法等真正内化为自己的"想法"，并应用于决策，促进知识的内部化和学习。

从知识创造螺旋模型中可看出，知识的创造过程就是隐性知识和显性知识的自转换和互转换，以及知识在不同本体论层次间螺旋上升的过程，知识创造过程中存在大量的知识流动；从另一个侧面来看，知识转移不仅是知识的流动，也包含了知识的传递和吸收两个过程，知识接收者在吸收新知识之后，可能需要对个人原有知识进行整合，并重构个人原有的知识基，个人或组织在知识重构和整合过程中必不可少地产生一些新知识，即知识学习和知识创造。由此可看出，知识转移与知识创造是相互支持、相互嵌入的，而且它们均存在个人、团队、组织等不同的分析层次。但通过深入分析可以发现，SECI 模型隐含着一个主要缺陷：将组织视为一个自动生成的认知系统；在这个系统中，新知识仅能够通过现有的知识产生出来。在现实中，作为社会系统中的生物有机体，社会外部知识的输入是不容忽视的，而此模型对社会外部知识的力量不能作出合理的解释。

2. Szulanski 的知识转移过程模型

过程模型也是知识转移研究中比较典型的模型，主要是将整个知识转移分为不同的阶段，再对每个阶段的转移过程进行具体分析。Szulanski（1996）等认为知识转移不同于知识扩散，是一个有方向、有明确经验的路径转移。他提出了知识转移过程模型，认为一个完整的知识转移过程包括以下四个阶段：初始阶段（initiation）、执行阶段（implementation）、蔓延阶段（ramp-up）和整合阶段（integration）。如图 5-7 所示，①初始阶段是知识转移的萌芽阶段，敏锐的组织或个人发现知识差距和缩短该差距的知识，并做出转移决策；②进入执行阶段后，知识源和知识受体间建立起匹配的转移关系，进行信息和资源的交互，通常这个阶段的知识交互程度会达到峰值；③当知识受体接受到知识后，转移过程进入实施阶段，知识受体开始使用获得的知识，受体根据使用后的绩效，决定是否保留该新知识和是否将新知识的运用制度化；④如果得到满意绩效，受体决定将新知识的运用逐渐形成惯例，那么此时就开始进入知识转移的整合阶段。整合阶段重点在于消除新知识例行化的阻碍与处理过程中所遇到的挑战。

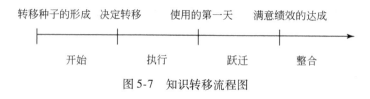

图 5-7　知识转移流程图

分析知识转移的特性，整个转移过程划分为四个阶段，每一阶段都有其特定的事件。但是知识转移作为一个连续过程，对于转移过程的不同阶段往往很难进行准确识别。

此后，Alice Lam 在 Szulanski 的四阶段模型基础上提出了知识转移情景模型。她认为知识内嵌于组织的社会文化、沟通方式、作业流程和职位定义中。知识转移的情境模型也是由四阶段促成，可用于分析企业处于一定情境中时，转移主体之间的交流等问题。

3. 知识转移的五步骤理论

知识势差产生对知识引进和知识转移行为的需求，对此，Gilbert 和 Cordey-Hayes 根据自己多年的研究提出知识转移五阶段模式，如图 5-8 所示，而知识同化是其中具有创造性的一个环节。

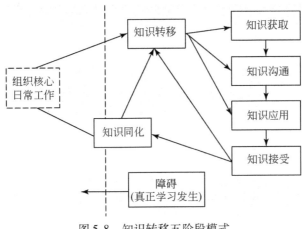

图 5-8　知识转移五阶段模式

第一阶段是知识获取，组织通过过去的经验、实践或者从其他个体那里搜索得到新知识，获取的知识类型随着影响知识源的概念的不同而不同。

第二阶段是知识沟通，个体能察觉到影响信息传播的阻碍和促进因素，建立沟通机制以有效转移知识。

第三阶段是知识应用，获取知识的目的是应用知识来进行决策，并且鼓励组织学习的精神，使组织进行学习的不是知识本身，而是知识应用后的结果。

第四阶段是知识接受，受体通过从实践、历史、指导中学到知识、控制知识并加以反馈后，会判断这种知识是否值得接受和将其同化。

第五阶段是知识同化，让群体内所有个体都达成共识，形成相同的观点。这是知识转移中最重要的环节，同时也是知识应用的结果。

五阶段模式表明组织内大部分成功进行的改变都发生在接受阶段，所以成功地应用知识即使不是意味着可以同化，至少也表明可以接受。因为个体必须将获取的新知识与过去所累积的知识加以整合与重构，这就包含了对其他个体过去的认知、态度和行为进行修正，从而达成观点的一致，这是知识应用的结果。

4. 知识转移要素模型

Vito Albino 提出的知识转移分析框架归纳出包括四部分的知识转移分析框架：转移主体、转移意境、转移内容、转移媒介。他们认为知识转移依赖于转移主体、意境、内容和媒介。这四部分相互作用，共同促进知识的转移：①转移主体（actors）。它可以是个人或组织，由于组织是个人的社会集合体，组织中的个人信息交流和知识发展构成了组织间的知识转移。②转移意境（context）。从组织层面看，对知识转移的组织意境可以分为两类，即组织内情境和组织外情境。

③转移内容（content）。知识转移的过程是与基于知识的任务的转移相连的，当与转移知识的相关能力被接受方消化吸收时，知识转移就成功了。④转移媒介（media）。媒介指的是用于转移数据和信息的任何一种方法。从结构观点看，它有两个特征因素，即编码和通道。编码是信息交换的代表，通道是编码交换的形式。媒介的特征取决于编码和通道的结合。可从两方面来衡量媒介的效度，即广度和深度。两者较好时，可以减少转移的不确定性和模糊性，保证知识转移的高水平。

5.2.4　知识转移的绩效

根据 Jeffrey L. Cummings 和 Bing-Sheng Teng 的观点，学者们用四种方法来衡量知识转移的成功：①利用转移频率来衡量知识转移绩效，即一定时间内知识转移发生的数量。②根据计划管理的有关文献，成功的转移必须是准时、在预算内的、产生满意受体（Pinto and Mantel，1990）的活动，所以可用转移成本、受体满意度来衡量转移绩效。③根据技术转移和创新文献，知识要在受体环境中进行再创造，成功的知识转移就是要控制和实践全新的产品设计、生产过程及组织设计（Nelson，1993），因此可以用知识再创程度来衡量转移绩效。④制度理论认为转移成功就是知识被内化（Meyer and Rowan，1977），即受体获得所转移知识的所有权、承诺和满意的程度。Kostova（1999）认为知识内化"在概念上最接近组织行为领域传统结构，如组织承诺、工作满意以及心理所有权"，因此可通过受体在知识中投入自己的想法，专有的知识和个人风格的多少，受体运用该知识的次数，受体投入该知识的时间、精力、努力程度来衡量知识内化程度。

5.3　知识势能与知识流

5.3.1　知识势能

用势能来进行知识量化得到了很多学者的认同，但目前关于知识势能的量化并没有一个统一标准，各种方法自成体系。现存的几种描述方法有物理表述方法、判断矩阵表述方法，总体来说均是利用相对势能的大小来进行描述，所以文献中往往采用定性模式来描述相对势能的高和低。以下将介绍各种量化的方法。

1. 物理表述法

知识势能表示与知识丰度相关的表征知识存量水平的高低，物理学中总是把完全由位置决定的能量称为势能，知识势能是把物理学中重力势能的概念引入"知识场"中，它的量度可以用数学公式表示：

$$\mathrm{Ep}_k = mgh \tag{5-1}$$

式中，Ep_k 为知识势能；h 为知识数量，它是所求主体与参考对象的相对数量，参考对象选的不一样，对于同一主体的 h 值就不一样，Ep_k 也不一样；m 为知识质量；g 为知识的结构。这种类似物理势能的直接表述只是一种像形表达，并没有人做定量的延续研究。

2. 判断矩阵表示法

由于人类知识的复杂性和隐含性，个人拥有的知识数量很难精确考察，但可通过人与人之间的比较估计出知识量的多少和能力的强弱。一种行之有效的方法是邀请专家进行评估，专家指的是以一些有资格的专业人士或者是被认为是有着深厚经验的人，如邀请著名的科学家对一个相关领域的科研团队的知识水平和研究能力进行评估。我们给出知识势能的评估方案如下：首先，节点需要提交关于该知识领域评估的主客观材料。客观材料指节点的本地知识库的知识内容数量和质量，领域知识调查问卷的成绩以及所取得的工作成果的评估。主观材料主要包括节点的自我知识势能评价和同行评议结果，专家面谈评价总结等。尽管节点知识含量和认知创新能力难以直接度量，但在一定程度上可以通过这些材料反映出来。如果节点的知识丰富、能力强，它们提交的材料会比势能低的节点好得多。其次，专家们对这些主客观材料进行分析，可得出初步结果。当团队人数众多时，由于比较两个节点之间的势能要比直接评估单个节点容易，而且每个专家的评分标准也可能不同，在节点间进行比较得来的结果相对来说要客观得多。最后，专家们对节点的势能进行两两比较，比较的结果写入判断矩阵。判断矩阵的值表示节点间知识势能相对强弱的比较，若比值为 1，表示两者拥有相同势能，比值大于 1，表示知识势能较高，反之较低。对于小规模的群体这种表述有一定的可操作性，但对大规模人群来说则难以操作，如表 5-1 所示。

表 5-1　判断矩阵的形式

	节点 1	节点 2	…	节点 n
节点 1	a_{11}	a_{12}	…	a_{1n}
节点 2	a_{21}	a_{22}	…	a_{2n}
⋮	⋮	⋮	…	⋮
节点 n	a_{n1}	a_{n2}	…	a_{nn}

5.3.2　知识流

知识流指从知识源到知识接收者之间发生的知识转移。有学者认为，如同水流从重力势能高的地方向重力势能低的地方流动，知识流也从知识势能高的地方向知识势能低的地方流动。但是这不是唯一的流向，低知识势能者同样可能对某一特定领域有新见解，高知识势能者的学习会造成知识流向从低势能者向高势能者转移。因此，我们认为知识的流动并不同于水从高势能向低势能的方向流动，知识的流动是双向的。另一个不同于物理学势能的是，水流从高势能向低势能流动时，势能会减少，而知识流动过程中转移者的知识势能却不会减少。知识转移的过程受到各种外在因素的干扰，知识从转移者流到知识接收者时，知识流的势能可能减少、不变或者增加，即知识接收者的知识势能可能由于转移的新知识无法吸收或者完全遗忘而不变；接受者知识势能有所增加但没超过知识传播者；知识势能超过了知识传播者，因为知识接收者先学会了新传播来的所有知识，再利用和挖掘已有的知识，自我创造出了新知识。

5.3.3 决策群体知识结构分析

研究动态群体决策过程中的知识学习/转移，首要的问题是如何表示参与决策的个体和整个群体的知识结构，即拥有哪些知识，对知识的掌握程度如何等。本节结合知识位势理论，运用加权知识网络完成对决策过程中个体及群体知识结构的表示与度量。

个人及群体的知识体系可看做由许多大小不同的知识点（knowledge point，KP）组成，较大的知识点包括许多较小的知识点，较小的知识点包含更小乃至最小级别的知识点（知识单元），从而形成一个层级的网络结构（席运江，2007）。

首先考察个人知识结构。以个人知识体系中所有知识点为节点，以知识点之间的隶属关系为边，对点、边加权即得个人知识结构的 WKN 模型：

$$\text{WKN}(g) = \{K_g, Q(K_g), E_g, W(E_g)\} \qquad (5\text{-}2)$$

式（5-2）中，$K_g = \{k_1, k_2, \cdots, k_m\}$ 表示个人的知识点集，$Q(K_g) = \{q(k_x) \mid K_x \in K_g\}$ 为知识点权重集合，权重 $q(k_x)$ 标记个体对知识点 k_x 的掌握程度，$E_g = \{(k_i, k_s) \mid \theta(k_i, k_s) = 1\}$ 为边的集合，$\theta(k_i, k_s) = 1$ 表示子节点 k_s 是父节点 k_i 的直接下级知识点，边的方向代表知识点的隶属关系。$W(E_g) = \{w(k_i, k_s) \mid \theta(k_i, k_s) = 1\}$ 为边的权重集，$w(k_i, k_s)$ 标记子节点 k_s 所代表的在父节点 k_i 中的重要程度，若 $\theta(k_i, k_s) = 0$，则 $w(k_i, k_s) = 0$。

其次考察群体知识结构。令 $G = \{g_1, g_2, \cdots, g_n\}$ 表示群体成员集合。$K_G = K_{g_1} \cup K_{g_2} \cdots \cup K_{g_n}$ 表示群体知识点集，群体对知识点 k_x 的掌握程度 $Q(k_x) = \sum_{i=1}^{n} q_{g_i}(k_x)$，$E_G = \{(k_i, k_s) \mid \theta(k_i, k_s) = 1\}$ 为边的集合，$W(E_G) = \{w(k_i, k_s) \mid \theta(k_i, k_s) = 1\}$ 为边的权重集，仿式（5-2），可得群体知识结构的 WKN 模型：

$$WKN(G) = \{K_G, Q(K_G), E_G, W(E_G)\} \tag{5-3}$$

席运江通过某科研团队已发表的论文获取个体的知识点集，并以知识点在论文中出现的频率为其属性值，令 f_1, f_2 为底大于 1 的指数函数进行了计算，给出相应的个体知识结构和知识广度、深度量化值。需要对该方法进行说明的是，由于知识本身的特殊性，目前尚无统一的、完全客观、精确的定量化计算方法，因此本方法所得量化值仅限于同一标准下的比较，无法用于和其他方法所得量化值的比较和分析。

5.4　个体交互中的自适应行为

5.4.1　知识转移对观点演化的影响

群体交互和沟通是实现知识分享和转移的平台，知识转移和群体交互对个体观点演化进程存在影响（Grabowski，2009）。交互更深层次的内涵是信息和知识的运动，但信息和知识学习过程对观点演化有不同影响。单纯向群体成员注入信息并不能促进个体间的交流，同时个体难以将信息和实际决策问题进行很好的融合（Gigone et al.，1993；Winquist et al.，1998），反而更倾向于坚持已有偏好，从而产生信息取样偏差（郑全全，2001）。相反，若群体决策中加入知识学习和知识转移的因素，情况就发生了变化。Wegner（1987）首先提出当群体经过一段时间的相处后，个体开始对群体中其他个体的知识有所了解，此时该个体会感到从交流中获益并乐于交流。若干研究证明这一现象会对群体完成各种任务产生积极的影响（Hollingshead，1998）。从群体行为具体到群体决策，情况也不例外。Stasser（1995）发现知识的运动使个体认识到群体内其他成员所拥有的知识时，成员更乐于分享知识。唐方成等（2006）利用仿真手段模拟一种新知识"侵入"一个处于旧知识状态的群体的过程，结果显示对于成员联系比较紧密的团队来说，吸收新知识使状态改变的节点成员数目迅速接近整个团队的规模。Bertotti（2008）采用类似研究思路，在群体交互中引"说服者"，通过量化模型仿真观察其对个体观点演化的影响，而"说服者"从本质上来说就是一个知识源。Grabowski（2009）从复杂网络的角度，提出基于 ISING 自旋模型的观点演化过程，指出当包含知识学习/转移的群体活动水平为 0 时，群体会保持原来状态，当活动水平在一定范围内升高时，大部分的群体成员开始接受一致的意见。也有研究将决策个体视作动态适应性系统，将其适应性决策行为作为系统输出。决策个体在连续过程中的观点演化被看做动态决策行为适应性的原因。Chuang 等（1998）指出：适应性行为具有知识层面目标，适应性系统能确定总目标下的各个分目标，以使达到总目标所需的各种知识能够被利用。Mirchandani 等（1999）认为适应性系统能够引发对知识的积极改变。

目前学者对这一现象从理论上进行了解释：在群体内部的知识学习/转移过程中，个体倾向于认为这些被学习/转移的知识对决策问题是正确且有效的，并乐于吸收这类自身不具备的知识，群体交互过程中会逐渐减少涉及这类知识的讨论，倾向于通过更多地交互来分享新的个体独有的知识以辅助群体决策。同时，随着交互过程的持续，成员能够更好地预知其他成员后续的观点，使自己的观点向更趋近于其他成员的方向演化（Moreland et al.，2000）。决策自适应系统的原理如图 5-9 所示。

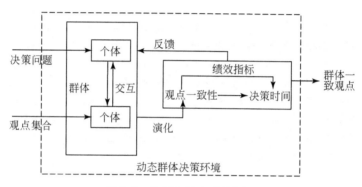

图 5-9　决策自适应系统原理

5.4.2　个体交互与知识水平演化的过程

著名英国信息科学家 Brookes 提出了信息科学的基本方程（又称为知识方程），即

$$Q[s + \Delta s] = Q[s] + \Delta s \tag{5-4}$$

该式说明随着学习时间的增长，决策个体拥有的知识水平 $Q[s]$ 也在增加。增加的知识水平 Δs 与其原有知识结构以及新的外部知识有关。决策个体的知识水平是受交互时间影响的，交互时间越长，决策者所拥有的知识水平越高，即 $\Delta k_i(t) \geq 0$。当前知识水平是影响决策个体知识转移的主要因素，知识水平高的个体对群体的知识共享程度具有较强的影响，其观点值越稳定，学习其他决策者观点的概率越小。每个决策个体都能根据知识转移的方式和自身的学习能力对转移的知识做出决策。当两个决策个体存在知识势能差时，知识往往有动力从一个群体的某个体开始到另一个体传递。通过知识势能较高的个体，某维度的知识就能被其他决策个体吸收，并且一旦这种知识的吸收超越某个临界点，决策个体的态度倾向和这个意见的稳定性就逐渐形成。知识势能高的个体更容易影响势能相

对较低的个体，而知识势能低的决策个体对知识势能较高的决策个体的影响相对较弱。

5.4.3　具有知识学习的个体交互模型

假设 t 时刻决策者 i 的知识水平为 $I_i(t)$ ，决策者的知识水平的改变受遗忘率 α 以及学习率 β 的影响，因此

$$\frac{\mathrm{d}I_i(t)}{\mathrm{d}t} = -\alpha I_i(t) + \beta, \quad 0 \leqslant t \leqslant T \tag{5-5}$$

求解式（5-5），得

$$I_i(t) = ce^{-\alpha t} + \beta/\alpha, \quad 0 \leqslant t \leqslant T \tag{5-6}$$

当决策者 i 初始时刻的知识水平为 $I_i(0)$ 时，则

$$I_i(t) = \left[I_i(0) - \frac{\beta}{\alpha}\right]e^{-\alpha t} + \frac{\beta}{\alpha}, \quad 0 \leqslant t \leqslant T \tag{5-7}$$

决策者 i 的观点值 $d[I_i(t)]$ ，即决策个体 t 时刻的观点值由它的知识水平决定，因此决策者观点的交互受决策者知识水平的影响。i 为当前决策者，j 为决策群体中除 i 外的任意决策个体，其他决策者的观点值为

$$d'[I_i(t)] = \xi_{ij}\Delta d[I_i(t)] + (1 - \xi_{ij})d[I_j(t)] \tag{5-8}$$

式中，$\xi_{ij} = \dfrac{\|I_i(t) - I_j(t)\|}{\sum\limits_{j=1}^{n}\|I_i(t) - I_j(t)\|}$ ，$\|\quad\|$ 表示决策者 i 、j 之间的一致性程度。

5.4.4　知识学习与决策偏好动态变化

知识包含一定环境信息及对这些信息的理解，因此知识是人们对不同情况进行分类后得出不同结论的依据。这和 Rough 集理论对知识的定义相吻合："知识"是一种将现实或抽象的对象进行分类的能力。下面在该定义基础上推出知识影响决策精度的机理。

待决策的问题构成一个集合 U ，决策者拥有关于 U 的知识，具体表现为可使用属性和相应的值来描述集合中对象，例如，投资方案集合中的"风险"、"收益"、"成本"等概念均属于属性范畴，每种属性均可用"高、中、低"等来描述，属性在 U 上构成一族等价关系，在各自独立的属性下可对集合进行相应的分类，如"高风险方案"、"中风险方案"、"低风险方案"；在合成的等价关系下，又可对集合进行更细致的分类，如"高风险、高收益方案"、"低风险、高收益、低成本方案"等，但由于决策个体的相关知识是有限的，对集合进行分类所依靠的属性也是有限的，当合成等价关系所进行的分类将集合细化到某种程度时，就出现了集合元素间的不可辨识关系。

　　分类过程中出现的不同个体被归于同类时出现的关系即为不可辨识关系，如两个方案同属于"低风险、高收益、低成本方案"集合，则根据决策者现有知识不可能将它们继续细化，无法将各方案作为单一对象来处理，只能将不可辨识对象簇作为同一整体来处理，不可分辨关系也称为一个等效关系，两个"低风险、高收益、低成本方案"的不可分辨关系可以理解为其在风险、收益、成本三种属性下存在等效关系。知识可认为是一组等效关系，它将集合分割成一系列等效类。

　　给定一个有限的非空集合 U，R 为 U 上的一组等价关系。R 将 U 划分为互不相交的基本等价类，二元对 $K = (U,R)$ 构成一个近似空间。设 X 为 U 中的一个子集，x 为 U 中的一个对象，$[x]R$ 表示所有与 x 不可分辨的对象组成的集合，即由 x 决定的等价类。当 X 能表示成 R 基本等价类组成的并集时，则称集合 X 为 R 可定义的，否则即为不可定义的。对于不可定义的集合可由两个精确定义的集合来近似定义，即上近似和下近似。

　　集合 X 关于 R 的下近似可由式（5-9）定义为

$$R_*(X) = \{x \in U : [x]R \subseteq X\} \tag{5-9}$$

式（5-9）中，$R_*(X)$ 是由那些根据已有知识判断肯定属于 X 的对象所组成的最大集合，称为 X 的正域，记为 $\mathrm{POS}(X)$。根据已有知识判断肯定不属于 X 的对象组成的集合，称为 X 的负域，记为 $\mathrm{NEG}(X)$。集合 X 关于 R 的上近似可由式（5-10）定义为

$$R^*(X) = \{x \in U : [x]R \cap X \neq \emptyset\} \tag{5-10}$$

式（5-10）中，$R^*(X)$ 是由所有与 X 相交非空的等价类 $[x]R$ 的并集，是那些可能属于 X 的对象组成的最小集合。显然 $R^*(X) + \mathrm{NEG}(X) = U$，集合的边界域可由式（5-11）定义为

$$\mathrm{BN}(X) = R^*(X) - R_*(X) \tag{5-11}$$

　　若 $\mathrm{BN}(X) = \emptyset$，则 X 关于 R 是清晰的；当 $\mathrm{BN}(X) \neq \emptyset$ 时，则称 X 是关于 R 的 rough 集。引入精度概念，由等价关系 R 定义的集合 X 的角度可定义为 $\alpha_R(X) = \dfrac{|R_*(X)|}{|R^*(X)|}$。基于以上阐述，利用刘树安等（2001）给出的症状与感冒关系，解释知识对群体决策绩效影响的机理，如表 5-2 所示。

表 5-2　症状与感冒关系 I

患者集合 X	1	2	3	4	5	6	7	8
是否头痛	是	是	是	否	否	否	否	否
是否感冒	否	是	是	否	否	是	是	否

由表5-2可知，令 X 表示患者集合，则 $X = \{x_2, x_3, x_6, x_7\}$，$R$ 表示为属性"头痛"构成的一个等效关系，根据是否头痛，该论域被分割成如下等效类，同一类中个体均不可分辨。$E_1 = \{x_1, x_2, x_3\}$，$E_2 = \{x_4, x_5, x_6, x_7, x_8\}$ 对于 X，$R_*(X) = \varnothing$，$R^*(X) = E_1 \cup E_2 = \{x_1, x_2, x_3, x_4, x_5, x_6, x_7, x_8\}$，$\text{BN}(X) = R^*(X)$，$\alpha_R(X) = \dfrac{|R_*(X)|}{|R^*(X)|} = 0$，由该结论无法推得任何有用的决策规则，系统决策规则集为空。

引入新知识增强决策者的分类能力，继续给出症状与感冒关系Ⅱ，见表5-3。

表5-3　症状与感冒关系Ⅱ

患者集合 X	1	2	3	4	5	6	7	8
是否头痛	是	是	是	否	否	否	否	否
体温	正常	偏高	很高	正常	偏高	很高	偏高	很高
是否感冒	否	是	是	否	否	是	是	否

根据是否头痛和体温高低，该论域被分割成如下等效类，同一类中个体均不可分辨：$E_1 = \{x_1\}$，$E_2 = \{x_2, x_3\}$，$E_3 = \{x_4\}$，$E_4 = \{x_5, x_6, x_7, x_8\}$。对于 X，$R_*(X) = E_2$，$R^*(X) = E_4 \cup E_2 = \{x_2, x_3, x_4, x_5, x_6, x_7, x_8\}$，$\text{BN}(X) = \{x_5, x_6, x_7, x_8\}$，$\alpha_R(X) = \dfrac{|R_*(X)|}{|R^*(X)|} = \dfrac{1}{3}$，精度较表5-2所示的情况有所改善。

由表5-3给出以下规则，IF（体温正常）THEN（没感冒）；IF（头痛）and（体温偏高）THEN（感冒）；IF（头痛）and（体温很高）THEN（感冒）。在表5-3基础上，继续引入新知识增强决策者的分类能力，给出症状与感冒关系Ⅲ（表5-4）。

表5-4　症状与感冒关系Ⅲ

患者集合 X	1	2	3	4	5	6	7	8
是否头痛	是	是	是	否	否	否	否	否
体温	正常	偏高	很高	正常	偏高	很高	偏高	很高
是否肌痛	否	是	是	是	否	是	是	否
是否感冒	否	是	是	否	否	是	是	否

根据是否头痛，肌痛和体温高低，该论域被分割成如下等效类：$E_1 = \{x_1\}$，$E_2 = \{x_2, x_3\}$。$E_3 = \{x_4\}$，$E_4 = \{x_5, x_8\}$，$E_5 = \{x_6, x_7\}$。对于 X，$R_*(X) = R^*(X) = E_5 \cup E_2$，$\text{BN}(X) = \varnothing$，$\alpha_R(X) = \dfrac{|R_*(X)|}{|R^*(X)|} = 1$，精度进一步改善。说明是否感冒这一决策问题可通过如表5-3所示的"头痛"、"体温"、"肌痛"所

合成的等效关系，即三者构成的等效规则来定义。

由表 5-2 ~ 表 5-4 可知，随着知识的不断加入，可用于判断是否感冒的决策规则不断丰富，精度不断提高。

图 5-10 给出知识转移影响决策精度的直观描述：不规则区域表示待决策问题，任何问题都需依据相应的决策规则才能进行决策。当知识转移发生时，决策规则集中的更多决策规则被激活（图 5-10 中的决策规则集以网格形式给出，分别为 4×4，8×8，10×10 的网格），$R^*(X)$ 递增（图中灰色阴影部分所示），$BN(X)$ 递减（图中粗线框与阴影部分之差），$R_*(X)$ 递增（图中粗线所围成区域），$\alpha_R(X)$ 递增，说明该不规则区域，即待决策的问题被更为精确地描述。在实际决策情境中则表现为群体更容易对决策问题做出相对正确的判断，从而对决策产生积极的影响。

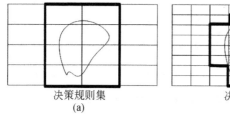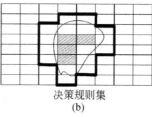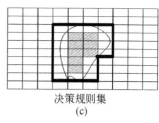

决策规则集　　　　　决策规则集　　　　　决策规则集
(a)　　　　　　　　　(b)　　　　　　　　　(c)

图 5-10　知识影响决策精度的机理

综上所述，知识影响决策精度的机理是：在决策过程中，知识激活决策规则集，决策成员运用决策规则对可选择方案进行评价和判断、排除不合条件的方案，知识转移带来的新知识激活新的决策规则集，从而提高决策成员的决策精度。

第6章 动态群体决策的绩效评价体系与方法

本章对现有动态群体决策绩效方面的文献进行总结后认为交互过程已成为动态群体决策领域研究的主要方向，即关注个体如何在复杂、动态的环境中，运用其经验评价所处环境、进行决策并选择行动方案。在总结现有文献的基础上，对动态群体决策绩效指标进行梳理，选取观点一致度与收敛时间作为因变量来考察群体决策绩效，并运用三种不同的综合评价模型对群体决策绩效进行模拟。此外还介绍了三种模型的原理和意义。

6.1 动态群体决策绩效研究述评

"过程 – 结果"观是动态群体决策绩效研究的常用视角。从现有研究看，在制定决策的正确方法和获得满意结果间存在因果关系，一个好的决策过程将导致更有利的结果。这一关系在心理学研究（Janis，1977；Janis，1982）和管理学研究（Hachman，1990）中获得了普遍支持。尽管表述方式不同，但这些研究模型都有一个共同的核心思想，即为了制定出满意的决策，个体必须拥有一个在科学、合理的决策程序指导下的交互过程。因此，交互过程成为动态群体决策研究的主要方向，即关注个体如何在复杂环境中，运用其经验进行决策并选择行动方案（Zsambok et al.，1997；Barrhelemy，2002）。

社会心理学和行为决策领域的学者做了大量工作，通过不同实验设计方法观察群体在不同交互方式下的行为和心理特征，Kurt Lewin 开创了群体动力学研究群体决策过程及群体发展的先河（Forsyth，1990）。国内学者朱华燕等（2001）采用实验室研究方法，比较了在信息不分享条件下多特征效用模型（MAU）决策程序对群体决策质量、信息分享程度的影响。郑全全等（2001）通过实验室实验考察了自由讨论条件下群体决策的影响因素。这类研究遵循的思路如下：通过群体交互，改变决策者的行为，获得群体一致的结果。研究表明，群体的交互会系统改变个体的态度，使决策者可能改变其初始偏好结构（何贵兵，2002）。但随之而来的一个重要问题是：如果交互将导致好的决策结果，那是什么驱动群体参与了这个合理过程？社会决策图式理论（social decision schemes，SDS）将交互过程定义为一个信息整合过程（Davis，1973）。群体判断过程模型（group judgment process model）认为在决策过程中，各成员通过社会交互对自己先前的观点进行调整和校正，并对各类信息进行权衡，最终形成新的群体判断（Sniezek，1990）。可见，交互过程本身并不对独立动态群体决策绩效的改变起作用，需挖掘更深层次的变量才能发现动态决策绩效改变机理。

回顾已有研究，信息在动态群体决策绩效中扮演了重要的角色。Stasser 的信息取样模型首次提出信息在群体决策绩效中的作用。该模型认为成员所拥有的信息有两类，即分享的信息和不分享的信息。分享的信息指所有成员都拥有的信息；而不分享的信息是指成员所拥有的独特信息。该模型把群体讨论看做是一个取样过程，认为讨论内容是从群体成员所拥有的全部信息库中取样获得的。当群体成员回忆并且提及某一信息项目时发生信息取样。只要有一个成员回忆并且提及某一信息项目，就会引起群体的注意。因此该模型预测分享信息有更多的概率被提及，对决策绩效影响也更大。很多学者基于该模型从不同角度展开论证，并进行了相应的扩展。Jennifer（1999）通过实验，对模型的结论进行了验证，Larson（1998）讨论了不同决策的重要性和是否进行决策训练环境下该模型的一系列假设。Stewart（1995）研究了群体中存在专家时，不分享信息的取样优化问题。

近年来围绕信息开展的研究大部分都沿不同信息种类或信息完全程度对决策绩效影响这一思路展开。Jiang（2006）研究了拥有不同背景的个体给出的多粒度语言评价信息对群体决策绩效的影响。Brodbeck 和 Kerschreiter（2007）将个体拥有的信息分为与群体偏好一致的信息和与群体偏好不一致的信息，通过实验研究其对群体决策社会确认的影响。Lin（2008）提出了信息不确定背景下多目标群体决策的优化问题。杨雷（2007）、徐泽水（2002）、梁樑（2004）等从不完全信息、模糊信息、不确定信息等角度对过程偏好集结进行了研究。其中，关注不完全信息条件下群体交互的研究较多（Cook and Kress，1991；Kim and Ahn，1997；Mateos，2006）。这类研究认为个体缺乏对决策问题完整的知识，只能在交互过程中提供不完全信息，从而产生不同偏好。因此如何通过多次交互使个体加深对问题的理解，实现偏好动态调整，最终获得满意解，成为研究的重点。这类研究遵循相似的技术路线——将交互过程抽象化，模型化，进而设计基于过程数据的定量精确算法。华中生（1994）用模糊方法讨论专家群体不一致的判定方法，给出确定需调整偏好的具体方法；Jerome（1999）设计了一致性搜索算法用于动态获取群体协调解；王丹力（2002）研究主持人引导下的专家思维收敛问题，给出基于判断矩阵的偏好一致性排序。

6.2　动态群体决策绩效指标

动态群体决策绩效概念本身涵盖的内容较广，不同学者从"绩效"的不同分支对其进行了研究，如个体信息交流程度（郑全全等，2005），有效方案的产生数量（刘树林等，2002）、观点产生的广度和深度（郑全全等，2003），决策者效用（张龙等，2006）等。本研究选取群体决策研究中多数采用的结果效标，即一致性指标（白云涛和郭菊娥等，2008）作为因变量来考察动态群体决策绩效。

　　一致性是衡量动态群体决策绩效的重要指标，国内研究对该指标存在不同表达，如共识、合意等，其反映的内涵是一致的。本研究采用一致性衡量群体是否达成共识或形成合意的表述。一致性是指群体所有成员形成严格统一的观点。Ness 等（1998）对一致性进行了更为恰当的定义：群体中的大部分成员都同意一个清晰的观点，允许少部分反对的成员在合适的机会影响群体的选择，但最终所有的成员都会同意支持该决策。从产生过程角度，一致性的形式有三种（顾基发，2001）：①自发的一致，一般是在原始部落或某种变化慢的社会中出现问题时达成的；②突发的一致，彼此有很多不同意见时，经过对意见的深化讨论，证据的收集，最后在权衡利弊后形成新的一致；③运作的一致，是指既有可能出现突发的共识，又允许自由表达意见，再经过沟通，将意见传到群体中，最后取得的一致。

　　从本书研究实际情况出发，我们选择运作的一致作为群体决策绩效的衡量指标。很多学者从不同的角度对一致性进行了量化定义：①借鉴力学中合力的表示方法，群体一致观点就是个体观点的加权平均，即 $c = W_a a + W_b b$；②从优化的角度看，当有 n 个意见（ $S_i, i = 1, 2, \cdots, n$ ），如果以使某个目标值 $f(S_i) = f_i$ 达到极大为好，则达到 $\max f(S_i) = \max f_i = f_{i*}$ 的 S_{i*} 意见则作为群体的意见；③在②的基础上进一步讨论多目标优化中的一致性，假定两个目标 $f(S_i)$ 和 $g(S_i)$ ，在无法找到 S_{i*} ，f 和 g 同时达到最优的情况下，Pareto 一致是追求的目标；④Kacprzyk等提出在模糊偏好和模糊多数的模糊环境下达成的一致（Kacprzyk，1997），反映大部分"有关的"人同意几乎所有"有关的"议题的程度；⑤通过假设检验帮助弄清个体观点之间是否存在差异。本书将一致性看做一个指标体系，在其基础上派生出新的具体测评指标，具体如下：

　　（1）呈现一致性。该指标符合对群体决策一致性的基本理解，是很多研究选取的群体决策绩效指标，该指标通过分析一致性寻求过程获得（Kacprzyk，1988）。通常设定一个阈值，当差异值低于阈值时，称该群体决策达到一致（Herrera，1997）。因此，呈现一致性是决策个体在群体决策过程中观点差异的外在度量指标，该指标反映的是群体选择和个体选择的偏差程度。群体达到呈现一致描述的是这样一种状态，即群体中持不同观点的个体经过交互后，观点不存在统计差异。

　　（2）认知一致性。该指标的提出源于对一致性的深层次思考。呈现一致性更多表现为外部的、客观的、可直接计算的，仅用该指标存在缺陷，决策结果本身无法完全反映成员的真实想法。因此，有必要引入认知一致性反映成员内心是否真正认可决策结果的程度，从主观上了解成员是否真正对群体决策所得方案"心服口服"。为获得认知一致性指标，引入决策满意度概念。决策结果满意度是衡量决策质量的重要主观测量指标（Huang，2003），体现了群体成员主观上对于决策结果能够完成决策任务、目标的评价。由于该指标的主观性特点，通常采用问卷调查形式获得。本书研究的认知一致性基于呈现一致性和决策满意度提出，即认知一致性 = f（呈现一致性，决策满意度），该指标反映了决策个体在群体决策过程中外在观点与内部认可程度变化的匹配程度。

（3）决策时间。该指标反映群体达到呈现一致所需时间。现有研究将决策时间视作外部环境变量，以时间压力形式进行考虑（Zakay，1993）。本研究将其作为反映绩效的变量。

在对动态群体决策绩效定义的基础上修正已有研究的一致性寻求过程，图6-1为本研究给出动态群体决策绩效指标下的一致性寻求过程框架。

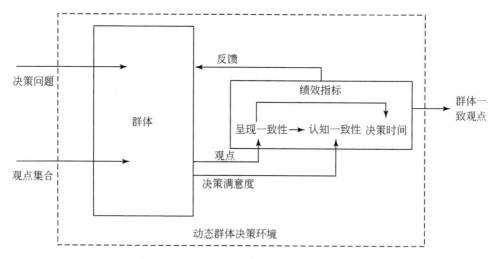

图 6-1　修正的动态群体决策一致性寻求过程

本书研究将知识共享/转移背景下的动态群体决策过程 P 细分为三个层面，分别定义各层面中涉及的关键变量，并给出三个层面驱动关系的直观描述。

（1）观点动态演化层面 P_1。该层面为决策进程的断面，每个状态截面 S_i 上存在特定观点分布 G_{S_i}。在个体交互的作用下，状态截面随时间变化，即观点分布随时间变化。

（2）交互关系动态演化层面 P_2。在决策进程的任一时间点 t 上存在特定的个体间交互关系结构 I_t。交互关系结构随时间变化。

（3）观点集结的动态演化层面 P_3。在任一时刻 t，状态截面 S_t 上的观点可

用函数 h_t 集结成为群体共同的观点 OP_t , $OP_t = h_t G_{S_i}$ 。不同时间点的状态截面有不同的集结函数，观点集结函数随着时间变化。

三个层面的驱动关系见图6-2（箭头表示驱动方向）。知识共享/转移使个体观点发生演化，促使个体间交互关系发生变化，具体表现为有些个体由于分歧过大而不再进行交互，有些个体由于观点趋同而倾向进行更多的交互，交互结构和个体观点的动态变化促使在分析群体观点变化时需要选取不同的函数进行集结，以上过程均为动态连续进行。

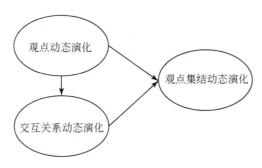

图6-2 三个层面的驱动关系

6.3 动态群体决策绩效综合评价模型

6.3.1 因子分析综合评价模型

在研究实际问题时我们往往希望尽可能多地收集相关变量，以期望能对问题有比较全面、完整的把握和认识。为了解决这些问题，最简单和最直接的解决方案是削减变量的个数，但这必然又会引起信息丢失和信息不完整等问题产生。为此，人们希望探索一种更为有效的解决方法，它既能减少参与数据建模的变量个数，也不会造成信息的大量丢失。因子分析正是这样一种能够有效降低变量维数，并已得到广泛应用的分析方法。

因子分析起源于 Karl Pearson 和 Charles Spearmen 等关于智力测验的统计分析，目前已成功应用于心理学、医学、气象、地质、经济学等领域。因子分析以最少的信息丢失为前提，将众多的原有变量综合成较少几个综合指标，名为因子。因子有以下特点：①因子个数远远少于原有变量的个数；②因子能够反映原有变量的绝大部分信息；③因子之间的线性关系并不显著；④因子具有命名解释性。

通常因子分析产生的因子能通过各种方式最终获得命名解释性。因子的命名解释性有助于对因子分析结果的解释评价，对因子的进一步应用有重要意义。例如，对高校科研情况的因子分析中，如果能够得到两个因子，其中一个因子是对科研人力投入、经费投入、立项项目数等变量的综合，而另一个是对结项项目数、发表论文数、获奖成果数等变量的综合，那么该因子分析就是较理想的。因为这两个因子均有命名可解释性，其中一个反映了科研投入方面的情况，可命名为科研投入因子，另一个反映了科研产出方面的情况，可命名为科研产出因子。因子分析可在许多变量中找出隐藏的、具有代表性的因子。将相同本质的变量归入一个因子，既可减少变量数目，还可检验变量间关系的假设。

在因子分析模型中，假定每个原始变量由两部分组成，即共同因子和唯一因子。共同因子是各原始变量所共有的因子，解释变量间的相关关系。唯一因子是每个原始变量所特有的因子，表示该变量不能被共同因子解释的部分。因子分析最常用的理论模式如下：$Z_j = a_{j1}F_1 + a_{j2}F_2 + a_{j3}F_3 + \cdots + a_{jm}F_m + U_j (j = 1,2,3,\cdots, n, n$ 为原始变量总数）。可以用矩阵表示为 $Z = AF + U$。其中，F 称为因子，由于它们出现在每个原始变量的线性表达式中（原始变量可以用 X_j 表示，这里模型中实际上是以 F 线性表示各个原始变量的标准化分数 Z_j），因此又称为公共因子。因子可理解为高维空间中互相垂直的 m 个坐标轴，A 称为因子载荷矩阵，$a_{ji} (j = 1,2,\cdots,n; i = 1,2,\cdots,m)$ 称为因子载荷，是第 j 个原始变量在第 i 个因子上的负荷。如果把变量 Z_j 看成 m 维因子空间中的一个向量，则 a_{ji} 表示 Z_j 在坐标轴 F_i 上的投影，相当于多元线性回归模型中的标准化回归系数；U 称为特殊因子，表示了原有变量不能被因子解释的部分，其均值为 0，相当于多元线性回归模型中的残差。其中，Z_j 为第 j 个变量的标准化分数，$F_i (i = 1,2,\cdots,m)$ 为共同因素，m 为所有变量共同因素的数目，U_j 为变量 Z_j 的唯一因素，a_{ji} 为因素负荷量。

因子载荷是因素结构中原始变量与因素分析时抽取出共同因素的相关。可证明在因子不相关的前提下因子载荷 a_{ji} 是变量 Z_j 和因子 F_i 的相关系数，反映了变量 Z_j 与因子 F_i 的相关程度。因子载荷 a_{ji} 值小于等于 1，绝对值越接近 1，表明因子 F_i 与变量 Z_j 的相关性越强。同时因子载荷 a_{ji} 也反映了因子 F_i 对解释变量 Z_j 的重要作用。因子载荷作为因子分析模型中的重要统计量，表明了原始变量和共同因子间的相关关系。因素分析的理想情况在于个别因素负荷量 a_{ji} 不是很大就是很小，这样每个变量才能与较少的共同因素产生密切关联，如果想要以最少的共同因素数来解释变量间的关系程度，则 U_j 彼此间或与共同因素间就不能有关联存在。一般来说，负荷量为 0.3 或更大被认为有意义。所以，当要判断一个因子的意义时，需要查看哪些变量的负荷达到了 0.3 或 0.3 以上。

变量共同度就是变量方差，指每个原始变量在每个共同因子的负荷量的平方和，即原始变量方差中由共同因子所决定的比率。变量的方差由共同因子和唯一因子组成。共同性表明了原始变量方差中能被共同因子解释的部分，共同性越大，变量能被因子说明的程度越高，即因子可解释该变量的方差越多。共同性的意义在于说明如果用共同因子替代原始变量后，原始变量的信息被保留的程度。因子分析通过简化相关矩阵，提取可解释相关的少数因子。一个因子解释的是相关矩阵中的方差，而解释方差的大小称为因子的特征值。一个因子的特征值等于所有变量在该因子上的负荷值的平方总和。变量 Z_j 的共同度 h^2 的数学定义为 $h^2 = \sum_{i=1}^{m} a_{ji}^2$，该式表明变量 Z_j 的共同度是因子载荷矩阵 A 中第 j 行元素的平方和。由于变量 Z_j 的方差可以表示成 $h^2 + \mu^2 = 1$，因此变量 Z_j 的方差可由两个部分解释：第一部分为共同度 h^2，是全部因子对变量 Z_j 方差解释说明的比例，体现了因子全体对变量 Z_j 的解释贡献程度。h^2 越接近 1，说明因子全体解释说明了变量 Z_j 的较大部分方差，如果用因子全体刻画变量 Z_j，则变量 Z_j 的信息丢失较少；第二部分为特殊因子 U 的平方，反应了变量 Z_j 方差中不能由因子全体解释说明的比例，μ^2 越小则说明变量 Z_j 的信息丢失越少。

　　总之，变量共同度 d 刻画了因子全体对变量 Z_j 信息解释的程度，是评价变量 Z_j 信息丢失程度的重要指标。如果大多数原有变量的变量共同度均较高（如高于 0.8），则说明提取的因子能够反映原有变量的大部分信息（80% 以上），仅有较少的信息丢失，因子分析的效果较好。因子，变量共同度是衡量因子分析效果的重要依据。

　　因子方差贡献的定义为 $S_i^2 = \sum_{j=1}^{n} a_{ji}^2$。因子 F_i 的方差贡献是因子载荷矩阵 A 中第 i 列元素的平方和。F_i 的方差贡献反映了 F_i 对原有变量总方差的解释能力，值越高，说明因子的重要性越高。因此，因子方差贡献和方差贡献率是衡量因子重要性的关键指标。

　　以三个变量抽取两个共同因素为例，三个变量线性组合分别为 $Z_1 = a_{11}F_1 + a_{12}F_2 + U_1$，$Z_2 = a_{21}F_1 + a_{22}F_2 + U_2$，$Z_3 = a_{31}F_1 + a_{32}F_2 + U_3$。转换成因素矩阵如表 6-1 所示。

表 6-1　因素矩阵

变量	F_1（共同因素一）	F_2（共同因素二）	共同性（h^2）	唯一因素（d^2）
X_1	a_{11}	a_{12}	$a_{11}^2 + a_{12}^2$	$1 - h_1^2$
X_2	a_{21}	a_{22}	$a_{21}^2 + a_{22}^2$	$1 - h_2^2$
X_3	a_{31}	a_{32}	$a_{31}^2 + a_{32}^2$	$1 - h_3^2$
特征值	$a_{11}^2 + a_{21}^2 + a_{31}^2$	$a_{12}^2 + a_{22}^2 + a_{32}^2$		
解释量	$\dfrac{a_{11}^2 + a_{21}^2 + a_{31}^2}{3}$	$\dfrac{a_{12}^2 + a_{22}^2 + a_{32}^2}{3}$		

　　共同性是每个变量在每个共同因素之负荷量的平方总和（一行中所有因素负

荷量的平方和），即个别变量可被共同因素解释的变异量百分比，这个值是个别变量与共同因素间多元相关的平方。从共同性大小可判断该原始变量与共同因素之间的关系程度。而各变量的唯一因素大小就是 1 减掉该变量共同性的值。特征值是每个变量在某一共同因素之因素负荷量的平方总和（一列所有因素负荷量的平方和）。在因素分析之共同因素抽取中，特征值大的共同因素会首先被抽取，其次是次大者，最后抽取的共同因素之特征值最小，通常接近 0。将每个共同因素的特征值除以总题数，为此共同因素可以解释的变异量，因素分析的目的即在因素结构的简单化，希望以最少的共同因素对总变异量作最大的解释，因而抽取的因素越少越好，但抽取因素之累积解释的变异量则越大越好。

围绕浓缩原有变量提取因子的核心目标，因子分析主要涉及以下五大基本步骤。

1. 因子分析的前提条件

因子分析的主要任务是将原有变量中的信息重叠部分提取和综合成因子，最终实现减少变量个数的目的，因此要求原有变量间应存在较强的相关关系。否则，如果原有变量相互独立，相关程度很低，不存在信息重叠，它们不可能有共同因子，那么也就无法将其综合和浓缩，也就无需进行因子分析。本步骤正是希望通过各种方法分析原有变量是否存在相关关系。SPSS 提供了四个统计量可帮助判断观测数据是否适合作因子分析。

1）计算相关系数矩阵

在进行提取因子等分析步骤之前，应对相关矩阵进行检验，如果相关矩阵中的大部分相关系数小于 0.3，则不适合作因子分析；当原始变量个数较多时，所输出的相关系数矩阵特别大，所以一般不会采用此方法。

2）计算反映象相关矩阵

反映象矩阵包括负的协方差和负的偏相关系数。如果原有变量间的确存在较强的相互重叠及传递影响，即如果原有变量中的确能够提取出公共因子，那么在控制了这些影响后的偏相关系数必然很小。反映象相关矩阵的对角线上的元素为某变量的 MSA 统计量。变量 x_i 的 MSA_i 统计量的取值在 0 和 1 之间。当它与其他所有变量间的简单相关系数平方和远大于偏相关系数的平方和时，MSA_i 值接近 1，意味着 x_i 与其他变量间的相关性强；当它与其他所有变量间的简单相关系数平方和接近 0 时，MSA_i 值接近 0，意味着 x_i 与其他变量间的相关性弱。观察反映象相关矩阵，如果反映象相关矩阵中除主对角元素外，其他大多数元素的绝对值均小，对角线上元素的值越接近 1，则说明这些变量的相关性较强，适合进行因子分析。与 1）中最后所述理由相同，一般少采用此方法。

3) 巴特利特球体检验

巴特利特球体检验的目的是检验相关矩阵是否是单位矩阵。如果是单位矩阵，则认为因子模型不适用。巴特利特球体检验的原假设为相关矩阵是单位阵，如果不能拒绝该假设，就表明数据不适合用于因子分析。

4) KMO

KMO（Kaiser-Meyer-Oklin measure of smapling adequacy）是 Kaiser-Meyer-Olkin 的取样适当性量数。KMO 测度的值越高（接近 1.0），表明变量间的共同因子越多，研究数据越适合用因子分析。通常按以下标准解释该指标值的大小：KMO 值达到 0.9 以上为非常好，0.8~0.9 为好，0.7~0.8 为一般，0.6~0.7 为差，0.5~0.6 为很差。如果 KMO 测度的值低于 0.5 时，表明样本偏小，需要扩大样本。

2. 抽取共同因子，确定因子的数目和求因子解的方法

将原有变量综合成少数几个因子是因子分析的核心内容。本步骤正是研究如何在样本数据的基础上提取和综合因子。决定因素抽取的方法，有主成份分析法、主轴法、一般化最小平方法、未加权最小平方方法、最大概似法等，最常使用的是主成份分析法，所谓主成份分析法，就是以较少的成份解释原始变量方差的较大部分。进行主成份分析时，先要将每个变量的数值转换成标准值。主成份分析就是用多个变量组成一个多维空间，然后在空间内投射直线以解释最大的方差，所得的直线就是共同因子，该直线最能代表各个变量的性质，而在此直线上的数值所构成的一个变量就是第一个共同因子，或称第一因子（F_1）。但是在空间内还有剩余的方差，所以需要投射第二条直线来解释方差。这时，还要依据第二条准则，即投射的第二条直线与第一条直线成直交关系（即不相关），意为代表不同方面。第二条直线上的数值所构成的一个变量，称为第二因子（F_2）。依据该原理可以求出更多因子。原则上，因子的数目与原始变量的数目相同，但抽取了主要的因子之后，如果剩余的方差很小，就可以放弃其余的因子，以达到简化数据的目的。

因子数目确定的常用方法是借助两个准则来确定因子的个数。一是特征值准则，二是碎石图检验准则。特征值准则就是选取特征值大于或等于 1 的主成份作为初始因子，而放弃特征值小于 1 的主成份。碎石检验准则是根据因子被提取的顺序绘出特征值随因子个数变化的散点图，根据图的形状来判断因子的个数。散点曲线的特点是由高到低，先陡后平，最后几乎成一条直线。曲线开始变平的前一个点被认为是提取的最大因子数。后面的散点类似于山脚下的碎石，可舍弃而不会丢失很多信息。

3. 使因子更具有命名可解释性

通常最初因素抽取后对因素无法进行有效解释，这时往往需要进行因子旋

转，通过坐标变换使因子解的意义更容易解释。转轴目的在于改变题项在各因素负荷量的大小，转轴时根据题项与因素结构关系的密切程度，调整各因素负荷量，使变量在每个因素的负荷量不是变大（接近1）就是变得更小（接近0），而非转轴前在每个因素的负荷量大小均差不多，这就使对共同因子的命名和解释变得更容易。转轴后，每个共同因素的特征值会改变，但每个变量的共同性不会改变。常用的转轴方法有最大变异法、四次方最大值法、相等最大值法、直接斜交转轴法、Promax 转轴法。前三者属于"直交转轴法"，在直交转轴法中，因素（成份）与因素（成份）间不相关，因素轴间夹角为90°；后二者属"斜交转轴法"，表示因素间彼此有某种程度相关，亦即因素轴间夹角不是90°。

不同的因子旋转方式各具特点。究竟选择何种方式进行因子旋转取决于研究需要。如果因子分析的目的只是进行数据简化，就应该选择直交旋转。如果因子分析的目的是要得到理论上有意义的因子，应该选择斜交因子。事实上，研究中很少有完全不相关的变量，所以斜交旋转优于直交旋转。但斜交旋转中因子间的斜交程度受研究者定义的参数的影响，且斜交旋转中所允许的因子间的相关程度是很小的，因为没有人会接受两个高度相关的共同因子。如果两因子确实高度相关，大多数研究者会选取更少的因子重新进行分析。因此斜交旋转的优越性大打折扣。在实际研究中，直交旋转得到更广泛的运用。

4. 决定因素与命名

转轴后，要决定因素数目，选取较少因素层面，获得较大的解释量。在因素命名与结果解释上，必要时可将因素计算后存储，作为其他程序分析之输入变量。

5. 计算各样本的因子得分

因子分析的最终目标是减少变量个数，以便在进一步分析中用较少的因子代替原有变量。本步骤正是通过各种方法计算各样本在各因子上的得分，为进一步的分析奠定基础。此外，在因素分析中，研究者还应当考虑以下几个方面（Bryman and Cramer，1997）。

1）可从相关矩阵中筛选题项

题项间如果没有显著的相关，则题项间抽取的因素与研究者初始构建的层面可能差距很大。题项间如果有极其显著的正/负相关，则因素分析较易构建成有意义的内容。因素分析前，研究者可从题项间相关矩阵分布情形，简要看出哪些题项间有密切关系。

2）样本大小

因素分析的可靠性除与抽取的样本有关，与预试样本的大小更有密切关系。

进行因素分析时，针对预试样本应该取多少才能使结果最为可靠的问题，学者间没有一致的结论，然而多数学者均赞同"因素分析要有可靠的结果，受试样本数要比量表题项数还多"，如果一个分量表有 40 个预试题项，则因素分析时，样本数不得少于 40。

此外，在进行因素分析时，学者 Gorsuch（1983）的观点可作为参考：题项与受试者的比例最好为 1：5；受试总样本总数不得少于 100 人。如果研究主要目的在找出变量群中涵括何种因素，样本数要尽量大，才能确保因素分析结果的可靠性。

3）因素数目的挑选

常用的因素数目挑选标准有两种：一是 Kaiser 标准，选取特征值大于 1 的因素，Kaiser 准则判断应用时，因素分析的题项数最好不要超过 30 题，题项平均共同性最好在 0.70 以上，如果受试样本数大于 250 位，则平均共同性应在 0.60 以上（Stevens，1992），如果题项数在 50 题以上，有可能抽取过多的共同因素（此时研究者可以限定因素抽取的数目）；二是 Cattell（1965）所倡导的特征值图形的陡坡检验，此图根据最初抽取因素所能解释的变异量高低绘制而成。"陡坡石"原是地质学名词，代表在岩石斜坡底层发现的小碎石，这些碎石价值性不高。应用于统计学的因素分析中，表示陡坡图底端的因素不具重要性，可以舍弃不用。因而陡坡图的情形也可作为挑选因素分析数目的标准。假设待评价的样本数为 n，决策绩效指标数为 m，则可得原始数据阵：

$$X = \begin{bmatrix} X_{11} & X_{12} & \cdots & X_{1m} \\ X_{21} & X_{22} & \cdots & X_{2m} \\ \vdots & \vdots & & \vdots \\ X_{n1} & X_{n2} & \cdots & X_{nm} \end{bmatrix} \tag{6-1}$$

其中，X_{ij} 代表对第 i 个样本第 j 个评价指标评价数据。

首先进行指标标准化。设 EX_j 为第 j 个评价指标数据的均值，$\sqrt{\mathrm{DX}_j}$ 为第 j 个评价指标数据的方差，则利用公式

$$X'_{ij} = (X_{ij} - \mathrm{EX}_j) / \sqrt{\mathrm{DX}_j} \tag{6-2}$$

进行标准化处理，得到标准化后数据阵 X'。其次，利用公式

$$r_{ij} = \frac{\mathrm{cov}(X'_i, X'_j)}{\sqrt{\mathrm{DX}_i \mathrm{DX}_j}} = \mathrm{EX}'_i \mathrm{EX}'_j \tag{6-3}$$

计算标准化后第 i 个评价指标与第 j 个评价指标的相关系数，得到相关系数矩阵 R，且

$$R = \frac{1}{n-1}(X')^{\mathrm{T}} X' \tag{6-4}$$

计算 R 的特征值 λ 和特征向量 μ。设 R 的特征值为 $\lambda_1 > \lambda_2 > \cdots > \lambda_m \geq 0$；相

应的特征向量为 μ_i，$(i = 1, 2, \cdots, m)$，且 $\mu_i^{\mathrm{T}} \mu_i = 1$。记 $U = (\mu_1, \mu_2, \cdots, \mu_m)$，则为 U 正交矩阵，且由线性代数知识可得

$$R = U \begin{bmatrix} \lambda_1 & & & \\ & \lambda_2 & & \\ & & \cdots & \\ & & & \lambda_m \end{bmatrix} U^{\mathrm{T}} \tag{6-5}$$

和

$$U^{\mathrm{T}} (X')^{\mathrm{T}} X' U = (n - 1) \begin{bmatrix} \lambda_1 & & & \\ & \lambda_2 & & \\ & & \cdots & \\ & & & \lambda_m \end{bmatrix} \tag{6-6}$$

令 $F = X'U$，则

$$F^{\mathrm{T}} F = (n - 1) \begin{bmatrix} \lambda_1 & & & \\ & \lambda_2 & & \\ & & \cdots & \\ & & & \lambda_m \end{bmatrix} \tag{6-7}$$

因此 m 个主成分为

$$\begin{cases} F_1 = \mu_{11} X'_1 + \mu_{12} X'_2 + \cdots + \mu_{1m} X'_m \\ F_2 = \mu_{21} X'_1 + \mu_{22} X'_2 + \cdots + \mu_{2m} X'_m \\ \vdots \quad\quad \vdots \quad\quad \vdots \quad\quad \vdots \\ F_m = \mu_{m1} X'_1 + \mu_{m2} X'_2 + \cdots + \mu_{mm} X'_m \end{cases} \tag{6-8}$$

利用上式可以计算出公共因子在每一个样本点上的得分。因为标准化处理后的 $X'_j (1 \leq j \leq m)$ 均值为零，故因子 $F_j (1 \leq j \leq m)$ 的均值为零。由特征值可求得各因子的方差贡献率

$$\alpha_i = \frac{\lambda_i}{\sum\limits_{j=1}^{m} \lambda_j} \tag{6-9}$$

再利用公共因子的方差贡献率 α 和各因子在每一个样本点上的得分值求得综合评价值，具体形式为

$$Y = \alpha_1 F_1 + \alpha_2 F_2 + \cdots + \alpha_m F_m \tag{6-10}$$

式中，$Y = \begin{pmatrix} y_1 \\ y_2 \\ \vdots \\ y_n \end{pmatrix}$，$y_i$ 就是第 i 个因子的节约程度综合评价值。由于计算出的综合评

价值有负数，故采用如下规范化处理，即

$$\overline{y_i} = \frac{y_i - \min_j(y_j)}{\max_j(y_j) - \min_j(y_j)} \tag{6-11}$$

6.3.2　TOPSIS 法综合评价模型

为了检验因子分析法排序结果的准确性，给出另一种评价方法——基于信息熵的 TOPSIS 法。TOPSIS 是接近理想解的排序方法，它借助多属性问题的理想解和负理想解给方案集 X 中各方案排序。基本思想是：对归一化后的原始数据矩阵，确定出理想中的最佳方案和最差方案，然后通过求出各被评方案与最佳方案和最差方案之间的距离，得出该方案与最佳方案的接近程度，并以此作为评价各被评对象优劣的依据。

理想解 x^* 是一个方案集 X 中并不存在的最佳方案，它的每个属性值都是决策矩阵中该属性的最好值；而负理想解 x^0 则是虚拟的最差方案，它的每个属性值都是决策矩阵中该属性的最差的值。在 n 维空间中，将方案集 X 中的各被选方案 x_i 与理想解 x^* 和负理想解 x^0 的距离比较，既靠近理想解又远离负理想解的方案就是方案集 X 中的最佳方案；可据此排定 X 中各被选方案的优先序。但传统 TOPSIS 法的应用是基于评价指标权重已确定的问题，所以应用 TOPSIS 方法排优先序之前要找到合适的权重赋值方法。确定评价指标权重的方法有很多，我们用熵值法来确定节约程度评价指标的权重。具体做法如下文所示。

1. 用向量规范化的方法求得规范化决策矩阵

待评价的样本数为 n，指标数为 m，则可得决策矩阵

$$X = \begin{bmatrix} X_{11} & X_{12} & \cdots & X_{1m} \\ X_{21} & X_{22} & \cdots & X_{2m} \\ \vdots & \vdots & & \vdots \\ X_{n1} & X_{n2} & \cdots & X_{nm} \end{bmatrix} \tag{6-12}$$

式中，X_{ij} 代表对第 i 个样本第 j 个评价指标的评价数据。对初始抉择矩阵进行规范化处理，设规范化决策矩阵为 $Z = \{z_{ij}\}$，则

$$z_{ij} = \frac{X_{ij}}{\sqrt{\sum_{i=1}^{n} X_{ij}}}, i = 1, \cdots, n; j = 1, 2, \cdots, m \tag{6-13}$$

根据 DELPHI 法获取专家群体对属性的信息权重矩阵 B，形成加权判断矩阵

$$Z = V'B = \begin{bmatrix} x'_{11} & x'_{12} & \cdots & x'_{1n} \\ x'_{21} & x'_{22} & \cdots & x'_{2n} \\ \vdots & \vdots & & \vdots \\ x'_{i1} & \cdots & x'_{ij} & \\ \vdots & \vdots & & \vdots \\ x'_{m1} & x'_{m2} & \cdots & x'_{mn} \end{bmatrix} \begin{bmatrix} w_1 & 0 & \cdots & 0 \\ 0 & w_2 & \cdots & 0 \\ \vdots & \vdots & & \vdots \\ 0 & \cdots & w_j & \cdots \\ \vdots & \vdots & & \vdots \\ 0 & 0 & \cdots & w_n \end{bmatrix} = \begin{bmatrix} f_{11} & f_{12} & \cdots & f_{1n} \\ f_{21} & f_{22} & \cdots & f_{2n} \\ \vdots & \vdots & & \vdots \\ f_{i1} & \cdots & f_{ij} & \cdots \\ \vdots & \vdots & & \vdots \\ f_{m1} & f_{m2} & \cdots & f_{mn} \end{bmatrix}$$

$$(6\text{-}14)$$

2. 利用信息熵确定权重

熵的概念产生于热力学，它被用来描述运动过程中的一种不可逆现象，后来在信息论中用来表示事物出现的不确定性。基于信息熵的多属性决策方法确定权重的具体步骤如下：

（1）对规范化矩阵 $Z = \{z_{ij}\}$ 进行列归一化矩阵 $R = (r_{ij})_{m \times n}$，其中

$$r_{ij} = \frac{z_{ij}}{\sum\limits_{i=1}^{m} z_{ij}}, i = 1, 2 \cdots, n; j = 1, 2, \cdots, m \qquad (6\text{-}15)$$

（2）计算每个属性的信息熵

$$E_j = -\frac{1}{\ln n} \sum_{i=1}^{m} r_{ij} \ln r_{ij}, j = 1, 2, \cdots, m \qquad (6\text{-}16)$$

当 $r_{ij} = 0$ 时，规定 $r_{ij} \ln r_{ij} = 0$。

（3）计算属性权重向量 $\omega = (\omega_1, \omega_2, \cdots, \omega_m)$，其中

$$\omega_j = \frac{1 - E_j}{\sum\limits_{k=1}^{m} (1 - E_k)} \qquad (6\text{-}17)$$

3. 构成加权规范矩阵 $Y = \{y_{ij}\}$

$$y_{ij} = \omega_j \cdot z_{ij}, i = 1, 2, \cdots, n; j = 1, 2, \cdots, m$$

$$Y = \begin{bmatrix} \omega_1 z_{11} & \omega_2 z_{12} & \cdots & \omega_m z_{1m} \\ \omega_1 z_{21} & \omega_2 z_{22} & \cdots & \omega_m z_{2m} \\ \vdots & \vdots & & \vdots \\ \omega_1 z_{n1} & \omega_2 z_{n2} & \cdots & \omega_m z_{nm} \end{bmatrix} = \begin{bmatrix} y_{11} & y_{12} & \cdots & y_{1m} \\ y_{21} & y_{22} & \cdots & y_{2m} \\ \vdots & \vdots & & \vdots \\ x_{n1} & x_{n2} & \cdots & x_{nm} \end{bmatrix} \qquad (6\text{-}18)$$

4. 确定理想解 y^* 和负理想解 y^0

设理想解 y^* 的第 j 个属性值为 y_j^*，负理想解 y^0 第 j 个属性值为 y_j^0，则理想

解 $y_j^* = \max y_{ij}$，$j = 1, 2, \cdots, m$，负理想解 $y_j^0 = \min y_{ij}$，$j = 1, 2, \cdots, m$。根据加权判断矩阵获取评估目标的正负理想解。正理想解为

$$f_j^* = \begin{cases} \max(f_{ij}), j \in J^* \\ \min(f_{ij}), j \in J' \end{cases} \quad j = 1, 2, \cdots, n \qquad (6\text{-}19)$$

负理想解为

$$f'_j = \begin{cases} \min(f_{ij}), j \in J^* \\ \max(f_{ij}), j \in J' \end{cases} \quad j = 1, 2, \cdots, n \qquad (6\text{-}20)$$

其中，J^* 为效益型指标，J' 为成本型指标。

5. 计算理想解与负理想解的距离

y_{ij} 到理想解的距离为

$$d_i^* = \sqrt{\sum_{j=1}^m (y_{ij} - y_j^*)^2}, i = 1, 2, \cdots, n \qquad (6\text{-}21)$$

y_{ij} 到负理想解的距离为

$$d_0^* = \sqrt{\sum_{j=1}^n (y_{ij} - y_j^0)^2}, i = 1, 2, \cdots, n \qquad (6\text{-}22)$$

6. 计算排序指标值

$$C_i^* = \frac{d_i^0}{d_i^0 + d_i^*}, i = 1, 2, \cdots, n \qquad (6\text{-}23)$$

按 C_i^* 由大到小排列得到排序，C_i^* 为 i 对应的得分。

7. 依照相对贴近度的大小对目标进行排序，形成决策依据

根据 C_i^* 的值按从小到大的顺序对各评价目标进行排列。排序结果贴近度 C_i^* 值越大，该目标越优，C_i^* 值最大的为最优评价目标。

6.3.3　ELECTRE 法综合评价模型

ELECTRE 法是法国人 Roy（1971）首先提出的，他所构建的是一种较弱的次序关系，叫级别高于关系。

1. 级别高于关系的定义与性质

1）定义

（1）级别高于关系。给定方案集 $X, x_i, x_k \in X$，决策人的偏好次序和属性矩阵 $\{y_{ij}\}$，当有理由相信 $x_i \geqslant x_k$，则称 x_i 的级别高于 x_k，记作 $x_i O x_k$。需注意

的是，级别高于关系是建立在决策人愿意承担因承认 $x_i > = x_k$ 所产生的风险的基础上的，理由与基于相对位置的方案排队法相同。

（2）级别无差异。给定方案集 $X, x_i, x_k \in X$，当且仅当 X 中存在 $u_1, u_2, \cdots,$ $u_r; v_1, v_2, \cdots, v_s; r \geqslant 1, s \geqslant 1$，使 $x_i O x_k$（或者 $x_i O u_1, x_i O u_2, \cdots, u_r O x_k$）且 $x_k O x_i$（或者 $x_k O v_1, v_1 O v_2, \cdots, v_s O x_i$），则称 x_k 与 x_i 级别无差异，记作 $x_i I_r x_k$。

2）级别高于关系的性质

级别高于关系和级别无差异具有以下性质：

（1）弱转递性，即 $x_i O x_0$ 且 $y(x_0) \geqslant y(x_k) \Rightarrow x_i O x_k$ 或者 $y(x_i) \geqslant y(x_0)$ $x_0 O x_k \Rightarrow x_i O x_k$。由于定义级别高于关系 O 时是承担了承认 $x_i > = x_k$ 所产生的一定风险的，所以级别高于关系不具备一般意义的传递性。

（2）自反性。显然，$x O x$ 和 $x I_r x$ 均成立。

（3）I_r 是对称的。

2. ELECTRE-I 法

ELECTRE-I 法求解多属性决策问题主要包括两个部分，一是构造级别高于关系，二是利用所构造的级别高于关系对方案集中的方案进行排序。

1）级别高于关系的构造

级别高于关系的构造以决策矩阵 $Y = \{y_{ij}\}$ 为基础，决策矩阵不作规范化。对于 X 中的每对方案 x_i 和 x_k，为了判定是否存在级别高于关系 O，需要进行和谐性检验（discordance test）和非不和谐性检验（non discordance test）。具体步骤如下：

步骤 1　由决策人设定各属性的权 $w = \{\omega_1, \omega_2, \cdots, \omega_n\}$。

步骤 2　进行和谐性检验。不失一般性，设每个属性 $y_j, j = 1, 2, \cdots, n$ 的值都是越大越好。

首先，对属性序号进行分类。若根据属性 j，方案 x_i 优于方案 x_k，记作 $x_i >_j x_k$ 的属性 j 的集合 $J^+ = (x_i, x_k)$。与此类似，可以定义满足 $x_i \sim_j x_k$ 的属性 j 的集合 $J^= = (x_i, x_k)$ 和 $x_i <_j x_k$ 的属性 j 的集合 $J^- = (x_i, x_k)$

$$J^+(x_i, x_k) = \{j \mid 1 \leqslant j \leqslant n, y_j(x_i) = y_j(x_k)\}$$
$$J^=(x_i, x_k) = \{j \mid 1 \leqslant j \leqslant n, y_j(x_i) = y_j(x_k)\}$$
$$J^-(x_i, x_k) = \{j \mid 1 \leqslant j \leqslant n, y_j(x_i) < y_j(x_k)\}$$

其次，计算和谐性指数，即

$$I_{ik} = \left(\sum_{j \in J^+(x_i, x_k)} \omega_j + \sum_{j \in J^=(x_i, x_k)} \omega_j \right) \Big/ \sum_{j=1}^{n} \omega_j \qquad (6\text{-}24)$$

式中，I_{ik} 的含义是 x_i 不劣于 x_k 的那些属性的权重之和在所有属性权重的总和中所占的比例。

$$\hat{I}_{ik} = \sum_{j \in J^+(x_i,x_k)} \omega_j \Big/ \sum_{j \in J^-(x_i,x_k)} \omega_j \qquad (6\text{-}25)$$

式中，$\hat{I}_{ik}$ 的含义是 x_i 优于 x_k 的那些属性的权重之和与 x_i 劣于 x_k 的属性权重之和的比例。$\hat{I}_{ik}$ 与 I_{ik} 的区别还在于 $\hat{I}_{ik}$ 的分子中不计 x_i 与 x_k 无差异的属性的权重。请注意 $\hat{I}$ 与基于相对位置的方案排队法中 A_σ 的区别。A_σ 也是由 x_i 优于 x_k 的那些属性的权重之和与 x_i 劣于 x_k 的属性的权重之和的比值，但是采用参数 $\sigma(0 \leq \sigma \leq 1)$ 来调节 x_i 与 x_k 无差异的属性的权重在决策过程中的作用。选定 $0.5 < \alpha \leq 1$，若 $\hat{I}_{ik} \geq 1, I_{ik} \geq \alpha$，则通过和谐性检验。$\alpha$ 愈大，级别高于的关系要求越高，亦即承认 $x_i > = x_k$ 所产生的风险越小。

步骤 3　进行非不和谐性检验。在这之前介绍的多属性决策方法一般都隐含着属性间的完全可补偿性假设，也就是说，方案 x_i 在某个属性 j_1 上比 x_k 差，而且无论差多少，都可以通过其他属性 $j(j \neq j_1)$ 上的 $x_i >_j x_k$ 进行补偿，使方案对总体比较结果为 $x_i > x_k$。在求解实际的决策问题时决策人往往会因为方案 x_i 在某个属性 j_1 上比方案 x_k 差得太多而不再承认 x_i 在总体上优于 x_k，这种对各属性间的补偿加以限制就是属性间的部分可补偿性，或称有条件可补偿性。ELECTRE 法是通过非不和谐性检验来反映决策人关于属性间的部分可补偿性的。具体的做法是由决策人为每个属性的值 j 设定阈值 $d_j, j = 1, \cdots, n$，若对任一 $j, y_j(x_k) - y_j(x_i) \geq d_j$，则不管其他属性的值如何，都不接受其他属性的补偿，即决策人不再承认 $x_i O x_k$。

步骤 4　确定级别高于关系。对方案集中的每一对方案 x_i 和 x_k，若 $\hat{I}_{ik} \geq 1$，$I_{ik} \geq \alpha$ 且对所有 $j, y_j(x_k) - y_j(x_i) \leq d_j$ 则 $x_i O x_k$。由于从 $x_i O x_k$ 不能推断非 $x_k O x_i$，也不能从非 $x_i O x_k$ 导出 $x_k O x_i$，所以 (x_k, x_i) 与 (x_i, x_k) 都应作为方案对此加以考察。ELECTRE-I 法的和谐性检验的实质是一种特殊的多数投票规则，是用属性的权重投票。

2）级别高于关系的图形表示

用上面所述方法构造的级别高于关系可以用指向图直观地表示。

设 $X = \{x_1, x_2, x_3, x_4, x_5\}$，且 $x_1 O x_2$，$x_2 O x_3, x_2 O x_4, x_3 O x_5, x_4 O x_1, x_5 O x_3$，则 X 上的级别高于关系可以用图 6-3 表示。图中有向弧的发出节点称为起点，有向弧箭头所指的节点称为终点。

3）级别高于关系的使用

通过方案成对比较确定级别高于关系

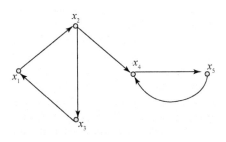

图 6-3　级别高于关系的指向图

后，就可以利用这种关系画出相应指向图，并用级别高于关系指向图来删除级别较低的方案。

（1）如果某个节点只是某个或某些有向弧的终点且不是任何有向弧的起点，则该节点所代表的方案级别最低，首先被删除。

（2）当且仅当指向图中存在回路，且回路中包含节点 x_i 和 x_k 时，$x_i I_r x_k$。例如，在图 6-3 中，x_1、x_2 和 x_4 级别无差异，x_3 和 x_5 级别无差异，指向图中存在级别无差异方案时，可删除其中的某个方案。

（3）得到方案集的优势子集 X_1，使得 $\forall x' \in X \setminus X_1, \exists x^* \in X_1$ 使 $x^* O x'$。若 X_1 中各方案间在存在级别高于关系，即 $\forall x', x'' \in X_1, x' O x''$。称 X_1 为方案集 X 的最优解（符号 O 的含义是不存在级别高于关系）。

以图 6-3 所示指向图为例，方案集 X 的优势子集不唯一，$\{x_1, x_2, x_5\}$ 和 $\{x_2, x_4, x_5\}$ 都是方案集 X 的优势子集。

3. ELECTRE-Ⅱ法

ELECTRE-Ⅰ法思路清晰、逻辑简明，其计算虽然有点烦琐，但是并不困难，应该说是一种较好的多属性决策方法。它最大的缺点是没有提供有效的步骤去对方案排序。为此 Roy（1975）等在 ELECTRE-Ⅰ法的基础上提出了 ELECTRE-Ⅱ法，它的基本内容如下。

1）定义强级别高于 O_s 和弱级别高于 O_w

（1）确定高、中、低三阈值 α^*、α^0 和 α^-，使 $0.5 < \alpha^- < \alpha^0 < \alpha^* < 1$。

（2）给定 $d_j^0 < d_j^*$，并定义三个不和谐集：

$$D_j^h = \{(y_{ij}, y_{kj}) \mid y_{kj} - y_{ij} \geq d_j^*, i,k = 1, \cdots, m, i \neq k\}$$
$$D_j^m = \{(y_{ij}, y_{kj}) \mid d_j^* \geq y_{kj} - y_{ij} \geq d_j^0, i,k = 1, \cdots, m, i \neq k\} \quad (6\text{-}26)$$
$$D_j^l = \{(y_{ij}, y_{kj}) \mid y_{kj} - y_{ij} < d_j^0, i,k = 1, \cdots, m, i \neq k\}$$

（3）定义强级别高于关系 O_s 和弱级别高于关系 O_w：

$$x_i O_s x_k \Leftrightarrow \begin{cases} \hat{I}_{ik} \geq 1, \text{且} \\ i.\ I_{ik} \geq \alpha^* \text{ 且} (y_{ij}, y_{kj}) \in D_j^m (\text{对所有} j) \\ \text{或者 } ii.\ I_{ik} \geq \alpha^0 \text{ 且} (y_{ij}, y_{kj}) \in D_j^l (\text{对所有} j) \end{cases} \quad (6\text{-}27)$$

即和谐性高，不和谐性中等，或和谐性中等不和谐性低时，强级别高于关系 $x_i O_s x_k$ 成立。

$$x_i O_w x_k \Leftrightarrow \begin{cases} \hat{I}_{ik} \geq 1, \text{且} \\ i.\ I_{ik} \geq \alpha^0 \text{ 且} y_{kj} - y_{ij} < d_j^0 (\text{对所有} j) \\ \text{或者 } ii.\ I_{ik} \geq \alpha^- \text{ 且} y_{kj} - y_{ij} < d_j^- (\text{对所有} j) \end{cases} \quad (6\text{-}28)$$

即和谐性与不和谐性均为中等或均低时，弱级别高于关系 $x_iO_wx_k$ 成立。

2）构造指向图

利用式（6-26）~式（6-28）判别方案集中所有的方案对 (x_i,x_k) 和 (x_k,x_i)，$i,k = 1,2,\cdots,m$，是否存在强级别高于关系 O_s 及弱级别高于关系 O_w；根据上面所构造的强级别高于关系 O_s 和弱级别高于关系 O_w 分别做出方案集 X 的强图 G_s 和 G_w。图 6-4 中的（a）和（b）分别是 Duckstein L（1983）所给出的关于植被管理问题的方案集的强图和弱图。

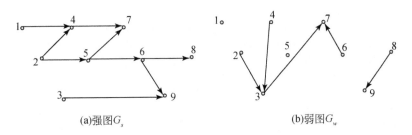

图 6-4　级别高于关系的强图和弱图

3）利用指向图排序

（1）正向排序。强图和弱图中没有前向枝的方案称作非劣方案，例如，强图中方案 1、2、3 均无前向枝，都是非劣方案，它们构成的非劣方案集记作 C_s^1；同样把弱图中的非劣方案集记作 C_w^1，C_s^1 和 C_w^1 的交集记作 $C^1 = C_s^1 \cap C_w^1$。

正向排序按如下步骤进行：

步骤 1　$G_s^1 = G_s, G_w^1 = G_w$。

步骤 2　从图 G_s^1 和弱图 G_w^1 中找出非劣方案集 C_s^1 和 C_w^1 并求出其交集 C^1。显然，对图 6-4 所示的例，$C^1 = \{1,2\}$。

步骤 3　从图 G_s^1 和 G_w^1 中抹去 C^1 中的方案以及这些方案发出的所有有向枝，剩余的强图和弱图分别记作 G_s^2 和 G_w^2，如图 6-5 所示。

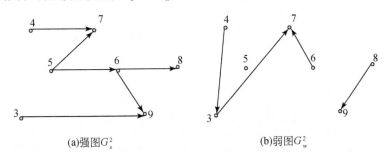

图 6-5　剩余的强图和弱图

步骤4 返回步骤2，从 G_s^k 和 G_w^k 中找出 C^k 并用③得到 G_s^{k+1} 和 G_w^{k+1}，逐步进行直到 G_s^{k+1} 和 G_w^{k+1} 为空集，即所有方案均被抹掉为止。

在本例中，$G^2 = \{4,5\}$，删除 G^2 后得到的 G_s^3 和 G_w^3 如图6-6（a）和（b）所示；从 G_s^3 和 G_w^3 中找出 $C^3 = \{3,6\}$，删除 C^3 后得到 G_s^4，G_s^4 和 G_w^4 见图6-6（c）和图6-6（d）；从 G_s^4 和 G_w^4 中找出 $C^4 = \{7,8\}$，剩下的强图和弱图中只有方案9，所以 $C^5 = \{9\}$。

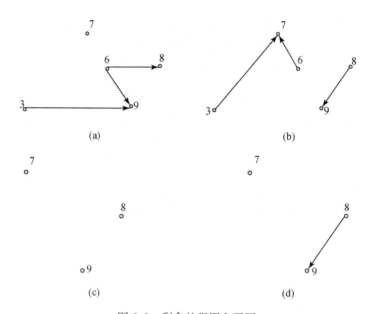

图6-6 剩余的强图和弱图

步骤5 计算各方案的排序 $v'(x_i)$。如果方案 i（即 x_i）属于 C^k，则它被排在第 k 位，即若 $i \in C^k$，则 $v'(x_i) = k$。上面的例子中各方案的排序见表6-2。

表6-2 各方案的排序

方案 i	1	2	3	4	5	6	7	8	9
排序 $v'(x_i)$	1	1	3	2	2	3	4	4	5

（2）反向排序。将正向排序的强图 G_s^1 和弱图 G_w^1 中所有有向弧的箭头反向，得到正向排序图的镜像——反向排序图。上面例子的反向排序图如图6-7所示。

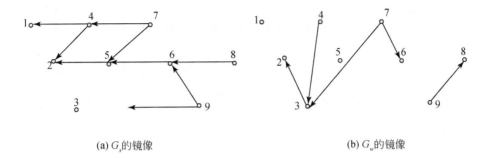

(a) G_s 的镜像　　　　　　　　　　　(b) G_w 的镜像

图 6-7　强图和弱图的反向排序图

对图 6-5 中的反向排序图，按上面介绍的正向排序的同样方法可以得到反向排序的次序 $v^0(x_i)$，$v^0(x_i)$ 的值越小，方案 x_i 的级别越低，$v^0(x_i)$ 的值见表 6-3。

表 6-3　图 6-7 中反向排序图的排序结果

方案 i	1	2	3	4	5	6	7	8	9
反向排序 $v^0(x_i)$	4	5	2	3	4	3	1	2	1
反向排序 $v''(x_i)$	2	1	4	3	2	3	5	4	5

由于从正向排序得到的正向序 $v'(x_i)$ 越小，方案 x_i 级别越高，从反向排序得到的反向序 $v^0(x_i)$ 越小，方案 x_i 级别越低，需要进行一定的处理才能综合利用这两组数据。可令

$$v^* = \max_{x_i \in X} v^0(x_i)$$
$$v''(x_i) = 1 + v^* - v^0(x_i) \tag{6-29}$$

$v''(x_i)$ 是 $v^0(x_i)$ 的反方向，它与 $v'(x_i)$ 一样，值越小，方案 x_i 的级别越高。上面的例子中 $v^* = 5$，由此计算的 $v'' = (x_i)$ 值也列在表 6-2 中。

（3）计算 x_i 的平均序 $\bar{v}$。

$$\bar{v}(x_i) = [v'(x_i) + v''(x_i)]/2 \tag{6-30}$$

$\bar{v}(x_i)$ 的值小者为优。例子中的平均序 $\bar{v}(x_i)$ 见表 6-4。

表 6-4　例中的平均序

方案 i	1	2	3	4	5	6	7	8	9
平均序 $\bar{v}(x_i)$	1.5	1	3.5	2.5	2	3	4.5	4	5

由此可得各方案的优劣次序为：2010504060308070709。

6.4　绩效评价模型应用

由于所评价的指标之间存在一定的相关性，使得所观测到的数据在一定程度上反映的信息有所重叠。用较少的综合变量来代替原来较多的变量，而这几个综合变量又能够尽可能反映原来变量的信息。运用 SPSS 得到方差贡献率的因子得分如表 6-5 所示。

表 6-5　因子得分表

决策者	方差贡献率				决策者	方差贡献率			
	Fact1	Fact2	Fact3	Fact4		Fact1	Fact2	Fact3	Fact4
决策者 1	2. 015 03	− 0. 268 3	0. 649 69	1. 340 8	决策者 12	0. 902 14	− 0. 074 18	− 0. 567 71	− 0. 652 88
决策者 2	3. 249 3	− 1. 910 32	− 0. 375 38	0. 319 98	决策者 13	0. 024 61	− 0. 457 76	1. 352 4	− 0. 923
决策者 3	− 0. 136 18	− 0. 977 94	0. 592 58	1. 205 48	决策者 14	− 1. 035 23	− 1. 354 21	0. 772 26	0. 317 31
决策者 4	− 0. 169 28	− 0. 763 2	− 0. 202 82	1. 707 52	决策者 15	0. 416 52	1. 709 43	0. 894 49	1. 708 74
决策者 5	− 1. 110 93	− 0. 699 99	− 0. 271 75	− 0. 037 82	决策者 16	0. 389 96	− 0. 899 3	0. 713 83	− 0. 450 3
决策者 6	− 0. 352 54	0. 970 23	0. 087 91	1. 756 57	决策者 17	− 0. 186 9	0. 478	0. 230 58	− 0. 415 15
决策者 7	− 0. 390 05	0. 847 2	− 0. 605 31	− 0. 503 59	决策者 18	− 0. 127 71	0. 279 71	− 0. 465 45	− 0. 011 69
决策者 8	0. 252 97	0. 472 81	− 0. 803 6	− 0. 085 21	决策者 19	− 0. 182 03	1. 691 74	0. 896 5	− 0. 683 26
决策者 9	1. 781 62	0. 726 49	− 0. 940 55	− 0. 122 44	决策者 20	− 0. 208 43	0. 143 13	0. 351 19	− 1. 807 08
决策者 10	0. 664 5	1. 428 79	1. 742 76	− 0. 261 56	决策者 21	0. 495 14	− 1. 025 88	0. 473 79	− 2. 449 45
决策者 11	0. 195 09	1. 331 77	1. 805 07	− 0. 537 99	决策者 22	0. 319 68	2. 007 95	− 2. 291 79	− 0. 054 82

决策者	方差贡献率				决策者	方差贡献率			
	Fact1	Fact2	Fact3	Fact4		Fact1	Fact2	Fact3	Fact4
决策者 23	−0.619 56	0.491 34	0.310 86	−0.453 49	决策者 28	−1.313 27	0.569 38	−1.246 14	0.197 14
决策者 24	−1.414 15	−0.606 02	−0.340 04	−0.584 82	决策者 29	−1.317 64	−0.820 26	0.330 2	0.734 65
决策者 25	−0.673 51	−1.013 09	1.119 6	−0.269 5	决策者 30	−0.345 59	−0.567 41	−0.763 33	1.420 05
决策者 26	0.242 72	−0.552 55	−2.391 2	−1.324 78	决策者 31	−0.751 51	−0.434 31	−0.689 54	0.138 56
决策者 27	−0.614 79	−0.723 26	−0.369 12	0.782 05					

第7章　知识学习对动态群体决策绩效的影响

决策个体的观点是随时间动态变化的，影响决策个体的观点变化主要有三大因素：一是决策个体过去的经验和认知对当前决策观点的影响；二是决策个体以及决策群体知识水平的高低对群体决策最终观点演化的影响；三是决策个体观点值的稳定性对当前观点的影响。根据这三个因素，我们建立了动态群体决策观点演化模型，考察了个体的知识水平、邻接节点数和知识学习率对观点稳定性和收敛时间的影响，并利用仿真技术，建立知识转移速度和群体决策观点一致性之间的动态联系，探讨知识转移对群体决策观点一致性的达成是否有影响、有何影响。区分确定性仿真环境和随机性仿真环境，试图对决策者经验认知和群体观点知识转移对观点一致性是否有不同的影响，在决策交互的不同时期是否影响不同等问题做出回答。

7.1　动态群体决策的知识学习模型构建

传统的观点动力学研究忽视了知识学习对群体观点演化的影响。在动态群体决策过程中，往往伴随着个体间知识学习的发生，知识学习对群体决策的观点演化具有重要影响。决策个体的知识水平为交互时间的增函数，是影响决策个体知识学习和观点变异的主要因素，且个体观点的相互影响是非对称的。本章通过建立动态群体决策观点演化模型，研究个体知识学习对动态群体决策观点稳定性和收敛时间的影响。分析结果表明决策个体的知识水平、邻接节点数和知识学习率对观点稳定性和收敛时间有正向影响，其中个体知识学习率的影响最显著，但群体达到稳定状态时的观点值是不确定的。仿真实例证明本文提出的观点演化模型可为动态群体决策观点演化和收敛时间的影响分析提供研究基础。

7.1.1　模型构建

群体是各决策个体认知资源的集合，个体交互的目的是对成员的认知资源，特别是决策个体的信息和专长知识进行充分有效地转移、分享和利用，在交互过程中产生新的知识，使后续决策能有效地随情景条件及决策过程变化而相应的调整（Hollenbeck，1995）。从决策过程看，成员之间的知识学习将改变决策个体的选择偏好，对群体决策偏好达成稳定的时间产生影响。在群体内部知识学习的过程中，个体间被转移的知识对决策问题是正确且有效的，并乐于吸收这类自身所不具备的知识（Parks，1996）；群体交互会逐渐减少对这类知识的讨论，更倾向于通过交互来分享新个体所独有的知识，进而辅助群体决策。随着交互过程的持续，成员能够更好地预知其他成员的观点，使自己的观点向其他成员观点的方向演化（Liang，1995；Moreland，2000）。

尽管知识转移的效用在研究与实践中得到了证实与支持，但大部分研究对知识学习在动态群体决策中的影响和作用并未作出回答。与已有研究的思路不同，本章探讨当决策个体选择不同的邻接节点数进行交互学习时，知识学习和知识转移对观点演化时间的影响。在决策系统中，分布着不同知识水平的决策个体，决策个体的知识水平和知识结构对观点达成最终稳定状态将产生影响。另外，个体具有不同的知识学习率，不同的知识学习率将会影响稳定状态的观点值。本文通过建立知识学习与群体决策观点的动态演化模型，利用仿真技术探讨知识转移对群体决策观点演化规则、观点达成稳定时间的影响机制。

1. 初始设置

在群体决策观点收敛模型中，每个决策个体包含有两方面的信息：一是决策个体观点值；二是决策个体的知识水平。一方面该模型的基础是决策个体的观点，决策个体观点表达方式主要有两种，即用离散数值或连续区间表示。在实际决策问题中，常用二元变量来表达决策个体的观点值，比如说 0 表示反对，1 表示支持，因此本文用离散数值的 0 - 1 二元变量来表示决策个体的观点值 $o_i(t) = rand_{[0,1]}$。决策个体另一方面的重要信息是知识水平。由于决策者的知识水平是在学习和决策交互的过程中累积增长、连续变化的，因此本文考虑知识水平为 $[0，1]$ 之间的连续变量，即决策个体 i 在时刻 t 的知识水平 $k_i(t) \in [0,1]$。

2. 个体交互过程

知识增长过程是认知过程，著名英国信息科学家 Brookes 提出了信息科学的基本知识方程（Brookes，1980），在时间序列 $t = 1,2,\cdots,n$ 中，第 i 个决策个体在 $t + 1$ 阶段的知识水平 $k_i(t + 1)$ 为

$$k_i(t + 1) = k_i(t) + \Delta k_i(t) \tag{7-1}$$

式（7-1）是决策个体 i 在交互过程中知识水平的增加过程，刻画了知识增量 $\Delta k_i(t)$ 是通过与已有知识水平 $k_i(t)$ 的交互而整合成新的知识水平 $k_i(t+1)$ 的知识增长机理，或者说知识结构增长过程的学习原理。在时间序上，交互后一时间阶段的知识势能 $k_i(t + 1)$ 总是在交互前一层知识水平 $k_i(t)$ 上发展起来的。在

知识学习和观点交互过程中，决策个体 i 的知识增量可表示为

$$\Delta k_i(t) = \sum_{j_b} |k_i(t) - k_{j_b}(t)| \cdot |1 - k_i(t)| p_{ij_b} \tag{7-2}$$

式中，k_{j_b} 表示决策个体 j_b 的知识水平（$b = 1, 2, \cdots, n$），n 表示决策个体 i 选择的交互邻接点个数。式（7-2）的第一部分 $|k_i(t) - k_{j_b}(t)|$ 表示决策个体 i 与其他个体 j_b 之间的知识势能差。当两个决策个体存在知识势能差时，知识往往有动力从知识势能高的决策个体向知识势能低的决策个体进行传递，知识势能差是引起知识转移的动因。决策个体之间知识势能差越大，那么知识流在决策个体 i 与个体 j_b 之间越有动力发生转移。

式（7-2）的第二部分 $|1 - k_i(t)|$ 表示决策个体的现有知识水平对知识学习的影响。根据知识转移的方式和自身学习能力，决策个体对转移的知识做出是否接受的选择。由于知识势能差引起知识流从一个决策个体向另一个决策个体转移，通过知识势能较高的个体，某维度的知识可被其他决策个体吸收，并且一旦这种知识的吸收超越某个临界点，决策个体的态度倾向和这个意见的稳定性就逐渐形成。知识势能高的个体其观点稳定性也越高，通过交互和学习后，他的知识和观点发生变化的概率越小。相反，知识势能较低的个体其观点的不确定性更大，分散于更广的可选区间范围，在知识转移中学习到的新知识也越多，$|1 - k_i(t)|$ 会更大。较高知识水平的个体的知识转移状态对群体的知识共享程度有较大的影响，其观点的自信度和稳定性更高。

式（7-2）的第三部分 p_{ij_b} 表示由于势差的影响，决策个体 i 向其他的个体 j_b 学习的概率，可表示为

$$p_{ij_b}(x) = f_{ij_b}(x) \prod_{d=1..k-1} (1 - f_{ij_d}(x)) \tag{7-3}$$

式中，$b = 1, 2, \cdots n$，n 表示决策个体 i 选择交互邻居的个体；$f_{ij_k}(x)$ 为 x 的正态概率分布函数。如图 7-1 所示，当知识势差 $x \in [0, \mu]$，决策个体随着知识势差的增大，低势能的决策者学习和接受高势能决策个体的概率也越大。一旦超过一定的势差临界点 μ，决策个体间知识转移会存在巨大的理解和吸收阻力。比如，在学生和老师之间的知识转移的过程中，随着势差的增大转移的概率逐渐增大，但若超过了一定的势差范围，如某领域的专家和对该领域完全没有涉足的人，其知识转移的概率会大大减少。即当知识势差 $x \in [\mu, 1]$，知识学习概率 $p_{ij_b}(x)$ 随着势差范围的增大而逐渐减小。知识势差过小，知识转移既无足够的动力，也无发生的必要；而知识势差过大，知识转移就会遇到难以逾越的障碍。从这个角度看，在一定范围内的知识势差有利于知识转移的顺利进行。另外，决策个体 i 在某次知识的交互时，除了与决策个体 j_k 学习和交互，还与其他个体进行知识的转移。$\prod_{d=1..k-1} (1 - f_{ij_d}(x))$ 表示决策个体 i 与决策个体 j_k 以外的其他个体交互时的学

习概率，是一个累积放大不重复的学习效应。该正态分布越高耸，说明决策个体的知识学习率越高，分布越扁平，则知识学习率越低。

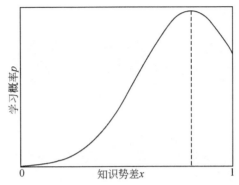

图 7-1　决策个体学习概率随知识势差变化图

综上所述，由于 $\Delta k_i(t) > 0, i \in N$，因此通过决策交互后的知识水平大于决策交互前的知识水平，即知识水平是学习和决策交互时间的增函数，即 $\dfrac{\partial k_i}{\partial t} \geqslant 0$。

3. 观点的迭代

社会影响理论描述了当其他个体出现时，对原有个体的感受产生影响的过程。由 N 个个体构成的群体，决策个体 i 在时刻 t 均持有二值观点 $o_i(t)$。引入两个新的参数对个体的影响进行描述：α 表示决策个体 i 观点的确定性（supportiveness），即决策个体 i 在第 $t+1$ 时刻继续保持与 t 时刻观点值相同的概率；β 表示决策个体 i 改变自身观点的说服力（persuasiveness），即决策个体 i 的观点值发生变异的概率。

$$\alpha = \frac{k_i(t)}{k_i(t) + \Delta k_i(t)}, \beta = \frac{\Delta k_i(t)}{k_i(t) + \Delta k_i(t)} \tag{7-4}$$

易知 $\alpha + \beta = 1$，个体在交互时观点转移方程为

$$o_i(t+1) = (\alpha, \beta) \times o_i(t) \tag{7-5}$$

式中，$\times$ 表示当决策个体对观点的确信程度小于既定自信度时，即 $\mathrm{rand}_{[0,1]} \leqslant \alpha$ 或 $\mathrm{rand}_{[0,1]} \leqslant 1 - \beta$，有 $o_i(t+1) = o_i(t)$，否则，有 $o_i(t+1) = 1 - o_i(t)$。由此得出决策个体交互以及观点演化规则：

规则一，决策个体的知识水平受交互时间影响。交互时间越长，决策个体所拥有的知识水平越高，即 $\Delta k_i(t) \geqslant 0$。

规则二，当前的知识水平是影响决策个体知识转移的主要因素，知识水平越高的决策个体其观点值越稳定，而学习与吸收低势能决策个体观点的概率越小。

规则三，决策个体观点的相互影响是非对称的。知识势能较高的决策个体对知识势能较低的决策个体影响相对较强，而知识势能较低的决策个体对知识势能较高的决策个体影响相对较弱。

7.1.2 模型运行

根据群体决策中知识转移和学习的机理，通过从动力学角度建立的动态群体决策观点演化模型，利用仿真技术来模拟决策个体观点和知识水平随时间变化的过程。

步骤 1 初始化。设群体中决策个体的数量为 N，初始时刻决策个体 i 的知识水平 $k_i(0)$ 为 $[0,1]$ 之间的均匀分布，相应地，个体 i 的观点值 $o_i(0)$ 根据自身的知识水平随机确定，服从均匀分布。$o_i(0) = 0$ 或 1，（$i = 1,2,\cdots,N$），即

$$k_i(0) = \text{rand}_{[0,1]}; o_i(0) = \begin{cases} 1, \text{if rand} \leq \varepsilon \\ 0, \text{else} \end{cases} \tag{7-6}$$

步骤 2 知识更新。决策个体 i 在其邻域中任意选择决策个体 j_b（$b = 1,2,\cdots,n$，n 表示选择交互的个数）进行交互学习，他的知识增量为 $\Delta k_i(t) = \sum_{j_b} |k_i(t) - k_{j_b}(t)| \cdot |1 - k_i(t)| p_{ij_b}$，学习概率 p_{ij_b} 由式（7-3）决定，决策者 i 在时刻 $t + 1$ 的知识水平为

$$k_i(t + 1) = k_i(t) + \Delta k_i(t) \tag{7-7}$$

步骤 3 观点更新。决策个体 i 在 $t + 1$ 的观点值由自信率 α 与变异率 β 决定，其中 $\alpha = k_i(t)/[k_i(t) + \Delta k_i(t)]$，$\beta = 1 - \alpha$；rand 为 $(0,1)$ 之间均匀分布随机数，如果 $\text{rand}_{[0,1]} \leq \alpha$ 或 $\text{rand}_{[0,1]} \leq 1 - \beta$，则 $o_i(t + 1) = o_i(t)$；反之，$o_i(t + 1) = 1 - o_i(t)$；个体交互知识转移的方程为

$$o_i(t + 1) = (\alpha, \beta) \times o_i(t) \tag{7-8}$$

步骤 4 遍历所有决策个体，同步更新所有个体知识水平及其观点值。

步骤 5 重复步骤 2 ~ 步骤 5，T 时刻结束。

7.2 决策个体的知识水平、邻接点个数和知识学习率对观点收敛时间的影响

7.2.1 模型收敛时间测算

假定该群体决策的总人数为 $N = 500$，随机选取邻域内 n 个决策个体进行交互。对决策个体随机产生的初始知识水平和决策观点值进行非参数检验（游程检

验），如表 7-1 所示，得到其初始知识势能的显著性水平 $p = 0.371 > \alpha = 0.05$，且初始观点值的显著性水平 $p = 0.232 > \alpha = 0.05$。所以在 95% 的置信区间内接受零假设，即样本是随机产生的。

表 7-1　非参数检验（游程检验）结果分析表

	初始知识水平	初始观点值
总数	500	500
均值	0.487 5	0.482
方差	0.288 19	0.500 18
最小值	0	0
最大值	1	1
检验数（中位数）	0.5	0.5
小于检验数的个数	250	259
大于或等于检验数的个数	250	241
总游程数	241	264
Z 值	−0.895	1.194
P 值（双尾检验）	0.371	0.232

初始分布产生后，决策者 i 随机选取邻域内 n 个决策个体进行交互（$n = 5$），决策交互进行 80 次。ε 表示初始时刻决策个体随机选择观点值 0 或者 1 的概率（$\varepsilon = 0.5$），决策个体 i 向其他的个体 j_b 学习的概率 $p_{ij_b}(x)$ 服从均值为 $\mu = 0.95$，方差为 $\sigma^2 = 1$ 的正态分布 $p_{ij_b}(x) \sim N(0.95, 1^2)$。

初始时刻，随机产生决策者的观点值 rand$[0,1]$，决策个体的知识水平存在差异。决策个体 i 的知识水平 $k_i(t)$ 是随着决策时间 t 的增加而逐渐增加的，其决策观点值也逐渐稳定。前一时间段节点成员达到的知识状态将作为下一阶段沟通的初始状态。图 7-2 说明了随着决策时间的推移，系统中观点值为 1 的决策者数量变化。在动态群体决策的前 20 步，群体中决策个体知识学习效果较显著，观点的变化程度也比较大，由图 7-2 中可以看到决策个体数量曲线较振荡。从迭代步长的 20 ~ 30 步，决策观点的跃变范围逐渐变小。从第 30 步开始，系统达成稳定的状态，群体中观点值为 1 的个数稳定的收敛于 246。

7.2.2　知识水平对决策观点演化的影响分析

不同的决策系统中，可能分布着不同知识水平的决策个体。有些系统中存在很多知识势能较高的个体，而知识水平较低的个体偏少；有些系统中知识势能较高的专家个体会比较少，而绝大部分会是知识比较匮乏的决策个体。本节将分析不同的知识水平和知识结构对系统观点的演化产生的影响，以及决策意见达成稳

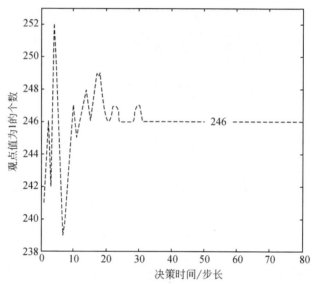

图 7-2　观点值为 1 的决策个体人数随时间变化仿真图

定的时间。为了便于分析，我们对知识势能高的个体占系统总人数的比例这一变量进行定义，即

$$\eta = \sum_{i=1}^{N} k_i(t)/N, \text{if } k_i(0) \geqslant 0.5 \qquad (7\text{-}9)$$

该式表示 t 时刻群体中，知识势能大于或等于 0.5 的决策个体数占系统决策人数的比例。

　　仿真条件为决策系统的总人数 $N = 500$，随机选取邻域内 n 个决策个体进行交互（$n = 5$），决策交互进行 80 次。$\varepsilon = 0.5$，$p_{ij_b}(x) \sim N(0.95, 1^2)$，得到仿真结果如图 7-3 所示。

　　在图 7-3 中，$\eta = 0.25$ 表示初始时刻系统中知识水平较高（$k_i(0) \geqslant 0.5$）的人数占总决策人数的 25%，而知识水平较低（$k_i(0) < 0.5$）的人数占 75%。类似的，$\eta = 0.75$ 表示系统中知识水平较高的人数占总决策人数的 75%，而知识水平较低的人数占 25%。当 $\eta = 0.25$，即系统整体知识水平较低时，群体观点达成稳定的时间为 31 步，而系统的振荡范围也比较大，在 240～263 个决策个体内波动，观点最终收敛于 249。当 $\eta = 0.75$，系统整体知识水平较高时，群体观点达成稳定的时间为 25 步，而系统的振荡范围比前者要小，在 239～248 个决策个体内波动，观点最终收敛于 245。对比分析容易看出，如果群体中知识水平较低的决策个体较多时，整体知识水平较低，其观点收敛的时间要长于知识水平较高的决策环境。在知识水平较低的决策群体中，观点的演化振动较大，相反，知识水平较高的决策群体整体知识的稳定性也比较强，跃迁范围较小。此外，观点

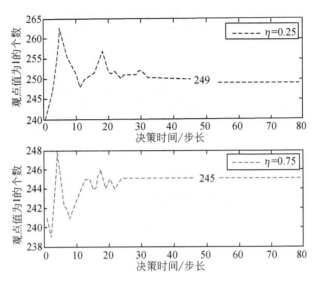

图 7-3　不同知识水平的决策群体观点演化图

值为 1 的决策个体数分别收敛于 249 和 245，可以看出不同知识水平的决策系统最终的稳态分布影响不大。

7.2.3　交互节点数对决策观点演化的影响分析

　　决策个体交互对象的选择也是本文研究的问题之一，在动态群体决策中，决策个体通过多次反复地互动与沟通来共享知识，并形成具有一致性知识的群体结构。决策个体在邻域内选择其进行知识学习和观点交互的对象，本节将分析选择不同的交互个体数量对最终决策观点演化的时间和状态的影响。

　　仿真条件为决策系统的总人数 $N = 500$，决策交互进行 80 次。初始时刻决策个体随机选择观点值概率 $\varepsilon = 0.5$，决策个体 i 向其他的个体 j_b 学习的概率 $p_{ij_b}(x) \sim N(0.95, 1^2)$，群体整体知识水平 $\eta = 0.5$，得到仿真结果如图 7-4 所示。

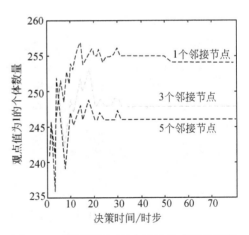

图 7-4　不同邻接点经过 80 次仿真后的群体观点演化图

图 7-4 表示邻接点数分别为 1、3、5，节点个体的知识学习随机分布在 [0, 1]，并进行 80 次迭代仿真，一致性的群体大小与这些参变量的关系。

5 个邻接点的决策系统在经过 30 个时间步长中的 80 次迭代后，达到一致性的群体规模就趋于 246 个节点数值的稳定状态上，不再改变。3 个邻接点的决策群体在经过 30 个时间步长的 80 次迭代后，就趋于 248 个节点数值的稳定状态上，不再发生变化。1 个邻接点的决策群体，在前面 20 个时间步长的 80 次迭代中，群体中观点值为 1 的个体人数振幅较大，在第 50 个时间步长之后，就趋于 254 个节点数值的稳定状态上。因此，仿真结果进一步表明了邻接点数越多，群体观点收敛的时间越短，群体规模就越快地稳定在一定量的节点成员数上；群体决策每个决策者交互的人数越多，群体知识的稳定性就越强，反映了群体达成稳定状态的时间依赖性，即观点分布在经过一定的时间之后，就趋于平稳状态。

7.2.4　知识学习率对决策观点演化的影响分析

不同的决策群体中分布着不同的决策个体，他们的学习率也不尽相同。有些群体知识学习率比较高，接受其他决策个体观点的概率较大，而有些决策个体的学习率较低，接受其他决策个体观点的概率较小。在知识学习的正态分布中，其分布越高耸，则学习率越高，分布越扁平则学习率越低。由于知识学习率 $p_{ij_b}(x)$ ~ $N(\mu, \sigma^2)$，因此 σ 越大则学习率越高。

仿真条件为决策系统的总人数 $N = 500$，随机选取邻域内 n 个决策个体进行交互（$n = 5$），决策交互进行 80 次。初始时刻决策个体随机选择观点值概率 $\varepsilon = 0.5$，决策个体 i 向其他的个体 j_b 学习的概率 $p_{ij_b}(x)$ ~ $N(0.95, \sigma^2)$，群体整体知识水平 $\eta = 0.5$，得到仿真结果如图 7-5 所示。

在图 7-5 中，$\sigma_1 = 0.25, \sigma_2 = 0.7, \sigma_3 = 1.15, \sigma_4 = 1.5$ 分别表示群体中决策者的知识学习率由低到高的变化。如图 7-5 中（a）所示，当 $\sigma_1 = 0.25$，即系统整体知识学习率较低时，在单位时间内学习到的知识量也较少，观点演化极不稳定，当迭代步长到达 80 步，系统内观点分布仍未达成稳定状态。$\sigma_2 = 0.7, \sigma_3 = 1.15$ 和 $\sigma_4 = 1.5$ 系统知识学习率逐渐升高，而单位时间内学习到的知识量也逐渐增大，其群体观点达成稳定的时间分别为 35 步、31 步和 29 步。通过综合分析可以看出，群体中决策个体的知识学习率越高，在单位时间内学习到的知识量越多，观点的演化越快收敛到稳定状态，稳定性越强。

决策个体的观点值是其知识水平的外在表现，因此决策个体的知识水平对决策群体的观点交互产生重要影响。群体决策交互行为具有复杂性、动态性、适应性、非线性等特征。本文通过构建决策观点演化模型，用复杂系统仿真技术分析了个体知识水平、决策交互节点数以及知识学习率对群体观点收敛时间的影响。

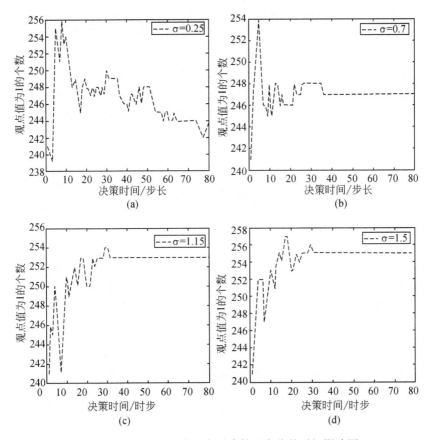

图 7-5　不同的知识学习率对决策观点收敛时间影响图

研究结论是：在知识水平较低的决策群体中，观点的演化振动较大；相反，在知识水平较高的决策群体中，整体知识的稳定性强，跃迁范围小；群体交互的邻接点数越多，群体知识的稳定性越强，弛豫时间越短；群体中决策个体的知识学习率越高，在单位时间内学习到的知识量越大，观点收敛到稳定状态的时间越短，稳定性越强。

　　上述结论可以作为进一步研究和验证的假设，通过采集现实数据用实证分析检验命题的合理性；同时，研究结论也可以作为进一步预测和解释群体决策中观点变化趋势的判据。本文仅针对群体决策观点的部分特征对知识学习与观点演化行为模式进行研究，后续研究工作将会进一步考察群体决策绩效的其他变量，如决策一致性、决策满意度等与知识学习和观点演化过程之间的互动关系和行为特征。

7.3　知识学习速度对群体决策观点演化的影响

过去群体决策一致性研究多是在一个时间界面上对决策结果的静态集结。本节从观点动力学角度建立知识转移速度和决策观点一致性间的动态联系。由于决策交互的复杂性，通过仿真技术对知识转移速度与观点一致性达成的行为模式进行描述和分析，发现了决策者经验认知、知识转移速度和群体观点一致性三者间的关系。结果表明在其他条件相同的情况下，如果群体内知识转移速度越大，那么群体最终达成观点一致性的程度越高。随机性模型比确定性模型经过更多次的仿真步长才能达到群体观点一致收敛。

7.3.1　演化模型的构建

决策者的观点在时间序列中是动态变化的。影响决策者的观点变化主要有两大因素：第一，决策者根据过去的经验和认知对当前决策观点的影响；第二，群体观点与群体内其他决策者的知识转移对当前决策的影响。

设决策交互轮为第 d 轮（$1 \leqslant d \leqslant D$）第 i 个决策者的观点为 $X_i = (x_{i1}, x_{i2}, \cdots, x_{iD})$，该轮决策的最优观点为 $P_i = (p_{i1}, p_{i2}, \cdots, p_{iD})$，决策者 i 调整观点的速度为 $V_i = (v_{i1}, v_{i2}, \cdots, v_{iD})$。那么，动态群体决策观点演化模型如下：

$$v_{id}(t+1) = \omega v_{id}(t) + c_1 \mathrm{rand}()(P_{id} - x_{id}(t)) + c_2 \mathrm{Rand}()(P_{gd} - x_{id}(t))$$

$$(7\text{-}10)$$

$$x_{id}(t+1) = x_{id}(t) + v_{id}(t+1) \qquad (7\text{-}11)$$

式中，w 为惯性权重（inertia weight），用于控制上一轮观点修正量对该轮观点修正量的影响。c_1 是决策者过去的经验对目前决策观点的影响，c_2 是群体观点和其他决策者的知识转移对目前决策观点的影响。通常 c_1，c_2 的取值是 $[0, 2]$ 之间的实数。rand（）和 Rand（）为介于 $[0, 1]$ 之间的服从均匀分布的随机数。$V_{id}(t)$ 代表决策者在第 t 轮时的决策观点改变速度，式（7-11）的 $x_{id}(t)$ 表示第 t 轮决策各决策者的观点。

式（7-10）的第 2 部分表示决策者认知速度，表示决策者根据过去的知识和经验调整观点的速度。如果 $c_1 = 0$，则决策者的个人知识和经验对决策不产生影响，即群体内知识转移是改变决策的唯一根据。在其他决策者的知识共享和知识转移条件下，决策者有能力以更优的决策观点更新当前决策观点。

式（7-10）第 3 部分表示决策者之间的知识转移对群体观点一致度的影响。如果 $c_2 = 0$，则决策者之间没有群体观点共享和知识转移，决策个体仅仅根据自有知识作出判断，多次重复没有知识转移的群体决策，达到群体一致度的速度将会大大减小。

7.3.2　模型的演化

设置最大的决策次数 G_{max} ，决策群体规模 M ，认知速度 c_1 ，知识转移速度 c_2 （ $c_2 = 0$ 表示没有知识转移），惯性权重 ω_{int} 、 ω_{end} ，给定阈值 δ 。

1. 初始决策

决策过程初始化：决策者根据自己的经验和认知作出初始决策 G_0 。在决策的初始阶段，令决策者 i 的初始观点修正速度 v_{id} 为 0 。个体最优观点 $P_{id}(0)$ 由决策者的初始观点 x_{id} 替代，而群体观点 $p_{gd}(0)$ 由初始决策矩阵和观点一致度系数共同决定。系数越大的个体观点对初始群体观点的影响越大，反之亦反。

$$G_0 = \begin{bmatrix} x_{11} & x_{12} & \cdots & x_{1n} \\ x_{21} & x_{22} & \cdots & x_{2n} \\ \vdots & \vdots & & \vdots \\ x_{m1} & x_{m2} & \cdots & x_{mn} \end{bmatrix} \tag{7-12}$$

$$p_{id}(0) = x_{id}(0), p_{gd}(0) = \frac{\sum\limits_{i'} p_{i'd}(0) \cdot s(x_i, p_{i'})}{\sum\limits_{i'} s(x_i, x_{i'})}, \quad d = 1, \cdots, N \tag{7-13}$$

$$v_{id}(0) = 0 \tag{7-14}$$

2. 第一次决策

在进行第一轮决策时，由于决策初始改变速度 $v_{id}(0) = 0$ ，个体最优观点 p_{id} 等于初始决策者的观点 x_{id} ，因此第一轮观点改变速度 $v_{id}(1)$ 仅仅受群体观点和其他决策者知识转移的影响。利用观点改变速度 $v_{id}(1)$ 修正初始观点，得出决策者的第一轮决策矩阵。

$$v_{id}(1) = c_2 \text{Rand}()(P_{gd}(0) - x_{id}(0)) \tag{7-15}$$

$$x_{id}(1) = x_{id}(0) + v_{id}(1) \tag{7-16}$$

3. 第 T 次决策

若决策个体 i 当前的观点一致度大于历史观点一致度，则记当前的观点为该决策者的最优观点并更新最优值 P_i ，否则不改变其最优观点值。根据决策者之间的观点一致度和个体最优观点，计算当前其他决策者对该个体的影响值，即该决策者的群体最优观点 P_{gd} 。决策者的第 $T + 1$ 轮观点改变速度 v_{id} 由三部分决定：①第 T 轮决策者的经验和认知；②第 T 轮群体观点的知识转移量；③第 T 轮决策

的惯性加权值 wv_{id}。

$$P_{i.}(T) = \begin{cases} P_{i.}(T-1) & S_i(T) > S_i(T-1) \\ x_{i.}(T) & S_i(T) < S_i(T-1) \end{cases}, i = 1, \cdots, M \quad (7\text{-}17)$$

$$p_{gd}(T) = \frac{\sum_{i'} p_{i'd}(T) \cdot s(x_i, p_{i'})}{\sum_{i'} s(x_i, x_{i'})} \quad d = 1, \cdots, N \quad (7\text{-}18)$$

$$v_{id}(T+1) = \omega v_{id}(T) + c_1 \text{rand}()(P_{id}(T) - x_{id}(T)) + c_2 \text{Rand}()(P_{gd}(T) - x_{id}(T)) \quad (7\text{-}19)$$

$$x_{id}(T+1) = x_{id}(T) + v_{id}(T+1) \quad (7\text{-}20)$$

$$x_{id}(T+1) = \begin{cases} 1 & x_{id}(T+1) > 1 \\ x_{id}(T+1) & 0 \leqslant x_{id}(T+1) \leqslant 1 \\ 0 & x_{id}(T+1) < 0 \end{cases} \quad (7\text{-}21)$$

4. 一致度达成条件

判断群体决策一致度达成的两个条件是：①是否迭代决策最大次数；②决策群体是否达到收敛阈值 δ，即决策群体观点一致度系数大于给定的阀值，否则继续进行上述迭代直至满足收敛条件。具体收敛过程如图 7-6 所示。

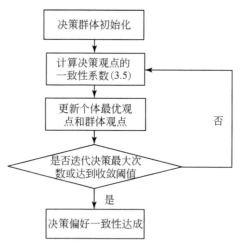

图 7-6　决策观点一致度达成的动态过程图

7.3.3　知识转移对观点一致度达成的影响

为了分析知识转移过程中群体决策观点动力学分布模式，我们主要仿真知识转移速度作为一个变量对观点分布和一致度达成的影响。假设知识的侵入过程相对较快，这样我们就把知识的转移过程类比为一种流行病的感染过程。即一个受"感染"的决策者传递给它的邻居，如果邻接点的吸收能力很强，则两者都受到感染，反之，其邻接点将在互动过程中保持"免疫性"。假设知识转移从 100 个决策节点的中心开始，并同时记录下在这个过程中观点发生改变的节点。

随机产生一个决策者为 100 人的初始观点分布，仿真条件是认知速度 c_1 = 1.4，收敛度阈值 δ = 0.85。当每个决策者更新他的决策观点时，可以进行大量的模拟。观察不同知识转移速度 c_2 值条件下观点分布状况，仿真 c_2 = 0，c_2 = 0.2 的这两种情况。图 7-7 和图 7-8 的初始分布是相同的，群体观点在有限步长的仿真中达成稳定状态。图中横坐标代表仿真步长 40 次，纵坐标代表观点在状态空间的投影，观点分布于 0 ~ 1。

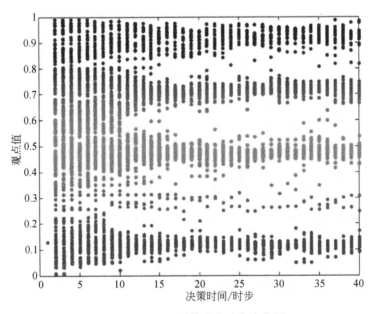

图 7-7　c_2 = 0 群体观点动态演化图

图 7-7 中，c_2 = 0 代表决策者之间完全没有群体观点的共享和知识转移，决策者仅仅根据自己过去的经验对观点进行调整。通过 40 轮群体决策与观点交互，最终群体观点分布为 5 簇，群体最终观点未达成一致。图 7-8 中，c_2 = 0.2 代表决策者之间有部分观点共享和知识转移。决策者不仅可以根据过去的认知调整观点，而且还可以通过观察其他决策者的观点和知识转移来调整当前观点。同样仿真 40 个步长，最终群体观点分布为 2 簇，观点有向两端极化的趋势，但仍未达成一致。由此可见，知识转移 c_2 对群体观点的最终分布影响是很显著的。在不同的知识转移速度条件下，观点最终分布状况也不同。随着知识转移速度的增大，

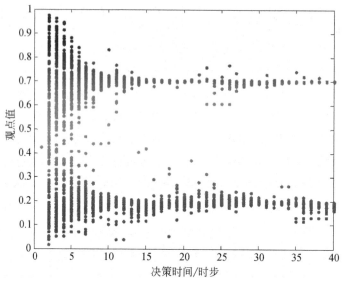

图 7-8　$c_2 = 0.2$ 群体观点动态演化图

群体观点的分布更稳定且更趋于一致。

继续增大知识转移速度 c_2，以此来考察群体观点是否能够达成一致。仿真环境为图 7-9 $c_2 = 0.4$，图 7-10 $c_2 = 0.6$，其他条件不变。随着时间的推移，我们观察到在动态演化过程中，群体观点趋向一个中间观点，并逐渐达成一致。

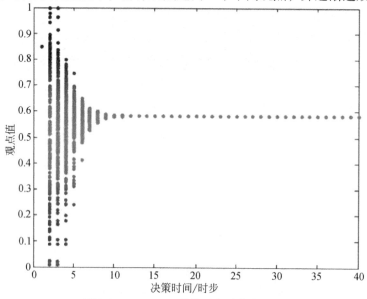

图 7-9　$c_2 = 0.4$ 群体观点动态演化图

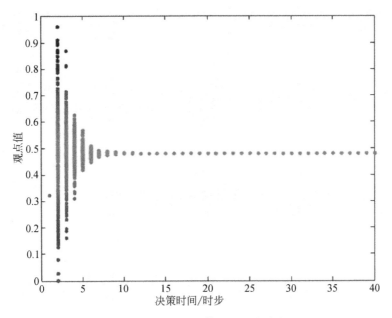

图 7-10　$c_2 = 0.6$ 群体观点动态演化图

图 7-9 中 $c_2 = 0.4$ 和图 7-10 中 $c_2 = 0.6$ 代表决策者之间普遍存在观点共享和较大的知识转移速度。决策者受群体观点和其他决策者知识转移的影响较大，群体观点最终稳定地达成一致，这是我们预期的决策效果。更进一步观察，不同知识转移速度对观点达成一致的速度也有影响。在 $c_2 = 0.4$ 的仿真环境下，观点在演化了 10 次左右达成一致，而 $c_2 = 0.6$ 时观点演化 6 次左右达成一致。因此，知识转移速度越大，群体观点达成一致越快。

7.3.4　确定模型与随机模型中知识转移对观点一致度的影响

本节将仿真环境分为确定性模型和随机性模型，分别考虑知识转移速度和决策者的经验对促进观点一致度的达成有什么样的影响。在确定模型中，分别考虑三种不同的仿真环境：①在 $c_1 = 1.4, c_2 = 1.4$ 情况下，各决策个体既有决策经验又可观察群体观点和知识转移来调整观点；②在 $c_1 = 1.4, c_2 = 0$ 情况下，各决策个体只有过去决策的经验和自身对决策的认知；③当 $c_1 = 0, c_2 = 1.4$ 时，各决策个体仅根据其他决策者来改变决策。

如图 7-11 所示，在 $c_1 = 1.4, c_2 = 1.4$ 时，决策个体既有决策经验又可观察群体观点和知识转移来调整观点。观点一致度系数 w_1 平稳上升，是三种仿真条件中最先达到一致收敛的。经过 25 轮交互后观点一致度系数达到最大。可见知识转移速度和决策者过去的经验对观点一致度产生重要影响，群体通过学习最先并且最稳定达到一致，收敛于既定区间。

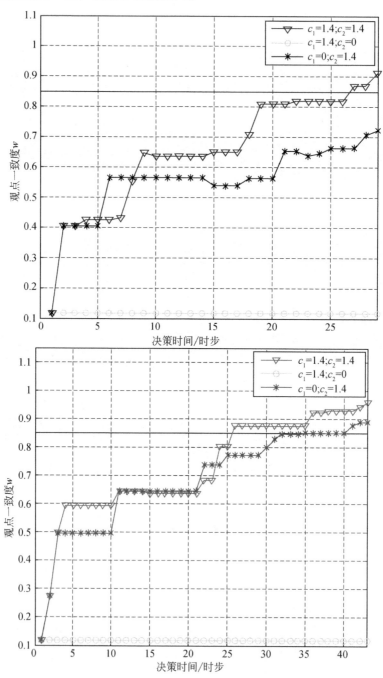

图 7-11　确定性模型（上）和随机性模型（下）中决策偏好收敛速度过程

在 $c_1 = 1.4, c_2 = 0$ 的情况下，个体是独立决策者，完全没有社会信息共享和知识转移，只通过经验和认知来修正当前决策。从图 7-11（上）可见观点一致度系数 w_2 是一条水平直线，一致收敛系数没有收敛于阈值区间。

在 $c_1 = 0, c_2 = 1.4$ 的情况下，即各决策个体完全不信任过去的决策经验，仅根据群体观点和知识转移作出当前的决策判断。在开始 5 轮决策中观点一致度系数 w_3 迅速上升，其斜率远远大于另外两种情况，说明知识转移速度对观点一致度产生重大影响，决策群体有能力到达一致的观点分布。当个体决策者完全没有经验和知识的时候，群体内的相互学习会让决策观点一致度迅速提升。然而第 5 轮后斜率渐渐变小，说明知识转移速度在初始阶段对一致度的影响效力很大，该影响效力随时间变化，慢慢减缓。可见决策个体经验的缺乏在决策初期可以通过其他决策者的知识转移来弥补，但在决策后期，观点一致度程度仍低于有决策经验的仿真条件。

由于环境的不确定性，决策个体间所转移的知识接受并不充分，这会导致观点一致度发生不确定变化。为了更加真实地模拟环境，加入随机函数 rand（），观察三种情况下的观点一致度系数动态变化，如图 7-11（下）所示。收敛度阈值 $\delta = 0.85$，收敛迭代进行 45 次。变化趋势与确定性模型相似，当没有外部知识转移时，偏好收敛系数仍然没有任何变化。在决策初期，内部知识的缺乏可以通过外部知识转移弥补，但在决策轮后期，群体收敛速度仍不能优于第一种情况。它与确定性模型最大的区别是仿真次数大大增加，相等条件下的确定性模型只需 20 轮迭代，而随机性模型却需要 40 次迭代。可见在模型中加入随机因素对仿真步长产生正向的影响，随机性模型比确定性模型收敛速度更慢，需要更多次的仿真才能达到群体观点的一致度。

本节从观点动力学的角度，建立知识转移速度和群体决策观点一致度之间的动态联系。由于群体决策交互中涌现出来的行为具有复杂性、动态性、适应性、非线性特征，因此通过采用仿真技术，对知识转移速度与决策观点一致度达成的行为模式进行描述和分析，发现了决策者经验认知、知识转移速度和群体观点一致度三者之间的关系，以及知识转移速度的变化对观点一致度达成的影响。其结果可以归结于如下三个命题：

命题 1　在其他条件相同的情况下，如果群体内知识转移速度越大，那么群体最终达成观点一致度的程度越高。

命题 2　决策者经验的缺乏在决策初期可以通过观察群体观点和其他决策者的知识转移弥补，但后期观点一致度程度仍低于有经验记忆的决策群体。

命题 3　随机性仿真环境比确定性环境经过更多次的迭代才能达到群体观点一致收敛。

7.4　贝叶斯学习规则

7.4.1　动态群体决策中的贝叶斯学习

动态群体决策观点演化模型主要分为两大类。在其中一类模型中个体的观点被认为是离散的，在另一类观点动力学模型中，个体的观点值是连续的。我们以 Deffuant 模型及 Hesgelmann-Krause 模型为例，这两种模型都体现了有界自信的概念，其不同之处在于每一个时步之内发生观点交互的个体的数量多少。

虽然离散观点模型能够有效地描述观点值为二元选择时所出现的各种情形，但是这类模型具有两个缺点：首先，个体对于自己过去的观点没有记忆性；其次，离散模型并不适合用来描述系统中出现极端主义者的情形。

本节引入了这样一种观点交互规则：个体的行为是二元的，邻居们仅仅可以观察到观点交互过程中某个体选择选项 A 或选项 B 的情况；而个体的观点值是连续的，由概率值来表示，这表现为个体以概率 p 相信 A 优于 B，以概率 $(1-p)$ 相信 B 优于 A。这个函数可以理解为个体倾向于认为两个可供选择的行为中某一选项为最优的概率。假设个体以贝叶斯规则来描述他们的邻居作出正确选择的概率，我们可以得出一个非常简单的观点交互规则。本节将运用这一观点交互规则，在规则的方格网络上对投票者模型及 Sznajd 模型进行仿真实验，并对实验结果进行研究。

7.4.2　贝叶斯观点演化模型的交互规则

对于绝大多数决策问题来说，可以假设个体认为某一选项优于另一选项的概率为 p。假设这两个备选选项无论对错所带来的决策后果都是一样的，那么概率较高（p 或 $(1-p)$ 中较大的值）的那个选项将会成为该个体的最优选择。综上所述，每个个体仅能够观察到其他个体的二元选择（选择选项 A 或 B），但却无法知晓他人内心的观点 p。在观点交互的过程中，每个个体将改变自己内心的连续观点概率 p 使其向着邻居的方向靠近。一些观点值 p 位于 0.5 左右的个体，在进行了一次观点交互之后就能够改变自己的选择；而另一些观点值 p 更为极端的个体可能需要与持有相反选择的个体进行若干次观点交互之后才能够反转自身的选择。

该观点交互规则可以用一个简单的贝叶斯规则来描述。假设对于个体 i 来说倾向于第一种选择 A 的概率为 p_i，那么倾向于第二种选择 B 的概率即为 $1-p_i$。为了简化表达式，下文中将省略下标 i。如果一个个体观察到了其他个体的行为更倾向于支持 A，那么这将导致该个体的 p 值增大。个体的选择可以用一个离散的域 $\sigma_i(p)$ 来表示，它有两种取值，当个体 i 倾向于选择 A 时，$\sigma_i = +1$，当个体 i 倾向于选择 B 时，$\sigma_i = -1$。

考察个体 i 的某一邻居个体 j。定义当 A 为最优选择且 j 也选择了 A 的概率为 $\alpha = P\langle \sigma_j = +1|A\rangle$；当 B 为最优选择且 j 也选择了 B 的概率为 $\beta = P\langle \sigma_j = -1|B\rangle$（即此刻 j 选择 A 的概率为 $1-\beta$）。已知当个体 i 观察到该邻居 j 支持选项 A 之后他自己也支持选项 A 的概率为 $P\langle A|\sigma_j = +1\rangle$，且 $P\langle A|\sigma_j = +1\rangle \propto P(A)P\langle \sigma_j = +1|A\rangle = p\alpha$。

定义 $O(A)$ 为个体 i 倾向选项 A 与倾向选项 B 的概率之比。当 $P(A) = p$ 时，这一概率可以表示为

$$O(A) = \frac{P(A)}{P(B)} = \frac{p}{1-p} \tag{7-22}$$

由贝叶斯公式可知，当个体 i 观察到某一邻居 j 支持选项 A 之后个体 i 也支持选项 A 的后验概率 $O\langle A|\sigma_j = +1\rangle$ 可以表示为

$$O\langle A|\sigma_j = +1\rangle = \frac{P\langle A|\sigma_j = +1\rangle}{P\langle B|\sigma_j = -1\rangle} = \frac{p}{1-p}\frac{\alpha}{1-\beta} \tag{7-23}$$

注意式（7-23）的第一项为个体 i 在决策过程初始时刻选择不同选项的概率之比。也就是说，每当个体 i 观察到某个邻居 j 支持选项 A 时，他就会在自己的初始观点概率的基础之上乘以一个项 $\frac{\alpha}{1-\beta}$。假设个体对于选项 A 和 B 不存在任何的偏见，则 $\alpha = \beta$。则式（7-23）可以简化为

$$O\langle A|\sigma_j = +1\rangle = \frac{P\langle A|\sigma_j = +1\rangle}{P\langle B|\sigma_j = +1\rangle} = \frac{p}{1-p}\frac{\alpha}{1-\alpha} \tag{7-24}$$

考虑到对数形式有利于简化运算，定义：

$$l = \ln(O(A)) = \ln\frac{p}{1-p} \tag{7-25}$$

因此在每个时步内，对数概率 $l = \ln(O(A))$ 的变化将会逐步累加，我们定义 $v = \ln\frac{\alpha}{1-\alpha}$，则

$$l\langle A|\sigma_j = +1\rangle = \ln\frac{p}{1-p}\frac{\alpha}{1-a} = \ln\frac{p}{1-p} + \ln\frac{\alpha}{1-\alpha} = l(A) + v \tag{7-26}$$

由式（7-26）可知，l 是关于 p 的可逆函数，因此可以通过考察对数概率 l 来观察个体选择 A 的概率 p：当 $l>0$（即 $p>0.5$）时，个体选择 A，当 $l<0$ 时，个体选择 B。当个体 i 观察到邻居 j 更倾向于 A 选项，即 $\alpha > 0.5$ 时，v 以及 p 将会变得更大，而当个体 i 观察到邻居 j 倾向于选择 B，即 $\alpha < 0.5$ 时，p 值将会减小。

$\alpha < 0.5$ 可理解为个体坚信其他人更倾向于选择最差的选项，这将导致个体的逆势发展。当 $p = 0.5$ 时，$l = 0$。当 l 值为一个正数或负数时，我们很容易对与之相应的 p 值及离散的二元行为进行分析。当 $l = 0$ 时，个体也必须选择一种行为，然而，由于 l 是一个连续的函数，因此这种选择不具有任何意义，也不会给系统带来任何显著的改变。

由以上介绍可知，贝叶斯观点演化规则最大的特色在于，由 p 的大小我们可以知道个体分别对 A 和 B 的支持程度，即个体的观点；由式（7-25）的符号我们可以判断个体最终的选择，即个体的行为。因此，应当结合这两项对观点交互情况进行考察。

7.4.3 投票者模型

上述观点交互规则可以很容易地通过不同的观点交互模型来得以实现。举例来说，在投票者模型中，每一个时步内随机选择一个个体 i 以及他的某一位邻居 n_i。这一个体受到该邻居的影响，并选择该邻居的观点作为自己的观点。在贝叶斯观点演化规则之下，邻居 n_i 依然对该个体 i 产生影响，但是这一影响是通过改变个体 i 的内部观点支持概率来实现的，并且每一次影响的改变量都为 v。在这种情况下，如果个体 i 以及他的邻居 j 的选择不一致，那么个体 i 的观点将朝着非极端的方向变化，且当 $l(i)$ 接近于 0 时，个体 i 可能将反转自己的选择。从另一方面来说，如果个体 i 以及他的邻居 j 的选择一致，那么个体 i 将会对自己的观点更加确信，他的对数观点值 l 将朝着远离 0 的方向变化。这种情况可能会导致一些个体变成极端主义者，他们的观点值非常极端（p 非常接近于 1 或者 0，即 l 的绝对值非常大）。

图 7-12 展示了在具有周期边界条件的群体中，不同时步下群体观点的演变。在初始时刻，每个个体的 p 值是从以下两个区间中随机选择出来的数值：$0.4 \leq p \leq 0.49$ 及 $0.51 \leq p \leq 0.6$，且令 $\alpha = 0.7$，这意味着在每次观点交互过程中，个体的对数观点 l 将向着邻居观点的方向移动距离 $v = 0.8473$。之所以这样设置初始观点，是为了保证如下两个条件顺利实现。首先，从均值来看，分别支持两个选项的个体数量能够保持相等；其次，这种分布形式能够保证个体从支持一个选项变为支持另一个选项所需的移动距离不会太远。此外，我们注意到最极端的观点值 $p = 0.4$ 对应于 $l = -0.4055$（类似的，另一个最极端的观点值 $p = 0.6$ 对应于 $l = +0.4055$），由于这个值不到观点改变幅度（$v = \pm 0.8473$）的一半，因此仅需一个时步就可以使得观点值最极端的个体转向支持另一个相反的选项，也就是说，在初始时刻，群体中不存在极端主义者。

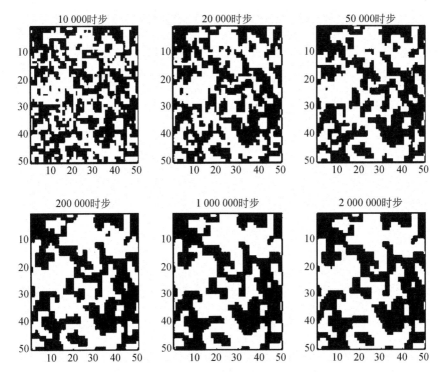

图 7-12 在一个 50×50 的方格网络上投票者模型的观点演化的最终结果

注：6 幅小图分别表示了不同仿真时步的情况下所呈现的不同演化结果，在经过了
较长时间的交互之后，群体形成若干稳定域。

从图 7-12 可以看出，随着仿真时步的增长，群体逐渐形成了稳定的域。此外，随着观点演化时步的增长，不同的域之间的边界将得到加强，且边界两侧的个体都将变得越来越极端。而在方格网络的角落则无法观察到这一现象，这是因为从平均来看群体的变化为零。

图 7-13 展示了在 2 000 000 次个体观点更新之后群体的观点值的分布。图中个体的观点值由对数概率（可以视为 v 的倍数）来表示，这代表了个体将目前的选择转变为对立选择所需的观点交互次数的大小。真正的极端主义者，即当前行为转变为对立行为所需的时步为 800 步以上的个体在图形的左右两侧十分常见。

7.4.4 Sznajd 模型

同样，我们还将贝叶斯观点交互规则应用于 Sznajd 模型之中。在这些规则之下，每个时步内参与交互的个体数量变得更多。常见的对于 Sznajd 模型的交互规则的理解是，在每个时步内随机选择两个相邻的个体，如果二者的观点相同，他们周围的邻居也将同时采取这一观点，也就是说，对于二维的方格网络来讲，这

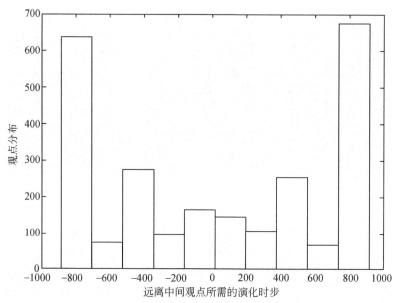

图 7-13　经过 2 000 000 次迭代之后，群体观点的分布

注：横轴上的数字表示个体为了将其目前的选择转变为对立的选择所需要的交互次数，
正负号代表不同的转化方向。

两个相邻个体周围的 6 个邻居将同时改变自己的观点。如果二者的观点不同，则这一时步内个体的观点值将不发生任何变化。以贝叶斯观点演化规则为基础的 Sznajd 模型的仿真实验结果与投票者模型的仿真实验结果十分相似，这表明第三部分中所阐述的内容是贝叶斯观点交互规则的一般特征。

当每个时步内参与观点交互的个体数量较多时，达成观点一致及形成观点域的速度也得到了加强，这一点可以从图 7-14 中看出。如果仿真实验的运行时间足够长，则位于区域边界的某些个体可能会改变自身的选择，这一点已经在我们对投票者模型的讨论过程中得到了验证，但是这种改变十分缓慢。

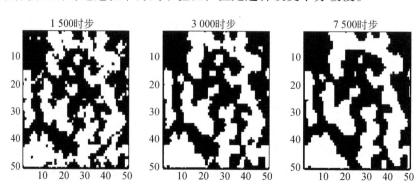

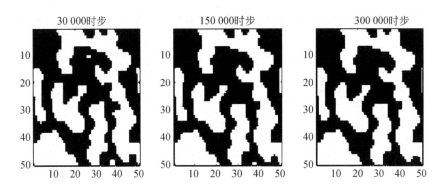

图 7-14　在一个 50×50 的方格网络上 sznajd 模型的交互的最终结果

注：6 幅小图分别表示了在单个个体观点的更新演化次数不同的情况下所呈现的不同演化结果，经过
较长时间的交互之后，群体形成了若干稳定域。

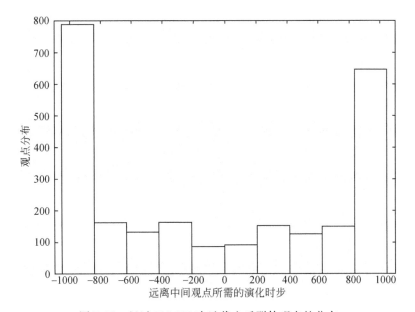

图 7-15　经过 300 000 次迭代之后群体观点的分布

注：观点由对数概率表示，可以视为 v 的倍数，这就表示了个体为了将其目前的选择转变为对立的
选择时所需要的交互次数。此图与图 7-13 的结果十分相似。

对于 Sznajd 交互规则来说，最终时刻群体观点的分布情况如图 7-15 所示。群体所展现出来的行为与投票者模型所展现出的行为十分相似，最极端的观点即为出现频率最高的观点。如果群体观点更新的时间很长，则所有邻居都具有相同观点的内部区域将得到不断地加强，使得具有极端观点的个体变得更加极端，重复着投票者模型已经展示出来的行为。

　　对比以上针对两种不同观点演化模型进行的仿真实验可以看出，它们最后都形成了具有不同观点且清晰划分的区域，这表明两种相反的观点将在相当长的一段时间内共存。此外，在这些区域之内，并且在区域的边界上，个体的观点变得十分极端。这一结论有助于解释这样一种现象：人们在社会压力的强迫之下，往往会盲目相信所在区域内其他人所共享的观点，而忽略了他们所在的大社会中各种不同的声音。

第8章　群体决策达成共识过程的定性模拟

本章讨论知识共享/转移对动态群体决策收敛时间的影响，引入了定性模拟技术将动态决策过程集成为可推理的模型，还引入群体知识共享/转移水平和知识势差两个定性变量，建立了知识共享/转移背景下动态群体决策过程的概念模型。在变量因果关系和决策规则集的支持下，遵循定性模拟引擎工作流程，对概念模型进行确认。此外，本章还基于仿真平台，评价由四个控制变量构成的多种情境下的决策时间输出，进而在控制变量给定的四维空间中搜索得到各情境下实现绩效最优的知识共享/转移方案，给出各方案在现实背景中的解释及相应实例，并就各方案如何在呈现一致前提下缩短决策时间提出相应的对策。

8.1　决策过程定性模拟的可行性分析

首先，我们对定性模拟方法和研究知识共享/转移对动态群体决策呈现一致达成时间（统称决策时间）影响的适配程度作出分析。动态群体决策交互过程通常被认为具有非结构化特性，即决策过程不是先验的，并且由于其非重复性，在某种程度上它是未被人了解的。其次，从决策时间考虑，交互过程的复杂性主要体现在两个方面：①时间序列中的随机复杂性，即在交互的激发下，个体看待问题的视角、所持态度、灵感等随着过程不断深入而发生变化，导致了时间序列的不可预知，这是一种过程动态复杂性；②任一时间点上的状态复杂性，即多样化的交互内容及关系使过程在某一时间的状态结构具有复杂性。

目前理论界采用的研究方法一般有两种，即实验和仿真。完全与人或人群打交道的动态群体决策是一个典型的人工社会，人工社会采用自上而下的主动综合型研究方法，即通过人造对象的相互作用，利用计算机技术"培育生长"社会，模拟并"实播"人工社会系统的各种状态和发展特性，其核心技术是基于代理的建模、模拟和分析方法。但由于决策过程中人或环境的不确定性、信息的不完备性，想要以定量模拟为辅助决策工具，几乎是不可能的（Berends and Romme, 1999），而定性模拟是一个很有潜力的工具（胡斌，2006）。白方舟等（1996）给出的定性模拟概念如下：定性模拟是人工智能技术和模拟技术相结合的产物。

它是建立在知识的定性模型的基础上，通过将系统的内、外部知识和数据集成为可推理的模型，每个变量的取值既有数值的，也有符号化的，最终通过求解该定性模型获得对系统行为的定性描述。

定性模拟研究始于 1983 年美国学者 Seely Brown 和 John de Kleer 提出的定性建模和定性推理理论。经过 20 多年的发展，定性模拟已逐渐形成一个方法体系，其中的因果推理法被广泛应用于复杂管理系统行为研究中，特别是对群体行为的研究。因果推理法关注系统内的因果静态关系及其作用演化过程。Iwasaki（1991）将系统各部件的状态变量分为两类：一类是内部变量，用来描述部件本身的状态；另一类是外部变量，描述其他部件的状态，并认为只有外部变量的变化才引起内部变量的改变，即存在一定的因果序。Lin 和 Farley（1995）及 Berndsen（1995）都尝试将因果推理方法用于经济系统来解释系统的行为。黎志成（2004）进一步将团队绩效的各类影响因素细分为结构变量、过程变量和状态变量，其中结构变量决定群体的潜在绩效，过程变量和状态变量则影响团队绩效在运行过程中发生的增量和减量。

定性模拟应用阻力表现在随着群体行为日益复杂，单纯对其进行定性模拟会生成一个非常庞大的扩展集，系统可能会达到非常多的状态，且每个状态都由许多变量来描述，这直接对系统行为解释造成困难。而在这些状态中，许多状态反映的是系统可能性较小的行为，不具有代表性。为解决这一问题，很多研究引入了定量知识，将其集成于定性模拟以提高效率、优化结果。Azadivara（1999）将遗传算法集成于定性模拟，对生产系统进行了优化。Wyatt（1995）将定量和定性模拟技术应用于房地产市场和信贷市场的互动分析以辅助投资决策问题。单纯的定量模拟可能产生精确但不正确的结果，两者的综合集成能够克服单独应用定量模拟的弊端。邵祖峰（2007）研究管理人员配置决策问题，建立能岗匹配的定性模拟模型，定义状态变量知识表示方法及其转换规则，并集成 BP 神经网络设计了管理人员能岗匹配度计算函数。此外，在两者的集成研究中，定量知识不仅可以是算法，也可以是数字区间、定性方程的上下界，模糊子集等。黎志成（2003）考虑到状态转移概率这一量化指标，建立了市场竞争行为选择模型，并在此基础上设计基于随机变量作用的定性模拟方法和基于规则库的模糊定性模拟方法，实现企业市场竞争行为的定性模拟。Benenson（1998）提出一个关于人口动态性的多代理人的模拟模型。其中，居住者因环境、邻居以及整个城市的特点改变其居住决策。模型中的自主代理者以他们的经济条件和文化身份为特征，两者在本质上是不同的，其中经济条件可以看做是统一的和定量的，文化身份看做是多维和定性的，通过对这两个方面的分析，以研究不同经济条件和文化身份的人对其居住环境的偏好。邵晨曦等（2005）研究突发事件中的群体疏散问题，利用交互作用群体矩阵的预测能力来预测群体行为。通过对系统中的变量施加干扰，观察变量之间的作用和反馈来分析系统定性预测矩阵和定量预测矩阵之间的一致性。通过对系统的稳定性进行分析，以确定系统结构是否合理，稳定性高则合理，稳定性低则需要对系统结构进行调整，以减少疏散过程中的冲突。

由于定性模拟技术起步较晚，目前还未检索到定性模拟应用于群体决策的相关文献。动态群体决策作为群体行为的一种，是典型的人工社会，应用定性模拟（尤其是其中的因果推理方法）并融合定量方法，对其开展研究是可行的。

8.2　决策过程定性模拟概念模型

本节完成知识共享/转移背景下的动态群体决策过程、行为及情境的描述，假设给出一个询问，如某些特定的值发生了变化（原因），那么，我们感兴趣的是另一些变量的值将会怎样（结果）。为此，首先须要将过程中各重要属性抽象为各自值域上的定性变量，基于系统规则将存在于各属性之间的因果关系抽象成变量之间的因果关系图，将原因变量的变化按相应的规则沿因果路径传播到结果变量，从而分析出结果变量的变化，并结合前述因果路径及传播过程，生成因果解释。

8.2.1　变量的定性描述

首先引入三类变量：X_1 代表决策个体的知识势差，前文已给出其概念及表述方式；X_2 代表过程中的知识共享/转移水平，即决策进程单位时间知识共享/转移的发生次数；T 为决策时间。为简化起见，T 由两项指标决定，即呈现一致性 C，观点演化速度 V。

现实决策是连续进行的，但定性描述决策过程时状态变量的定性值只在若干离散时间点上才会发生显著变化，设这些时间点构成如下序列：$t_0 < t_1 < L < t_i < t_{i+1} < t_n$。在这些时间点之间，状态变量只发生平缓的变化。令 $QS(F, t_i)$ 和 $QS(F, t_i, t_{i+1})$ 分别代表变量 F 在时间点 t_i 和时间区间 (t_i, t_{i+1}) 的定性值。X_1，X_2 可以表示为

$$QS(x, t_i) = < q_{\text{fac}} > \tag{8-1}$$

式中，$q_{\text{fac}} \in \{2-, -, 0, +, 2+\}$ 表示 X_1, X_2 对 T 的"消极影响"、"无影响"和"积极影响"，2 表示影响程度。绩效集 T 中的每一个状态变量都可由式（8-2）表示为

$$QS(x', t_i) \text{ or } QS(x', t_i, t_{i+1}) = < q_{\text{val}}, q_{\text{dir}} > \tag{8-2}$$

式中，C, V 作为 T 的两项关键指标，q_{val} 表示其定性值，可由式（8-3）和式（8-4）

决定

$$
q_{\text{val}} = \begin{cases} l_j & F(t) = l_j \\ (l_j, l_{j+1}) & F(t) = (l_j, l_{j+1}) \end{cases} \tag{8-3}
$$

其中，$l_j^V = \begin{cases} -1 & \text{收敛速度慢} \\ 0 & \text{收敛速度中} \\ 1 & \text{收敛速度快} \end{cases}$ 等价于：$l_j^C = \begin{cases} -1 & \text{低呈现一致性} \\ 0 & \text{中呈现一致性} \\ 1 & \text{高呈现一致性} \end{cases}$ (8-4)

同时，q_{dir} 表示 q_{val} 的变化方向，$q_{\text{dir}} = \{-, 0, +\}$，分别表示"减慢或变差"、"不变"和"加快或更优"。

按因果关系对变量进行分类：X_1, X_2 为原因变量，决策时间 T 为结果变量，C, V 既是原因变量，又是结果变量。图 8-1 给出一种因果关系的直观图形描述。其中 ΔT_{1s} 表示结果变量从 l_1 开始变化至达到新定性值 l_2 所经历的时间段。ΔT_{2r} 是其停留在 l_2 的时间段，D 表示因果变量之间的影响，$D \in \{-, 0, +\}$。t_1 和 t_4 间，T 的取值为：$QS(x^1, t_1) = <l_1, 0>$，$QS(x^1, t_1, t_2) = <(l_2, l_1), +>$，$QS(x^1, t_2) = <l_2, 0>$，$QS(x^1, t_2, t_3) = <l_2, 0>$，$QS(x^1, t_3) = <l_2, 0>$，$QS(x^1, t_3, t_4) = <(l_1, l_2), ->$，$QS(x^1, t_4) = <l_1, 0>$。

图 8-1 中，下标 s 代表结果变量的变化快慢：$s \in \{1, 2\}$，$\Delta T_{11} < \Delta T_{12}$。下标 r 表示 ΔT_{2r} 的持续长度，$r \in \{0, 1, 2, \infty\}$，0 表示 $\Delta T_{2r} = 0$，即到达新定性值后不作停留，∞ 表示结果变量一直会保持 l_2 的状态，图 8-2 给出不同 s, r 取值下绩效变量的变化。

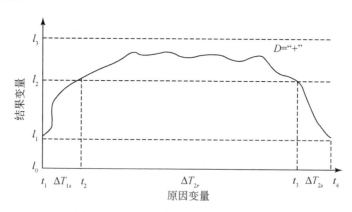

图 8-1　原因变量与结果变量的因果关系

8.2.2　系统规则集

从知识本身角度讲，知识势差的存在导致知识被共享/转移，而知识又总是不断推陈出新，使知识势差成为绝对存在的外部变量。一般来说，外部变量的影

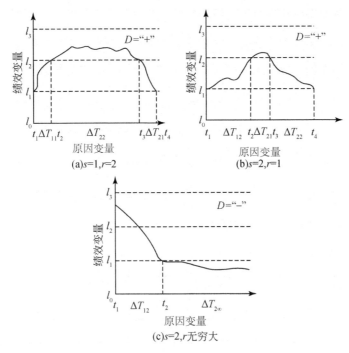

图 8-2 不同 s，r 取值下绩效变量的变化

响小于群体内部活动的影响。知识势差和知识共享/转移对动态群体决策绩效（呈现一致性，观点演化速度）的影响存在先后序的关系，且知识共享/转移属于群体内部可控的活动，因此它对决策绩效影响更大。此外，衡量呈现一致性 C 和观点演化速度 V 对于决策时间的作用。从本质上说，这是两者权重确定的问题。由于本章考虑的是不存在时间压力，个体平等且利益一致的动态群体决策情境，产生群体思维或从众压力的可能性大大减小，因此呈现一致性对于"好"的绩效更为重要，即获得更大权重。据此，给出系统规则如下文所示。

规则 1 群体外部和内部因素对决策绩效产生影响，内部因素比外部因素影响更大。

对该规则进一步说明，即因素的影响大小可以通过单独施加该影响后，定性状态值变化的速度 s 来确定：①若 X_1 产生影响，则 $s=2$；若 X_2 产生影响，$s=1$。②若 C，V 对 T 产生影响，可根据以下规则确定，即如果 C 的 q_{dir} 为 $2+$ 或 $2-$，则 $s=1$；如果 C 的 q_{dir} 为 $1+$ 或 $1-$，则 $s=2$；而 V 的 q_{dir} 取除 0 以外的值，均有 $s=2$。

在规则 1 的基础上，我们来考察在受到不同影响时，绩效变量的变化方向。实验研究证明：知识共享/转移对呈现一致性有显著的正向影响，而文献指出，产生知识共享/转移的条件是高低位势个体的知识势差必须在一定的阈值限制内。超过该阈值，则不可能实现知识的共享和转移。究其原因，知识自身特性决定知识增长建立在一定的知识基础之上，只有具备相应的基础才可吸收获得外源知识。如缺乏知识基础为条件，则表现为外源知识相对于低知识位势主体的"高深"，不能被其所理解吸收。由此可知，知识势差会对呈现一致性产生逆向影响。此外，通过上一章的实验也说明，呈现一致性随决策时间递增而逐渐获得改善；知识共享/转移会减缓观点演化速度。综上所述，给出系统规则2。

规则2　分两种情况对结果变量的变化方向进行讨论：

（1）表8-1给出X_1，X_2对C，V变化方向的影响。

表8-1　呈现一致性C，观点演化速度V的变化方向（受X_1，X_2影响）

因果变量关系D　　定性值$QS(X_1/X_2, t_i)$	−	0	+
−	+	0	−
0	0	0	0
+	−	0	+

（2）考察C，V对T产生影响时T的变化方向，由于两者均为q_{val}和q_{dir}构成的二元组，表8-2、表8-3分别运用q_{val}和q_{dir}确定T的变化。

表8-2　由变化方向q_{dir}确定决策时间T的变化方向

因果变量关系D　　变化方向q_{dir}	− /2 −	0	+ /2 +
−	+	0	−
0	0	0	0
+	−	0	+

表8-3　由定性值q_{val}确定决策时间T的变化方向

因果变量关系D　　定性值q_{val}	−1	(−1, 0)	0	(0, 1)	1
−	+	+	0	−	−
0	0	0	0	0	0
+	−	−	0	+	+

以上两条规则考虑的是单一因素影响下T的变化。为更好地模拟现实情况，以下规定了同时受到多个原因变量影响的情况下结果变量多个后续状态的筛选和

确定规则。

规则3　当 T 的变化方向 $q_{dir} \neq 0$ 时，若 T 存在多个原因变量，则最先到达新定性状态值，即存在 $\min\Delta T_{1s}$ 的状态就是 T 的后续状态。当 T 的变化方向 $q_{dir} = 0$ 时，T 的状态是后续状态中存在 $\min\Delta T_{2r}$ 的状态。简言之，该规则采用时间优先的原则，过滤实际中不存在的非正常后续状态，这一规则同时也决定了 T 的显著时间点（该规则同时适用于结果变量是 C，V 的情况）。

规则4　经过滤后，若 T 的后续状态有不同 q_{val} 和 q_{dir}，用文献给出的规则组合有

$$qv_i = \begin{cases} 2 & q_{val} = 1 \\ 1 & q_{val} = (0,1) \\ 0 & q_{val} = 0 \\ -1 & q_{val} = (-1,0) \end{cases} \qquad qd_i = \begin{cases} 2 & q_{dir} = 2+ \\ 1 & q_{dir} = + \\ 0 & q_{dir} = 0 \\ -1 & q_{dir} = - \end{cases} \qquad (8\text{-}5)$$

其中，i 表示 T 的后续状态数，取各后续状态 q_v，q_d 的算术平均 $\overline{q_v}$，$\overline{q_d}$，则 T 的 q_{val} 和 q_{dir} 分别按表 8-4、表 8-5 确定。

表 8-4　决策时间 T 后续状态定性值 q_{val} 的确定

q_v 后续状态均值 $\overline{q_v}$	>1	1	0	-1	<1
定性值 q_{val}	1	(0, 1)	0	(-1, 0)	-1

表 8-5　T 后续状态 q_{dir} 的确定

q_d 后续状态均值 $\overline{q_d}$	>1	1	0	-1	<1
变化方向 q_{dir}	2+	+	0	-	2-

8.2.3　定性模拟概念模型

在 8.2.1 和 8.2.2 的基础上，形成知识共享/转移对群体决策过程影响的定性模拟概念模型，见图 8-3。

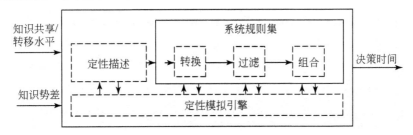

图 8-3　知识共享/转移影响群体决策过程的定性模拟概念模型

由图 8-3 可知，变量的定性描述为第一部分，当输入变化时，第二部分的系统规则集变为可用，它由后续状态转换、过滤、组合组成。转换产生后续状态，并过滤剪除多余状态。最后，将剩余后续状态进行组合。第三部分为定性模拟引擎，它驱动其他部分的运行。系统的初始变量为 $QS(X_1,t_0)$，$QS(X_2,t_0)$，$QS(C,t_0)$，$QS(V,t_0)$，$QS(T,t_0)$。图 8-4 给出定性模拟引擎的工作流程。

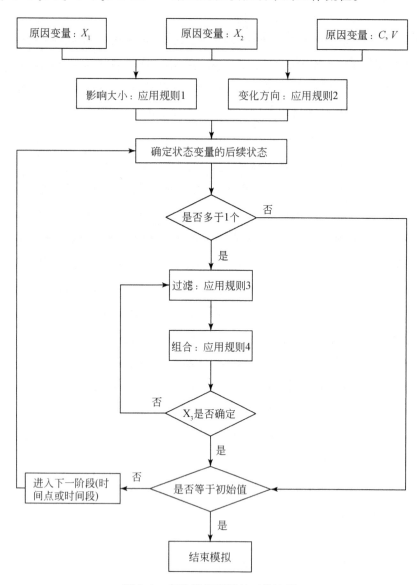

图 8-4　定性模拟引擎的工作流程

第 1 步　根据规则 1 和规则 2 从左至右依次确定各变量的后续状态。

第 2 步　当结果变量有多于一个原因变量时，根据规则 3 选择其后续状态，其后续状态可能不止一个。

第 3 步　根据规则 3 过滤掉不合理的状态。

第 4 步　对于 q_{val} 和 q_{dir} 不一致的后续状态，根据规则 4 进行组合。

第 5 步　如果 T 已经确定，则进入第 6 步，否则，转至第 2 步。

第 6 步　如果后续状态转到初始值，转至第 8 步，否则，转至第 7 步。

第 7 步　转至下一个模拟阶段（下一个显著时间点或区间），返回第一步。

第 8 步　模拟停止。

8.2.4　概念模型确认

模型确认的方法可分为两类，即基本（定量）确认方法和定性确认方法。本章应采用定性确认方法。设计以下步骤完成对模型的确认。

首先，选取知识共享/转移背景下的一个具体动态群体过程作为例子；其次，以例子为基础，设计模拟方案，例如，调节知识共享/转移水平和知识势差；再次，进行模拟获得模拟输出；最后，将输入和输出同基于理论的预测相比，若输入与输出同预测相比一致，那么本节的方法是有效的。

以一个具体动态群体决策过程为例。该过程在 $t_0 = 0$ 的初始设置如下，并假设 t_0 之后，X_1, X_2 不再发生显著变化。

（1）令 $QS(X_1, t_0) = < + >$，说明个体间存在知识势差。

（2）令 $QS(X_2, t_0) = < + >$，说明群体内部存在知识共享/转移。

为通用起见，两者的程度均选取一般的情况，即群体存在适中的知识势差，且内部知识共享/转移活动水平正常，决策个体愿意接受来自他人的知识并应用于自身观点的修正，即表现为 C, V 到达定性值 -1 时，$r = 1$。此外由于不存在时间压力，因此在衡量群体决策绩效指标时，呈现一致性权重更大。

设置该过程中状态变量的初始值，即 $QS(C, t_0) = < 0, 0 >$，$QS(V, t_0) = < 0, 0 >$，$QS(T, t_0) = < 0, 0 >$，给出该情境下基于定性描述的变量的因果作用模型，见图 8-5。图中结点代表变量，表示系统内某一方面的属性。结点之间的因果决定关系由有向弧表示，弧上标注的因果语义如下：时间对（ΔT_{1s}, ΔT_{2r}）表示因果决定关系所对应的因果影响需要延迟一定的时间。其中，ΔT_{1s} 是初步响应时间，即结果变量有初步变化所需要的时间，从另一角度来说，在 ΔT_{1s} 前可忽略该因果决定关系；ΔT_{2r} 为响应稳定时间，即结果变量已处于稳定状态的时间；因果变量之间的影响 D 反映了因果关系对结果变量的影响方向。

基于图 8-5 给出的因果作用模型，模拟运行知识共享/转移背景下的动态群

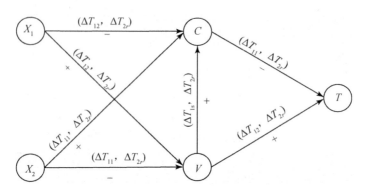

图 8-5　因果作用模型

体决策过程。具体如下文所示。

（1）考察时间段 $(0,t_1)$。对 C，根据 X_1，$\mathrm{QS}(C,0,t_1) = <(-1,0),->$，其中 $t_1^C = \Delta T_{12}$，根据 X_2，$\mathrm{QS}(C,0,t_1) = <(0,1),+>$，其中 $t_1^C = \Delta T_{11}$，由规则 3，根据时间优先的规则，$t_1^C = \Delta T_{11}$。对 V，根据 X_1，$\mathrm{QS}(V,0,t_1) = <(0,1)$，$+>$，其中 $t_1^V = \Delta T_{12}$，根据 X_2，$\mathrm{QS}(V,0,t_1) = <(-1,0),->$，其中 $t_1^V = \Delta T_{11}$，由规则 3，选取 X_2 为原因变量，$t_1^V = \Delta T_{11}$。对 T，根据 V，$\mathrm{QS}(T,0,t_1) = <(0,1),+>$，其中 $t_1^T = \Delta T_{12}$，根据 C，由于 $D = "-"$，$\mathrm{QS}(T,0,t_1) = <(-1,0),->$，其中 $t_1^T = \Delta T_{11}$，所以 C 是原因变量，$t_1^T = \Delta T_{11}$。

（2）考察时间点 t_1。对 C，$\mathrm{QS}(C,t_1) = <1,0>$，$t_1^C = \Delta T_{11}$；对 V，$\mathrm{QS}(V,t_1) = <-1,0>$，$t_1^V = \Delta T_{11}$；对 T，$\mathrm{QS}(T,t_1) = <-1,0>$，$t_1^T = \Delta T_{11}$。

（3）考察时间段 (t_1,t_2)。对 C，$\mathrm{QS}(C,t_1,t_2) = <1,0>$。由规则 1，$X_2$ 属内部因素，则 $r = 2$，同时对 C，下一个显著时间点为 $t_2^C = \Delta T_{11} + \Delta T_{12}$；对 V，$\mathrm{QS}(V,t_1,t_2) = <(-1,0),+>$，$t_2^V = \Delta T_{12} + \Delta T_{21}$；对 T，由规则 3，$\mathrm{QS}(T,t_1,t_2) = <1,0>$，$t_2^T = \Delta T_{11} + \Delta T_{22}$。

推至时刻 t_4，经过 8 次转换，T 等于初始值，结束模拟。图 8-6 分别给出 C，V，T 的变化过程。其中"↓"代表 $q_{\mathrm{dir}} = "-"$，"↑"代表 $q_{\mathrm{dir}} = "+"$，"○"代表 $q_{\mathrm{dir}} = "0"$。

图 8-6 说明在图 8-5 给出的因果作用模型下，持续的知识共享/转移活动对决策时间存在负面的影响；但经过一段时间以后，通过知识的共享/转移对个体知识相似程度的改善，这种负面影响会减弱，在实践中表现为：在由多轮构成的动态群体决策中，前几轮决策速度较慢，而在后几轮决策中，决策所需的时间显著缩短。

上述模拟结果与现实生活中可观察到的真实决策情境（前慢后快）是相符

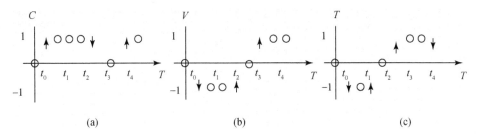

图 8-6　状态变量的变化过程

合的，图 8-3 所给模型得到确认。虽然日常决策未明确提及知识共享/转移是产生该现象的原因，但无论是否进行单独研究，知识共享/转移活动都在个体交互过程中潜在地发生。进一步分析模拟结果可知：在动态群体决策多轮交互过程中，有意识地加强知识共享/转移（保持呈现一致性 C 一直在较高定性值），尽管在前几轮耗费了较多时间，但从长远来看能够使决策轮数减少（否则 T 会停留在较低定性值较长时间），使呈现一致性指标尽早到达阈值，从总体上缩短决策时间。

8.3　基于 Arena 平台的决策时间模拟

8.2 已经选择了一种情境（情境通常为以下内容的组合：一个所选择的输入"控制"变量值的组合；决策过程模型；一个所选择的系统输出"响应值"的集合），构建并确认了该情境下的定性模拟概念模型。为使本研究结论更能适应于复杂多变的现实决策实践，本节完成不同情境下动态群体决策达成一致的时间模拟，并给出不同情境下状态变量的优劣比较及相应优化措施。模拟通过仿真平台 Arena 7.0 实现，主要完成两项工作：①利用 Arena 自带的过程分析器（process analyzer）调节因果关系模型中的各种变更，对不同情境下的决策时间进行模拟；②利用 OptQuest 模块完成在 N 维控制变量空间构成的特定情境下，最佳备选方案的搜索工作。

8.3.1　多情境下的输出评价

在仿真实验中，选择四个控制变量：①知识水平，通过该变量可对动态群体决策中的知识共享/转移水平进行调节；②知识势差，通过该变量可对群体的知识势差水平进行调节；③内部因素，通过调节该变量观察知识共享/转移水平对输出响应决策时间的影响水平；④外部因素，通过调节该变量观察群体内部知识势差对决策时间的影响水平。由 8.2.1 可知，在仿真过程中设计每个控制变量存在两个定性水平，即"低"或"高"，因此，本实验中包含16种情境。从实际问题出发对控制变量的取值进行扩展（扩展为 -1，1），每种情境设定重复仿真次数100次，仿真结果由表8-6给出，其中决策时间为100次仿真所得结果的均值。

表8-6　情境1-16决策绩效模拟统计数据（仿真次数：100）

情境	知识水平	知识势差	内部因素	外部因素	决策时间/时步
1	-1	1	1	1	0.076 6
2	-1	1	1	-1	0.093 4
3	-1	-1	1	-1	0.096 9
4	-1	-1	-1	1	0.099 0
5	-1	-1	1	1	0.102 7
6	-1	1	-1	-1	0.104 1
7	-1	-1	-1	-1	0.104 9
8	-1	1	-1	1	0.147 7
9	1	-1	1	1	0.080 3
10	1	1	1	-1	0.085 5
11	1	-1	-1	-1	0.092 7
12	1	-1	1	-1	0.093 8
13	1	1	-1	1	0.095 5
14	1	-1	-1	-1	0.095 5
15	1	-1	-1	1	0.099 9
16	1	1	1	1	0.103 6

对仿真数据的统计有效性进行分析，得表8-7所示的决策时间统计值。

表8-7　情境1-16决策绩效模拟统计数据

情境	最小值	最大值	低水平	高水平	95%置信水平
1	0.000 149 2	0.199 7	0.065 82	0.087 37	0.010 77
2	3.66E-05	0.195 1	0.082 05	0.104 8	0.011 36
3	0.000 263	0.196 5	0.085 57	0.108 3	0.011 37
4	0.001 152	0.197 9	0.086 62	0.111 3	0.012 35
5	0.002 786	0.198 8	0.090 4	0.115	0.012 29
6	0.000 273 2	0.199 4	0.091 84	0.116 4	0.012 3
7	0.001 716	0.199	0.092 55	0.117 2	0.012 33

续表

情境	最小值	最大值	低水平	高水平	95%置信水平
8	0.101	0.199 9	0.141 4	0.154 1	0.006 374
9	0.000 109 8	0.199 4	0.068 85	0.091 75	0.011 45
10	0.000 634 6	0.198 4	0.073 92	0.096 98	0.011 53
11	0.002 361	0.199 9	0.082 28	0.103 1	0.010 43
12	0.001 234	0.196 6	0.082 31	0.105 2	0.011 46
13	0.000 805 7	0.199	0.083 22	0.107 7	0.012 26
14	0.000 823 4	0.199 4	0.088 28	0.110 8	0.011 24
15	0.000 505 5	0.198 6	0.087 88	0.112	0.012 04
16	0.007 438	0.199 5	0.092 6	0.114 5	0.010 97

运用过程分析器评价这 16 种方案的相对优劣，如图 8-7 所示。

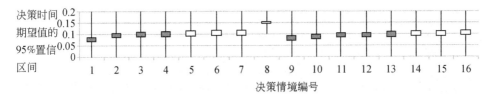

图 8-7　各情境作用下的决策时间变化（box and whisker）

图 8-7 中，垂直方向上的方框给出了每种情境下决策时间期望值的 95% 置信区间。而黑色区间在决策时间期望值上显著优于白色区间，更准确地说，黑色情境构成的子集合，在决策时间期望值方面，有 95% 的可能包含了真实的、最佳的情境。由图 8-7 可以发现，相对较高的知识水平和内部因素会对群体决策时间产生积极影响，符合 8.2.4 中得出的结论。但一个有趣的现象引起了我们的关注，一些知识水平为高水平的情境无法获得较优的决策时间期望值区间，特别是情境 16，具有高的知识共享/转移水平，对决策绩效的正向影响也很大，但决策时间值却不理想。由此可推测，在群体内知识势差较大或该势差对群体有较大影响时，高知识共享/转移水平未起到作用。由此验证了现有理论界得出的结论，即知识势差存在一定阈值，只有当群体内部势差在该阈值内时，知识共享/转移才能发生，才能对决策时间产生积极影响。

8.3.2　最优方案搜索与分析

8.3.1 所评价的情境是无数可能性中的几种，假定对知识水平、知识势差、内部因素、外部因素（在所定义的范围内）可能的取值组合进行自由选择。因为共有四种输入控制变量，这一过程可看做是在四维空间中寻找，呈现一致性指标最优时（绝对值越接近于 0 越好）决策时间的取值。利用 Arena 自带的 OptQuest 模块完成该项工作。但需要说明，由于存在无数可能性，对其全部进行评估，获取绝对最优的方案是不现实的，OptQuest 具有这样的搜索趋势，即在初期时结果改进显著，之后可能只有微小的改进，并且需要更多的工作量。因此，本文认定 OptQuest 经过一段时间（10 分钟）搜索所获结果即是较为理想的方案。

以下讨论在知识共享/转移对群体决策绩效有正向影响，且知识势差始终维持在阈值下，知识共享/转移水平在四类情境下（高知识势差和强外部因素，高知识势差和弱外部因素，低知识势差和弱外部因素，低知识势差和强外部因素）的最优方案搜索问题。图 8-8（a）（b）（c）（d）分别给出四类情境下最优方案搜索结果。

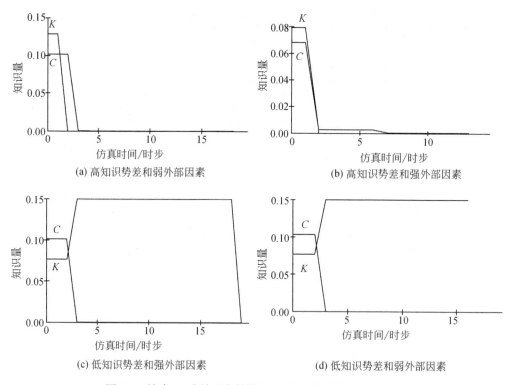

图 8-8　搜索 10 分钟后各情境知识共享/转移水平最优方案

图 8-8 中，K 所标示的曲线代表群体内部知识共享/转移水平，C 所标示的曲线表示群体决策的呈现一致性变化。

由图 8-8（a）和图 8-8（b）可知，在群体存在高知识势差的条件下，持续高水平的知识共享/转移并未维持群体决策的最优策略，在图 8-8（a）中，由于高水平知识势差存在，先期通过短暂的高水平知识共享/转移再辅以相对低水平的知识共享/转移，群体观点很快产生收敛，进而小于呈现一致性阈值，达到一致状态。给出这种现象在现实中的解释：当群体内部存在明显的知识权威时，他和个体间知识共享/转移更多是单向发生的，即与决策相关的知识由知识权威转移给其他个体。此时，个体势差减小很快，外在可观察的表现即为决策很快达到一致，决策时间短，成员的知识均在知识权威的知识背景下派生，各决策个体构成十分接近。现实中，咨询公司、企业或政府部门聘请的顾问经常扮演这类高知识位势个体的角色。

图 8-8（b）对图 8-8（a）中的知识权威赋予了更大的权力，即存在高的影响，此时，群体内部存在的权威类型为复合型权威（知识权威和权力权威），由图 8-8（b）结果可知，这种情形下，短时间的知识共享/转移即能使决策绩效更优，外在表现为呈现一致性更好，观点收敛速度更快，决策时间更短。给出这种现象在现实中的解释：群体内部除发生单向知识共享/转移以外，其他低位势个体会由于高位势个体权力地位的影响而产生服从心理，从而产生更好的呈现一致性和更短的决策时间。现实中，业界权威或具有多年行业经验的职业经理人经常扮演这类复合型权威的角色。

对比图 8-8（a）和图 8-8（b）收敛时间和压力对决策绩效的影响，可知外部因素与决策时间成正比，即高知识位势个体在决策过程中重要性越高，决策时间越短。因此在决策实践中，应适当选择具有丰富知识和较高权威的复合型权威来组织群体进行决策。

与图 8-8（a）和图 8-8（b）大多数低知识位势个体更多地依赖少数高位势个体进行决策不同，图 8-8（c）和图 8-8（d）刻画了群体内各决策个体知识势差较为平均的决策情境，这类决策情境是现实中最为常见，绩效最难令人满意的。本研究尝试在对这类情境最优方案进行分析的基础上，提出关于如何在保持呈现一致性的前提下，缩短决策时间的一些思考。

由图 8-8（c）和图 8-8（d）可知，较之图 8-8（a）和图 8-8（b），更长时间的知识共享/转移才能保持决策呈现一致性维持在阈值以下，即需要的决策时间较长。尤其在图 8-8（d）中，需要的时间更长。给出这种现象在现实背景中的解释：在个体知识势差不大的决策问题的交互过程中，每个人都拥有对决策问题的一部分知识（可能是来自不同领域的），都希望在决策交互过程中共享/转移自身的知识，接受其他个体的知识（本研究考虑的是利益一致条件下的动态群体决策问题，因此不存在由于个体为了自身利益而不愿意分享/转移知识的情况）。但是，由于个体的势差较为接近，单个个体很难在短时间内被说服，导致交互时间延长，群体观点也很难趋于一致。此时，知识共享/转移水平起到了关键作用。个体只有在单位时间内更多地接受来自其他个体的知识，才有可能产生有利于达成呈现一致的新观点，缩短决策时间。现实生活中常见的无领导小组讨论、学术界关于某一问题不同派系之间的争论，都属于这类情形。对比图 8-8 中的（c）和（d），可知（c）是一种更优的情况，因此，需要有意识地在现实决策中提高知识共享/转移水平。本研究提出两点思考：

从缩短决策时间的角度出发，在这类不存在知识权威或复合型权威的决策中，提出引入主持人的角色能够减少这类问题交互过程中大量无用或已讨论过的信息、知识的交互，激发个体提出更多地分享，转移那些未被分享的知识，进而使呈现一致性尽快低于阈值，结束决策。

另一种改善决策时间的办法是，将图 8-8（c）和图 8-8（d）转换或部分转换为图 8-8（a）和图 8-8（b）所示情形，图 8-8（c）和图 8-8（d）中的个体很难在整体知识位势上有明显优势，但由前文可知，个体通常在不同知识领域中占据不同的位势，因此完全有可能在决策问题相关的某个子知识领域形成知识权威。因此本研究同时提出，在动态群体交互过程中，应按领域进行有序交互，在每个领域中让该领域权威优先发言，给出自己的观点，这样才有可能在保持较好呈现一致性的基础上，实现决策时间的缩短。

第9章 知识学习对动态群体决策绩效影响实验研究

本章选取实验研究方法来判断知识学习/转移对过程观点演化与决策一致性的影响。首先在对决策任务、被试特征、决策环境、决策方式等因素进行控制的前提下，以知识学习/转移和知识数量作为自变量，以过程观点演化速度、呈现一致性、认知一致性作为因变量，构建实验框架；其次在现有理论研究基础上提出实验假设，给出实验相关参数，被试信息，实验材料，实验情境设计，实验分组等；最后通过分析实验数据来支持或否定给出的假设，并提出相应的结论与建议。实验研究结果表明，知识学习/转移能够加速群体观点演化的速度，随着被学习/转移的知识量增加，观点演化速度也显著增加，但在决策的中后期，这种影响关系不明显；知识学习/转移能够改善群体的呈现一致性，并且随被学习/转移的知识量增加，呈现一致性会更优；知识学习/转移能够改善群体的认知一致性，让决策个体真正做到"心服口服"地接受群体最终的观点或方案，但随着被学习/转移的知识量增加，由于定量值和定义值转换关系难以确定，认知一致性的改善并不显著。

9.1 实验研究的可行性分析

管理实验是将人群角色扮演实验、人机组合实验等方法手段运用到管理学的科学研究、教育培训乃至管理实践中，从而促进管理理论和管理实践的发展（Xie and Wan，2002）。通过管理实验，可以在可控的实验环境下，针对某一特定管理现象或管理问题，研究如何控制实验条件、观察实验者行为以及分析实验结果，从而检验管理假设，研究管理因素的影响作用和机理。实验研究需要恰当地控制实验的条件和环境，充分利用实验室环境和网络环境的优势所带来的实验可测性或可度量性，采用管理实验手段开展的管理研究，使结果更具有客观性、规范性和说服力。

动态群体决策过程本身具有权变性和复杂性等特征。权变性指不同决策情境下的决策个体表现出不同的性格特征、价值观念和决策行为选择方式等；复杂性指决策个体的行为往往同时受到多种因素影响，在实际决策情境中，这些因素往往交织在一起，难以单独衡量某一具体因素的影响方向和影响程度（魏光兴，谢安石，2008），这就为单独剥离出知识学习对过程观点演化及一致性的影响带来了难度。但实验研究具有通过实地实践或角色扮演来获取数据，科学生动，并且能够低成本、无风险地进行多次模拟实验等优点（万迪昉等，2003），故选取实验研究来判断知识学习对过程观点演化与决策一致性的影响是合理可靠的。

目前这一领域的研究主要采用四种具体研究方法，分别是案例（很多情况下是算例）研究、调查统计法、社会计算实验方法和实验研究法。案例或算例研究存在的局限是：不存在完全相同的决策环境、决策群体和决策问题，在特定环境下有效地操作方法到另一环境下未必有效，结论的真实性和广泛性难以验证（尤其是算例）。调查统计法虽然具有灵活方便、便于实施等优点，但它通常只观察各种因素综合影响形成的最终行为结果，未对各个因素的单独影响程度做出区分。此外，调查统计法还存在访问者偏差、调查访问对象偏差、制作一套有效的问卷或测量表很耗费时间等问题。调查访问对象偏差即调查对象对真实的行为进行歪曲或掩饰，可能出于各种考虑而不真实地回答问题，即使调查对象并非故意的（因为个体在身临其境时与再被调查访问时的心理反应和行为决策方式不同）（谢刚等，2004）。社会科学计算实验通过建模和仿真的方法研究观点演化过程。建模仿真采用结构化建模的方法，把复杂事物和实验进行分解、简化和理想化处理，并抽象为精确的数学模型，有时甚至采用精确化的数学模型对非结构化的、具有病态结构和主观性的管理实验进行分析和模拟，因此只能把握到事物变化的局部特点和规律性。此外，建模仿真方法过分依赖观察者的偏好或历史数据，并用它们来解释、预测研究对象的未来发展过程，把未来理解成过去及现在的延续及渐变过程，对观点演化过程的研究过于简化，不能很好地满足决策过程的权变性和复杂性。实验研究是一种以定性为主、定量为辅的研究方法，可以在没有数学模型或不确切知道问题的数学模型的基础之上展开，能同时满足决策过程权变性和复杂性特征的要求。首先，实验研究所得的理论通常具有一般性，可应用于不同决策情境；其次，在实验过程中可以控制其他因素保持不变，单独测量知识学习对过程观点演化、决策一致性的影响；此外，实验研究可获得的数据也较其他三种方法更为全面、完整、精确。

谢刚等（2004）给出了实验研究的确切定义：在严格控制条件下，通过人群实验、人–计算机组合，有目的地引发某种行为，通过比较被试的行为差异寻求导致各种行为的影响因素，最终得到一般性的原理结论。决策实验具体包括现场实验和实验室实验。现场实验在日常工作环境下进行；而实验室实验则在人为建造的特定环境下进行。根据本章的内容特点，选取实验室实验，以角色扮演为主要形式，通过比较实验组的不同表现来分析影响决策过程观点演化和一致性的各种因素。

9.2　理论背景

本章的实验研究内容是根据传统群体决策的"输入—过程—输出"的研究思路（Mathieu et al.，2006）而展开的，在控制任务（同一竞争决策任务）、被试特征（工程硕士学员）、环境（实验室）、决策方式（面对面）等因素的前提下，将知识学习和知识数量作为本研究的两个主要自变量，决策得到的结果指标（过程观点演化速度、呈现一致性、认知一致性）作为因变量，考察知识学习对观点演化、一致性的影响关系。实验研究框架见图9-1，其中 I 为自变量，D 为因变量，C 为控制变量。

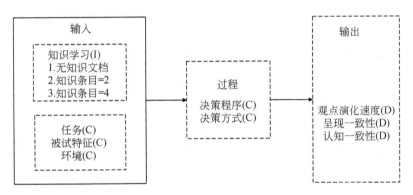

图9-1　实验研究框架

9.2.1　知识学习对观点演化速度的影响

群体决策由于能够实现群策群力的目标而优于个体决策，但如果群体希望利用其成员所拥有的知识，则必须对这些知识进行分享和处理（Hinsz et al.，1997）。群体成员的交互和讨论是实现知识分享和处理的平台（Scholten et al，2007）。与经典经济学的经济人假设不同，个体的观点并非是一成不变的，群体交互及其强度对个体观点演化进程存在着显著的影响（Grabowski，2009）。观点交互的更深层次内涵是信息和知识的运动，但正如前文所提出的：由于信息与知识的传递过程紧密相连，大部分研究并未对二者加以区分。但是，也有少数学者对二者间的差别进行了研究。他们认为，单纯向群体成员注入信息并不能促进个体间的交流（Gruenfeld, et al, 1996；Wittenbaum and Stasser, 1996）；同时，个体难以将信息和实际决策问题进行很好的融合（Gigone and Hastie, 1993；Winquist and Larson，1998），反而更加倾向于坚持交互前已有的偏好，从而产生信息取样偏差（郑全全，朱华燕，2001）。然而，在观点交互过程中加入知识元素后，情况发生了有趣的改变：Wegner（1987）首先提出，当群体成员经过了一段时间的相处之后，决策个体开始对群体中其他个体所掌握的知识有所了解，此时该个体会感受到从交流中可能获益并更乐于进行交流。若干研究证明了 Wegner 发现的这一现象对群体完成任务可能产生积极影响（Hollingshead，1998；Austin，2003；Lewis，et al，2007）。我们从群体行为进一步拓展考虑到群体决策时，情况也不例外（Littelepage et al，1997；Stewart and Stasser，1995）。Stasser（1995）发现，知识的运动能够使决策个体意识到群体内其他成员亦拥有知识，从而导致更多的知识交互发生，且成员更乐于分享各自独有的知识。唐方成等（2006）利用仿真手段模拟一种新的知识"侵入"一个处于旧知识状态的群体的过程，结果显示对于管理决策团队等成员联系比较紧密的群体来说，吸收新知识能够使改变状态的成员数目快速接近于整个群体的规模。Bertotti（2008）采用类似的研究思路，在群体交互中引入"说服者（persuader）"的角色，通过量化模型仿真观察其对个体观点演化的影响，而"说服者"从本质上来说就是一个知识源。Grabowski（2006）从复杂网络的角度，提出基于 Ising 模型的观点演化过程，得出如下结论：当包含知识学习的群体活动水平（文献中用社会温度表示）为 0 时，群体会保持原来的状态，无法形成统一意见；当活动水平在一定范围内升高时，大部分成员开始接受一致意见。也有的研究将决策群体视作动态自适应性系统，将其适应性决策行为作为系统输出。决策个体在连续过程中的观点演化被看做动态决策行为适应性的原因（何贵兵，2002）。Chuang 等（1998）指出：适应性行为具有知识层面（knowledge-level）的目标，适应性系统能确定总目标下的各个分目标，以便达到总目标所需的各种知识能够被充分地识别和利用。Mirchandani 等（1999）进一步提出：适应性系统能够自我引发对知识的积极改变，并产生具有增强效应的加工效能（如决策效率和效果）。

目前已有学者对这一现象从理论上进行了解释：在群体内部的知识学习过程中，个体倾向于认为这些被学习的知识对决策问题是正确且有效的，并乐于吸收这类自身所不具备的知识（Parks and Cowlin，1996），群体交互过程会逐渐减少涉及这类知识的讨论，倾向于通过更多地交互来分享个体独有的知识，以此来辅助群体决策。同时，随着交互过程的持续，成员能够更好地预知其他成员后续的观点，使自己的观点向更趋近于其他成员的方向演化（Liang et al.，1995；Moreland and Myaskovsky，2000）。

基于以上理论，本研究提出以下假设：

假设 1 群体内部的知识学习能够加快群体观点演化的速度。

假设 2　被学习的知识数量越多，动态群体决策过程中观点演化速度越快。

9.2.2　知识学习对观点演化一致性的影响

本研究将一致性概念分为呈现一致性和认知一致性，分别探讨知识学习对二者的影响。首先需要说明的是，在已有研究中，很少将一致性进行细分，因此以下内容当中所谈及的一致性概念即为呈现一致性。

在动态群体决策过程中，由于专家、决策者的知识背景不同，对问题的看法亦不同，要让他们取得一致意见或达成共识并不简单（顾基发，2001）。一致性通常被视作衡量群体决策质量的指标，目前针对如何使群体接近或达到一致性的研究主要有两个方向：①通过数量化集结的一致性，这类集结通常需要一些判断准则的支持。群体成员的观点不需要实际达成一致，在一些研究中，可通过改变群体成员的权重（Lee，2002）或计算各观点的加权平均（Davies，1994）获得群体一致的意见，也可以通过寻找一些如使各观点差异的加权和或各观点距离最小的点来表示群体的一致性。这类方法的缺陷在于，在决策过程中，所有的成员都不会改变他们的观点，并不关注群体是否能达到一致，一致的观点只是通过计算得到，并且可能是不被任何人所持有的一个观点（Arieh，2007）。②通过指导群体成员修正其观点达到一致，如有学者通过决策个体序关系值，计算群体对方案排序的共识度与群体对任意一个方案排序的共识度，采用群体对某方案的共识度与某决策者对该方案共识度的差值来识别个体意见分歧程度，设计反馈机制来指导群体成员的观点演化（Herrera-Viedma，1997）。也有学者通过个体一致性指标识别出成员意见分歧程度，对于个体一致性指标最大者，可引导其他成员向该成员的观点看齐；对于个体一致性指标最小者，可提醒该成员修改其观点，从而缩小个体之间对所有备选方案评价意见的分歧程度，以达到指导群体观点演化的作用（Warfield，1995）。这也是本研究所选择的研究视角。

把系统视为动态交互元素的集合能很好地捕捉系统一致性行为的产生（Mikhailov，1990；Kuramoto，1984）。这一观点在生物、物理系统中得到了应用，对描述社会经济系统行为同样适用（Axelord，1997）。Laguna（2003）用二元值构成的向量表示个体观点，发现低于阈值的个体进行自由交互能使群体趋于一致。但 Laguna 并未对产生该现象的深层次原因进行解释。Cave（1983）和 Bacharach（1985）的研究显示：如果个体在恒定决策准则下，对属于群体共同知识（common knowledge）的决策问题进行决策，不可能会出现不一致的情况，他们的研究虽然指出知识是保持一致性的原因，但仍不能很好地解释群体从不一致到一致的过程变化诱因。Stasser（2000）通过一系列研究也提出了这样的疑问：虽然通过知识学习可以带来更多的交互，但其促进群体的协调一致的影响仍不明朗。顾基发（2001）提出的 C^3（communication→collaboration→consensus）型过程反映了决策过程是动态元素集的思想（图9-2），即为了取得群体对某一问题的一致性，首先应该互相通信（沟通），其次要有合作的愿望和合作的行动，通过不断地循环，最后才有可能取得共识。从 C^3 型过程可以看出，知识在群体内部的运动对群体观点达到一致产生影响。

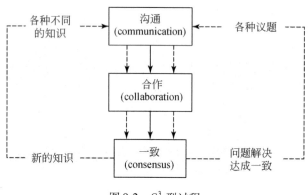

图 9-2　C^3 型过程

　　需要说明的是，一致性程度虽直接表明了个体对最终方案的认可和接受程度，但在很多情境下一致性的"真""假"问题仍值得探讨。毕鹏程，席西民（2002）指出："假一致"是因为群体成员没有充分表达自己的观点和不同意见，只是表面接受而非真正接受，高呈现一致性可能是群体思维（group think）的表现，即群体的一致性寻求发生在还未找到最优的解决方案之前，个体在还未充分评价各种解决方案的利弊之前就已经达到了意见一致。结合本研究所考察的变量可知，高的呈现一致性和认知一致性的高低无关，认知一致性还和决策满意度相关。决策满意度是决策个体主观上对决策结果或完成任务目标的衡量，陈晓萍（2004）认为在没有权威的团队中，成员可以自由讨论，各自表达观点，没有权力压制的约束，其决策满意度可能较高，而很多群体内存在的知识权威本身由于其拥有丰富的知识，在决策过程中能提出更多有建设性、被其他成员认可的观点和意见，从认知上易达成一致性意见，使结果的满意度高（从本研究角度，即具有高的认知一致性）。知识学习可能使决策个体更易发现内部的知识权威或在群体内部形成无形的知识权威（Moreland，1999），从而有助于认知一致性的达成。

　　我们更希望动态群体决策达到这样一种状态：个体成员对于问题的深度和广度都有较好的认识，群体观点易被接受和认可，具有较高的决策满意度，最终无论是在认知还是最终结果上都可能取得较高的一致性。

　　基于以上理论，本研究提出以下假设：

假设1　群体内部的知识学习能够提高动态群体决策的呈现一致性。

假设 2　群体内部的知识学习量越多，呈现一致性越好。

假设 3　群体内部的知识学习能够提高动态群体决策的认知一致性。

假设 4　群体内部的知识学习量越多，认知一致性越好。

9.3　实验设计与步骤

本节给出实验设计的参数，包括被试信息，实验材料，实验情境，实验分组等，并阐明实验实施的步骤。

9.3.1　实验设计

我们选择华南理工大学工商管理学院的 72 名工程硕士作为实验被试。在实验过程中，被试者由主试随机分配至 18 个小组（每组 4 人）。每个小组组成国内一家空调制造公司并参与行业竞争，4 位组员分别担任公司总经理及 3 位副总经理，角色由计算机随机分配。被试者在实验结束后根据所在公司在行业内的排名可获得不同价值的奖品。需要说明的是：为克服实验研究的缺点，即个体在实验中的行为选择与实际结果可能会不同（例如，被试者知道自己在参加一项实验而不是真实地进行决策会对其行为产生影响），本研究并未告知被试者开展本次活动的真正目的。

在实验过程中，主试派发给每位被试者一份实验材料包，内含如下材料：1 份所在公司登录企业竞争模拟系统（BUSIMU）所需的用户名和密码，用以查看公司目前所处行业的基本情况及历史运营数据；1 份工作指导书，详细说明被试需在实验过程中进行的活动步骤及相应时间限制；1 份信息文档，给出各家公司运作的一些基本参数，如运输成本、库存成本、研发费用、管理成本等；9 份决策单（1 份 2 联，中间夹复写纸），3 份满意度问卷，被试者需要在决策过程中对这些表单进行填写。

主试持有的材料包括：实验指导书，用来在实验前向被试宣布实验流程及注意事项；进度控制表，用来对实验整体流程进行把握；知识文档，该文档给出与公司生产、销售、财务密切相关的知识。

实验创设（图 9-3）情境下的企业竞争决策任务。实验中，被试者需在交互过程中完成对销售、生产和财务三部分运作指标的群体决策。由于决策问题本身的复杂性使个体几乎不可能凭借一己之力完成高质量的决策，这大大增加了决策判断和预测的难度，同时决策行为的不确定性和决策结果的离散性也大大增加。实验着重分析被试者在决策过程中的交互以及知识学习对多轮次连续竞争决策的影响。

企业竞争模拟指导书

欢迎加入极具挑战性的企业竞争模拟！

在本次竞争模拟中，您将担任您所在公司的高层领导，您需要和公司其他 3 位同事一起对公司下一季度的运营进行会议讨论，并最终制定决策。会议每月召开一次，在会前您需要仔细地阅读公司各方面的历史运营数据并独立制定相应的决策，在会议上，您可以和您的同事交换意见，如有必要，可对您的决策意见进行修改，当季最后一次会议上，您需要和您的同事制定公司下一季度的运营决策，在系统上进行提交。

祝您的公司在竞争中取得好成绩！

图 9-3　企业竞争模拟实验情境

实验基于企业竞争模拟系统（BUSIMU）进行。在销售方面，每个公司生产的 ABC 三种产品分别销往三个市场。距离远近使各公司的运输费存在差异，公司需对不同市场的不同产品分别定价才能使该产品在市场上顺利销售。此外，广告费和促销费对产品的整体销售具有促进作用。在生产方面，公司应根据市场需求对产品安排生产。足够的研发费用投入可升级三种产品，增强其在市场上同类产品中的竞争力，提高销量。在财务方面，必要的银行贷款和债券发行是维持公司正常运营的保证。综合以上三个方面，公司每季末的经营绩效考核包括七项指标：本期利润、市场份额、累计分红、累计缴税、净资产、人均利润率、资本利润率，这七项指标的权重分别为 0.20，0.15，0.10，0.10，0.20，0.10，0.15。

18 个小组随机划分成 A、B、C 三种类型。实验设计见表 9-1。

表 9-1　实验设计

	A 类	B 类	C 类
知识文档	无	有	有
信息文档	有	有	有
知识条目	0	2	4
满意度问卷	有	有	有

9.3.2　实验步骤

实验在华南理工大学工商管理学院计算机房进行。被试者进入实验场地后由主试随机分配至 18 个小组（每组 4 人），确保每一组的 4 个组员坐在一排中相对靠近的地方，组和组之间隔排就座，每位组员各自分配一台计算机。工作人员向每位被试者发放实验材料包。主试首先对照实验指导书，采用红蜘蛛教学系统对竞争模拟决策过程、系统的基本运行和使用进行介绍和说明，然后每位被试者自行登录系统了解系统的运行。

在图 9-3 给出的情境下，实验遵循以下流程进行：①主试宣布正式开始，各被试者独立限时（时限 10 分钟）完成决策表的填写，期间不允许任何形式的交谈和网络聊天。②填写结束，由主试收取决策表第一联。其中，主试收取组 B，组 C 成员决策表的同时对每组的总经理发放知识文档。知识文档采用分批发放的形式，每次发放的知识文档在覆盖前面部分的基础上，增加表 1 给定数量的新知识。③被试者持第二联进行 10 分钟的自由讨论，讨论完毕，各被试者可对初次决策的结果进行修改，第二次完成决策表的填写。④以上步骤重复至第三次讨论结束，各组总经理将群体决策结果登入系统（时限 5 分钟），完成一期决策，并填写满意度调查问卷。⑤主试收取满意度问卷完毕后，以管理员账号登入系统，确认各组提交完毕后完成一轮竞争模拟。被试者可登入系统自行查看所在公司的综合绩效和行业排名情况，并进行自由讨论（时限 5 分钟），为下一轮决策进行准备。以上过程一直重复，直至完成 9 轮模拟经营决策。

9.4　实验结果及分析

9.4.1　样本信度效度分析

研究主要是以实验室实验作为研究工具进行数据收集，实验内容符合效度要求。信度检验主要以一致性信度为主，并用 Cronbach'sα 检验变量的一致性。一般我们认为，Cronbach's α 值介于 0.7～0.8 即属于高信度值。本研究各因素及各变量的 Cronbach'sα 值都大于 0.7，这表明实验数据具有很好的信度，见表 9-2。

表 9-2　Cronbach's α 系数

因素	Cronbach's α 值	因素	Cronbach's α 值
价格 A1	0.777 8	价格 C1	0.732 7
价格 A2	0.776 6	价格 C2	0.736 2
价格 A3	0.743 9	价格 C3	0.728 4
价格 B1	0.835 8	广告 A	0.77
价格 B2	0.774 6	广告 B	0.779 2
价格 B3	0.736 2	广告 C	0.779 4

续表

因素	Cronbach's α 值	因素	Cronbach's α 值
促销 1	0.779 3	供货量 B3	0.778 4
促销 2	0.779 4	供货量 C1	0.779
促销 3	0.779 3	供货量 C2	0.779 2
供货量 A1	0.776 9	供货量 C3	0.778 8
供货量 A2	0.775 3	研发 A	0.775 2
供货量 A3	0.778 6	研发 B	0.775 1
供货量 B1	0.779 4	研发 C	0.769 6
供货量 B2	0.778 3	工资系数	0.78

9.4.2　知识学习对过程观点演化速度影响的实验分析

为检测知识学习及知识数量对过程观点演化速度的影响，研究首先对群体各轮决策观点偏差进行差分得到观点演化速度，接着对三种情境下各组完成 9 轮决策过程中的速度均值进行了直观的描述性比较，见图 9-4。随后，运用 SPSS 16 软件对数据进行统计性的检验以验证本研究假设。

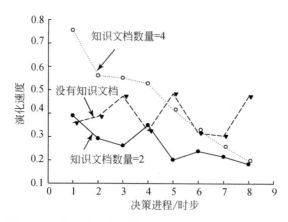

图 9-4　9 轮决策中各群体观点演化速度均值分布情况

通过图 9-4 的演化速度均值分布情况可知经过 9 轮决策后：①首先知识文档所含知识条目为 4 的群体在决策初始阶段，群体观点演化速度最快，其次为知识条目为 2 的群体，而不发放知识文档的群体观点演化速度最慢，即说明群体成员仍倾向于坚持自己原有的观点。②随着决策的进行，情况发生了明显的变化，拥有知识文档的小组观点演化速度开始降低，而没有知识文档的群体速度出现了波动，却不具有上升或下降的趋势。③考察末轮决策可发现，拥有知识文档的群体观点演化速度低于没有知识文档的群体。将决策过程分为初、中、末期三个阶段，利用 SPSS 软件进行三个情境下的多重比较来验证本文提出的假设，具体参数见表9-3、表9-4、表9-5。

表9-3　三种实验情境观点演化速度的多重比较统计验证（决策初期）

情境	不发放知识文档	发放知识文档（条目 = 2）	发放知识文档（条目 = 4）
不发放知识文档	—	0.091 45	− 0.216 22
发放知识文档（条目 = 2）	− 1.78	—	− 0.307 67
发放知识文档（条目 = 4）	2.89 [+]	− 4.00 [*]	—

表9-4　三种实验情境观点演化速度的多重比较统计验证（决策中期）

情境	不发放知识文档	发放知识文档（条目 = 2）	发放知识文档（条目 = 4）
不发放知识文档	—	0.129 522	− 0.066 7
发放知识文档（条目 = 2）	− 1.99	—	− 0.196 22
发放知识文档（条目 = 4）	0.69	− 2.11	—

表9-5　三种实验情境观点演化速度的多重比较统计验证（决策末期）

情境	不发放知识文档	发放知识文档（条目 = 2）	发放知识文档（条目 = 4）
不发放知识文档	—	0.152 753	0.102 548
发放知识文档（条目 = 2）	− 2.70 [*]	—	− 0.050 2
发放知识文档（条目 = 4）	− 2.54 [+]	− 1.22	—

在表9-3～表9-5中，对角线以上的数值为 $a_{ij} = M_i − M_j$，其中，M_i 表示第 i 行情境的均值，M_j 表示第 j 列情境的均值。对角线以下的数据为 i 行情境与 j 列情境均值差异检验的 t 值，其中带有 "$*$" 的数值表示此处检验得出的显著性水平 $p < 0.01$，带有 "$+$" 的数值表示此处检验得出的显著性水平 $p < 0.05$。

将决策过程分期，对三种情境的均值进行 t 检验后发现：知识学习在决策初期对群体观点演化速度的影响最为显著，即对个体观点变化的影响显著，且演化速度和被学习的知识数量成正比。但在决策中期，影响并不显著。在决策后期，拥有知识文档的群体知识演化速度显著低于不发放知识文档的群体。因此，假设1 和假设2 在决策初期成立，在决策中后期并不成立。

单纯从观点演化速度进行分析并不能说明过程观点会朝着收敛的方向发展，还需要研究知识学习对群体决策呈现一致性的影响，才能证明知识学习对观点演化速度在收敛方向上有正向的影响。

9.4.3　知识学习对群体呈现一致性影响的实验分析

为检测知识学习及知识数量对动态群体决策呈现一致性的影响，本研究首先对三种情境下各组完成 9 轮决策后的标准差均值进行了直观的描述性比较，见图 9-5，然后运用 SPSS 16 软件对数据进行统计性检验以验证本研究所提出的假设。

通过图 9-5 的均值分布情况可以看出，在经过 9 轮决策后：①知识文档所含知识条目为 4 的群体中，决策的呈现一致性与其他两种情况相比较好，在其中 7 项决策指标上，群体均已经达成完全一致；②知识文档所含知识条目为 2 的群体中，部分决策项已达到较好的一致性水平或已接近于知识条目数量为 4 的一致性水平，但群体对某些决策项仍存在较大分歧；③不发放知识文档的群体决策一致性较差，在大部分决策上仍然有很大分歧。说明群体在 9 轮决策完毕后，仍很难拿出群体一致认可的方案。以下利用 SPSS 软件进行三个情境下的多重比较来验证本文提出的假设，具体参数见表 9-6。

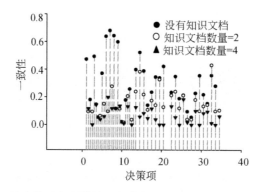

图 9-5　9 轮决策后各群体关于各决策项的呈现一致性均值分布情况

表 9-6　三种实验情境呈现一致性的多重比较统计验证

情境	不发放知识文档	发放知识文档（条目=2）	发放知识文档（条目=4）
不发放知识文档	—	− 0.152 56	− 0.239 79
发放知识文档（条目=2）	4.31 *	—	− 0.087 23
发放知识文档（条目=4）	7.31 *	4.42 *	—

表 9-6 中，对角线以上的数值 $a_{ij} = M_i - M_j$，其中，M_i 表示第 i 行情境的均值，M_j 代表第 j 列情境的均值。对角线以下的数据为 i 行情境与 j 列情境均值差异检验的 t 值，其中带有 "*" 的数值表示此处检验得到的显著水平 $p < 0.01$。

对三种情境的均值进行 t 检验后发现：①与不发放知识文档的群体相比，拥有知识文档的小组决策的呈现一致性显著改善；②被学习的知识数量增加对改善呈现一致性有显著作用，从而支持本章提出的假设 1、假设 2。

9.4.4　知识学习对认知一致性影响的实验分析

接下来考察知识学习对认知一致性的影响。首先检测知识学习及数量对群体决策满意度的影响。本研究对三种情境下各组完成三期决策后的满意度均值进行了直观的描述性比较，如图 9-6 所示，并运用 SPSS 16 软件对数据进行统计检验以验证本研究假设。

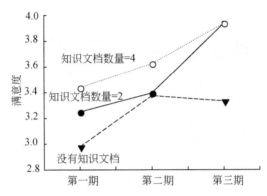

图 9-6　3 期决策后各体决策满意度均值分布情况

通过图 9-6 的满意度均值分布情况可以看出：①知识文档所含知识条目为 4 的群体中，个体的满意度最高，其次为知识文档所含知识条目为 2 的群体，个体满意度最低的是不发放知识文档的群体；②随着决策的进行，三种情境下个体的满意度均会有所升高，但没有知识文档的群体的满意度在经过一段时间的连续上升后，会保持在一个较低的水平。其他两个拥有知识文档的群体的决策满意度的差距会随着决策进行而逐渐缩小。进一步利用 SPSS 软件对决策满意度进行多重分析来验证本研究提出的假设，具体参数见表 9-7。

表 9-7　三种实验情境决策满意度的多重比较统计验证

情境	不发放知识文档	发放知识文档（条目 =2）	发放知识文档（条目 =4）
不发放知识文档	—	− 0.298 61	− 0.437 5
发放知识文档（条目 =2）	2.191[+]	—	− 0.138 89
发放知识文档（条目 =4）	2.2[+]	− 0.17	—

表 9-7 中，对角线以上的数值 $a_{ij} = M_i - M_j$，其中，M_i 表示第 i 行情境的均值，M_j 代表第 j 列情境的均值。对角线以下的数据为 i 行情境与 j 列情境均值差异检验的 t 值，其中带 "$+$" 的数值代表该处检验得出的显著性水平 $p < 0.05$。

对三种情境的满意度均值进行 t 检验后发现：①与不发放知识文档的群体相比，拥有知识文档的小组决策满意度显著改善；②在知识量不同的情境下，决策满意度并不存在显著差异。

本实验中，认知一致性主要通过决策结束后群体成员的呈现一致性与满意度的比值来判断，即产生 1 单位满意度需提高多少单位一致性。该指标越小，说明认知一致性越优。在决策满意度和呈现一致性基础上，图 9-7 给出各群体在决策进程中认知一致性均值的直观描述。

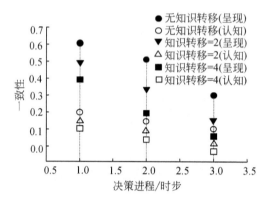

图 9-7　各群体在决策进程中的认知一致性均值分布情况

通过图 9-7 的均值分布情况可以看出在决策进行过程中：①由于在本实验中各小组中均不存在权威，小组成员可以自由发表其意见，因此，每个小组的认知一致性均呈现出递减趋势，说明各组成员真正认可所在群体做出的决策，决策情况较好；②知识文档所含知识条目为 4 的群体中，决策的认知一致性与其他两种情况相比一直较优。以下利用 SPSS 软件进行三种情境下的多重比较来验证本文提出的假设，具体参数见表 9-8。

表 9-8　三种实验情境认知一致性的多重比较统计验证

情境	不发放知识文档	发放知识文档（条目 =2）	发放知识文档（条目 =4）
不发放知识文档	—	−0.052 1	−0.087 57
发放知识文档（条目 =2）	−1.14	—	−0.034 57
发放知识文档（条目 =4）	−2.34*	−1.88+	—

表 9-8 中，对角线以上的数值 $a_{ij} = M_i - M_j$，其中，M_i 表示第 i 行情境的均值，M_j 代表第 j 列情境的均值。对角线以下的数据为 i 行情境与 j 列情境均值差异检验的 t 值，其中带 "+" 的数值代表该处检验得出的显著性水平 $p < 0.05$，带 "*" 的数值代表该处检验得出的显著性水平 $p < 0.01$。

　　对三种情境的满意度均值进行 t 检验后发现：①与不发放知识文档的群体相比，拥有知识文档的小组认知一致性显著改善，从而验证了本章所提出的研究假设 3；②而知识学习量不同的情境下认知一致性并不存在显著差异，并不能验证本章提出的研究假设 4。

9.4.5　研究结论

　　知识学习/转移影响过程观点演化的实验研究表明，在动态群体决策初期，内部的知识学习/转移能够加速群体观点演化的速度，随着被学习/转移的知识量增加，观点演化速度也显著增加，但在决策的中后期，这种影响关系却不明显。

　　在缺少知识文档的群体中，过程观点演化速度处于波动状态，不会出现递减趋势，说明个体很难坚持其现有意见，非常容易对其现有决策做出较大幅度的修改，这与现实情况相符。在自身未能给出充分理由去说服其他个体的情况下，个体更倾向于变得"人云亦云"、"立场不坚定"。这一现象也和文献给出的描述一致。决策群体会产生思维效率、事实验证能力和道德判断能力的退化。如果在个体地位互相平等的群体中，这种情况就会使得群体的观点分布一直杂乱无章，并使决策不能够按照理性的方法和程序进行，最终产生失败的结果。发生知识学习/转移群体的过程观点演化速度存在递减趋势说明：在决策过程中，通过知识学习/转移，群体成员对决策问题、决策所需的知识都有了一个较为稳定的掌握，在初期对其决策进行调整后，在决策中期和末期只会适当做出微调，这一现象验证了文献提出的理论，说明知识学习/转移以后，决策者有足够充分的理由去支持其现有决策方案，只要不出现能完全推翻其掌握的决策依据，决策者会继续保持其观点。但仅凭该实验，只能说明观点演化速度递减。只有证明了决策者观点朝着一个方向收敛，才能真正说明知识学习/转移对一致性的正向作用。

　　知识学习/转移影响呈现一致性的实验研究表明，在动态群体决策过程中，内部的知识学习/转移能够改善群体的呈现一致性，并且随着被学习/转移的知识量增加，呈现一致性会更优。该结论说明，在知识学习/转移的情况下，个体之间更多地会达成一种"默契"，即个体能够预知其他成员下一步的决策行为，更愿意产生更趋近于所在群体其他成员观点的新观点。这与大部分基于行为集结的研究所得的结论一致。但需要指出的是，高的呈现一致性在有些情况下并非等同于高的决策绩效，特别是在有过高凝聚力或权威存在的群体中，高的呈现一致性并非是一件值得庆幸的事情。由于感受到从众压力，个体会将过多注意力放在如何维持群体内部的人际关系上，为了迎合别人而去改变自己的决策。目前大部分该领域的研究都停留在对呈现一致性的分析上，即满足于达到这样一种状态：个体的观点接近，能同意最后给出的群体观点。

本书研究继续对呈现一致性的"质量"进行挖掘。知识学习/转移影响认知一致性的实验研究表明：在动态群体决策过程中，内部的知识学习/转移能够改善群体的认知一致性，但随着被学习/转移的知识量增加，认知一致性的改善并不显著。

未发放知识文档的群体在决策满意度指标上显著低于其他两组，这是因为在该组内，群体观点分布一直处于比较混乱的状态，个体对决策问题不存在明晰的认识，也不具备能有效解决决策问题的知识，所以无论是对交互过程还是决策结果都不甚满意，并在决策过程中，由于没有新的知识注入群体，满意度一直维持在较低水平，且无法得到改善，从而导致认知一致性指标较差。发生知识学习/转移的群体决策满意度一直呈递增状态，也使其认知一致性指标较优。对于被学习/转移的知识数量对认知一致性不存在显著影响的结论，本章尝试给出如下解释：在本实验中，知识学习/转移是群体具有较高的决策满意度的主要原因，个体会在自身满意的情况下产生趋同的观点，而知识数量对最终的认知一致性差异影响并不显著，这是由于定性状态改变（例如，从基本满意至非常满意）和定量指标（被学习/转移的知识数量的改变）之间很难存在严格的一一对应关系，而个体主观满意度定性状态的改变更多是由于另一定性状态的改变（知识学习/转移是否发生）所引起的。

结合上述结论，给出以下参考建议：

（1）在决策交互过程中，需要的不只是对待决策问题相关的信息进行交互，更要有意识地进行相关知识的学习/转移，在信息交互的基础上，更加显著地改善呈现一致性指标。

（2）知识学习/转移应尽可能在决策初期进行，这样能够使群体成员从一开始就对决策问题和其他个体的知识背景有较好的了解，并能"预知"其他成员给出的观点，使其对自身观点做出适当调整，从而使群体观点达到收敛，即向观点一致的方向进行演化。

（3）高的呈现一致性在很多动态群体决策实践活动当中并非是考察决策绩效"是否优秀"的最终指标。认知一致性由于考虑到决策满意度这一主观指标，从主、客观两个维度对一致性概念进行考察，更能够体现成员对群体观点或方案的内心认可程度。决策过程中有意识地进行相关知识的学习/转移能使成员决策满意度更高，更加认可群体采纳的观点和方案，但需要说明的是：知识被共享或转移的多，并不意味着群体认可度的提高，即满意"度"的变化和知识"量"的变化之间无法建立对应关系。

第 10 章　个体属性对群体观点收敛的影响

传统决策方法致力于寻求与个体意见最一致的群体决策方案，使群体满意度最大。然而在实际决策中，由于个体偏好间的差异、利益冲突等客观因素，由个体偏好简单集结而成的群体决策方案常常不能使决策群体满意。实际群体决策过程中人们普遍引入讨论协商机制，通过群体交互达成一致，产生群体满意的决策方案。本章采用观点动力学（opinion dynamics）工具描述个体偏好不断更新的过程及由于偏好调整而带来的个体间交互结构的变化，希望激发读者对决策过程"动态性"有更深层次的理解，从而开创动态群体决策绩效研究的新思路。本章借鉴观点动力学中个体与其他个体交互，并受其他个体观点影响的思想，来描述交互式决策中个体偏好随着个体间交互而不断发生变化的过程。

10.1　决策个体属性差异

所谓决策者属性就是个体在受到周围邻居影响时所表现出来的不同态度，接受、部分接受邻居的偏好或者坚持自己的偏好，因此可推断不同属性决策者对群体最终偏好的一致性以及群体偏好收敛绩效的影响不同。

在不同的研究中，个体属性有着不同的表示方法。在 Ising 模型中，个体属性表示为根据周围邻居影响按照一定的概率选择偏好；Voter 模型中的个体依照距离自己最近的个体的偏好来选择自身的偏好，即它的个体属性表现为跟随邻居的偏好，群体最终偏好与初始偏好分布高度相关；Sznajd 模型中假设有相同偏好的两个个体主动说服偏好不同的邻居，且持有相同偏好的个体可以组成"团队"去说服他人；在栅格上研究的元胞自动机模型中，用不同的个体需要不同数量的说客来体现不同的个体属性。

在观点动力学研究中，持连续观点的个体属性表现为两种不同的形式。一种属性为寻找观点相近的人，按照某一种特定的方式去接受他人的观点，即跟随、妥协、折中或是拒绝，个体在群体中按照一定的规则选择其他个体与之进行观点交互；另一种属性表现为个体按照特定规则寻找一定的社会活动范围，而个体观点则取范围内所有个体观点平均值，然而这些方式仅能够表达出一种单一的个体属性。我们认为，一个群体可以划分出几种不同的属性类型，群体是这些不同属性的个体所组成的集合。本节结合观点动力学模型研究由不同属性的个体组成的群体。

根据不同属性的个体对周围邻居的影响表现出的不同态度，可以将个体属性划分为无主见型、随和型、偏执型以及固执型四类，具体意义表达如下。

1. 决策者属性特征

（1）无主见型个体每一时刻都选择与之交互的个体的偏好作为自己的偏好；
（2）随和型决策者易于接受不一致的方案并对其进行价值判断；
（3）偏执型个体较难接受与其自身偏好不一致的偏好；
（4）固执型决策者几乎无法接受他人的偏好。

2. 接受度

本节用接受度这一概念来描述个体属性。接受度即下一时刻某一个体接受他人偏好的程度，属性不同的个体接受度不同。用 μ 表示，取值范围为 $[0,1]$。

3. 偏好更新规则

在规模为 N 的群体中，个体的偏好取值服从 $[0,1]$ 上的均匀分布，每一个时间步长 t 内，随机选取两个个体 i，j 进行交互，他们偏好取值分别为 $x_i(t)$ 和 $x_j(t)$，接受度分别为 $\mu(i)$，$\mu(j)$，$\forall \mu(i) \in \{\mu_1, \mu_2, \mu_3, \mu_4\}$，$\forall \mu(j) \in \{\mu_1, \mu_2, \mu_3, \mu_4\}$，$\mu_1$、$\mu_2$、$\mu_3$、$\mu_4$ 分别表示属性为无主见型、随和型、偏执型和固执型个体的接受度。给定个体交互的阈值 ε，当两个体偏好值的差值 $|x_i(t) - x_j(t)| > \varepsilon$ 时，两个个体下一时刻均保持自己此刻的偏好值不变，若 $|x_i(t) - x_j(t)| < \varepsilon$，则下一时刻个体的偏好调整的规则为

$$x_i(t+1) = [1 - \mu(i)]x_i(t) + \mu(i)x_j(t) \tag{10-1}$$

$$x_j(t+1) = [1 - \mu(j)]x_j(t) + \mu(j)x_i(t) \tag{10-2}$$

依据个体属性可得出 μ_1，μ_2，μ_3，μ_4 的取值：

（1）无主见型个体接受度 $\mu_1 = 1$，在与任何类型个体的交互过程中，个体偏好在下一时刻均被交互对方的偏好所取代。

（2）随和型个体接受度 $\mu_2 = 0.5$，在与其他个体的交互过程中愿意同他人讨论并交换自己偏好，随和型个体的偏好在下一时刻取两个体此刻偏好的平均值。

（3）偏执型个体接受度 $\mu_3 = 0.1$，在交互过程中较小程度的接受交互对方的偏好。

（4）固执型个体的接受度 $\mu_4 = 0.05$ ，由于研究连续偏好的缘故，不考虑 $\mu_4 = 0$ 这种在交互过程中完全不改变自身偏好的个体，而是假设固执型个体在交互过程中会对自己的偏好进行微调。

根据以上演化规则可得出以下结论：

（1）四种属性的决策者在群体内部采用全混合的方式进行交互。

（2）偏好调整过程中每次随机选择的两个交互个体可能是属于同一种属性的决策者，也可能是属于两种不同属性的决策者。

（3）决策者的偏好演化依照自身的属性类型进行，与交互个体的属性无关。

为了明确属性的影响，使用 Matlab 进行仿真，模拟群体偏好的收敛过程，假设：①群体中个体总数量 $N = 100$ ，交互的总步长 $T = 5000$ ，个体间交互的阈值为 $\varepsilon = 0.4$ ；②为了消除初始偏好不确定性的影响，生成一组 $[0,1]$ 上均匀分布的初始偏好值重复使用；③为了使样本的可信度达到 95% 以上，根据统计规律，每项实验重复 200 次以消除过程随机性的影响，因此文中的步长和偏好一致性的取值均为 200 次实验所得的平均值；④用群体偏好收敛区域的大小 D 衡量群体的偏好一致性程度，其中，$D_t = x_{\max}(t) - x_{\min}(t)$ ，$x_{\max}(t)$ 与 $x_{\min}(t)$ 分别表示决策步长 t 时刻群体中最大与最小偏好值，D 越大则群体一致性越差，定义文中群体偏好达成一致收敛需满足条件 $D_t \leqslant 0.05$ ；⑤由于选择过程的随机性可能会出现某些个体偏好始终保持不变的特殊情况，这时群体的偏好一致性为剔除偏好不变个体之后所呈现出的一致性。

首先研究一种极端情形——群体中仅有单一属性的决策者对最终群体偏好一致性有何影响。以下为仿真参数设置及仿真结果。

（1）群体中的决策者均为无主见型。参数设置为 $N = 100$ ，$\varepsilon = 0.4$ ，$\mu = 1$ ，$T = 5000$ 。仿真结果显示无主见型的群体偏好混乱且最终无法达成偏好一致。

（2）群体中的个体均为随和型。参数设置为 $N = 100$ ，$\varepsilon = 0.4$ ，$\mu = 0.5$ ，$T = 5000$ 。仿真得到的结果和初始结论吻合，即群体的偏好收敛于观点区间的中值 0.5 处，群体中各决策者最终的偏好完全趋于一致。

（3）群体中的个体均为偏执型。参数设置为 $N = 100$ ，$\varepsilon = 0.4$ ，$\mu = 0.1$ ，$T = 5000$ 。仿真的结果显示在足够大的步长 $T = 5000$ 下群体的最终偏好同样收敛于单值 0.5 处，但是群体偏好收敛到一致所需要的步长比起随和型的群体要多出约 2000 步，这一结果同偏执型个体的缓慢改变偏好的属性相吻合。

（4）群体中的个体均为固执型。参数设置为 $N = 100$ ，$\varepsilon = 0.4$ ，$\mu = 0.05$ ，$T = 5000$ 。此时群体偏好的收敛趋势变得更加平缓。

10.2　个体混合属性条件下的观点收敛

联系实际中人们偏好达成一致的事实，我们认为群体中大部分人是愿意为了达成一致而妥协的随和型个体，而完全无主见型、偏执型和固执型的个体在群体中仅占较小部分，因此设置初始时刻群体中无主见个体数量 $n_1 = 10$，随和型的个体数量 $n_2 = 70$，偏执型个体数量 $n_3 = 10$，固执型个体数量 $n_4 = 10$，交互的阈值 ε 及仿真时步 T 不变。

首先分步骤向随和型的群体中引入 10 个无主见型的个体，其次引入 10 个偏执型的个体，再次引入 10 个固执型的个体。在分步引入过程中，由于 10 个无主见型个体及 10 个偏执型个体的作用，群体偏好收敛到相同一致性 $D_t = 0.05$ 所需要的平均步长从最初的 841.24 增加到 1021.42 和 1355.43，此时群体最终偏好均收敛到完全一致。而在引入 10 个固执型个体后，达到相同一致性所需的步长激增到 3470.93，由于 10 个固执型个体的作用，5000 步长偏好一致性的值从 0 即单值偏好增加到 0.015，偏好一致性的程度降低。因此不难发现无主见型、偏执型及固执型个体的存在对群体偏好收敛时间存在影响，尤以固执型个体的作用最为显著，但总体来说，在小部分其他三种属性决策者存在时，5000 步长时群体偏好的一致性程度 D_{5000} 依然较好。仿真结果见表 10-1。

表 10-1　随和型群体引入其他三种属性的决策者收敛所需步长

四种个体的数量	$n_1 = 0, n_2 = 100$ $n_3 = 0, n_4 = 0$	$n_1 = 10, n_2 = 90$ $n_3 = 0, n_4 = 0$	$n_1 = 10, n_2 = 80$ $n_3 = 10, n_4 = 0$	$n_1 = 10, n_2 = 70$ $n_3 = 10, n_4 = 10$
收敛到 $D_t = 0.05$ 所需时间/时步	841.24	1 021.42	1 355.43	3 470.93
一致度 D_{5000}	0	0	0	0.001 24

1. 增加无主见型个体数量

首先研究无主见型的个体数量增加对群体偏好一致性的影响。在仿真实验中保持偏执型和固执型个体的数量不变，无主见型个体的数量 n_1 每次增加 10，随和型个体的数量 n_2 每次减少 10，变化过程中保持 $n_1 + n_2 = 80$，结果见表 10-2。

表 10-2　无主见个体增加时群体收敛到 $D_t = 0.05$ 所需的步长

无主见个体数量 n_2	10	20	30	40	50	60	70	80
收敛到 $D_t = 0.05$ 所需时间/时步	3 470.93	3 722.90	3 727.84	3 817.11	4 059.23	4 068.15	4 362.98	5 403.40

从表 10-2 可观察到，无主见型个体数量增加时，群体偏好收敛到 $D_t = 0.05$ 所需步长不断增加；在一定的范围内——无主见个体数量从 20 增加到 40 的过程中，群体偏好收敛到 $D_t = 0.05$ 所需要的平均步长没有明显变化。但是当无主见个体数量增加到 80 时，步长从 4362.98 激增到 5403.40。总体来说，无主见个体数量在群体中规模越大，群体偏好收敛到一致所需的时间就越长。

2. 增加偏执型个体数量

群体中存在这样一些个体，他们坚持自己的偏好，但是对自己的偏好又不是完全自信，而是会随着对事物的了解逐渐深入而缓慢调整自己的偏好，即上文所描述的偏执型个体。在仿真过程中保持无主见型个体和固执型个体的数量不变，以 10 为单位增加偏执型个体的数量 n_3，减少随和型个体的数量 n_2，并保证 $n_3 + n_2 = 80$。仿真结果见表 10-3。

表 10-3　偏执型个体增加时群体偏好达到一致性所需步长

偏执个体数量 n_3	10	20	30	40	50	60	70	80
收敛到 $D_t = 0.05$ 所需时间/时步	3 470.93	3 531.74	3 564.86	3 569.43	3 782.25	3 791.19	3 825.95	3 874.81
一致度 D_{5000}	0.011 24	0.012 72	0.012 84	0.013 91	0.015 28	0.015 41	0.016 16	0.017 13

根据表 10-3 中的数据可以发现，群体偏好达到 $D_t = 0.05$ 所需要的步长随着偏执型个体数量的增加而呈现缓慢增长的趋势，最终偏好的一致性 D_{5000} 也表现均匀增长趋势。群体达到一致的最大平均步长仅有 3874.81，偏好一致性的值 D_{5000} 仅为 0.017 13，因此群体最终的偏好一致性程度较高。仿真得到的结果与预期相符：属性为偏执型的个体在人数逐渐增加的情况下会延长群体偏好收敛的时间，由于文中所取的 $\mu_3 = 0.2$ 偏大，故这种延缓的趋势并不明显。

3. 增加固执型个体数量

保持无主见型和偏执型个体的数量不变，以 10 为单位增加属性为固执型的个体的数量 n_4，同时减少属性随和型个体的数量 n_2，保证 $n_4 + n_2 = 80$，研究固执型个体增加时群体偏好的演化。结果如表 10-4 所示。

表 10-4　固执型个体增加时群体偏好达到 $D_t = 0.05$ 所需步长

固执型个体数量 n_4	10	20	30	40	50	60	70	80
收敛到 $D_t = 0.05$ 所需时间/时步	3 470.93	3 968.71	4 273.90	4 454.00	4 485.28	4 807.70	5 064.42	5 267.64
一致度 D_{5000}	0.011 24	0.018 78	0.023 32	0.029 24	0.033 26	0.040 01	0.052 18	0.063 38

由表10-4可以发现随着固执型个体数量的增加，D_{5000}的值有显著增长，同时偏好一致性的程度大大减小；当群体中的固执型个体数量达到70、80，即占有绝对优势时，群体偏好收敛到$D_t = 0.05$所需步长已经超过了给定范围（为了便于比较，交互步长依然记为5000），此时群体偏好没有达成一致。5000步长时的偏好一致性的值从最初的0.011 24逐步增加到0.063 38，说明固执型个体数量增加时偏好一致性的程度比起无主见型个体和偏执型个体数量增加时大大降低，由此验证了固执型个体数量增长对群体偏好演化结果的影响最大。

10.3 个体属性动态变化条件下的观点收敛

现实中决策个体的属性不会是一成不变的，而是会随着决策时间的推移发生微妙的变化。在研究二元偏好时，属性的变化表现为个体对于自身的偏好调整的决定越来越谨慎，需要更多人的影响才会改变偏好，以下研究连续观点情况下个体属性改变的影响。

1. 属性的变化

初始时刻由于个体对问题了解不够深入，做出决策时往往不是特别慎重。随着在交互过程中相互间不断地讨论，个体对问题的了解逐渐深入，此时个体偏好调整的幅度逐渐减小，即个体的接受度逐渐减小。属性变化的具体过程表现为初始时刻充分考虑其他个体的偏好，随着时间推移，个体接受度逐渐减小，参考他人偏好的程度逐渐下降。

2. 模型建立

群体规模为N，个体偏好在区间$[0,1]$上服从均匀分布，每一个时步t内，对群体中的所有个体进行随机两两配对。配对个体i，j的偏好分别为$x_i(t)$和$x_j(t)$，属性为$\mu(t)$。给定个体交互的阈值ε，当两个体偏好差值$|x_i(t) - x_j(t)| > \varepsilon$时，两个体下一时刻均保持自己的偏好不变，若$|x_i(t) - x_j(t)| \leqslant \varepsilon$，则下一时刻个体的偏好调整为

$$x_i(t + 1) = [1 - \mu(t)]x_i(t) + \mu(t)x_j(t) \tag{10-3}$$

$$x_j(t + 1) = [1 - \mu(t)]x_j(t) + \mu(t)x_i(t) \tag{10-4}$$

式中，$\mu(t)$表示个体在t时刻的属性值，取值区间为$[0,1]$，文中$\mu(t)$表示为$\mu(0)$的函数。

3. 仿真设置与结果分析

随着讨论的深入，个体对自己的观点选择越来越谨慎，对他人观点接受的幅

度减小，这种交互过程较为符合实际系统中的情况。往往在决策的初期面对一个问题时，个体由于对问题缺乏理解，对问题掌握不够深入，在选择自己的偏好时较为随意，并且对他人的观点进行持续观望，了解他人的偏好信息，根据他人偏好信息对自己的偏好做出调整，随着讨论次数的增多，对决策问题了解的逐渐深入，这时个体的属性就会发生变化，个体对他人观点的关注程度就会降低，吸收他人观点的速率将降低，时间越长讨论的次数越多，个体对自己的观点选择越谨慎。因此个体属性值随着决策步长的增加呈现出减小趋势，以下仿真将着手研究不同变化趋势对偏好收敛过程的影响。

（1）研究线性规律，即个体属性值随着时间推移呈线性递减趋势。设群体规模 $N = 100$，$\varepsilon = 0.4$，$T = 50$，属性变化函数表示为 $\mu(t) = \mu(0)\dfrac{T - t}{T}$，$\mu(0) = 0.3$。

对比图 10-1 的两幅图可发现，在属性不变的群体（图 10-1（a））中，群体偏好收敛到完全一致后就处于稳定状态，达到一致也仅需 25 个时步。但是在属性随时间线性变化的群体（图 10-1（b））之中，群体偏好在决策时间结束时刻依然未收敛，并且没有达到稳定状态。因此可见属性的变化对决策绩效的影响是显著的。

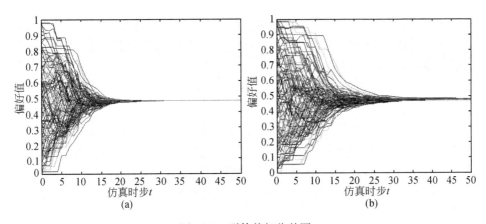

图 10-1 群体偏好收敛图

（2）研究属性值改变速率增大时偏好收敛状态与绩效的变化趋势。仿真参数如下：$N = 100$，$\varepsilon = 0.4$，$\mu = 0.05$，$T = 50$。令决策者下一时刻属性值的大小与当前时刻的属性值密切相关，即 $\mu(t + 1) = \mu(t)\dfrac{T - t}{T}$，$\mu(0)$ 分别取 0.8，0.2。仿真结果如图 10-2 所示。结果显示属性值的逐步减小使得偏好收敛的终态集中在以 0.5 为分界点的一个较大区间中；初始时刻的属性值较大 $\mu(0) = 0.8$

时，群体偏好趋于靠拢，$\mu(0) = 0.2$ 时偏好被划分成为几个界限鲜明的区域。总体来说属性的快速变化使得终态偏好分布在几个区间簇之内。

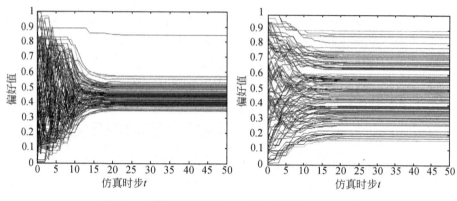

图 10-2　群体偏好收敛图（$\mu(0)$ 分别为 0.8，0.2）

10.4　群体阈值与决策时间的关系

　　动态群体决策是信息反复交流且追寻最大综合效益的联合行动过程。现实中动态群体决策面临耗时长、效率低等问题，以至耗费了大量时间及成本之后成员也未必能达成共识。因此，研究如何增强群体决策绩效具有重要的现实意义。已有一些学者从决策成员达成共识的一致性角度对群体决策绩效进行了理论研究，其中运用数学方法或行为模型对观点进行集结属经典、主流的方式。常用的集结方法包括：①德尔菲法，即反复磋商讨论的方法；②建立判断矩阵，用加权平均或几何平均法提取观点的一致性；③用观点向量的夹角来提取观点的一致性等。在集结之后若群体观点的一致性程度未达到既定要求，则需对观点收敛过程进行人为调节。调节的途径，一是依据观点分歧程度劝说某些成员改变其观点，使得群体观点逐渐集中；二是根据成员对观点一致性的贡献来改变相关成员的权重，促使群体观点收敛。

　　虽然通过对观点的集结调控能够得出个体对最终决策方案的接受程度，但这一过程存在明显缺陷。首先，这种方式无法反映出群体决策所需的时间跨度，只要群体能够达成共识，无论耗时长短，都认为该决策是有效的，这并不符合群体决策的时效性特征。其次，这种方式可能会获得"全体一致的错觉"，即在从众压力下，决策个体无法充分表达自身观点，仅在表面上接受最终方案，而非从内心深处表示认同。观点动力学（opinion dynamics）的出现恰好可以有效解决上述问题。它是一类运用数学、物理及计算机，特别是基于多主体的建模仿真方法研究微观个体观点迭代行为从而得到宏观群体观点演化特征的工具。自 USDF（u-nited we stand, divided we fail, 即"团结则立，分裂则亡"）模型提出以来，个体间观点交互开始引起人们的注意。该模型借用物理学概念，提出个体观点变化受周围"场"的影响，群体最终存在两种演化方向，一是在二值观点中的某一值上达到一致，二是两种观点并存。有学者将该模型扩展到了两个群体交互的范畴上，发现不同群体间的交互加快了观点整体演化速度。Deffuant 及 Hegselmann，Krause 等提出的 Deffuant 模型及 Hegselmann-Krause 模型将对观点的表示由离散数值扩展到了一段连续区间上，引起了复杂系统科学领域的关注。T. Carletti 给出了一个有关 Deffuant 模型观点收敛时间的计算公式，但该公式无法对交互过程的随机性作出解释。在此基础上，刘常昱等认为个体在交换观点时，甲对乙的影响与乙对甲的影响往往不同，并指出这种不对称人际关系是影响群体观点演化速度的重要因素。杨雷、习鹏则将决策成员按个性分为随和型、无主见型、偏执型及固执型，指出成员个性差异对观点演化效率有显著影响。

从相关文献来看，现有观点动力学研究主要涉及个体之间的交互规则、交互环境等，并逐渐成为复杂社会系统一个蓬勃发展的子领域。然而，这些研究大都忽略了现实中决策成员背景的多样性，没有对决策成员选择交互对象的不同特性加以区分；同时，尚未有人对动态群体决策绩效测评体系进行完整描述。

1. 动态群体决策小组间观点交互过程

通过对已有研究进行总结，本研究认为个体间观点交互的结构可用一个五元组表示为

$$C = (X, J, P, f, N) \tag{10-5}$$

式中，X 为决策群体观点集合。第 t 时步个体 i 的观点值为 $x(i, t)$（$i = 1, 2, \cdots, N$），它可以是一个二值选择，如支持（+1）或反对（-1）某种行为，也可以是一段连续区间内的任一实数，如对某一方案的评价从"很坏"到"很好"可用闭区间 $[0,1]$ 描述。初始时刻个体 i 的观点值表示为 $x(i, 0)$，最终时刻群体观点分布称为群体的观点终态。

J 表示决策个体判断是否与他人交流的标准，称为"交互准则"。只有当交互对方满足该决策个体所持有的交互准则时，个体才愿意与其发生交互。常见交互准则如下：

（1）决策个体观点的接近程度。在决策方案空间中，若每个决策个体的观点为空间中一向量，则可计算各观点向量与零向量的欧氏距离、马氏距离、兰氏距离等来表示个体观点的差异。当决策个体观点差异在规定范围内时，相互之间才可交流。

（2）决策个体间的社会距离 $d_{ij}^{t} = |x(i,t) - x(j,t)|(1 - a_{ij}^{t})$。$0 \leqslant a_{ij}^{t} \leqslant 1$，代表 t 时刻个体 i 和 j 的亲密程度，即个体间的亲密程度越高，彼此之间越信任，社会距离越靠近。

（3）随机交互准则，即决策者随机选取群体内的一个或多个个体进行交流。

P 表示动态群体决策的绩效。不同学者从多种角度对衡量群体决策绩效的指标进行了研究，如有效方案的产生数量、个体信息交流程度等。本研究定义动态群体决策绩效可用观点一致度及观点收敛时间这两项指标进行综合考量，二者关系如图10-3所示。

定义1 观点一致度 D_{t}。观点演化过程中某时刻 t 群体观点集中程度，即该时刻群体最大与最小观点值之差 $D_{t} = \max(X(t)) - \min(X(t))$，在图10-3中为两实曲线间的距离。

定义2 观点收敛时间 T_{c}。给定一个足够小的群体观点区间跨度 $D > 0$，当 $D_{t} \leqslant D$ 时，则认为群体观点达成了"收敛"，这一过程所需时间称为观点收敛时间 T_{c}。

f 表示交互个体的观点演化函数。个体 i 在 $t+1$ 时刻的观点值为

$$x(i,t+1) = f(x(i,t),X(O,t)) = f(x(i,t),x(O_1,t),x(O_2,t),\cdots,x(O_n,t))$$

$$(10\text{-}6)$$

式中，$O = \{O_1,O_2,\cdots,O_n\}$ 为该时刻与 i 发生交互的决策个体集合，$x(O_1,t)$，$x(O_2,t),\cdots,x(O_n,t)$ 为该集合中的个体的观点值。N 表示决策群体的规模。

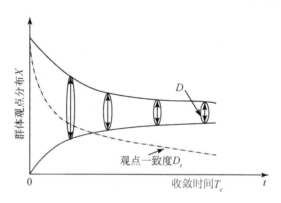

图10-3　群体决策绩效测评指标体系

2. 组间观点交互模型

本研究的基本假设如下：首先，个体是有限理性的，在决策过程中仅追求"满意"标准，即所有个体达成共识；其次，个体的观点演化受系统中其他个体

观点的影响，每个个体的行为可通过系统的结构传播，最终都可能直接或间接地对其他成员产生影响；再次，个体的决策行为与其自身背景有关，即群体在异质网络上进行观点交互；最后，决策个体在系统当中随机选择对象进行交流。

考虑这样一个系统：决策成员的背景具有多样性，成员对于同样观点接受或拒绝的态度不尽相同，即他们的阈值不同。根据现实中普遍存在的"拉帮结派"现象，认为背景相近的成员间能够自发聚集成组，不仅小组内部成员能够交流，各小组之间也能发生观点交互。假定规模为 N 的群体由 G（$G \geqslant 2$）个阈值不同的小组（$N_1, N_2, \cdots, N_G$）构成，各小组内包含的个体阈值都相等，且在群体观点演化过程中不发生改变。群体中不同的个体在完全混合状态下进行观点交互（指随机选取交互个体，与个体来自于哪个小组无关）。设收敛参数 $\mu = 0.5$，即当两个体的观点差值满足交互准则时，下一时步两个体同时采用二者此刻观点的均值。在任一时步 t（$0 \leqslant t \leqslant T$）内，从群体中随机挑选两个体 i 和 j，观点值分别为 $x(i,t)$ 和 $x(j,t)$，阈值分别为 $\varepsilon(i)$ 和 $\varepsilon(j)$（$0 \leqslant \varepsilon \leqslant 1$）。观点交互准则及演化函数如下：

（1）若 $|x(i,t) - x(j,t)| \leqslant \min(\varepsilon(i), \varepsilon(j))$，在（$t+1$）时步个体 i 和 j 的观点都取 t 时步二者的平均观点，即

$$\begin{cases} x(i,t+1) = 0.5(x(i,t) + x(j,t)) \\ x(j,t+1) = 0.5(x(j,t) + x(i,t)) \end{cases} \tag{10-7}$$

（2）若 $|x(i,t) - x(j,t)| > \max(\varepsilon(i), \varepsilon(j))$，在（$t+1$）时步个体 i 和 j 的观点不发生变化，即

$$\begin{cases} x(i,t+1) = x(i,t) \\ x(j,t+1) = x(j,t) \end{cases} \tag{10-8}$$

（3）若 $\varepsilon_j < |x(i,t) - x(j,t)| \leqslant \varepsilon_i$，在（$t+1$）时步，个体 i 的观点取 t 时步二者观点的平均值，个体 j 的观点保持不变，即

$$\begin{cases} x(i,t+1) = 0.5(x(i,t) + x(j,t)) \\ x(j,t+1) = x(j,t) \end{cases} \tag{10-9}$$

（4）若 $\varepsilon_i < |x(i,t) - x(j,t)| \leqslant \varepsilon_j$，在（$t+1$）时步，个体 j 的观点取 t 时步二者观点的平均值，个体 i 的观点保持不变，即

$$\begin{cases} x(i,t+1) = x(i,t) \\ x(j,t+1) = 0.5(x(j,t) + x(i,t)) \end{cases} \tag{10-10}$$

上述动态过程可用交互式 Markov 链表示。将一维观点空间 X 划分为 m 个区段，每一区段代表一类相互接近的观点值的集合：$\underline{m} = \{1, 2, \cdots, m\}$。其中第 i 个区段所含的个体数量与群体规模之比为 p_i，称其为该区段的观点密度。行向量 $p(t) \in R^m$ 表示第 t 时步的观点密度分布，易知初始时刻群体观点密度分布为

$p(0) \in R^m$。群体的状态转移矩阵为 $B(p(t))$，且个体由观点区段 i 跃迁到观点区段 j 的概率可表示为

$$B_{ij}(p, \varepsilon_i) = \begin{cases} \pi^i_{2j-i}, i \neq j \\ q_i, i = j \end{cases} \tag{10-11}$$

式中，$q_i = 1 - \sum_{j \neq i, j=1}^{m} B_{ij}(p, \varepsilon_i)_{ij}$，且

$$\pi^i_k = \begin{cases} p_k, |i - k| \leq \varepsilon_i \\ 0, otherwise \end{cases} \tag{10-12}$$

则群体的观点动态演化过程可近似表示为

$$p(t + 1) = p(t)B(p(t)) \tag{10-13}$$

群体根据上述演化函数进行迭代，直到给定的第 T 个时步或群体形成了观点稳态。该模型具有以下特点：每个时步随机挑选的两个体可能属同一小组，也可能分属不同小组；个体依照自身阈值判断在下一时步是否改变观点值，与交互对方的阈值大小无关。

3. 仿真实验

以 Windows XP 为平台，采用 Matlab 对模型进行多个参数集下的仿真实验。仿真时步 $T = 10\ 000$。群体观点初始分布采用 $[0, 1]$ 区间上均匀分布的 20 个随机数，均值为 0.435 3。在无先验信息的情况下初始观点值均匀分布是较合理的假设。设群体观点达成收敛所要求的观点跨度 $D = 0.000\ 1$。当群体观点一致度 $D_t \leq 0.000\ 1$ 时，认为观点达成收敛。

1）观点一致度及收敛时间研究

考虑两个阈值不同的小组共存的情况，即 $G = 2$。逐步调整两小组所占人数比例，对小组间观点交互对观点收敛时间及一致度的影响进行定量研究。由于每次仿真实验是相互独立的，且每次仿真运行的初始条件和参数是相同的，可认为仿真结果服从正态分布，从而可采用统计方法对结果进行分析。本文通过重复运行法来消除模型中交互个体选择过程随机性的影响。实验步骤如下：

步骤1　设群体中所包含的阈值较小（$E(\alpha) = 0.2$）的小组及阈值较大（$E(\beta) = 0.9$，$E(\beta) = 0.8$，$E(\beta) = 0.7$）的小组的个体数量比分别为 20∶0，18∶2，16∶4，14∶6，12∶8，10∶10，8∶12，6∶14，4∶16，2∶18，0∶20，即共有 11 种实验组合。

步骤2　对各组合分别进行 300 次重复实验，并取实验所得观点收敛时间的均值作为该组合下群体观点收敛时间。仿真时步 $T = 10\ 000$。若某次试验中在 10 000 个时步内群体无法达成观点一致，则将其群体观点收敛时间定义为 10 001 个时步（这样定义是为了方便在图形上表示无穷大点）。

　　根据上述步骤，分别对 $E(\alpha) = 0.2$ 与 $E(\beta) = 0.9$ 的小组间交互、$E(\alpha) = 0.2$ 与 $E(\beta) = 0.8$ 的小组间交互、$E(\alpha) = 0.2$ 与 $E(\beta) = 0.7$ 的小组间交互进行仿真，结果展示在图 10-4 中。

　　统计分析显示各组合下群体观点收敛时间服从正态分布，且样本集中程度较高。由图 10-4 可知，对于同样的 $E(\beta)$，不同人数比例下观点收敛时间有所差异；而对于不同的 $E(\beta)$，相同人数比例下观点收敛时间的差异很小。可见在小组间观点交互模型中影响群体观点收敛时间的决定性因素为各小组的人数比例。此外，随着群体中阈值为 $E(\beta)$ 的小组所占比例逐渐增大，群体观点一致度逐渐加强，收敛时间总体上呈现出持续下降趋势，且下降速度随着阈值为 $E(\beta)$ 的个体的引入而逐渐减缓。然而，当阈值为 $E(\alpha)$ 及 $E(\beta)$ 的两小组所包含的个体数量比依次为 12:8，10:10 及 8:12 时，几乎观察不到群体观点收敛时间有何变化。

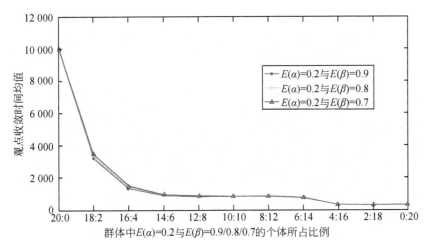

图 10-4　$E(\alpha)$ 为 0.2 和 $E(\beta)$ 为 0.9/0.8/0.7 的个体间交互的收敛时间图

2）群体决策的观点终态分布

　　在群体观点保证收敛的前提下，本研究观察小组间交互的不同人数比例对群体观点终态，即收敛观点值有何影响。为消除交互对象选择随机性的影响，仍采用重复运行法进行仿真实验，并采用序贯程序法确定实验的重复次数，即逐渐增加仿真试验次数，并逐次计算置信区间半径，直到满足精度要求。设定误差限 $\sigma = 0.05$，置信水平为 95%，初始仿真实验次数 $n = R_0 = 40$。具体实验步骤如下：

　　步骤 1　设群体中包含的阈值较小（$E(\alpha) = 0.2$）及阈值较大（$E(\beta) = 0.9$，$E(\beta) = 0.8$，$E(\beta) = 0.7$）的小组的个体数量比分别为 18:2，16:4，

14:6，12:8，10:10，8:12，6:14，4:16，2:18，0:20，共包括 10 种实验组合。

步骤2 仿真时步 $T = 10\,000$。针对以上各组合分别进行 40 次初始重复实验，并计算各组合下收敛观点值样本的标准差 S^2 及置信区间半径 $H = t_{\alpha/2, n-1} \dfrac{S(n)}{\sqrt{n}}$。

步骤3 如果某实验组合的置信区间半径 $H \leqslant 0.05$，则证明 40 次重复实验足以满足精度要求，否则，继续追加实验次数直至得到该实验组合下的最低运行次数 R。

步骤4 从所有实验组合最低运行次数中挑选出最大值 $\max(R)$ 作为重复试验次数。

步骤5 针对各实验组合重复 $\max(R)$ 次实验，并将实验数据进行对比分析。

分别对 $E(\alpha) = 0.2$ 与 $E(\beta) = 0.9$ 的小组间交互、$E(\alpha) = 0.2$ 与 $E(\beta) = 0.8$ 的小组间交互、$E(\alpha) = 0.2$ 与 $E(\beta) = 0.7$ 的小组间交互进行仿真。结果展示在表 10-5、表 10-6、表 10-7 中。

表 10-5　ε 分别为 0.2 和 0.9 的小组间交互所得收敛观点值

两小组人数比	18:2	16:4	14:6	12:8	10:10	8:12	6:14	4:16	2:18	0:20
收敛观点均值	0.554 2	0.618 5	0.612 5	0.630 8	0.649 1	0.628 2	0.630 9	0.364 9	0.407 7	0.428 4
标准差	0.087 09	0.044 05	0.040 38	0.048 12	0.040 66	0.034 29	0.035 69	0.010 30	0.006 95	0.000 74
置信区间半长	0.023 20	0.011 73	0.010 75	0.012 82	0.010 83	0.009 13	0.009 50	0.002 74	0.001 85	0.000 19

表 10-6　ε 分别为 0.2 和 0.8 的小组间交互所得收敛观点值

两小组人数比	18:2	16:4	14:6	12:8	10:10	8:12	6:14	4:16	2:18	0:20
收敛观点均值	0.541 6	0.616 5	0.614 1	0.633 7	0.654 5	0.633 3	0.639 5	0.362 9	0.408 6	0.428 4
标准差	0.068 96	0.038 48	0.033 70	0.030 10	0.028 54	0.023 90	0.023 01	0.013 51	0.009 92	0.000 73
置信区间半长	0.018 37	0.010 25	0.008 98	0.008 02	0.007 60	0.006 36	0.006 13	0.003 60	0.002 64	0.000 19

表 10-7　　ε 分别为 0.2 和 0.7 的小组间交互所得收敛观点值

两小组人数比	18:2	16:4	14:6	12:8	10:10	8:12	6:14	4:16	2:18	0:20
收敛观点均值	0.558 7	0.613 0	0.614 3	0.630 7	0.655 0	0.634 3	0.639 3	0.366 3	0.405 2	0.428 4
标准差	0.068 44	0.036 94	0.036 02	0.037 21	0.028 72	0.026 10	0.025 22	0.010 97	0.007 65	0.000 73
置信区间半长	0.018 23	0.009 84	0.009 59	0.009 91	0.007 65	0.006 95	0.006 72	0.002 92	0.002 04	0.000 19

由实验数据可知，不同实验组合下所得 40 次重复实验的置信区间半径 H 均小于 σ，因此该运行次数满足精度要求。收敛观点值的均值及标准差如图 10-5、图 10-6 所示。

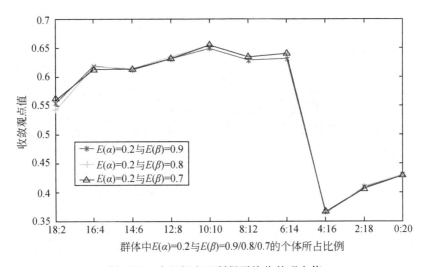

图 10-5　小组间交互所得平均收敛观点值

当群体中阈值较小的个体（ $E(\alpha) = 0.2$ ）与阈值较大的个体（ $E(\beta) = 0.9$，$E(\beta) = 0.8$，$E(\beta) = 0.7$ ）的人数比例为 0:20（即 Deffuant 模型）时，重复 40 次实验得到的群体平均收敛观点值为 0.428 4，与群体观点初始分布的均值 0.435 3 十分接近。这一现象体现了策略选择的社会公平性：由于心理现象的社会制约性，当群体中的决策者背景相近时，他们倾向于调和各方的观点使之适中，形成的观点终态被称为"折中观点"。而当阈值不同的两小组间进行观点交互时，无论二者的人数比例如何，群体最终达成的收敛观点值距离初始观点分布均值 0.435 3 均存在一定程度偏离，如图 10-5 所示。也就是说，在引入小组间交

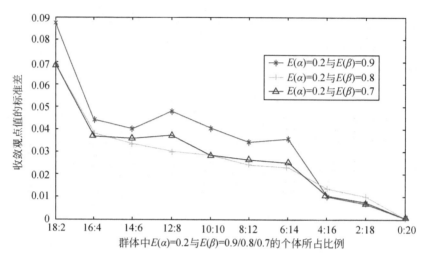

图 10-6　小组间交互所得收敛观点值的标准差

互的观点演化函数之后，决策个体的观点发生了极端性转移，这一结论符合群体极端性假说：通过群体讨论，个体对决策风险的态度会变得更为极端化。同时，由图 10-5 可知，当 $E(\beta)$ 取不同的值时，对应实验组合下的收敛观点值基本相同，可见导致群体观点发生极端性转移的主要原因为两小组的人数比例取值。此外由图 10-6 可知，群体中阈值为 $E(\beta)$ 的小组所占比例越大，群体最终收敛观点值的标准差越小，即当群体内部阈值较大的个体占主导优势时，群体达成共识的过程变得更稳定了。

10.5　子群体间交互对观点收敛时间的影响

当群体规模很大时，不但成员之间沟通变得更为复杂，而且个人参与的机会、满足感以及凝聚力都会降低。群体人数增多与意见的增多会阻碍群体成员之间的交流互动，这是因为群体中可能会分化出子群体结构。子群体是一种普遍存在于大型社会群体中的集团结构。Alderfer 认为，个体往往会因为相似的社会背景、性格、价值观或职业等因素聚集在一起而形成子群体。根据社会学者的定义，子群体是满足如下条件的个体子集合，即在此集合中的个体之间具有相对较强的、直接的、紧密的、经常的或者积极的关系。所以说子群体具备完整群体的所有功能，其内部决策个体之间会相互影响，发生决策交互。但是不同子群体的成员之间则难以发生联系，这样势必会导致整个群体分裂成多个孤立的阵营，严重影响了群体决策的绩效。Cramton 和 Armstrong 等发现不同的子群体间通过共享信息、相互学习影响各自的决策。Lau 和 Murnighan 则认为不同子群体因为想要克服相互之间的差异，进而发生交互。但这些学者的研究仅限于实例讨论，并没有建立定量化的数学模型来反映群体的决策观点动态演化的过程。沿着前人的思路，我们引入子群体之间的决策观点交互的数学规则，回答子群体之间交互对各个子群体的决策观点演化会有什么影响以及是否会有利于整个群体达成一致观点。

目前有许多关于子群体间观点交互的影响的研究，但鲜有文献通过建立合适的决策观点演化动力学模型来讨论子群体交互对群体决策观点的影响。本节不仅考察子群体内部个体间的观点交互，还考察子群体之间的观点交互，以探讨动态群体决策观点的演化过程。

10.5.1　交互模型的建立

在研究群体间交互决策的过程中我们依然采用连续观点，并把阈值表达为信任水平。信任水平受决策个体性格、心理以及知识水平等因素的影响。信任水平越高，个体越开放，越愿意接受其他个体的意见。一般用区间 $(0,1)$ 上的值表示个体的信任水平。我们认为隶属同一子群体的决策个体具有相同的信任水平，隶属不同子群体的决策个体具有不同信任水平。以上述假设为基础，我们建立如下的群体结构和群体决策观点交互规则。

设一内部具有 m 个子群体 $g_1,g_2,\cdots,g_m$ 的群体 G，各子群体规模分别为 N_1，$N_2,\cdots,N_m$。初始时刻子群体 g_k 中所有决策个体观点规定为服从区间 $O_k=[0,1]$ 上的均匀分布的随机实数值，以体现群体初始决策观点的分散状态。由于隶属同一子群体 g_k 的个体有相同的信任水平 $\varepsilon_k(0<\varepsilon_k<1)$，我们也称 ε_k 为子群体 g_k 的信任水平。于是，第 k 个子群体可记作 $g_k=\{N_k,O_k,\varepsilon_k\}(k=1,2,\cdots,m)$。

10.5.2　子群体内部个体之间的决策观点交互

决策个体的观点会受到他周围其他决策个体观点的影响，并根据其他决策个体的观点调整自己的观点。一般情况下，个体不会随意接受或排斥其他决策个体的观点，而是根据自己的偏好来判断是否与其他决策个体发生交互进而接受对方的观点，以形成自己的观点。对于某个规模为 N 的子群体 g，在时刻 t 其内部某一决策个体 i 的观点值为 $x_i(t)$，影响个体 i（$i=1$，2，$\cdots$，N）的观点的个体集合为

$$I(i,x(t))=\{1\le j\le N\mid |x_i(t)-x_j(t)|\le\varepsilon_i\} \qquad (10\text{-}14)$$

集合 $I(i,x(t))$ 包含了个体之间发生观点交互所需要满足的条件，只要决策个体 j 满足条件 $|x_i-x_j|\le\varepsilon_i$ 时，就可以与决策个体 i 发生观点交互。从式（10-14）已知，决策个体 i 的信任水平值 ε_i 越大，可以与之发生观点交互的个体越多。假设子群体 g 位于一个完全连通图结构上，任何两个子群体成员之间都有交

互的可能。下一时刻决策个体 i 的观点值更新为

$$x_i(t+1) = \sum_{j \in I(i,x(t))} a_{ij}(t)x_j(t) \tag{10-15}$$

式（10-15）中，$a_{ij}(t)$ 是邻接矩阵 $A(t,x(t))$ 的元素，表示决策个体 j 对决策个体 i 的观点的影响程度，且满足 $\sum_{j \in I(i,x(t))} a_{ij}(t) = 1$。事实上，若 $j \notin I(i, x(t))$，表示在 t 时刻决策个体 j 对决策个体 i 的观点没有影响，则 $a_{ij}(t) = 0$。将群体 G 的决策观点空间写成向量形式为 $x(t) = (x_1(t), x_2(t), \cdots, x_N(t))$，邻接矩阵 $A(t,x(t)) = (a_{ij}(t))_{N \times N}$，所以子群体内部决策个体之间决策观点交互演化的一般形式为

$$x(t+1) = A(t,x(t))x(t) \tag{10-16}$$

为了简化，我们认为在同一时刻，与同一决策个体 i 发生交互的所有决策个体 j 对决策个体 i 的决策观点影响程度相同。因此在 t 时刻对所有的 $j \in I(i,x(t))$，$a_{ij}(t)$ 均相等，即 $a_{ij}(t) = |I(i,x(t))|^{-1}$。由式（10-16）可以看出，个体之间的交互实际上是基于一种妥协策略，决策个体不断吸收与之观点差异较小的个体的观点。经不断的观点更新后，不同个体的决策观点会越来越接近，最后整个子群体的决策观点将会越来越集中。

10.5.3　子群体之间的决策观点交互

由于隶属于不同子群体的个体相互间的了解和信任程度不够，某一个子群体内部的个体不可能完全融入另一个子群体。因此与子群体内部个体之间的决策观点交互方式不同，个体不可能吸收其他子群体所有决策个体的观点。为了保证不同的子群体之间能够充分的学习和交流，我们采用意见交换方式，即分别从不同的子群体中挑选一部分个体出来，并让隶属不同子群体的个体之间相互交换各自的观点，具体如下：

在一维的环状格子链上讨论子群体间的观点交互。每一时步内，依次从群体 G 中第 $k(k = 1,2,\cdots,m)$ 个子群体 g_k 中随机挑选出包含 $n(n < N_k)$ 个决策个体的一个小组 g'_k，然后与相邻的子群体 g_{k+1} 发生观点交互，具体规则为小组 g'_k 与小组 g'_{k+1} 的决策个体之间随机配对，配对的两个决策个体互换各自观点。因此任意相邻两个子群体之间发生决策观点交互的数目为 n。此外，我们认为首尾两个子群体相邻，并依循同样的演化规则。这一交互规则可以保证每一个子群体不仅向外传播自身的观点，而且还会接受来自外界其他子群体的观点。于是各个子群体能时刻更新自身观点直至最后达到稳定状态。

10.5.4　实验设计与结果分析

借助仿真实验来模拟动态群体决策观点的演化过程。实验设计步骤如下：

步骤 1　设定群体 G 包含 m 个子群体 $g_1, g_2, \cdots, g_m$。第 k 个子群体规模为 N_k，信任水平为 $\varepsilon_k (0 < \varepsilon_k < 1)$，初始决策观点服从区间 $O_k = [0,1]$ 上的均匀分布。于是，第 k 个子群体可记作 $g_k = \{N_k, O_k, \varepsilon_k\}$（$k = 1, 2 \cdots, m$）。

步骤 2　依次从第 k（$k = 1, 2 \cdots, m$）个子群体 g_k 中随机选出个数均为 n（$n \leq N_k/2$）的一个小组 g'_k，然后 g_k 与其相邻的子群体 g_{k+1} 发生观点交互，具体为两个小组 g'_k 与 g'_{k+1} 的决策个体之间随机配对组合，并且配对的两个决策个体互相交换各自的观点。

步骤 3　对群体中每一个决策个体 i，按照式（9-26）中的交互条件找出同一子群体中所有可以与之发生观点交互的决策个体 j，并按照式（9-27）更新个体 i 下一时刻的观点。

步骤 4　遍历群体中所有个体，直到所有的个体都发生一次观点同步更新。

步骤 5　整个群体完成一个时步内的观点更新，不断重复步骤 2～4，直到 T 时刻。

下面以某个包含 3 个子群体结构的决策系统为例，详细说明模型的实际应用。初始时刻每个决策个体就某一个问题发表自己的观点，隶属同一子群体的决策个体的观点值服从区间 $[0,1]$ 上的随机分布。每个子群体规模为 200，但不同子群体具有不同的信任水平。根据实验设计步骤，在 Matlab 平台上完成多个仿真实验。

1. 子群体间交互实验与结果分析

在决策观点演化过程中，信任水平决定群体观点的演化过程、结果和驰豫时间。当信任水平较小（$\varepsilon < \varepsilon_c \approx 0.2$）时，单一子群体经内部个体不断的观点交互之后不会达成一致。因为很多个体之间的观点差异不满足交互条件而没有相互吸收对方的观点，我们称这样的子群体为保守型子群体。当信任水平较大（$\varepsilon \geq \varepsilon_c \approx 0.2$）时，子群体成员之间的观点交互变得容易，最终会达成观点一致，我们称这样的子群体为开放型子群体。

图 10-7 表示在无子群体间交互即子群体之间的观点交互数目 $n = 0$ 的情形下，群体 G 中 3 个子群体 $g_1 = \{200, [0,1], 0.5\}$，$g_2 = \{200, [0,1], 0.18\}$，$g_3 = \{200, [0,1], 0.15\}$ 的观点动态演化过程，仿真时间 $T = 20$。可以看到，子群体 g_1 在 $t = 2$ 时刻达到稳定状态，且收敛于单一观点值 0.52。但是另外两个保守型子群体在达到稳定状态时都出现分裂。子群体 g_2 在 $t = 6$ 时刻分裂成值为 0.38 和 0.74 的两个观点簇，子群体 g_3 在 $t = 6$ 时刻演化成值为 0.19、0.44 和 0.77 的 3 个观点簇。

引入子群体间交互机制，观察群体观点演化结果是否变化。子群体之间发生交互的观点数目为 $n = 15$，仿真时间 $T = 50$，子群体分别为 $g_1 = \{200, [0,1], 0.5\}$，$g_2 = \{200, [0,1], 0.18\}$，$g_3 = \{200, [0,1], 0.15\}$。如图 10-8 所示，原本不会收敛的保守型子群体 g_2、g_3 现在可以收敛到一致观点值 0.5。对子群体 g_1 而言，因为其内部决策个体信任水平足够大，不论其决策个体观点之间差异多大，经过决策个体之间不断的观点交互后最终都可以达成一致。子群体 g_2、g_3 通过不断吸收 g_1 内部决策个体的同质观点，将会导致 g_2、g_3 内部决策个体的观点差异也会逐渐减小。根据子群体内部决策个体之间的交互条件可知，若决策个体之间差异越小，决策个体之间的观点更容易相互吸引，因此最终会达成观点一致。所以说，引入子群体之间的交互规则后，3 个子群体收敛于同一观点值即整个群体 G 达成一致观点。

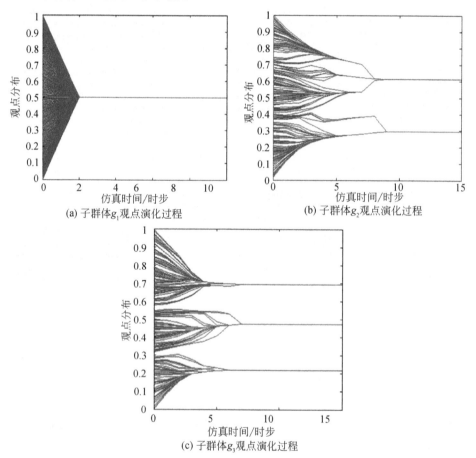

(a) 子群体g_1观点演化过程

(b) 子群体g_2观点演化过程

(c) 子群体g_3观点演化过程

图 10-7　未发生子群体间观点交互即 $n = 0$ 时 3 个子群体的观点动态演化过程

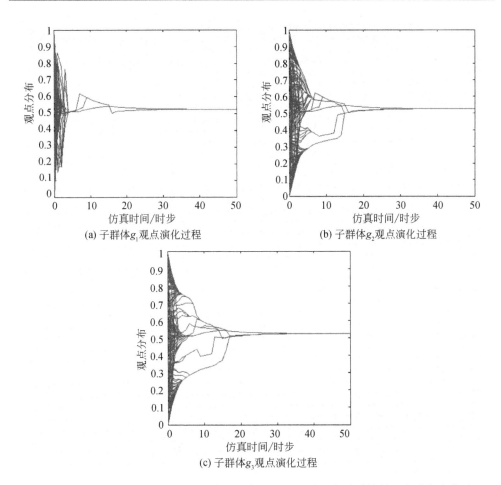

(a) 子群体g_1观点演化过程　　　　　　　　　(b) 子群体g_2观点演化过程

(c) 子群体g_3观点演化过程

图 10-8　发生子群体间观点交互且观点交互数目 $n=15$ 时 3 个子群体的观点动态演化过程

2. 信任水平对决策观点演化和收敛时间的影响实验

在决策系统 G 中，每一个子群体的信任水平不相同，不同信任水平的子群体混合后，一旦发生观点交互，会影响最终演化状态。下面先通过实验 A、B 来观察达到稳态时所有子群体的观点值和收敛时间，然后考察收敛时间和信任水平之间的关系。

实验 A　设群体 G 包含 3 个子群体 $g_1=\{200,[0,1],0.22\}$，$g_2=\{200,[0,1],0.18\}$，$g_3=\{200,[0,1],0.15\}$，子群体间观点交互数目 $n=15$，仿真时间 $T=200$。群体观点依据实验设计步骤进行演化。

由图 10-9 可知，加入子群体之间的观点交互规则后，所有子群体都会达成观点一致。图 10-9 表示的是 g_1、g_2、g_3 的平均观点随时间的演化过程。实验 A 可再次证明所有子群体收敛于同一观点。从图 10-9（a）可以看到，此次实验中 3 个子群体经 98 个时步后完全收敛于同一观点值 0.500 2。经 50 次重复实验，每次实验采用不同的初始决策观点分布，其他初始设定条件不变，得到 3 个子群体完全收敛于同一观点值的平均时间为 107。

实验 B　设定群体 G 包含 3 个子群体 $g_1 = \{200, [0,1], 0.5\}$，$g_2 = \{200, [0,1], 0.18\}$，$g_3 = \{200, [0,1], 0.15\}$，子群体间观点交互数目 $n = 15$，演化时间 $T = 80$。群体观点依据实验设计步骤进行迭代演化。

与实验 A 相比，实验 B 引入了一个信任水平更高的开放型子群体 g_1，其他一切初始设定条件均保持不变。图 10-9（b）显示，3 个子群体可以收敛到同一观点值 0.508 9，收敛时间为 41，与图 10-9（a）相比收敛时间明显缩短了。在同样的初始设定条件下，经 50 次重复仿真实验，得到整个群体收敛于同一观点的平均时步数为 59，比实验 A 中的平均收敛时步数 107 小很多。可见，子群体之间观点交互时，开放型子群体的出现会缩短群体决策的收敛时间，提高了群体决策的效率。

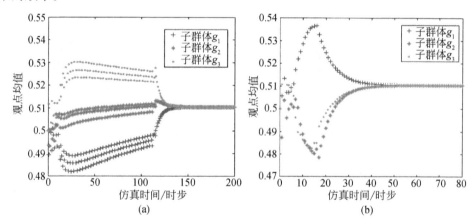

图 10-9　$n = 15$ 时 3 个子群体的平均观点的动态演化过程

注：图（a）和图（b）分别包含的 3 个子群体为 $g_1 = \{200, [0,1], 0.22\}$，$g_2 = \{200, [0,1], 0.18\}$，$g_3 = \{200, [0,1], 0.15\}$ 和 $g_1 = \{200, [0,1], 0.5\}$，$g_2 = \{200, [0,1], 0.18\}$，$g_3 = \{200, [0,1], 0.15\}$

信任水平较高的子群体会快速地达成一致。由实验 A、B 知道，在子群体间的观点交互机制下，开放型子群体会促进其他子群体的观点收敛。下面通过多次重复抽样试验来考察开放型子群体的信任水平与群体观点的收敛时间的关系以及收敛时间的稳定性。

图 10-10 表示群体 G 观点平均收剑时间及标准差随开放型子群体信任水平的变化。图中每个点对应于 50 次重复实验。对照图 10-10（a），图 10-10（b）可以

看到，两图中开放型子群体的信任水平 ε_1 近似存在一个相同的临界点 $\varepsilon_e \approx 0.4$ 。从图 10-10（b）可知，此时收敛时间方差较大，收敛时间存在显著的波动性。当 $\varepsilon_1 > \varepsilon_e \approx 0.4$ 时，群体观点的平均收敛时间变化不太明显，在 $25 \sim 30$ 时步之间。另外从图 10-10（b）看到，在这个信任水平范围内，群体 G 的观点收敛时间的标准差变小即收敛时间更加稳定了。从而得出结论：即使群体中存在开放型子群体，若信任水平不够大，则群体依然可能需要相当长的时间后才能达成观点一致，且收敛时间存在很大的不确定性。只有信任水平足够大的开放型子群体才能够很好地保证群体观点更快、更稳定地达成一致。

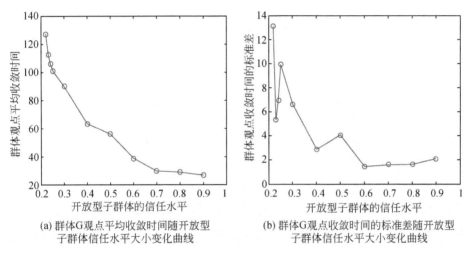

(a) 群体G观点平均收敛时间随开放型　　　　(b) 群体G观点收敛时间的标准差随开放型
　　子群体信任水平大小变化曲线　　　　　　　　子群体信任水平大小变化曲线

图 10-10　群体 G 观点平均收剑时间及标准差随开放型子群体信任水平大小变化曲线

注：曲线中每一个点对应于 50 次重复抽样实验

由以上实验可知，子群体间一旦发生观点交互，会使得整个群体达到观点收敛。而且，当群体内部有较为开放的子群体时，各个子群体和整个群体都会更容易形成一致意见，主要体现在收敛时间的明显缩短。此外，当开放型子群体的信任水平 $\varepsilon_1 > \varepsilon_e \approx 0.4$ 时才能够很好地保证群体快速稳定地达成观点一致。

3. 子群体间观点交互数目对收敛时间的影响实验

不同情形下，子群体之间的观点交互意愿会发生变化，表现为观点交互数目的不同。子群体之间的观点交互数目越多，表示子群体之间的观点交互程度越高。以下将考察子群体间观点交互数目变化是否会影响群体的收敛时间。

设群体包含 3 个子群体 $g_1 = \{200, [0,1], 0.5\}$，$g_2 = \{200, [0,1], 0.18\}$，$g_3 = \{200, [0,1], 0.15\}$，子群体之间的观点交互数目 n 在 $15 \sim 70$ 变化，仿真时间 $T = 80$，结果见图 10-11。

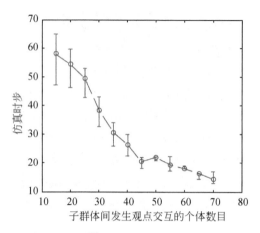

图 10-11　群体 G 的观点平均收敛时间与
观点交互数目之间的关系

注：误差棒上下限对应于 30 次重复实验的收敛时间最大值和最小值

　　图 10-11 反映了子群体观点收敛时间随着子群体之间的观点交互数目的变化情况。曲线上的每一个点表示 30 次重复实验得到的平均收敛时间。误差棒的上下限分别表示 30 次重复实验的最大收敛时间和最小收敛时间。图 10-11 显示，随着子群体之间观点交互数目增加，群体 G 的观点的平均收敛时间随观点交互数目增加而逐渐减小。另外，子群体之间观点交互数目越多，重复抽样试验中收敛时间的最大最小值之差越来越小，因此收敛时间的稳定性越来越好。

　　现实社会环境里，对于那些已经形成多个利益集团的大机构而言，若是集团之间一直保持封闭孤立而失去沟通，会很容易造成"各自为政"的局面，这样的群体决策过程是非常低效率的。当然，若是各个集团之间愿意相互沟通交流，愿意接受其他集团的信息、知识等，且内部决策成员保持思想开放，就会使得各个子群体甚至整个大群体都更容易达成共同的意见，更容易保持和谐一致，这必然会大大提高整个群体决策的绩效。本节的研究为基于子群体结构的动态群体决策提供了一种新的思路和研究途径，所提出的决策观点演化模型符合实际中的群体成员之间的决策交互特征，有助于更好地理解实际中的群体决策演化现象。

第 11 章　个体的交互方式和学习能力对观点演化的影响

　　个体的偏好来源于他所拥有的知识，包括个体通过教育学习到的知识以及在生活、学习、工作中获得的经验知识。同理在决策中，个体所拥有的知识的不同是造成偏好差异的主要原因，这是本章节研究的基本思路，个体的偏好由知识决定，而知识的学习引起偏好的调整。对于传统的数学方法来说，这是一种研究思路的更新，这就要求我们建立知识与偏好之间的关系，明确知识如何影响偏好。个体在交互中选择学习对象的依据不再是偏好的距离，而是知识的差距，个体之间交互的过程中交互的不仅仅是偏好，更重要的是与决策问题有关的知识，个体之间知识转移和流动引起偏好的不断调整，我们认为这是个体之间偏好改变的根本原因。

11.1　随机交互型知识学习模型构建

　　在生活中，每个人都有这样的经历：我们往往同自己知识层级相同的人交互起来比较容易，而知识层级不同的时候，往往会由于不能够理解、无法接受等各种原因而导致交互不畅，这也印证了一种思想，即人与人在交互学习的过程中，知识水平越相近，则个体间不同的知识越易被理解，知识水平差距愈大，高知识势能个体的知识越不易被理解，低知识势能的知识则更不易被高势能的个体所采纳。决策中在个体给出的偏好都不同的时候，在为了共同目的等外界的压力之下决策个体会自发地寻找个体或组成小组进行学习，如德尔菲法、专家系统法等都是这样一个过程。每个决策者首先根据自己的判断给出偏好，然后主持方对个体偏好按照一定的规则进行集结，个体偏好的调整是一个被动的过程。我们认为不同偏好来源于不同的知识水平、不同的专业背景以及不同的工作生活经历，即认为偏好由知识来决定，并且与知识势能的高低有着密切的联系。在决策者交互的过程中，我们认为其交互的不是偏好而是形成偏好的知识，决策者在不同的领域拥有不同的知识，知识势能的参差不齐促使了决策者之间的知识流动，一旦知识发生转移后被接受，决策个体则会根据自己学习后的知识势能重新给出偏好信息，具体原理如图 11-1 所示。

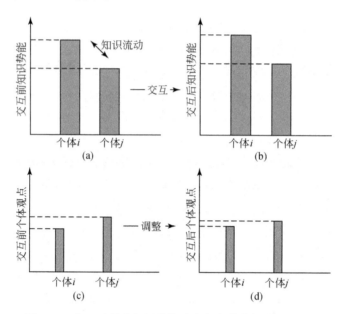

图 11-1　交互过程中知识势能改变与个体偏好改变原理图

11.1.1　知识学习的影响因素

Polanyi（1962）根据知识的性质把知识分为两类，即显性知识和隐性知识。显性知识指的是可编码的，可以用文字、数据、公式、说明书、手册以及数字表达的那些知识。具体表现为数据库、说明书、文档、规章制度等形式。隐性知识是指依附于个人的、不能编码、难以清晰化和难以通过正式途径获得的知识。具体表现为个人经验、印象、感悟、技术诀窍、心智模式和组织惯性等。不同的知识，共享的策略和难易程度是不同的。Hansan 实证研究时发现，运用编码化策略（codification strategy）可以有效地提高显性知识共享的效率；对于隐性知识，只能运用个人化策略（personalization strategy），即通过个体之间面对面的沟通交流来实现知识共享，而且提高知识共享的效率非常困难。

Swee 认为在一个组织群体中，组织结构、组织文化、知识接收者、知识的类型影响着知识学习的效果；左美云（2006）认为知识学习的因素可以归纳为四个方面，即知识本身的特点、组织文化（主要从是否有利于双方的沟通、是否有利于促进双方的关系两个角度考虑）、双方的认知能力（包括发送者的编码能力、吸收者的解码能力）和激励因素（双方的内、外部激励）。这些因素分别为：①知识发送者因素。知识发送者的知识势能、表述能力、发送知识的动机会显著地影响知识转移效果。如果知识发送者的知识势能高、表述能力强、发送知识动机大，知识学习效果会向好的方向发展；②被转移知识因素。被转移知识的显隐性、难易度都会影响知识转移效果。复杂的隐性知识是最难被转移的知识，而显性知识相对比较容易被转移；③转移渠道因素。顺畅的转移渠道会显著地提升知识学习的效果。知识学习无疑是一个互动的过程，良好的互动氛围有利于知识学习的进行。组织应该提供实际空间（如会议室）、网络空间（如计算机网络）或精神空间（如共同目标）来促进互动过程；④知识接收者因素。知识接收者的知识势能、理解能力、对知识的渴望程度在很大程度上影响知识学习效果。知识接收者的理解力越高，对知识的渴望程度越高，知识学习的效果越好。

根据 Swee 的理论我们总结出影响群体中个体间知识学习的因素，本文认为主要有个体所拥有知识的性质、高位势知识个体的共享动机和表达能力、低位势知识个体的共享动机和吸收能力，以及环境这几个因素。

11.1.2　知识共享机制

知识共享的发生，首先要有一个愿意共享的知识源的存在。高位势知识个体是否愿意共享，在多大程度上愿意共享，对知识共享的投入，直接决定了知识共享的效果。Davenport 和 Prusak（1998）研究发现，个体的知识共享主要出于三个方面的动机：①互利主义，在某知识领域，个体虽然可能是高位势知识个体，但是一个人的时间、精力与知识毕竟是有限的，在其他知识领域，他有可能是低位势知识个体，知识共享有利于彼此之间的知识互补，知识共享的协同效应有利于知识个体自身利益的最大化；②通过向他人传授知识来提高个人声誉；③利他主义，不求回报，希望自身的知识能够得以传承。

低位势知识个体知识共享的成本较低，对共享知识的价值判断直接决定了其学习动机的强弱。日本学者 Nonaka 提出了知识转移的 SECI 模型，即知识的社会化、外在化、综合化和内在化。外部知识的接收，只有通过学习与自身原有的知识相结合，并进一步内化才能真正成为自己的知识。学习能力的差异与低位势知识个体自身的天赋有关，但最根本的原因在于后天知识积累的差异。胡汉辉（2006）认为在知识共享过程中，低位势知识个体理解与吸收知识的能力依赖于其与高位势知识个体之间的重叠知识，他们彼此之间重叠知识的相似程度（即"知识距离"）直接影响着知识共享的效率。

除了共享主体外，知识共享还需要完善的技术和社会环境作支撑，主要包括信息基础设施的构建、相关法律体系如知识产权的进一步完善、企业知识管理体系和自主创新体系的建设等环境因素。此外，促进知识共享还需要培育和倡导形成"尊重知识，尊重人才"的社会文化氛围，使人们充分认识到知识的价值。这些环境因素的建立与完善可在一定程度上优化知识链中各个环节间的有机联系，提高知识共享的效率，降低知识共享的成本。

11.1.3　模型构建机理

在动态群体决策中，交互式决策模式的研究最接近实际决策过程，但是目前对它的研究却没有新的进展，大量模型往往侧重于集结模式的改进和满意度的控制。不同的人对于同一问题都有自己的看法，不管他学历的高低、经验的多少，对某一决策问题都可以形成自己的观点。在群体决策的过程中，使用加权平均等偏好集结的方法来达成群体决策的一致显然缺乏一定的说服力，而最终决策成员的满意度同样值得怀疑。在实际决策过程中，决策者环境、要素往往会随着时间改变，从而引起偏好的调整，偏好也会因此作出调整，那么我们就需要明确偏好是如何产生和调整的。比如说对于一个项目的测评，有的人认为很好，而有的人却持有相反的观点，为什么对于同一个问题却有不同的意见呢？我们认为最重要的因素就是这些人的知识存量不同，他们掌握的不同领域的知识势能存在差异，而交互式决策模式中交互过程的偏好之所以改变是由于个体交互引起了决策者知识存量的改变，知识存量的改变使得决策者对问题有了一个新的看法。我们的观点是知识决定偏好。目前群体决策研究，不论是一般决策方法还是动态群体决策的理论，往往采用集成的方法把个体的偏好进行静态或者动态的集结。与以往研究不同的是，我们认为个体是通过不断交互形成知识的转移和流动来达成群体偏好一致的。知识存量的多少用知识势能来量化，也就成了知识势能决定偏好，知识势能改变引起偏好调整，这是本章节的研究思想。在各种各样的群体决策中决策者之间发生交互，交互过程中由于决策个体之间的相互观点的陈述而产生知识的表达、转移、流动和吸收，一旦不同的知识被决策者所接纳，决策者就会根据学习之后的知识势能形成一种新的偏好信息。决策者之间的多次交互使得个体对决策问题的了解更加深入，从而获得群体的满意解，因此知识的交互使得决策者的偏好向着群体共同的方向去发展。

在实际决策过程中，个体之间的偏好差异、利益冲突等客观因素普遍存在，使得由个体偏好简单集结而成的群体决策方案常常不能令决策群体满意。决策个体的偏好是由决策者的知识背景、经验决定的，因此我们认为在个体之间交互的过程中，个体对决策问题的了解程度会发生变化，个体的知识水平会变化，决策个体根据学习到的新知识形成新的偏好。在本章中我们将知识转移与偏好调整有效地结合起来，我们认为个体自身知识水平的高低决定了个体当前的偏好形成，而不断接纳新的知识则引起偏好的不断调整。本章主要研究了随机决策模式知识下的学习与偏好调整的过程,这种模式一般为小群体决策,即可形成个体两两之间进行配对交互的群体。个体根据对方的知识势能高低判断是否应向该个体学习,在确定了学习对象之后,两个个体进行交互讨论,确定学习的领域,检查学习到的新知识的多少,从而在讨论结束的时刻形成新的偏好信息。它的重点在于个体的随机配对与交互带来了知识势能的升高与偏好的调整。

11.1.4　随机交互模型的建立

1. 个体的随机配对

面对外部的决策压力以及自身掌握知识的有限性,决策个体对自己的偏好带有不确定性。为了得到稳定可靠的偏好,个体会选择同外界交互,比如,一个群体在没有达成一致意见前可能允许个体在决策过程中相互讨论,到了给定的时间之后再给出决策意见。这样经过一轮一轮的不断学习,决策者不断调整偏好,最终使得群决策意见统一。例如,一个旅游团准备花费五天的时间前去参观七个不同的旅游胜地,每天的时间只够参观一个地方,那么怎么确定最佳的路线呢?不同的个体可能选择的路线不同,那么对于一个团的旅游者来说如何把原本不一致的方案确定统一呢?首先要求大家每个人都发表意见,记录不同的决策个体意见,其次让游客自由讨论,在给定时间结束时刻检查讨论方案情况,没有达成一致则继续讨论,直到达成一致意见。以下的研究将基于这种多轮交互式决策的思想,在一个规模为 N 的群体中,对群体内部的个体进行选择配对,每一时步个体交互的过程中群体中所有的个体均两两随机配对。在研究中不考虑群体规模为奇数的情形,一次交互完毕之后再次随机配对,直到群体形成稳定意见。个体之间进行交互的规则操作如下:首先给定一个知识势能差的阈值,每一对配对个体首先判断总知识势能差是否在给定阈值的范围之内,当二者知识势能差值超过阈值大小时,两个体知识差距太大无法进行知识的交互和传递;当配对个体的知识势能均在对方的置信区间内部时,二者进行交互学习。

2. 知识转移过程

个体在确定与配对个体进行交互后,二者就可能发生知识的流动。通过前面章节对知识势能的划分,总的知识势能由不同领域的知识势能组成, $K_U = (K1_U, K2_U, \cdots, KI_U)$ 。由于有多个知识领域,一般来说不同的决策者在有些领域知识势能较高,而在另一个领域的知识势能较低,交互学习是相互的,在一次交互学习的过程中由于时间的限制、个体的局限性等,我们认为两个个体在交互的过程中并不是学习对方所有知识势能都高于自身的领域,而是学习相对配对个体来说最劣势的领域，知识的转移发生在二者知识势能差最大的领域之中。例如，有两个交互的决策者 i、j，i 可能向 j 学习第 1 领域的知识，而 j 可能学习 i 第 2 领域的知识，i、j 其他领域的知识则不发生改变。两个个体之间的知识转移过程受到二者的知识意愿、学习能力、损失率等影响。

3. 知识势能增长原理

本研究的假设基于个体均愿意完全与交互方分享自己的知识，个体在交互的过程中完全愿意转移自己的知识，不考虑个体转移意愿对转移过程的影响。虽然存在势能差的领域不止一个，但是在随机选择的模型中我们认为个体每次交互仅仅学习一个领域的知识，并且这一领域的知识势能差是最大的。知识转移发生的前提是交互方至少在一个领域中的知识势能高于个体自身。知识转移过程中受到的影响因素如下。

学习能力：用学习率 η 来表示，取值区间为 $[0, 1]$，表示知识接受个体能够学习到的知识差额的百分比，个体的学习率大小与个体总知识势能的高低相关，一般来说，知识势能越高，个体的学习能力越强、学习率越大。为了研究群体不同学习能力与决策绩效的关系，在仿真中先假设所有个体的学习能力相同，然后研究实际系统中学习能力各不相同的情况。

损失率：个体学习到的知识在转化的过程中，并不是所有的知识都可以转化为新的知识，会有一定程度的损失，损失率用 τ 来表示。

4. 偏好调整过程

个体的偏好由知识水平决定，因此偏好的产生应该根据知识势能高低服从一定的规律。个体之间的交互促进知识势能的增加，在拥有新的知识水平后个体的偏好可能不变、少许改变或者发生质变，可以用一个函数的形式来表示。由于本章节研究连续偏好，令 $x_i(t) = f(K1_{Ui}(t), K2_{Ui}(t), \cdots, KI_{Ui}(t))$，交互的过程中个体由于相互学习及规则限制，一次学习仅使某个领域的知识发生改变，下一时刻的偏好为 $x_i(t+1) = f(K1_{Ui}(t+1), K2_{Ui}(t+1), \cdots, KI_{Ui}(t+1))$，这种知识增长引起的个体偏好的原理如图 11-2 所示。

5. 随机配对模型

一般决策问题会涉及多个领域的知识，设知识领域的数量为 I，在一个规模为 N（N 为偶数）的群体，各个个体在各个领域中的知识势能在 t 时刻用矩阵表

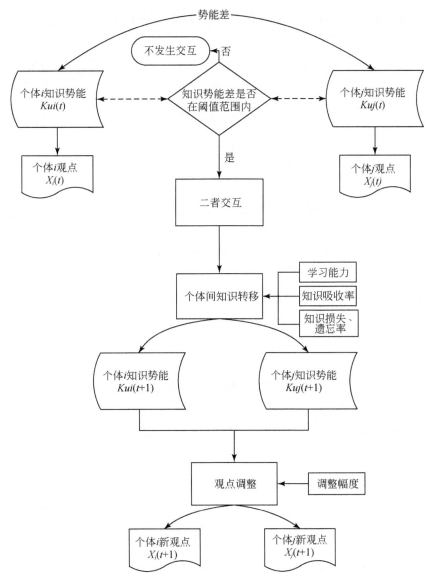

图 11-2　知识势能改变与偏好改变因果关系图

示为
$$\begin{bmatrix} K1_{U1}(t), & K1_{U2}(t), & \cdots, & K1_{Un}(t) \\ K2_{U1}(t), & K2_{U2}(t), & \cdots, & K2_{Un}(t) \\ \vdots & \vdots & & \vdots \\ KI_{U1}(t), & KI_{U2}(t), & \cdots, & KI_{Un}(t) \end{bmatrix}$$
，根据本文的思想，t 时刻的偏好分

别表示为 $[x_1(t), x_2(t), \cdots, x_n(t)]$，而

$$x_i(t) = f(K1_{Ui}(t), K2_{Ui}(t), \cdots, KI_{Ui}(t)) \tag{11-1}$$

$x_i(t) \in [a, b]$（a，b 为实数），$x_i(t)$ 在区间上连续。在每一个交互时间段内，对群体中的所有个体进行随机的两两配对，记每一对配对的个体为 i、j。为了模拟现实情况，并不是配对的个体就可以进行交互，而是配对的个体判断二者的总知识势能差 $|K_{Ui} - K_{Uj}|$ 是否在给定阈值 ε 的范围之内，当 $|K_{Ui} - K_{Uj}| > \varepsilon$ 时，两个体之间由于知识势能差距过大，低势能者无法接受消化高势能者的知识而高势能者不考虑低势能者的知识，二者无法进行交互也不发生知识的流动和转移，两个体的知识势能与偏好保持不变；当 $|K_{Ui} - K_{Uj}| < \varepsilon$，个体的知识水平在允许交互的范围之内，可进行讨论交互。对个体 i 来讲学习 $\{\max(KI_{Uj} - KI_{Ui})\}$，$\max(KI_{Uj} - KI_{Ui}) > 0$ 这个领域的知识，而对个体 j 来讲则学习 $\{\max(KI_{Ui} - KI_{Uj})\}$，$\max(KI_{Ui} - KI_{Uj}) > 0$ 这一领域的知识，当 i 在所有领域的知识势能均高于 j 时，则知识的流动和转移是单向的，仅仅是从 i 向 j 转移。知识势能增长的规则如下：

$$KI_{Ui}(t+1) = KI_{Ui}(t) + \eta(1-\tau)\left[\max(KI_{Uj}(t) - KI_{Ui}(t))\right] \tag{11-2}$$

$$KI_{Uj}(t+1) = KI_{Uj}(t) + \eta(1-\tau)\left[\max(KI_{Ui}(t) - KI_{Uj}(t))\right] \tag{11-3}$$

知识转移完成后，进入下一时刻的个体偏好为

$$x_i(t+1) = f(K1_{Ui}(t+1), K2_{Ui}(t+1), \cdots, KI_{Ui}(t+1)) \tag{11-4}$$

11.2 随机交互型群体观点仿真实验

11.2.1 仿真设置

在整个仿真实验中，设定群体的规模为 50，假定知识领域的数量为 3，因此各个个体的知识势能表示为 $\begin{bmatrix} K1_{U1}(t), K1_{U2}(t), \cdots, K1_{U50}(t) \\ K2_{U1}(t), K2_{U2}(t), \cdots, K2_{U50}(t) \\ K3_{U1}(t), K3_{U2}(t), \cdots, K3_{U50}(t) \end{bmatrix}$。容易推断不同领域的知识对偏好调整的趋势影响不同，比如，对一种新的质地良好的汽车零部件进行评价，单从材料的角度来说它是完美且完全可靠的，但是从生产工艺、成本以及实用的角度看它却是完全不必要的，选用差的材料已经可以达到使用的要求。个体不同领域知识势能的差异造成了个体看问题的视角的不同，不同领域的知识相互关联又相互制约，偏好的产生与决策问题相关领域知识势能的高低存在着密切的联系，偏好的产生也不仅仅是由某一个领域的知识所决定的，而是几个相互作用的不同领域。为了表示三个不同领域知识对偏好调整的影响趋势不同，我们分别设定第一领域知识势能的增加引起偏好向 1 靠拢，第二领域知识势能的增加使偏好向中值 0.5 收敛，第三领域知识势能的增加引起偏好向 0 趋近，三者

的相互作用产生个体的偏好用下式表示。

$$x_i(t) = \alpha f(K1_{Ui}(t)) + \beta f(K2_{Ui}(t)) + \chi f(K3_{Ui}(t)) \tag{11-5}$$

式中，α，β，χ 分别表示不同领域知识势能对偏好产生的影响权重，$\alpha + \beta + \chi = 1$。在这里选择式 11-6 的函数作为偏好产生的规则，这并不是说这个函数就是偏好产生的规律，由于偏好与知识之间关系的复杂性，我们不能准确表示它们之间的关系，而仅仅用这个函数来表示一种偏好调整的趋势。

$$x_i(t) = 0.4\log_{18} K1_{Ui}(t) + 0.3 \times 0.5 \times e^{\frac{1}{K2_{Ui}(t)}} + 0.3\cos(K3_{Ui}(t)\pi/36)$$

$$\tag{11-6}$$

由于个体的不断接触学习，个体的偏好也相应地进行不断调整。初始时刻的知识势能在区间 [2,18] 上服从均匀分布，产生一组三维的随机矩阵作为初始时刻各个个体、各个领域的知识势能。产生个体初始时刻的偏好值 $\{x_1(1),x_2(1),x_3(1),\cdots,x_n(1)\}$，个体在随机配对之后在每一步长进行一次知识的学习，每次学习之前首先判断配对个体的知识势能是否在学习范围之内，若判断结果为是则向其学习，个体在相比对方知识领域差值最大的领域进行学习，个体通过不断学习而逐步改变自己的偏好，个体学习到的知识越多则个体的偏好改变幅度越大，偏好调整的幅度与学习到的知识势能的大小成正比。在研究连续观点的时候我们认为每个个体是独立的个体，可以根据自己的知识水平来判断分析问题，给出自己的偏好信息，并不盲从、跟随他人的偏好，同时也认为个体都愿意主动学习，个体在 $t+1$ 时刻的偏好为

$$x_i(t+1) = 0.4\log_{18} K1_{Ui}(t+1) + 0.3 \times 0.15 \times e^{\frac{1}{K2_{Ui}(t+1)}}$$
$$+ 0.3\cos(K3_{Ui}(t+1) \times \pi/36) \tag{11-7}$$

Matlab 仿真过程如下：

步骤 1 首先产生一组 50 个个体三个领域的初始知识势能的 3×50 矩阵，矩阵在 [2，18] 上服从均匀分布，并计算每个个体的总知识势能，确定每个个体的学习能力。

步骤 2 给定一个阈值 ε，然后对 50 个个体进行随机的配对，每一对配对的个体根据自身的总知识势能高低判断二者知识势能差是否在置信区间 $[-\varepsilon，\varepsilon]$ 内，若不在，则二者知识势能保持不变，否则进入步骤 3。

步骤 3 两个个体分别寻找知识势能差最大的知识领域，个体 i 选择 j 个体 $\{\max(KI_{Uj} - KI_{Ui})\}$，$\max(KI_{Uj} - KI_{Ui}) > 0$ 领域的知识学习，j 选择个体 i $\{\max(KI_{Ui} - KI_{Uj})\}$，$\max(KI_{Ui} - KI_{Uj}) > 0$ 领域的知识学习。然后双方相互进行学习，发生知识的流动和转移，建立知识转移的方程，根据转移规则确定学习到的知识势能。

步骤 4 确定偏好产生的规则，每个个体根据个体领域知识势能的高低产生

偏好。

　　步骤5　将仿真时长向前推进一步，个体通过学习改变各个领域的知识势能、总的知识势能，然后根据新的知识势能确定新的偏好。

　　步骤6　重复步骤2～步骤5直到群体偏好达到一致或者稳定，记录仿真的时长，必要时多次重复实验。

11.2.2　个体的交互阈值对偏好收敛的影响

　　研究个体交互阈值大小对偏好调整过程的影响，仿真时间 $T = 500$，学习率 $\eta = 0.5$，损失率 $\tau = 0.1$，阈值为 $\varepsilon = 1, 2, 3, \cdots, 25$。经过多次的仿真发现，不论个体各领域的知识势能层级还是总的知识势能层级都与阈值的大小有着密切的联系。同时，偏好的收敛状态与阈值相关，阈值的变化引起了偏好收敛状态改变。接下来分析各个阶段阈值的变化与知识增长后知识层级数量和偏好簇数量的关系。

　　当 $\varepsilon \geqslant 20$ 时，群体总知识增长及观点值收敛过程如图 11-3 所示。经过足够长的时间的交互学习，个体各个领域的知识以及总的知识增长到同一层级，群体的偏好也完全趋于一致，知识的交互学习促进了个体偏好的收敛过程。我们认为在这样的群体中，各种知识势能的人之间基本都可以进行交互，交互的门槛较低，各个领域的最高知识都可以被学习，对决策问题的知识了解达到了相同的水平，群体因此产生一致的偏好。

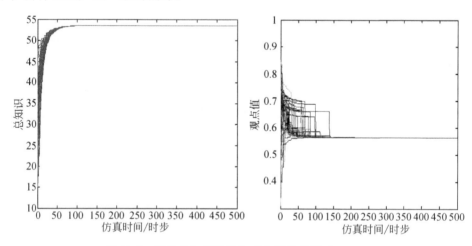

图 11-3　群体总知识增长与观点值收敛图（$\varepsilon = 20$）

　　不断减小阈值使得个体与个体之间交互的门槛升高。当 $10 \leqslant \varepsilon \leqslant 19$ 时，群体中个体的领域知识以及总知识势能划分为两个高低不同的层级，大部分知识势能较高的个体通过不断地交互达到群体最高的知识势能，小部分知识势能较低的个体由于无法同他人交互，知识势能增长的区间有限。群体的偏好收敛到两个不同的簇，与知识势能的层级数量相互对应，如图 11-4 所示。

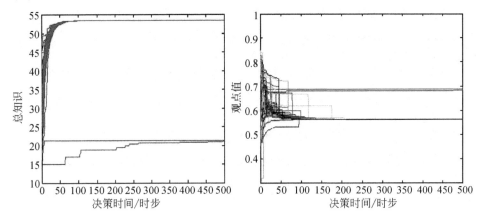

图 11-4　群体总知识势能与偏好调整图（$\varepsilon = 15$）

随着阈值 ε 逐渐减小，当 $\varepsilon \leqslant 9$ 的时候，个体之间交互的门槛提高，个体与个体之间的交互逐渐变得困难，这时个体学习的对象越来越少，个体知识势能的划分的层级越来越多，不同知识势能所产生的偏好的簇数越来越多。当阈值 $\varepsilon = 6$ 时，群体偏好收敛到 5 个不同的值，而当 $\varepsilon = 3$ 的时候群体偏好已经显得缺乏共性了。这种高门槛所带来的效应就是个体知识水平被划分为多个不同的层级，不同的小群体的偏好也越来越多。在这种相对狭窄的交互环境中，个体与个体之间的交互门槛较高造成了交互的困难，个体知识势能阈值范围内的个体数量越来越少，可供交互的个体越来越少，交互的受阻直接导致多簇偏好的出现，如图 11-5 所示。

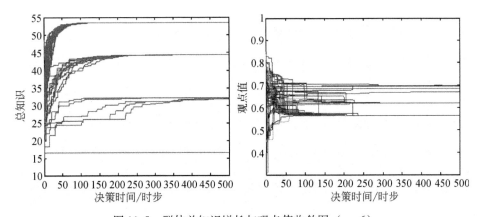

图 11-5　群体总知识增长与观点值收敛图（$\varepsilon = 6$）

11. 2. 3　随机交互型群体学习能力对偏好调整的影响

　　群体的学习能力对知识转移过程存在影响。学习能力的强弱决定决策成员能够有效接收的知识势能大小。为了更好地研究学习能力对群体决策绩效的影响，我们观察了群体学习率在 10 种不同取值下的偏好收敛时间。同时，为了便于比较各实验结果，假设群体内所有个体阈值都相同且保持稳定。

　　保持知识学习的遗忘率 $\tau = 0.1$，群体的划分方式为 $\varepsilon = 25$，即个体可形成一致偏好，时间长度设置为 $T = 1000$，学习率的取值 $\eta = 1$，0.9，0.8，0.7，0.6，0.5，0.4，0.3，0.2，0.1。在 $\varepsilon = 25$ 的时候群体偏好可收敛到完全一致，但由于过程的随机性，一次实验无法得到群体偏好恰好收敛到一致的精确时间。因此采用多次实验取均值的方式进行统计，依照置信度达到 95% 的要求，每次实验重复 100 次，仿真过程中不断调整群体的学习率，让群体中的个体相互学习直到群体偏好达成一致，记录仿真的步长，处理后得到结果如图 11-6 所示。

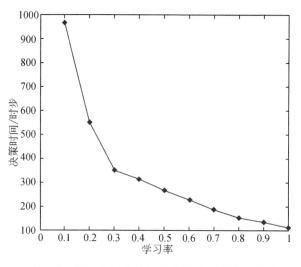

图 11-6　学习率与群体偏好收敛到一致的时间图

　　从图 11-6 中可以明显观察到，学习率的大小决定着群体偏好收敛的时间。学习率越大，群体的学习能力越强，个体每次交互容易学习到更高更多的知识，从而促进群体偏好达成一致；而学习率较小时，个体每次学习到的新知识有限，从而使得群体偏好收敛到一致的时间增加。群体的学习率从 0.1 上升到 1 的过程中，即随着学习率的逐渐增大，群体偏好收敛到一致的时间呈现递减的趋势，且递减的趋势先大后小，从 [0，0.3] 的过程中，学习率每增加 0.1，群体收敛到一致的时间下降几百个步长，下降的趋势十分明显；而从 [0.3，1] 的过程中，递减的趋势减弱, 学习率越是接近 1, 时间递减的幅度越小。

11.2.4　仿真分析

结合个体交互式模式, 在知识转移的基础上, 运用动力学模型来体现知识学习带来的知识势能增加和偏好调整的动态过程。每一轮交互对群体中的所有个体进行一次随机配对, 然后判断相互的知识势能水平是否在自己学习的范围之内, 若不在, 则个体保持知识水平和偏好不变, 若在, 则二者进行学习。双方相互学习相比对方知识势能差最大的领域, 个体在一次交互中学习一次新的知识, 学习结束时刻根据偏好产生的规则重新产生偏好。如此反复, 直到群体偏好收敛到一致或稳定。

在研究随机配对的交互式偏好调整中, 个体之间交互门槛的高低直接决定着个体在决策结束时刻偏好簇数的多少, 交互的阈值越大, 个体越容易学习到更多的知识, 群体的偏好越易达成一致。同样我们在实验的过程中假设群体拥有相同的学习率, 若群体学习率不同, 群体知识势能达到同一水平, 偏好收敛到一致所需的时间不同。群体的给定学习率越大, 群体偏好收敛到一致所需时间越短, 在学习率从 0.1 逐渐上升的过程中, 群体偏好收敛到一致的时间呈现递减的趋势, 学习率越大时递减的趋势越明显。从以上可以看出, 改进群体决策绩效不仅仅可以从降低交互的门槛入手, 使整个决策群体无障碍交流, 建立有效的信息知识共享的平台, 还可以从提高群体的学习能力着手, 对群体进行有效培训等提高群体中个体的学习能力出发。

11.3　确定交互型知识学习模型构建

11.3.1　决策个体的学习范围

个体在工作、学习或者生活中都会有一个交往的圈子, 且在一段很长的时间内这个交际圈固定不会发生变化。一般圈子里面的人在工作层次、学历上大多相同, 圈子内部的这些人背景差异不大、生活习惯类似, 也就是通常人们所说的"人以群分"。关于这种交际圈的划分我们从知识的角度来考虑, 除去经济等各种各样的因素外我们认为知识同样在一个圈子中占据着主导地位, 比如, 对于一个制造型的企业来说, 知识势能高的人往往充当了企业的管理层、工程师等角色, 而知识势能较低的则是企业的员工, 而这些知识层次相似的人往往组成一个团体, 而知识层次不同的人之间却很少交往。因此可以这样认为: 个体根据自身知识水平的高低来选择寻找自己的交际范围, 每个交际圈内部的个体知识背景基本相同，总体的知识势能相差不大。然而在现实中，一个人不会仅仅属于一个交际圈，而是属于两三个交际圈，甚至多个，并且很多的时候个体在各个交际圈子的角色并不相同，所发挥的作用也相差很大。在群体决策的交互中，我们认为知识势能接近的个体比较容易交互，个体在选择范围中不断地学习。

在这种多个交际圈形成的群体中，群体成员通过小群体内部的相互影响使得群体偏好不断调整。由于每一个决策者在经验和能力、拥有的信息以及价值判断等方面存在差异，决策个体在初期表现出不同的个体偏好。在交互式决策过程中，决策个体通过交互，每一个成员的偏好结构逐步改变并最终趋于相对稳定。交互式决策强调决策过程中决策者偏好之间的交互作用和相互影响，但是不同的偏好集结方式很容易造成群体偏好的差异，同时使得群体的满意度下降。在交际圈中我们同样认为，个体之间交互的不是偏好而是知识，个体所拥有的知识决定着个体的偏好。决策者之间的交互，促使个体之间的知识流动，一旦学习的知识被决策者所理解，个体将产生新的偏好信息，而偏好则根据各个领域的知识势能水平按照一定的规则产生。在实际交互中，我们倾向于向熟悉的且比自己知识水平高的人去学习，由于一个个体可能属于多个不同的小群体，在不同的交际范围下，个体有时处于学习者的地位，有时处于被学习者的地位，个体如何选择交际范围以及如何学习已在第一节详细说明。本章节将解决满意度的问题。我们认为个体交互之前就选择使得自己满意的群体作为自己的学习对象，同时改变传统的偏好集结方法，从知识水平决定偏好这一角度，采用仿真的方法模拟实际系统中个人的不断学习，知识水平的不断变化与偏好调整的过程。从知识决定偏好的思想出发，在知识转移和流动引起观点调整的过程中，个体首先选择满意的学习对象，据此模拟现实中人们长期处于一个固定的空间范围以及人际关系范围中的事实，个体根据给出的既定规则学习小群体中知识水平高于自身的个体，通过不断地交互学习改变自己对决策问题的认识程度，进而改变自己的偏好。

我们的研究前提就是在一个大规模的群体中，个体根据总体知识势能来寻找自己的交际圈，具体的操作方法是：给定一个阈值，个体选择学习对象的满意度范围，每个个体挑选总知识势能在置信区间范围内的所有个体形成自己的学习范围，每个个体的交际圈一旦确定则不再发生变化，一个个体可能仅仅属于一个交际圈，也可能属于多个不同的交际圈，这样就表示出了社会群体中人与人之间错综复杂的关系网。当然我们在考虑偏好产生的过程中，认为每个个体有独立思考的能力，可以根据当前时刻的知识势能给出自己的偏好。针对一个决策问题，文中着重考虑连续的偏好信息，比如区间 $[0, 1]$，在每一个时刻，个体根据目前的知识水平依照一定的规则产生自身偏好，在每一时间段内，每个个体向自己的"交际圈"内部的知识水平较高者学习，在学习结束时刻，重新根据新的知识势能来确定自己的偏好。

11.3.2　模型构建机理

个体的知识势能用不同领域的知识势能向量来表示，即 $K_U = (K1_U, K2_U, \cdots, KI_U)$ ，其中 I 表示领域的数量。在现实组织中，针对某一个问题，考虑时效性、可行性的需要，个体在交际圈范围中并不是向所有的个体交互和征询意见，而是寻找所处范围内对这一问题了解比较深入的个体并进行学习。因此在模型中我们同样设定个体并不是向置信区间的每个个体学习。我们认为个体选择向交际圈中各个领域知识势能最高的个体进行学习，在一个时间段内，个体在每个领域都进行一次学习。在个体学习的过程中会产生知识的流动，形成知识流，知识转移的过程以及知识流量的大小受到个体转移意愿、编码能力、知识转移渠道、学习能力、遗忘损失率等的影响。知识势能增长原理如下文所述。

我们认为每个交际圈中的个体完全愿意同圈内的成员分享自己的知识，只要个体有足够的学习能力与学习意愿，就可通过交互获得交际圈中所有领域的最高知识势能。各个交际圈中每个领域最高的知识势能分别记为 $\max KI_{Ui}$（i 表示个体，I 表示知识的领域）。

学习能力：用学习率 η 来表示，学习率的取值区间为 $[0, 1]$，表示知识接受个体能够学习到的知识差额的百分比，与总知识势能的大小密切相关。根据学习曲线可知，知识势能越高，个体的学习能力越强，吸收系数越大。

损失率：个体学习到的知识在转化的过程中，并不是都可以转化为新的知识，会有一定程度的遗忘损失，用损失率 τ 来表示。

个体各领域学习到的知识增长规则可表示为

$$KI_{Ui}(t+1) = KI_{Ui}(t) + \eta(1-\tau)(\max KI_{Uj}(t) - KI_{Ui}(t)) \tag{11-8}$$

$$KI_{Ui}(t+1) = \omega \sum_1^3 KI_{Ui}(t+1) \tag{11-9}$$

式中，I 表示知识的领域，ω 为系数，$\omega \geq 1$ 可表示为知识势能的一个函数，体现了一个知识创造的过程，个体某一个领域的知识势能的增加，会与其他领域的知识相结合创造出新的知识，ω 越大，表示知识创造的能力越大。

11.3.3　确定交互模型的建立

个体偏好的形成基于个体对某一决策问题的认识的深度，在本文也就是基于个体各个领域知识势能的高低。知识势能决定偏好，那么初始偏好的产生不应该是前人研究中随机给定的方式，即个体初始时刻的偏好服从某一种随机的分布，偏好调整过程中个体也仅仅是根据交互方的偏好信息来进行加权平均等进行偏好集结，这种偏好调整的方式显然和现实情况不符。对于一个决策问题，不同的知识水平导致决策者看问题的侧重点不同，个体根据自己的知识水平来确定偏好信息，因此偏好的产生就遵从一定的规则。例如，在对艺术的欣赏上，知识势能越低的人可能越倾向于通俗易懂的作品，而知识势能越高的人可能倾向于高雅作品。在群体决策中，我们同样认为知识势能的高低决定了偏好产生的规则。个体根据各个领域的知识势能，按照一定的规律来产生自己的偏好，为了简单表示这一规律，把偏好表达成为各个领域知识势能的函数 $x_i(t) = f(K1_{Ui}(t), K2_{Ui}(t), \cdots, KI_{Ui}(t))$。每一个时间段的交互学习中知识的流动和转移引起个体每个领域知识势能的改变和总体知识势能的增加，由此引发了个体偏好的调整。这种偏好的调整受到个体每个领域知识势能的高低的影响，偏好的调整幅度与学习到的知识势能大小有关。

规模为 N 的群体中个体的初始时刻总的知识势能记为 $[K_{U1}, K_{U2}, \cdots, K_{Un}]$，每个领域的知识势能表示矩阵记为 $\begin{bmatrix} K1_{U1}, & K1_{U2}, & \cdots, & K1_{Un} \\ K2_{U1}, & K2_{U2}, & \cdots, & K2_{Un} \\ \vdots & \vdots & & \vdots \\ KI_{U1}, & KI_{U2}, & \cdots, & KI_{Un} \end{bmatrix}$，对于取值区间

在 $[0, 1]$ 上的一个决策问题，根据知识势能的高低，个体按照规则产生偏好值分别为 $[x_1(t), x_2(t), x_3(t), \cdots, x_n(t)]$。给定一个知识势能阈值 ε，让每个根据自己的总知识势能选择置信区间 $[K_{Ui} - \varepsilon, K_{Ui} + \varepsilon]$ 之内的所有个体形成"交际圈"，每个个体的交际圈在选择之后固定不变，在每一个时间步长内的交互学习中，所有的个体都进行学习，个体选择各个领域中知识势能最高的个体作为学习的对象，一个时步学习的次数为 I。在不断学习新的知识的同时，个体的偏好会由于知识势能的增加随之调整，偏好调整的幅度取决于个体学习到的各个领域知识势能的多少。在这个过程中有两个问题需要特别注意。

（1）根据社会中人们的交际范围在很长一段时间内不发生改变的事实，我们设定在个体根据知识势能高低搜索群体形成自己的交际圈之后，每个个体的交际范围就固定下来，在以后的每一次交互学习中这个范围保持不变。

（2）在个体的交际范围内部，个体在每一次交互学习之后调整一次偏好。个体原则上向交际圈中三个领域内高于自身的知识势能的个体进行学习，但是为了简化仿真计算，将个体拥有的知识简单化。在本文中不考虑同一领域中个体知识势能相同时的知识的差异性，而是单纯认为若个体在某一领域知识势能相同则这些个体拥有的知识数量、质量相同，某一个体在某一领域的知识势能较高，则包含着所有低知识势能者的知识。因此，个体在交际圈中的学习是一种比较理想的学习，个体总可以发现在交际圈中各个领域知识势能最高的个体并把他们作为

学习的对象。由于个体属于多个交际圈以及不断的学习，某一时刻各个领域的最高知识势能者在下一时刻很可能就不再是势能最高的个体了，但是也可能保持不变。

（3）转移的知识量与交际圈中各个领域最高知识势能、学习个体的学习意愿、学习能力以及遗忘损失率有关。我们认为被学习者完全愿意转移自己的知识，不考虑被学习个体的影响。

11.4　确定交互型群体观点仿真实验

11.4.1　仿真设置

设定群体中个体数量为100，针对某个决策问题需要三个不同领域的知识作为支撑，设群体中各个个体 i 的知识势能分别为 $\begin{bmatrix} K1_{Ui} \\ K2_{Ui} \\ K3_{Ui} \end{bmatrix}$，"交际圈"各领域最高的知识势能分别为 $\{|\max K1_{Uj}, \max K2_{Uk}, \max K3_{Ul}|\}$，个体分别向交际圈中的三个领域最高知识势能的个体学习。知识势能的改变依照如下规则进行：

$$K1_{Ui}(t+1) = K1_{Ui}(t) + \eta(1-\tau)(\max K1_{Uj}(t) - K1_{Ui}(t)) \quad (11\text{-}10)$$

$$K2_{Ui}(t+1) = K2_{Ui}(t) + \eta(1-\tau)(\max K2_{Uk}(t) - K2_{Ui}(t)) \quad (11\text{-}11)$$

$$K3_{Ui}(t+1) = K3_{Ui}(t) + \eta(1-\tau)(\max K3_{Ul}(t) - K3_{Ui}(t)) \quad (11\text{-}12)$$

$$K_{Ui}(t+1) = \omega(K1_{Ui}(t+1) + K2_{Ui}(t+1) + K3_{Ui}(t+1)), \omega \geq 1$$

$$(11\text{-}13)$$

我们认为个体的偏好与知识势能之间存在一定的关系，即知识势能的高低与个体偏好之间存在一定的规律性、对应性，而不是群体所有个体偏好在某一区间服从某一种随机的均匀分布、正态分布等，这种随机分布的做法只会使得人们仅仅追求达成一致偏好，而完全没有考虑决策问题的公平性、优化性以及个体和群体的满意度。我们认为在群体决策中，并不是采用一种方法使得各种偏好进行集结，而是群体通过这种不断地交互学习使得各个个体对决策问题的了解程度达到一致，也就是通过交互若可以使得群体中的个体对决策问题的知识势能达到相同，则个体的偏好自然可达到一致。在模型中只要个体的知识势能发生变化，立刻引起观点的调整，这一点与实际中只有个体的知识达到一定的水平才可能产生新的理解能力有所不同。

不同领域的知识对偏好调整的趋势影响不同，个体不同领域知识势能的差异造成了个体看问题的视角不同，不同领域的知识既相互关联又相互制约，偏好的产生与决策问题相关领域知识势能的高低存在着密切的联系，偏好的产生是由几个相互作用的不同领域所决定的。在仿真中为了表示三个不同领域知识对偏好调整的影响趋势不同，我们分别设定第一领域知识势能的增加引起偏好向 1 靠拢，第二领域知识势能的增加使偏好向中值 0.5 收敛，第三领域知识势能的增加使偏好向 0 趋近，三者的相互作用产生个体的偏好，同样用

$$x_i(t) = \alpha f(K1_{Ui}(t)) + \beta f(K2_{Ui}(t)) + \chi f(K3_{Ui}(t)) \tag{11-14}$$

来表示，α，β，χ 分别表示不同领域知识势能对偏好产生的影响权重，$\alpha + \beta + \chi = 1$。在这里选择以下函数作为偏好产生的规则，这并不是说这个函数就是偏好选择的规律，因为偏好与知识之间的关系的复杂性，我们仅仅用这个函数来表示一种收敛的趋势。

$$x_i(t) = 0.4\log_{18} K1_{Ui}(t) + 0.3 \times 0.15 \times e^{\frac{1}{K2_{Ui}(t)}} + 0.3\cos(K3_{Ui}(t) \times \pi/36) \tag{11-15}$$

由于个体接触的小群体不断地学习，个体的偏好也相应地不断进行调整。初始时刻的知识势能在区间 [2，18] 上服从均匀分布，初始时刻的偏好值分别为 $\{x_1(1), x_2(1), x_3(1), \cdots, x_n(1)\}$，个体在寻找到自己的交际圈之后在每一步长进行一次知识的学习，每次搜索小群体中各个领域知识势能最高的三个个体，个体通过不断学习而逐步改变自己的偏好，个体学习到的知识越多则个体的偏好改变幅度越大。在研究连续观点的时候，我们认为每个个体是独立的个体，个体可以根据自己的知识水平来判断分析问题，给出自己的偏好信息，并不盲从、跟随他人的偏好，同时也认为个体都愿意主动学习，个体在 $t+1$ 时刻的偏好为

$$x_i(t+1) = 0.4\log_{18} K1_{Ui}(t+1) + 0.3 \times 0.15 \times e^{\frac{1}{K2_{Ui}(t+1)}}$$
$$+ 0.3\cos(K3_{Ui}(t+1) \times \pi/36) \tag{11-16}$$

Matlab 仿真过程如下所述：

步骤 1 首先在区间 [2，18] 上产生一组 100 个个体三个领域的初始知识势能的 3×100 矩阵，并计算每个个体的总知识势能。

步骤 2 给定个体选择"交际圈"的门槛即阈值 ε，个体根据自身的总知识势能高低选择置信区间 $[K_{Ui}(t) - \varepsilon, K_{Ui}(t) + \varepsilon]$ 内的所有个体形成自己的"交际圈"，每个个体均形成一个学习范围。

步骤 3 确定个体的偏好产生规则，形成个体的初始偏好。

步骤 4 确定个体的学习能力等参数，建立个体学习方式与知识转移方程，每个个体在前一时刻知识势能的基础上根据学习能力的大小接受相应的新知识，个体选择向"交际圈"中三个知识领域中最高势能个体学习。

步骤 5 将仿真时长向前推进一步，个体通过学习改变各个领域的知识势能、总的知识势能，然后根据新的知识势能确定新的偏好。

步骤 6　重复步骤 2～步骤 5 直到群体偏好达到一致或者稳定,记录仿真的时长,必要时多次重复实验。

11.4.2　不同阈值划分对偏好调整的影响

阈值决定着个体选择学习对象的"交际圈",阈值的不同会对知识转移和个体偏好调整造成什么样的影响呢? 以下将通过仿真的方式研究不同阈值下个体间知识转移以及偏好的调整过程。在研究阈值的影响时,我们假定群体中的个体有相同的学习能力,即不同的个体不论其知识势能水平如何,他们的学习能力相同,这与实际有差别,主要是为了排除不同学习能力的影响,单纯地研究划分范围所带来的影响。

仿真参数设定如下。

群体规模 $N = 100$,学习能力 $\eta = 0.5$,损失率 $\tau = 0.1$,不同的划分方式为 $\varepsilon = 1,2,3,\cdots,20$,时间长度为 $T = 50$。初始时刻个体的知识势能确定之后,个体的"交际圈"也随之确定,所以每一个个体在某一时刻学习的对象都可以确定下来。首先来看各个领域知识势能的增长情况,在不同的阈值划分下,个体在各个领域的知识势能分成几个不同层次。经过多次仿真发现,群体中各个个体的知识势能在 $\varepsilon \geqslant 12$ 时,都可以增加到群体中三个领域初始时刻最高的知识势能。仿真表明 $\varepsilon = 12$ 时各个知识领域知识呈现曲线增长的模式,并且个体学习到的知识增长趋势逐渐变缓,在个体的学习能力固定的情况下,知识的增长仅与知识势能差相关,也就是说,随着个体的不断学习,个体知识势能之间的差距越来越小,可供学习的知识越来越少。根据 $K_{U_i}(t+1) = \omega(K1_{U_i}(t+1) + K2_{U_i}(t+1) + K3_{U_i}(t+1))$,在仿真实验中取 $\omega = 1$,简单认为个体的知识为各领域知识势能的加权和,各个领域的知识增长到同一势能,个体总的知识势能必然会增加到一个相同的知识层级,如图 11-7 所示。

在 $\varepsilon = 12$ 的时候,个体对于决策问题的知识达到完全的一致,根据偏好产生的规则可知,群体的偏好也可达成完全的一致,如图 11-8 所示。群体观点在经过 12 次的学习就可达成完全一致,偏好达成一致的时间与总势能增长到一致的时间相吻合。

逐步减小个体划分区间的阈值,在 $\varepsilon = 8,9,10$ 的时候,第二领域的知识势能由于划分的原因分别增长到两个不同的数值,总势能的值同样增加到两个不同的数值处,但是根据偏好值的计算方式,由于这些细小的差异个体的偏好同样收敛于完全一致,但是收敛到一致的时间增加了 3 个步长。

在现实中有这样的情况,群体划分有严重的层级制度,各个层级的知识势能差距较大,这就是阈值划分较小时的背景。当阈值 $\varepsilon = 5,6,7$,各领域的知识

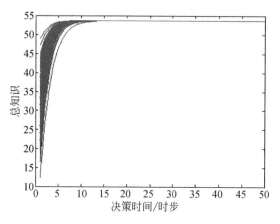

图 11-7　$\varepsilon = 12$ 总势能增长图

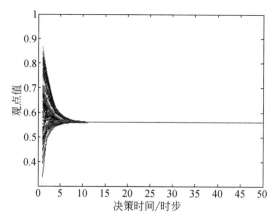

图 11-8　$\varepsilon = 12$ 时群体偏好收敛图

学习出现了层级化的现象，每个领域的知识均增加到 2～3 个不同的层级中，总的知识势能分为四个不同的层级，如图 11-9 所示。这时个体的偏好收敛于 4 个不同的值，群体偏好开始出现极化现象，这时群体若要得到统一偏好应该采用数学模式来进行集结，知识的促进作用已经弱化。

　　随着阈值再次减小到 $\varepsilon \leqslant 4$，群体知识学习的层级再次被拉开。不论是各领域的知识还是总的知识势能均出现了多个不同的层级，个体偏好的收敛状况也更加发散，群体中的最低势能者无法被划分到某一学习范围而总的势能保持不变，偏好也保持不变，较高知识势能者的知识势能依然较高。但是在高势能者中已经划分了几个不同的层级，而原来的中间水平的知识势能依然保持着中间的水平。由此可见，小阈值的划分模式体现了社会层级的不公平和不公正，知识资源丰富

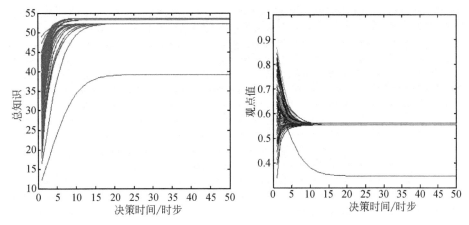

图 11-9　个体知识、偏好调整图（$\varepsilon = 6$）

的人资源依然丰富，而知识资源匮乏者却无人可学。

综上可知，按照知识势能划分的阈值越大，个体学习所能接触的范围越大。个体知识经过不断学习后就可到达知识势能较高者的水平，这种低门槛式的划分方式使得群体中的每个个体都可以享受到知识资源，从而根据知识做出理性的判断，而知识的转移和学习，促进了群体偏好收敛到一致；随着学习门槛的增高，知识层级就体现得异常明显了，阈值越小，知识层级越大越多，知识共享的程度越低，群体中的个体在各个知识层级上会产生不同的观点，知识转移的促进作用已经被弱化。社会组织中的知识划分模式是隐形的，比如，对于企业的普通工人和管理层，他们的学习是有区别的，两个层级之间由于知识的沟通困难而很少交互学习。长期发展下去，管理层的知识在不断的学习中会不断增加，而普通工人的学习却得不到保障。究其根本原因是知识共享模式的问题，这种知识转移的过程一旦受阻，则拥有不同知识层级的人的偏好难免发生偏差，因此我们应该着手打破这种无形的知识层级的划分，建立知识转移的宽松模式，使不同知识层级的人充分认识决策问题，从知识转移和共享的无形压力下促进群体达成一致意见。

11.4.3　确定交互型学习能力对偏好调整的影响

1. 群体学习能力对偏好调整的影响

由 11.2.3 的研究内容已知在随机交互型群体当中群体的学习能力直接影响着知识转移过程。接下来研究在确定交互型群体当中学习能力与群体偏好调整的关系。依然通过仿真实验观察群体学习率在 10 种不同取值下的偏好收敛时间。

　　仿真设置：群体规模 $N=100$，遗忘率 $\tau=0.1$，群体的划分方式为 $\varepsilon=8$，即个体可形成一致偏好，时间长度设置为 $T=150$，学习率的取值 $\eta=1$，0.9，0.8，0.7，0.6，0.5，0.4，0.3，0.2，0.1。在 $\varepsilon=8$ 的时候群体偏好可收敛到完全一致，经过多次仿真可以明确学习能力不会影响偏好收敛的状态而仅仅作用偏好收敛的时间，在实验过程中任其相互学习直到群体偏好达成一致。因为个体每一个步长学习的对象都是可以明确的，因此可以记录群体偏好收敛到一致的精确步长，得到结果如图 11-10 所示。

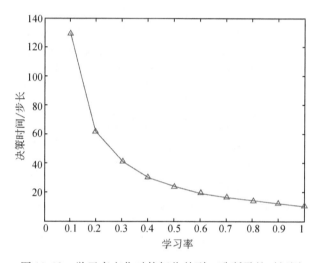

图 11-10　学习率变化时偏好收敛到一致所需的时间图

　　学习率的变化引起偏好收敛时间的明显变化，且这种趋势与随机交互式模型中的变化趋势相同。偏好收敛到一致的时间随着学习率的升高呈现递减的趋势，随着学习率越来越大，偏好收敛的时间递减的趋势越来越小。学习率为 0.1 的群体偏好收敛到一致的时间超过了 120，而当学习率为 0.8 时，偏好收敛到一致的时间不超过 20。由此可以发现学习率对偏好收敛时间的决定作用，提高群体中个体的学习能力，可以提高决策的绩效，缩短偏好收敛所需要的时间。

　　2. 个体学习能力对偏好调整的影响

　　众所周知，由于个体生活环境、教育环境方式的不同，每个个体的学习能力是存在差异的，这种差异和个体的知识势能水平密切相关。一般来说，个体学习到的知识越多，知识势能越高，个体的学习能力越强，而知识势能较低者学习能力倾向于弱化。于是，我们设定与知识势能相关的一个函数来表示个体的学习能力大小，根据个体的学习曲线我们认为群体中个体的学习能力与知识势能的高低密切相关，知识势能较低，个体的学习能力也较低，个体不断地学习，使学习能力逐步提高。但是当知识势能达到一定的层级之后，学习能力就基本保持不变了，我们在这里假定其服从一个区间上的对数分布：

$$\eta_i = f(K_{Ui}) = \eta_{\max} \times \cfrac{1}{\ln \cfrac{\xi(\max K1_{Uj} + \max K2_{Uk} + \max K3_{Ul})}{K_{Ui}}} \qquad (11\text{-}17)$$

式中，$\eta_{\max}$ 表示设定的群体中个体的最大学习能力，ξ 为系数。

在仿真过程中，$\eta_{\max} = 0.8$，$\xi = e$（$e \approx 2.71828$），群体的规模依然为 100，选择交互范围的阈值 $\varepsilon = 8$，为了便于与群体学习能力相同时进行比较，仿真时长缩减为 $T = 25$。对比群体学习率相同的图后可发现个体的知识势能的增长呈现"缓慢—均匀—缓慢"的模式，知识势能较低的个体明显呈现这种模式。前一个缓慢的增长主要由于受到学习率的影响，初始时刻有些个体的知识势能较低，学习能力较差，即使知识势能差很大，但是个体所能够学习到的知识也有限。后一个缓慢增长是受到知识势能差的影响，随着时间的推移和个体的不断学习，个体的知识势能逐步升高、学习能力逐步增强，但是这时可以学到的知识却逐步减少。记录群体偏好收敛到完全一致的偏好，在个体学习率均不相同的情景下，偏好收敛到一致所需的时间比起群体学习能力完全相同（$\eta = 0.8$）所需的时间多出一个步长。

3. 个体不同的阈值与学习能力对偏好调整的影响

在实际系统中，由于个体的性格、习惯等的不同，个体划分交互对象的方式也往往存在差异。不同的个体划分学习范围的阈值不同，有些人可能倾向于与各种不同知识层级的人交互，有些个体仅仅与自己知识水平相似的个体学习，因此各种各样的人划分层级的方式是不统一的。我们假定个体划分区间的阈值服从一个区间 [2，12] 上的均匀分布，同时考察不同个体的学习能力不同，模拟真实系统中个体知识势能随着学习时间的增长而发生变化的趋势与个体偏好收敛的趋势。

在仿真过程中，$\eta_{\max} = 0.8$，$\xi = e$，群体的规模为 100，仿真时间 $T = 100$，产生一组 [2，12] 上均匀分布的阈值，然后分配给每一个个体，个体按照给定的阈值 $\varepsilon(i)$ 选择交互对象的范围和学习的对象，每个个体的阈值分配如表 11-1 所示。

表 11-1　个体的阈值分配

1~10	11~20	21~30	31~40	41~50	51~60	61~70	71~80	81~90	91~100
5.457 2	11.487	11.868	2.510 4	3.290 4	9.245 4	4.852 3	4.726 1	4.127 5	3.118 8
4.803 2	11.891	11.315	7.587 1	4.232 6	9.055 6	6.349 8	5.513 2	3.662 7	8.421 3
4.244 2	4.168 4	8.49	7.223 4	10.93	7.909 4	2.779 7	8.706 5	3.363 3	9.197 1

1~10	11~20	21~30	31~40	41~50	51~60	61~70	71~80	81~90	91~100
9.826 4	2.838 5	3.119 1	3.488 9	4.746 4	2.096 8	7.353 5	9.513 2	9.002 8	4.793 5
7.684	2.711 3	7.272 1	4.709 1	8.009	8.308	5.702 7	4.181 9	6.204 4	3.416 1
7.722 8	4.525 9	6.982 7	5.606 8	6.612 4	3.609 6	6.424	5.274 8	7.059 3	11.07
6.564 1	7.593 4	3.743 8	2.849 9	8.609 3	6.821 8	11.369	11.736	5.679 6	11.362
10.023	5.112 7	2.178 5	8.147 5	9.574 4	6.699 1	2.561 4	8.020 3	3.084 9	6.368 5
11.258	9.19	4.476 9	10.254	4.787 3	7.081 2	3.258 8	7.340 8	5.640 4	2.729 3
8.875 3	11.187	5.662 4	11.15	11.98	10.16	7.256 1	4.072 8	10.413	6.605 8

　　根据分配的阈值，每个个体按照知识势能的高低选择学习的范围，在众多的阈值作用下，个体知识增长的曲线、偏好调整曲线都发生了巨大的变化，各个领域的知识学习受到了极大的波动。一方面是受学习能力的影响，但主要还是由于个体划分阈值的方式不同造成了个体所在交际圈中知识层次不同的人出现，所以有些知识势能较低的个体可以充分学习到新的知识，从而不断增加知识势能，而有些知识势能较高的个体由于选择区间较小无法学习而知识势能增加较少，群体的偏好收敛于几个簇中。另一方面偏好簇的数量不取决于最大的阈值也不取决于最小的阈值，因为在整个群体阈值为 11.98 时，群体偏好收敛到完全一致，而在群体阈值最小为 2.178 5 时，群体偏好的簇数为 8 个。

　　产生多组不同的个体阈值，多次重复实验后发现，个体各个阈值的不同导致了群体知识水平形成几个不同的层级，群体偏好也不能达成完全的一致（收敛的最高水平为两个单值偏好），完全符合现实的群体中人与人之间的交互，有些人知识水平不高，但是可接触到知识势能较高的人群，而有些知识水平较高的人却接触不到学习的个体，这样就导致了人们知识学习的不对称性，也就形成了生活中形形色色的偏好。

11.4.4　仿真分析

　　本节建立了一种确定型交互学习的模型来模拟实际系统中的大型决策问题。在一个多人群体中，每个人根据自己的知识势能高低以及他人知识水平的高低形成自己的一个交际范围。每个人在交际范围中寻求各个领域中知识势能最高的个体进行学习，每一时刻结束时，个体整理自己的知识，然后调整自己的观点。在每一个时间步长内，个体搜索群体中各个领域知识势能最高的个体进行学习，如此不断重复，直到群体中的知识势能和偏好情况达到稳定。同一般的交互式决策与多轮式交互决策不同，这种伴随着知识转移的交互过程同单纯的偏好交互集合相比，它进行的不是偏好的集结而是通过交互形成决定偏好的知识的流动。决策者根据学习后的知识势能再次判断，调整偏好信息，在这一过程中，知识的学习与偏好的调整是同步的。

　　本节仿真了群体学习率不同时的偏好收敛，结果表明学习率对偏好收敛时间起着决定作用，学习率的变化引起偏好收敛时间的巨大变化，偏好收敛到一致的时间随着学习率的升高呈现递减的趋势。学习率越大，偏好收敛时间递减的趋势越小。因此，提高整个群体的学习能力，可以提高决策的绩效，缩短偏好收敛的时间。当个体的学习率为函数时，个体知识势能的增长呈现"缓慢—均匀—缓慢"的模式，同时带来收敛时间的增加。

　　在每个个体的选择学习范围的阈值随机给定且个体学习率各不相同的情况下，群体偏好不会再收敛到一个偏好簇，而是收敛到两个甚至多个偏好簇，但是偏好簇的数量既不依赖于最大的阈值，也不由最小的阈值来决定。群体的知识学习和转移过程由于这种多阈值的划分，每个时刻个体学习到的知识量出现了波动。

　　对群体决策的启发：努力搭建群体知识共享和转移的平台，使群体中的个体都能够对问题进行充分的了解和学习，提高群体的学习能力，营造良好的学习氛围，在决策的过程中打破知识差异所带来的隐形门槛，使群体中的个体充分交互，在保证决策质量的同时保持群体的满意度，从而改进决策的绩效。

第 12 章　个体知识水平对群体
决策绩效的影响研究

本章基于 SECI 模型提出知识创造的概念，引入了知识位势、知识维度比、知识权重、知识分布等变量，构建了知识创造条件下动态群体决策过程概念模型，通过仿真分析了以上变量的不同取值对动态群体决策绩效的影响。本章研究表明：群体知识越丰富，群体观点一致性越优，群体达到一致性所需时间越短；双向知识交流比单向知识交流更能促进观点演化进度；知识差阈值上限越小，群体观点达成一致所需时间越长，形成的观点簇越多，观点差阈值与知识差阈值上限值对群体决策亦存在类似的影响。本章内容是对本书之前章节内容的丰富，以期促进读者对知识与动态群体决策过程之间关系的进一步认识。

12.1　个体知识创造概念模型的提出

12.1.1　知识与决策偏好的关系

知识包括很多领域，本章将它称为知识维度，如企业决策层在制定企业未来经营策略时需要诸如设计、生产、营销、财务、采购等多个维度的知识，正是这些不同维度知识的共同作用才使得决策精度得以体现。按照决策规则集的观点，不同维度的知识则代表了不同决策规则，当运用不同的决策规则进行评价与判断时，会对同一问题产生不同决策结果，即决策偏好，如企业制定经营策略时负责生产的经理要求增加投入提高生产线的柔性，希望订单需求在生产能力范围内；负责营销的经理要求提高营销费用，尽可能多拿订单；负责财务的经理要求消减管理成本、控制投资规模。在企业可选择的经营策略范围内，各个部门的经理因为自己所掌握知识的不同而产生了不同的决策偏好。

决策个体有多个知识维度，在不同维度上的知识量不尽相同，且不同决策个体对同一维度的知识也有不同的掌握，如生产部门的经理不仅只有生产方面的知识，而且也具备一定关于营销和财务的知识，但相对于其他两个维度，他在生产方面有更多的知识积累。当个体在对决策可选方案进行分析时，将根据自己所掌握的不同维度的知识对决策方案的不同方面进行评价，并形成自己的方案。在这个过程中，决策个体不同维度的知识也会产生不同的偏好，这些偏好如何统一并形成个体决策观点不仅对理解个体观点的形成极为关键，对研究群体决策过程中群体观点的形成和演化也有极为重要的意义。

在以下分析中，为更加直观地表达不同知识维度条件下决策偏好的统一，假设关于某一特定问题的知识有两个维度，分别为 K_1 和 K_2，某决策个体 i 对这两个维度的知识储备分别为 qk_1 和 qk_2，此问题可供选择的方案集 OP 为 0~1 上的连续分布，即 OP = [0, 1]，不同方案代表了不同的偏好，个体根据自己掌握的知识从所有方案 OP 中选择符合要求的部分作为可接受方案，即决策偏好范围 P_i。同时引入偏好分布中心 PC_i 的概念，即决策偏好范围 P_i 的中心值，以确定决策个体偏好在可供选择方案中的位置，如图 12-1 和图 12-2 所示。

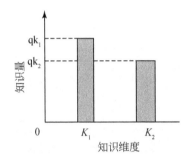
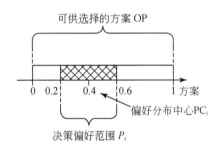

图 12-1　个体二维知识的表示　　　　图 12-2　个体观点偏好的表示

如企业制定经营策略时将分别从生产（K_1）和销售（K_2）两个维度进行考虑，从已经提出的备选方案 OP = [0, 1] 中选出最终方案。方案 0 反映了单纯从生产维度考虑得出的决策，方案 1 反映了单纯从销售的角度研究得出的决策，方案 0.5 为兼顾生产和销售得出的决策。在此二维知识体系下，参与策略制定的经理在此两个维度上均有一定的知识储备，其生产方面的知识 qk_1 要多于其销售方面的知识 qk_2，此经理的决策偏好范围为 $P_i = [0.2, 0.6]$，其偏好分布中心为 0.4。我们提出如下维度知识与决策偏好的关系。

关系 1　个体拥有的知识越多，其决策偏好范围越小，即其决策精度越高。

关系 2　个体只拥有一个维度的知识时，其决策观点偏好分布中心将偏向观点轴的一端，因为个体只运用一种决策规则进行判断和选择。

关系 3　个体拥有两个维度的知识时，两个维度的知识分别作为决策规则对方案进行评价和判断，获得两个偏好范围，这两个偏好的相交部分为个体真实的偏好范围。

根据以上关系，可以研究维度知识变化对决策偏好的影响。

首先根据关系3，将决策个体两个维度上的知识拆分成两个子个体的知识，这两个子个体分别只拥有一个维度上的知识。如图12-3（a）中，个体i在两个维度上的知识量分别为$qk_1=0.7$和$qk_2=1$，根据关系3，个体i的知识被拆分成图12-3（b）和图12-3（c）中的两个子个体i_1和i_2的知识，子个体i_1在两个维度上的知识量分别为$qk_1=0.7$和$qk_2=0$，子个体i_2在两个维度上的知识分别为$qk_1=0$和$qk_2=1$。

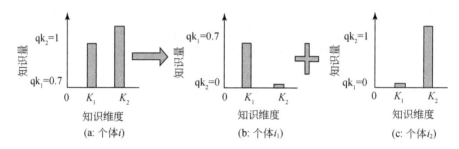

图 12-3　个体维度知识的拆分

其次根据关系1和2，由子个体知识量及知识维度给出其决策偏好分布范围及分布中心。图12-4（c）中个体知识维度被拆分后，图12-4（a）中子个体的决策偏好范围为$[0, 0.6]$，分布中心为0.3，图12-4（b）中的子个体的决策偏好范围为$[0.4, 1]$，分布中心为0.7。

最后返回关系3，将两个子个体的决策偏好范围取交集，获得原个体的决策偏好范围。如图12-4中，根据（a）和（b）中的决策偏好范围，在（c）中获得原个体的决策偏好分布范围为$[0.4, 0.6]$，其分布中心为0.5。

为研究维度知识变化对决策偏好分布的影响，继续用以上方法获得其他维度知识量组合下的决策偏好分布。图12-5（a）中，子个体维度一知识量为0.5时获得的决策偏好范围为$[0, 0.8]$，分布中心为0.4；图12-5（b）子个体维度二知识量为0.5时获得的决策偏好范围为$[0.2, 1]$，分布中心为0.6；最终获得图12-5（c）中原个体两个维度知识量均为0.5时的决策偏好范围为$[0.2, 0.8]$，分布中心为0.5。

图12-6（a）中个体维度一知识量为1时获得的决策偏好范围为$[0, 0.6]$，分布中心为0.3；图12-6（b）中个体维度二知识量为0.5时获得的决策偏好范围为$[0.2, 1]$，分布中心为0.6；图12-6（c）中获得原个体维度一知识量为1、维度二知识量为0.5时的决策范围为$[0.2, 0.6]$，分布中心为0.4。同样，图12-7（c）中，获得个体维度一知识量为0.5、维度二知识量为1时的决策偏好范围为$[0.4, 0.8]$，分布中心为0.6。

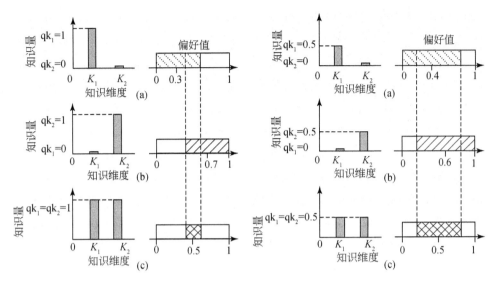

图 12-4 维度知识与偏好的关系（一）   图 12-5 维度知识与偏好的关系（二）

分析四种不同维度知识量组合获得的决策偏好分布可知，当维度一与维度二上的知识量相等（$qk_1 = qk_2$）时，决策观点分布中心均为 0.5；当两维度知识量不等时，决策观点分布的中心发生偏移，且偏向于知识量高的维度所偏好的方向，如图 12-7（b）中分布中心为 0.4，偏向于维度一方向，如图 12-7（c）中分布中心为 0.6，偏向于维度二方向。

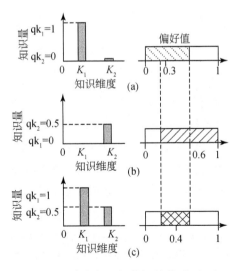

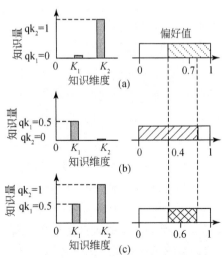

图 12-6 维度知识与偏好的关系（三）   图 12-7 维度知识与偏好的关系（四）

因此，知识影响决策偏好的机理是：不同维度的知识代表不同的决策规则，它们的共同作用决定了个体的决策偏好；知识总量代表了个体对决策规则的掌握，知识总量越大，其决策精度越高，决策偏好的范围越小；不同维度知识量的不同，代表了个体对不同规则的掌握情况不同，导致其决策偏好范围的中心偏向于知识量更高的维度，且不同维度的知识量的比值越高，决策偏好范围的中心越偏向于知识量高的维度。

12.1.2　知识转移与决策动态变化的关系

由以上讨论可知，决策个体知识量的多少决定了其决策观点的精度，即其决策偏好范围的大小，决策个体各维度知识之间的比值决定了其观点的偏好，即其观点分布的中心，二者决定了个体可能选择的决策方案的范围。因此，结合以上阐述，可以提出更加符合实际的知识与决策观点的关系，如图 12-8 所示。

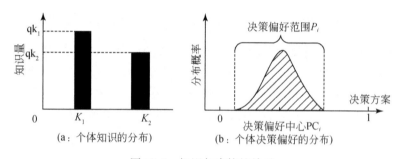

图 12-8　知识与决策的关系

图 12-8（a）中，个体在两个维度上拥有一定的知识，对应其知识在图 12-8（b）的概率分布图中，个体的决策偏好分布范围大小为 P_i，偏好分布中心为 PC_i，且决策偏好范围内的方案被选中的概率成正态分布。基于此关系，可进一步研究个体知识的变化对个体观点变化的影响。

图 12-9（a）中，个体在两个知识维度上的知识量均为 0.5，其决策偏好的分布范围较广，分布中心为 0.5，且概率分布较为平缓；图 12-9（b）中，个体从其他个体获得 K_1 知识转移，维度一知识量由 0.5 增加到 1，此时决策偏好由于知识量的增加而变得集中，范围变小，其分布中心由于维度知识比发生变化而向左偏移，概率分布也相应变得集中；图 12-9（c）中，此个体由从其他个体获得 K_2 知识维度上的知识转移，维度二知识量由 0.5 增加到 1，此时，其决策偏好由于知识量的增加而变得更加集中，其分布中心因为维度知识比发生变化而向中间靠拢，概率分布也相应变得更加集中和陡峭。

由图 12-9 可知知识转移影响动态决策的机理：知识转移改变个体知识维度

上的知识量，使个体知识势能及不同维度上知识量的比值发生变化，导致决策精度和偏好中心发生变化，即个体决策偏好的范围和中心发生变化；同时因为决策偏好的范围，即满足要求的方案数量发生变化，决策偏好范围内的方案被选择的概率也相应发生变化。

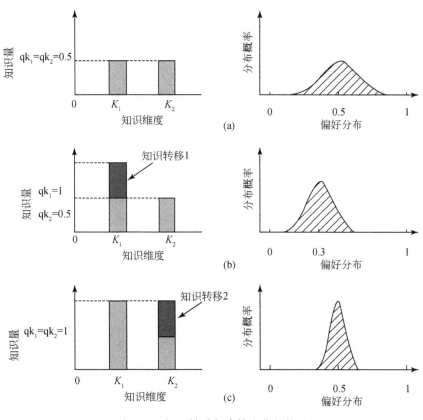

图 12-9　知识转移与决策变化的关系

12.1.3　知识创造条件下的群体决策概念模型

若从微观去考查一个群体，可以将群体看成是一个系统，对于特定问题，群体中的每个个体都掌握了一定量的相关知识，每个个体掌握的知识的各项属性就决定了个体对此问题的观点。如第 7 章所述，知识的多少代表了决策个体对决策规则的理解，知识越多，被激活的决策规则就越多，个体决策的精度越高、偏差越小。同时，不同维度知识量之间的比值代表了决策个体对不同决策规则客观上的理解程度，知识维度比越高，个体对决策时所使用的规则的侧重越不同，它影响了个体观点在观点值范围中的分布中心。

如果从时间角度考虑群体成员之间的交互，每次交互的产生都可以看成是一个想以学习新知识来增加决策精度的个体寻找并最终确定另外一个个体作为学习对象的过程。群体中的每个个体都有对自己的知识位势的感知能力，都有自己期望达到的知识位势和决策精度，在增加决策精度所能带来收益的激励下，每个未达到期望知识位势的个体都有发起交互并学习知识的动机。正如社会是一个实力与运气的结合体一样，个体能否作为交互活动的发起者，也是由群体所有成员的学习动机强度计算的概率随机产生的。

作为交互发起者，需要选择另外的个体作为学习对象。作为系统中的基本单元，每个个体往往是异质的，即不同个体在行为上都表现出一定差异或扮演不同角色。当群体中个体之间的某方面知识缺口或知识质差大于观察者所设定的参数值，个体之间就存在交互和知识转移的可能，需要注意，这只是说存在知识共享的可能性，并没有表明必然性。

知识转移发生后，某些个体的知识发生变化，决策时将使用不同的决策规则，以致群体的知识结构和观点发生变化。在新环境下，群体继续知识交互和观点的变化，直至群体观点一致性达到要求。综合以上论述可得到动态群体决策概念模型，如图 12-10 所示。

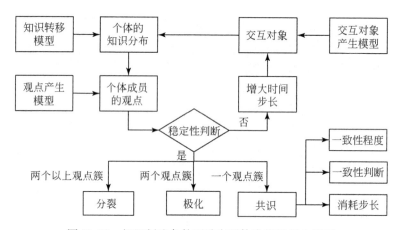

图 12-10　知识创造条件下动态群体决策的概念模型

12.1.4　模型的建构过程

1. 模型中个体知识结构的设置

根据前文中关于知识结构的表述，用 WKN 模型 $WKN(g) = \{K_g, Q(K_g), E_g, W(E_g)\}$ 来表示一个人的知识结构，式中，$K_g = \{k_1, k_2, \cdots, k_m\}$ 表示个

人的知识点集，$Q(K_g) = \{q(k_x) \mid k_x \in K_g\}$ 为知识点权重集合，权重 $q(k_x)$ 标记个体对知识点 k_x 的掌握程度，$E_g = \{(k_i, k_s) \mid \theta(k_i, k_s) = 1\}$ 为边的集合，$\theta(k_i, k_s) = 1$ 表示子节点 k_s 是父节点 k_i 的直接下级知识点，边的方向代表知识点的隶属关系。

为方便理解和计算，在以下讨论过程中假设群体成员关于特定问题的知识包括两个知识点 $\{k_1, k_2\}$，其对两个知识点的掌握程度分别为 $\{q(k_1), q(k_2)\}$；因为只有两个知识点，所以知识边 E_g 暂不考虑，设个体对两知识点的权重为 $\{w(k_1), w(k_2)\}$，代表了个体因为价值取向及相关利益而主观上对两个维度知识不同的侧重。

2. 决策一致性判断条件的设置

设 n 个决策者构成的决策群体 $G = \{d_1, d_2, \cdots, d_n\}$，决策者 d_i 在 j 时刻的观点为 $op_{ij} \in (0, 1)$，其中 $i = 1, 2, \cdots, n$，得出所有决策者对问题的观点 $op_G = \{op_1, op_2, \cdots, op_n\}$ 后，可根据规则得出 j 时刻群体的总体观点 g_j，并由此求出本轮决策的一致性：

$$c_j = \sum_{i=1}^{n} \frac{|op_{ij} - g_j|}{g_j} \tag{12-1}$$

式中，c_j 反映了群体决策结果的差异程度。c_j 越小，说明群体成员一致性越好。由一致性寻求过程得 $c_j < \xi_1$ 时群体达到一致状态，其中 ξ_1 为一致性阈值。当群体决策的结果不满足 $c_j < \xi_1$ 时，群体成员将进一步进行交互并进行知识的共享和转移，以不断改进自己对问题的观点。

12.1.5　基于知识的个体观点交互过程

群体决策过程中个体的客观知识掌握、主观价值取向和相关利益决定了个体的决策观点。引入知识势能及知识维度比两个概念及计算方法，建立由个体知识量及其知识权重模拟其观点的模型。

1. 计算知识位势及观点分布离散程度

群体中任一个体 i 都掌握了关于某一问题所需的两个维度的知识 $k(k_1, k_2)$，其对两个维度知识的掌握程度为 $q_i(qk_{i1}, qk_{i2})$，在给定个体 i 对两个维度知识的权重 $w_i(wk_{i1}, wk_{i2})$ 之后，根据物理学当中的势能概念计算出个体 i 的知识位势 ek_i，计算公式为

$$ek_i = \sum_j \frac{1}{2} wk_{ij} qk_{ij}^2 \tag{12-2}$$

由于知识本身的特殊性，目前尚无统一、完全客观、精确的定量化计算方

法，因此本研究所得量化值仅限于同一标准下的比较，无法用于和其他方法所得量化值的比较和分析。ek_i 以势能的观点反映了决策成员 d_i 对决策问题所需知识的总体掌握程度，其大小决定了 d_i 的随机观点分布的离散程度。ek_i 越大，d_i 对问题相关的知识掌握越全面，对问题提出的观点越确定，其观点的分布也更加的集中；相反，ek_i 越小，d_i 对问题相关的知识掌握越不足，对问题提出的观点越不确定，反映在分布上，其分布的范围较为分散。据此计算出 d_i 对问题观点分布的离散程度，其中 λ_1 为调整系数，即

$$\sigma_i = \frac{\lambda_1}{ek_i} \tag{12-3}$$

2. 计算观点分布中心

个体对问题所需知识的掌握在本质上是个体对决策规则的理解程度和运用的熟练度，而其在不同维度知识上的知识掌握客观上体现了个体对不同决策规则的掌握和运用，对规则不同的掌握程度必然影响个体对问题观点的分布；在 WKN 模型中，个体 d_i 对不同维度知识的权重 w_i（wk_{i1}，wk_{i2}），一方面影响了其对知识位势的感知，另一方面也反映了其对不同决策规则主观上的重视程度，这一差别可能是受社会价值的影响，也可能是个人利益因素的参与，不同的权重反映了其运用各个规则的主观意愿的强烈程度，权重越大，其使用此规则的意愿越强烈，反之则较弱。由以上可以看出，个体对不同维度知识的权重和掌握程度决定了其对不同决策规则的使用，反映在观点分布上，这两个因素决定了个体观点分布的中心。据此，首先计算 d_i 在两个维度知识上的比值，即

$$kdp_i = \frac{qk_2 wk_2}{qk_1 wk_1} \tag{12-4}$$

由此得到个体 d_i 对此问题观点的分布中心，即

$$\mu_i = 1 - \left(\frac{1}{2}\right)^{kdp_i} \tag{12-5}$$

结合以上两点，得到了个体 d_i 对问题观点的分布函数，即

$$p_i = u\left(1 - \left(\frac{1}{2}\right)^{kdp_i}, \frac{\lambda_1}{ek_i}\right) \tag{12-6}$$

3. 产生观点

按照观点分布概率在 $[0, 1]$ 内随机选一个观点 op_{ij} 作为 d_i 在 j 时刻的观点。当所有群体成员 $G = \{d_1, d_2, \cdots, d_n\}$ 的观点 $OP_G = \{OP_1, OP_2, \cdots, OP_n\}$ 都计算出来后，群体观点的一致性即

$$c_i = \sum_{i=1}^{n} \frac{|\mathrm{op}_{ij} - g_j|}{g_j} \tag{12-7}$$

式中，g_j 为群体观点 $\mathrm{OP}_G = \{\mathrm{OP}_1, \mathrm{OP}_2, \cdots, \mathrm{OP}_n\}$ 的平均值。当 $c_i < \xi_1$ 时，说明群体观点已满足一致性要求，则群体决策过程圆满结束；若 $c_i \geqslant \xi_1$ 时，则群体决策需继续进行下一步。

12.1.6　基于知识的交互对象选择

提高决策的准确性和速度是所有个体的本能，群体的所有成员都希望增加自己决策方案的精度，提高决策的绩效，此类动机也促使了群体成员之间交互知识的欲望，而由于个体之间的差异性，每个成员的交互欲望强度不同，因此每个个体与人交互的概率也不一样。此模型旨在计算群体中每个个体与他人交互知识的概率，并根据此概率选出交互过程中的学习者，根据此学习者的特性（知识势能、知识维度掌握程度、视力范围等）为其选择一个被学习者。具体过程如下文所述。

1. 选出学习者

因为群体成员之间的差异，每个个体的求知和交互知识的欲望都不同，将其定义为学习倾向，并计算出每个群体成员的学习倾向，即

$$\mathrm{tl}_i = \lambda_2(\mathrm{eek}_i - \mathrm{ek}_i)\mathrm{cl}_i \tag{12-8}$$

式中，λ_2 为学习倾向调整系数，本研究中将其取值为 1，eek_i 为个体 d_i 期望拥有的知识势能，cl_i 为个体 d_i 的求知个性，反映其在一般状态下对新知识的学习个性和获取欲望程度，cl_i 越高表示其对新知识越有好奇感和学习欲望。学习倾向反映了个体 d_i 在特定环境下（在群体 G 中决策特定问题）提出交互的欲望和主动性，因此根据群体所有成员的学习倾向，计算出每个个体发起交互的概率，即

$$\mathrm{pi}_i = \frac{\mathrm{tl}_i}{\sum \mathrm{tl}_i} \tag{12-9}$$

根据此概率随机选出知识交互的发起者 d_s，本研究中将其定义为学习者。

2. 选出被学习者

学习者 d_s 被选出后，d_s 会按照自己的知识需求对可观察范围内的其他个体进行考察，找出符合自己知识需求的个体并计算出自己向这些个体学习的倾向和概率，最后按照此概率挑选出被学习者 d_t。

因为精力有限，个体对群体内其他个体的知识掌握情况及个人声望等方面的

情况有不同的了解程度，这直接影响了个体对其他人交互的倾向。本章给每个个体定义一个属性"视力范围"ws_i，在群体中除 d_s 外的其他 $n-1$ 个个体中，随机指定 ws_i 个个体作为 d_s 的"视力范围"，d_s 对此范围内的个体有充分的了解，包括其知识掌握情况和社会声誉。个体 d_s 对其视力范围内的 ws_i 个个体进行扫描，判断其知识掌握情况有无值得自己学习之处，判断条件为在任一维度中的知识量比 d_s 相应维度上的知识量多，即

$$\text{diffk}_{i1} = qk_{i1} - qk_{s1} \geq \xi_2 \text{ or } \text{diffk}_{i2} = qk_{i2} - qk_{s2} \geq \xi_2,\ i \in ws_i \qquad (12\text{-}10)$$

式中，diffk_1、diffk_2 为两者在维度一、二上知识量的差；qk_{s1}、qk_{s2} 分别为 d_s 在维度一、维度二上的知识量；qk_{i1}、qk_{i2} 为 ws_i 范围内的个体对两维度知识的掌握情况；ξ_2 为判断阈值。对符合自己学习条件的个体，d_s 将其作为候选者并计算其选择倾向（tbs_i）：

$$\text{if } \text{diffk}_{i1} \geq \xi_2,\ \text{diffk}_{i2} \leq \xi_2,\ tbs_i = \lambda_3 \text{diffk}_{i1} fr_i$$
$$\text{if } \text{diffk}_1 \leq \xi_2,\ \text{diffk}_2 \geq \xi_2,\ tbs_i = \lambda_3 \text{diffk}_2 fr_i$$
$$\text{if } \text{diffk}_1 \geq \xi_2,\ \text{diffk}_2 \geq \xi_2,\ tbs_i = \lambda_3 \left(\text{diffk}_1 + \text{diffk}_2 \right) fr_i$$

$$(12\text{-}11)$$

$$\text{if } \text{diffk}_1 \leq \xi_2,\ \text{diffk}_2 \leq \xi_2,\ tbs_i = 0$$

式中，$i \in ws_i$，fr_i 为个体 d_i 在群体中的声望。

ws_i 中所有个体的被选择倾向都计算出后，求这些个体被选中的概率 pbs_i，公式为：

$$pbs_i = \frac{tbs_i}{\sum tbs_i},\ i \in ws_i, \qquad (12\text{-}12)$$

根据此概率随机选择一个被学习者 d_t。

12.1.7　决策者交互的知识转移

确定了交互双方（d_s、d_t）之后，进入知识交互和学习的过程。学习者对不同知识位势的被学习者有不同的知识吸取意愿，对于知识势能比自己高的被学习者，学习者有较高的学习热情和吸取意愿，而对知识位势比自己低的被学习者，学习者会碍于面子而降低了学习的热情，据此给出知识吸取意愿（wl_s）的计算公式：

$$wl_s = 0.45 + 0.009(ek_t - ek_s) \qquad (12\text{-}13)$$

另外，在交互过程中，学习者吸收知识的能力和被学习者表达知识的能力也对知识交互的效果有直接的影响，因此，给出如下的知识转移量的计算公式：

$$\text{if } \text{diffk}_1 \geq \xi_2,\ \Delta qk_{s1} = wl_s al_s at_t \left(qk_{i1} - qk_{s1} \right);$$
$$\text{if } \text{diffk}_1 \leq -\xi_2,\ \Delta qk_{t1} = -wl_s al_t at_s \left(qk_{t1} - qk_{s1} \right);$$

$$\text{if } \mathrm{diffk}_2 \geqslant \xi_2,\ \Delta \mathrm{qk}_{s2} = \mathrm{wl}_s \mathrm{al}_s \mathrm{at}_t\ (\mathrm{qk}_{t2} - \mathrm{qk}_{s2});$$

$$\text{if } \mathrm{diffk}_2 \leqslant -\xi_2,\ \Delta \mathrm{qk}_{s2} = -\mathrm{wl}_s \mathrm{al}_s \mathrm{at}_s\ (\mathrm{qk}_{t2} - \mathrm{qk}_{s2}). \qquad (12\text{-}14)$$

式中，$\Delta \mathrm{qk}_{s1}$、$\Delta \mathrm{qk}_{s2}$ 分别为学习者 d_s 两个维度知识改变的量；al_s 为学习者的知识吸收能力；at_t 为被学习者的知识表达能力。

至此，第一轮交互的过程已完成，交互的完成促成学习者的知识量的变化，从而改变了学习者对问题的观点，群体对问题的观点也随之不断变化。当群体所有成员对问题观点的一致性达到要求时，群体决策达到目标，终止决策过程，若一致性未达到条件，则群体将进行下一轮知识交互，直至群体观点满足设定的条件。

12.2　知识创造概念模型的仿真实验

12.2.1　仿真过程

知识转移、观点演化和群体决策之间存在着非常复杂的联系，本文采用 Matlab R2009a 软件进行仿真实验。在模拟过程中，群体成员之间通过知识的交互来影响对问题观点的决策以致最后形成统一的观点，模拟的框架如下。

开始

初始化：

　　用户定义初始环境的参数；

　　用户定义个体知识的分布规则；

　　用户定义选择交互主体的规则；

　　用户定义主体的知识共享的条件；

　　用户定义主体偏好的随机分布类型。

决策循环开始：

第 1 期

　　决策成员根据初始的知识选择其初始观点；

　　根据规则计算出群体所有成员观点的初始一致性；

　　判断群体所有成员观点的初始一致性符合群体决策要求与否；

　　否，则进行下一期循环。

第 2 期

　　计算群体成员主动发起学习的倾向及相应的概率，随机选择一位学习发起者；

　　在学习发起者视力范围内，根据规则选取一位被学习者；

根据交互规则完成知识交互；

知识改变者重新选择其对问题的观点；

判断新一轮群体观点的一致性是否符合要求；

否，则进行下一期循环。

……

第 m 期

计算群体成员主动发起学习的倾向及相应的概率，随机选择一位学习发起者；

在学习发起者视力范围内，根据规则选取一位被学习者；

根据交互规则完成知识交互；

知识改变者重新选择其对问题的观点；

判断新一轮群体观点的一致性是否符合要求；

符合条件，则退出循环；

计算决策所用交互循环次数、群体观点最终一致性程度、群体最终知识水平。

循环结束。

结束

12.2.2　仿真的初始设置

用户定义初始环境的参数：

群体成员数量 $n = 50$，群体观点一致性判断阈值 $\xi_1 = 0.02$。

用户定义个体知识的分布规则：

群体在两个知识维度上知识量的分布，qk_{i1}、qk_{i2} 均在 $[0, 10]$ 区间上随机分布。

用户定义选择交互主体的规则：

群体知识转移判断阈值 $\xi_2 = 0.5$；调整系数 $\lambda_1 = \lambda_2 = \lambda_3 = 1$。

用户定义个体偏好的随机分布类型：

两个维度知识的权重 $wk_{i1} = 0.5$，$wk_{i2} = 0.5$；

群体成员的期望知识位势 $eek_i = 50$；

群体成员的"视力范围" ws_i 为 $[10, 15]$ 区间上的随机分布；

群体成员的声望 fr_i 在 $[0.5, 1]$ 区间上随机分布；

群体成员的知识吸收能力 al_i 在 $[0.7, 1]$ 区间上随机分布；

群体成员的求知个性 cl_i 在 $[0.7, 1]$ 区间上随机分布；

群体成员的知识表达能力 at_i 在 $[0.8, 1]$ 区间上随机分布。

以上设置中，$i \in (1, 2, 3, \cdots, n)$。

12.2.3　仿真结果及分析

本次仿真经过 230 次循环交互，群体所有成员对问题的决策观点的一致性 c 达到 0.019 9，满足 $c < \xi_1$ 的要求，具体的仿真结果如图 12-11 ~ 图 12-16 所示。

（1）从图 12-12 可看出群体决策结束时，所有个体在两个维度上的知识都集中在 ［8，10］ 区间内，与图 12-11 相比可知在群体决策过程中，群体知识得以充分交互和转移。

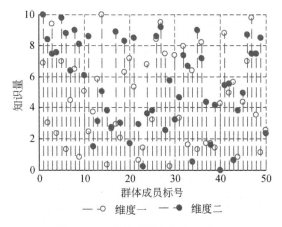

图 12-11　群体成员初始知识分布

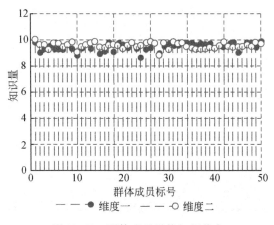

图 12-12　群体成员最终知识分布

（2）从图 12-14 可看出决策结束时，群体的决策观点集中在 0.5 附近，形成明显的观点集结，与图 12-13 相比可知在群体决策过程中，群体决策观点一致性得到明显的改善。

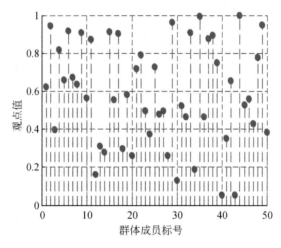

图 12-13　群体成员初始观点分布

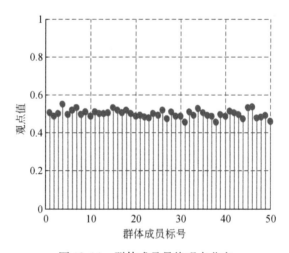

图 12-14　群体成员最终观点分布

（3）由图 12-15 和图 12-16 可看出个体观点及群体观点一致性的动态变化过程。群体观点在知识交互循环开始后就发生明显的变化，观点越来越集中，到交互次数达到 170 次时决策观点开始趋于稳定而鲜有变化；与此相一致的，群体决策观点的一致性也有同步的变化，并在交互 230 次左右时达到一致性判断标准并停止交互，完成决策。

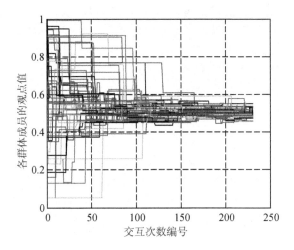

图 12-15 群体观点动态变化

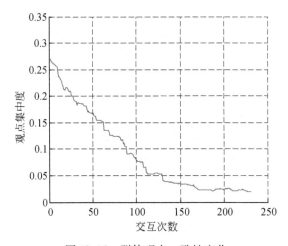

图 12-16 群体观点一致性变化

12.3 知识权重对动态群体决策绩效的影响

根据 WKN 模型，个体 d_i 对不同维度知识的权重 w_i（wk_{i1}，wk_{i2}），一方面影响了其对自己知识位势的感知，另一方面也反映了其对不同决策规则主观上的重视程度，这一差别受很多因素的影响，如社会价值、个人利益因素等，不同的权重反映了其运用各个规则的主观意愿的强烈程度，权重越大，其使用此规则的意愿越强烈，反之则较弱。

在之前的仿真中为了较为直观地获得其他因素对群体决策的影响，将知识权重 w_i（wk_{i1}，wk_{i2}）均为设置（$wk_{i1} = 0.7$，$wk_{i2} = 0.3$），在本次仿真中，将设置不同的知识权重及其适用个体数量以观察知识权重对群体决策的影响。首先设置两个不同的知识权重组合——组合 1（$wk_{i1} = 0.5$，$wk_{i2} = 0.5$）和组合 2（$wk_{i1} = 0.7$，$wk_{i2} = 0.3$），调节适用不同知识权重组合的群体成员数量，具体调节方式及仿真结果如表 12-1 所示。根据数据绘出群体观点一致性与不同知识权重个体数量之间的关系图，见图 12-17。

表 12-1　知识权重与观点一致性的关系

仿真编号	1		2		3		4	
权重类型	0.7:0.3	0.5:0.5	0.7:0.3	0.5:0.5	0.7:0.3	0.5:0.5	0.7:0.3	0.5:0.5
个体数量	0	50	5	45	10	40	15	35
仿真结果	0.019 4		0.080 3		0.095 4		0.112 1	
仿真编号	5		6		7		8	
权重类型	0.7:0.3	0.5:0.5	0.7:0.3	0.5:0.5	0.7:0.3	0.5:0.5	0.7:0.3	0.5:0.5
个体数量	20	30	25	25	30	20	35	15
仿真结果	0.123 9		0.128 6		0.120 2		0.114 8	
仿真编号	9		10		11			
权重类型	0.7:0.3	0.5:0.5	0.7:0.3	0.5:0.5	0.7:0.3	0.5:0.5		
个体数量	40	10	45	5	0			
仿真结果	0.08 5		0.075 7		0.022 4			

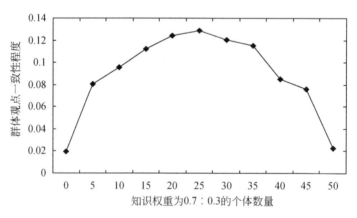

图 12-17　知识权重与观点一致性的关系

图形成倒 U 形，在图形两端，即知识群体均采用一种知识权重时，群体能达到最优的一致性，当群体成员采用两种知识权重人数相等时，群体决策一致性最差；而在图形的开始和结尾阶段，即在某种知识权重个体数量占大多数时，少数个体数量的增加导致一致性程度的迅速降低；在少数个体数量增加到一定程度时，人数增加导致一致性降低的程度越来越小，直至群体成员采用两种知识权重人数相等时一致性程度最低。

仿真结果说明：如果决策群体中存在社会价值观不同的个体时将会使群体决策的一致性受到影响；群体中持有不同价值的个体数量相当时，群体决策一致性最差；群体中持有不同价值的个体数量较少时，群体决策一致性对此数量较敏感，它的增加将导致一致性迅速下降，下降趋势随着这种个体人数的增加而不断减缓。因此，在群体决策过程中，为了达到较高的群体决策一致性，必须统一群体所有成员的价值观或相关利益。

接着选择仿真过程中几个典型的观点动态图进行观察。图 12-18 为存在两种知识权重时群体进行 500 次交互后获得的观点动态变化和最终观点分布，图中 n_1 代表知识权重为 0.7∶0.3 的个体的数量，n_2 代表知识权重为 0.5∶0.5 的个体的数

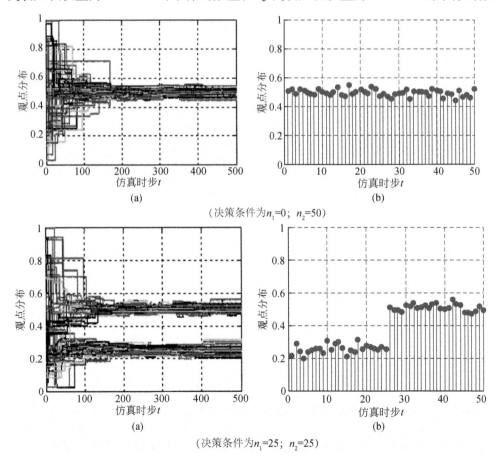

(a) 　　　　　　　　　　　　(b)

（决策条件为n_1=0；n_2=50）

(a) 　　　　　　　　　　　　(b)

（决策条件为n_1=25；n_2=25）

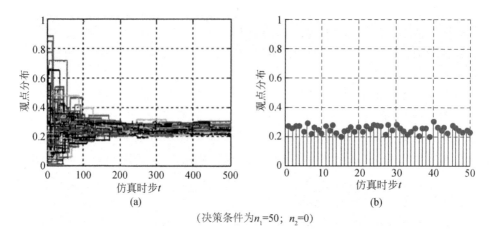

（决策条件为n_1=50；n_2=0）

图 12-18　　知识权重与群体观点收敛的关系

量。图 12-18（a）中，x轴表示群体交互的次数（500 次），y轴为个体观点在相应交互次数下的分布；图 12-18（b）中，x轴表示个体的编号，y轴为个体在群体交互 500 次后的最终观点分布。

由仿真结果可知，在群体均采用（0.5∶0.5）的知识权重时，群体经过多次交互后能形成唯一的统一观点，且均分布于 0.5 左右；相同的，在群体均采用（0.7∶0.3）的知识权重时，群体经过多次交互后亦能形成唯一的统一观点，且均分布于 0.25 左右；在两种权重均存在时，形成了两个观点集结中心，分别为 0.5 和 0.25。在知识能够充分交互的条件下，知识权重直接影响了群体观点的分布。

仿真说明了个体价值观在群体决策过程中的作用。在成员能够充分交互获得足够知识时，个体的价值观和相关利益直接决定了其观点取向，从而决定了群体观点的一致性。

12.4　个体交互条件选择机制对动态群体决策绩效的影响

知识的转移和共享是群体观点不断变化和集结的根源。与此同时，从知识交互的角度来研究观点变化和集结时，会产生一些与先前观点动力学研究不同的问题，比如，在双方进行知识转移时是单向的知识转移还是双方相互转移，在选择知识交互对象时会不会考虑到双方观点的差别以及知识的差别等。因此本节将从知识交互的以上三个方面对群体决策进行仿真研究。

12.4.1　知识转移方向对群体决策绩效的影响

在先前的仿真设置中，假设知识交互双方如有某维度知识可以向对方学习，

均可以产生知识的转移，即

$$\text{if diffk}_1 \geqslant \xi_2, \quad \Delta \text{qk}_{s1} = \text{wl}_s \cdot \text{al}_s \cdot \text{at}_t \left(\text{qk}_{i1} - \text{qk}_{s1} \right) \tag{12-15}$$

$$\text{if diffk}_1 \leqslant -\xi_2, \quad \Delta \text{qk}_{t1} = -\text{wl}_t \cdot \text{al}_t \cdot \text{at}_s \left(\text{qk}_{t1} - \text{qk}_{s1} \right) \tag{12-16}$$

$$\text{if diffk}_2 \geqslant \xi_2, \quad \Delta \text{qk}_{s2} = \text{wl}_s \cdot \text{al}_s \cdot \text{at}_t \left(\text{qk}_{i2} - \text{qk}_{s2} \right) \tag{12-17}$$

$$\text{if diffk}_2 \leqslant -\xi_2, \quad \Delta \text{qk}_{t2} = -\text{wl}_t \cdot \text{al}_t \cdot \text{at}_s \left(\text{qk}_{t2} - \text{qk}_{s2} \right) \tag{12-18}$$

但仔细分析知识交互过程，交互由某一群体决策成员 d_s 发起，寻找可以学习的对象并根据规则确定被学习者 d_t，作为被学习者的 d_t，即使有可以向学习者 d_s 学习之处，也并不一定会向 d_s 学习。因此，在本次仿真中，假设只存在于被学习者 d_t 向学习者 d_s 的知识转移，即单向转移。在其他设置相同的条件下，把它与双向转移的结果进行比较，即

$$\text{if diffk}_1 \geqslant \xi_2, \quad \Delta \text{qk}_{s1} = \text{wl}_s \cdot \text{al}_s \cdot \text{at}_t \left(\text{qk}_{i1} - \text{qk}_{s1} \right) \tag{12-19}$$

$$\text{if diffk}_2 \geqslant \xi_2, \quad \Delta \text{qk}_{s2} = \text{wl}_s \cdot \text{al}_s \cdot \text{at}_t \left(\text{qk}_{i2} - \text{qk}_{s2} \right) \tag{12-20}$$

$$\Delta \text{qk}_{t1} = \Delta \text{qk}_{t2} = 0 \tag{12-21}$$

令 $\xi_1 = 0.02$，$\text{wk}_{i1} = 0.5$，$\text{wk}_{i2} = 0.5$，分别仿真得出两种条件下群体达成一致性所需步长如表 12-2 所示。

表 12-2　知识转移方向与集结时间的关系

转移方式	单向	双向
所需步长/时步	319.285 7	281.142 9

由表 12-2 可知，知识由双向转移变为单向转移时并没有影响群体最终的决策一致性，但是群体达到观点一致性所需要的时间增长。在实际生活中，如果决策群体成员能够在积极回答其他成员提出的疑问的同时，也能把握住机会向提问者提出自己的问题以获取更多的知识，那么群体能够以更短的时间完成决策过程。

12.4.2　知识差阈值对群体决策绩效的影响

在之前的仿真中，本文均假设知识交互发起者 d_s 在选择被学习者 d_t 时只考虑对方有没有值得自己学习的知识维度，发起者 d_s 可能向任何一个知识比自己丰富的人学习：

$$\text{diffk}_{i1} = \text{qk}_{i1} - \text{qk}_{s1} \geqslant \xi_2 \text{ or diffk}_{i2} = \text{qk}_{i2} - \text{qk}_{s2} \geqslant \xi_2, \quad i \in \text{ws}_i \tag{12-22}$$

但在实际中，低知识者由于各种原因只会向知识比自己丰富而又相差不多的人学习，而放弃知识比自己丰富且与自己差距较大者的交互。因此本次仿真将为维度知识差的判断设置一个上限值 ξ_3。学习者将选择满足以下条件的个体作为自己的潜在交互对象：

$$\mathrm{diffk}_{i1} = \mathrm{qk}_{i1} - \mathrm{qk}_{s1}, \quad \xi_3 \geqslant \mathrm{diffk}_{i1} \geqslant \xi_2,$$

$$\mathrm{diffk}_{i2} = \mathrm{qk}_{i2} - \mathrm{qk}_{s2}, \quad \xi_3 \geqslant \mathrm{diffk}_{i2} \geqslant \xi_2, \quad i \in \mathrm{ws}_i \qquad (12\text{-}23)$$

对维度知识差的上限值 ξ_3 进行调整，从 1 递增到 9，增量为 1，令 $\xi_1 = 0.02$，$\mathrm{wk}_{i1} = 0.5$，$\mathrm{wk}_{i2} = 0.5$，记录群体交互 500 次后的一致性程度，结果如图 12-19 所示。

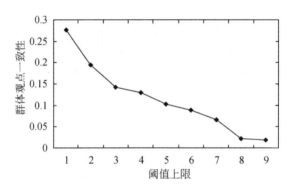

图 12-19 维度知识差阈值对群体观点一致性的影响

图 12-19 中随着交互双方的知识差阈值上限 ξ_3 由 1 递增到 9，群体决策观点一致性越来越优。在知识差阈值上限增长的前期，观点一致性的增长速度较快，随着知识差阈值的不断增长，观点一致性增速放缓，当知识差阈值上限从 8 增长到 9 时，对观点一致性几乎没有影响。这种情况反映了在群体决策过程中，如果群体成员能够不惧知识差带来的压力而向所有值得自己学习的人学习，群体能够快速高效地完成决策；相反，如果成员因为其他原因只选择与自己知识量相仿的人学习，群体决策所需时间会更长，且很可能会因为不能形成统一的观点而使决策失败。

12.4.3 观点差阈值对群体决策绩效的影响

在经典 Deffuant 模型中，群体成员选择与观点相近的成员进行观点交互，在本次模拟中，本研究也将对这一条件进行仿真分析。在模型中设置观点差的阈值 ξ_{od}，在交互发起者 d_s 选择被学习者 d_t 时，首先对视野范围 ws_i 内的成员进行扫描，选择与自己观点相近的成员作为学习候选人，然后接着模型中的其他步骤。观点相近者的选择条件为

$$|\mathrm{op}_s - \mathrm{op}_i| \leqslant \xi_{\mathrm{od}}, \quad i \in \mathrm{ws}_i \qquad (12\text{-}24)$$

对 ξ_{od} 不断进行调整，从 0.1 增加到 0.5，每次增速为 0.1，令 $\xi_1 = 0.02$，$\mathrm{wk}_{i1} = 0.5$，$\mathrm{wk}_{i2} = 0.5$，并在不同 ξ_{od} 时记录群体交互 500 次后的一致性程度，结果如图 12-20 所示。图中，群体观点一致性随着观点差的阈值 ξ_{od} 的增大而不断优化，在 ξ_{od} 较小时，观点一致性的优化速度较小，当 ξ_{od} 从 0.3 到 0.4 时，群体观

点一致性优化速度最快，而在 ξ_{od} 从 0.4 到 0.5 时，一致性优化最慢。

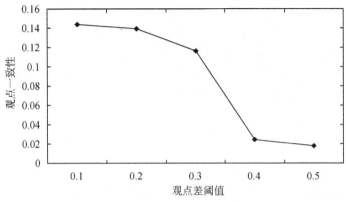

图 12-20　观点差阈值对群体观点一致性的影响

以上结果反映了群体成员对不同观点持有者的接受程度对群体决策结果的影响。在一个群体中，如果成员能够对不同观点持有者保持开放的态度，即使双方有不同的观点，仍然能够彼此互相学习，并取其精华，去其糟粕，那么群体能够更快完成决策并形成更有效的决策结果。

12.5　初始知识分布对动态群体决策绩效的影响

在 Nonaka 的研究中，知识创造是组织成员在各种"场"下相互交流和学习，通过个人领悟和组织共享来增加群体知识、解决组织问题的过程。在这个过程中，组织成员通过比喻总结将隐性知识转化为显性知识，并通过实践体验观察模仿将显性知识转化为隐性知识，另外此过程还受到如组织特征、组织知识、任务特征等诸多因素的影响。群体决策和群体知识创造本质上都具有问题求解和信息处理的共同特征，它们都涉及各知识的交互和转化。因此，将知识创造的过程纳入本模型中具有重要意义。

12.5.1　知识创造在模型中的实现

在本模型中，知识创造被认为是知识丰富的群体成员进行知识交互的结果之一，即如果交互双方在某个维度上的知识均高于某个值 ξ_{kc}，即 $qk_{td} \geqslant \xi_{kc}$，$qk_{sd} \geqslant \xi_{kc}$（$d$ 为知识维度），那么双方进行知识交互时就有可能在这个维度上产生一定量的新知识，产生新知识的概率 p_{kc} 为 $[0,1]$ 内的随机分布，每次产生新知识的量为 qnk。

知识创造的结果是：①若双方在此维度上的知识差大于等于交互阈值 ξ_2，那么高知者获得新创造知识，低知者依原规则向高知者进行学习并获得转移

的知识；②如果双方在此维度上的知识差小于知识交互的阈值 ξ_2，则双方共享新创造的知识，即

$$\text{if } qk_{id} - qk_{jd} \geqslant \xi_2，\Delta qk_{id} = qnk，\Delta qk_{jd} = wl_j \cdot al_j \cdot at_i（qk_{id} - qk_{jd}）$$

$$\text{if } \xi_2 > qk_{id} - qk_{jd} > 0，\Delta qk_{id} = \Delta qk_{jd} = qnk \qquad (12\text{-}25)$$

令 $\xi_1 = 0.02$，$wk_{i1} = 0.5$，$wk_{i2} = 0.5$，$\xi_2 = 0.2$，$\xi_{kc} = 9.5$，$qnk = 0.1$，仿真并记录群体交互 500 次后的群体决策的结果，见图 12-21。

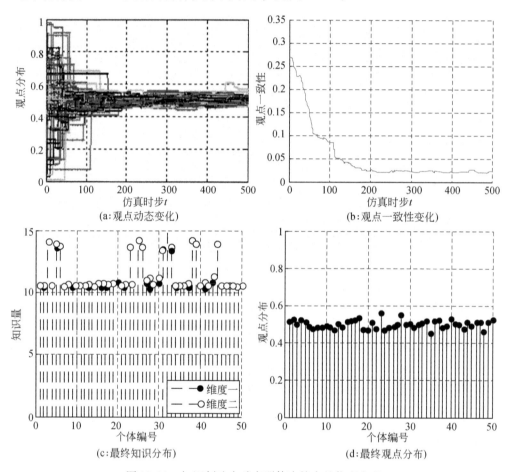

图 12-21　知识创造在动态群体决策中的仿真实现

由图 12-21（a）可知，在一般的知识创造条件下，群体观点仍然在较短时间内形成稳定状态并集中于一个观点簇；由图 12-21（b）可知，虽然群体观点最终集中于一个观点簇，其一致性却没有达到判断条件（$c = 0.0226 > 0.02$）；由图 12-21（c）可知，在知识创造和知识转移的共同作用下，群体成员在两个维度的知识量均超过了原模型中的上限 10。

12.5.2　不同初始知识分布下知识创造对群体决策的影响

令 $\xi_1 = 0.02$，$wk_{i1} = 0.5$，$wk_{i2} = 0.5$，$\xi_2 = 0.2$，$\xi_{kc} = 9.5$，$qnk = 0.1$，知识分布设置如下：n_1 个个体的维度一知识在 $[0, 10]$ 范围内服从均匀分布，其他 $50 - n_1$ 个个体维度一知识在 $[0, 5]$ 范围内服从均匀分布；n_2 个个体的维度二知识在 $[0, 10]$ 范围内服从均匀分布，其他 $50 - n_2$ 个个体维度二知识在 $[0, 5]$ 范围内服从均匀分布。仿真获得不同初始知识分布条件下群体最终知识的分布及最终观点的分布，见图 12-22。

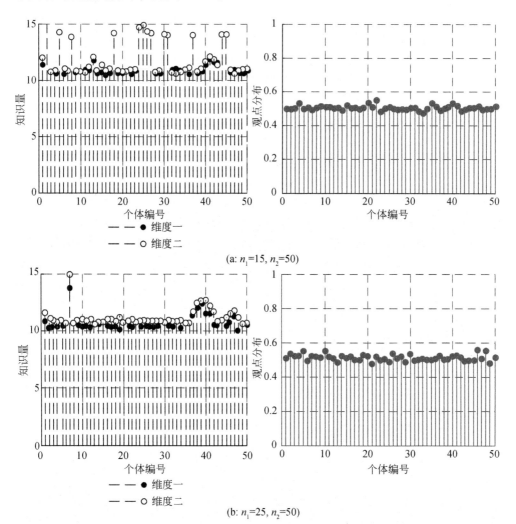

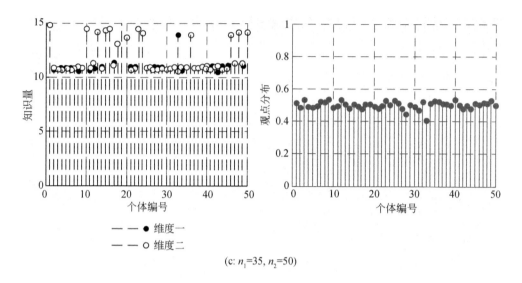

(c: n_1=35, n_2=50)

图 12-22　不同初始知识分布条件下知识创造对动态群体决策的影响

此次仿真中，群体成员维度一知识量为 [0，10] 内平均分布的数量从 15 递增至 35，而维度二知识量为 [0，10] 内平均分布的数量一直为 50。由图 12-22可知，维度二高知识人数较多，其最终的知识量比维度一知识总体上多，且造成群体最终观点分布略微高于 0.5 而偏向 0.6。仿真表明在有知识创造存在的群体中，初始知识总体水平越高的知识维度越容易发生知识创造，且会对群体成员的最终观点分布产生一定的影响。

参 考 文 献

白方周，鲍忠贵．1996．定性仿真——一种新的智能仿真技术［J］．测控技术，15（1）：14-18．

白云涛，郭菊娥，席酉民，等．2008．权威类型，决策程序对高层管理团队决策结果影响的实验研究［J］．管理工程学报，22（4）：72-78．

毕鹏程，郎淳刚，席酉民．2005．领导风格和行为对群体决策过程和结果的影响［J］．西安交通大学学报（社会科学版），25（2）：1-10．

毕鹏程，席酉民．2002．群体决策过程中的群体思维研究［J］．管理科学学报，5（1）：25-34．

陈侠，樊治平，陈岩．2006．基于语言判断矩阵的专家群体判断一致性分析［J］．控制与决策，21（8）：879-884．

陈晓红，阳熹．2008．一种基于三角模糊数的多属性群决策方法［J］．系统工程与电子技术，30（2）：278-282．

陈晓萍．2004．领导者行为与员工离职［M］．北京：北京大学出版社．

陈飞翔，张黎，胡靖．2005．知识扩散场的建立和实证分析［J］．科学学研究，23（2）：253-257

程启月，邱菀华．2001．群决策与个体决策的一致性分析［J］．中国管理科学，9（5）：32-37．

党兴华，李莉．2005．技术创新合作中基于知识位势的知识创造模型研究［J］．中国软科学，（11）：143-148．

董杨琴，肖亮，吴慧中．2007．基于语言评价与模糊数的群体意见共识方法［J］．火力与指挥控制，32（3）：22-26．

杜静，魏江．2004．知识存量的增长机理分析［J］．科学学与科学技术管理，25（1）：24-27．

高农昌，何平．1995．决策过程及最优决策时刻分析［J］．中国管理科学，3（4）：53-58．

高祥宇，卫民堂，李伟．2005．信任促进两人层次知识转移的机制的研究［J］．科学学研究，23（3）：394-400．

龚晓光，黎志成，胡斌．2005．研发人员个体激励定性模拟研究［J］．中国管理科学，13（2）：124-129．

顾基发．2001．意见综合——怎样达成共识［J］．系统工程学报，16（5）：340-348．

郭菊娥，白云涛，席酉民，等．2008．权威类型，决策程序对高管决策过程影响研究［J］．管理科学学报，11（6）：1-10．

何斌，王学力，魏新，等．2010．管理实验与实验管理学研究［J］．管理学报，7（5）：649-655．

何贵兵．2002．群体动态决策的适应性行为及其内隐学习机制．杭州：浙江大学博士学位论文．

胡斌，黎志成.2004.企业市场营销决策过程定性模拟系统［J］.工业工程与管理，9（1）：19-22.

胡斌，章德斌.2006.基于元胞自动机间距识别的员工行为模拟方法［J］.系统工程理论与实践，（2）：83-96.

胡汉辉，潘安成.2006.组织知识转移与学习能力的系统研究［J］.管理科学学报，9（3）：81-87.

胡秋珍，刘洋，温一鹏，等.2009.电子民主的要素与模型研究［J］.电子政务，（6）：74-78.

华中生，梁樑.1994.专家群体决策不一致性判定与调整方法［J］.系统工程学报，9（1）：118-123.

黄孟藩，王凤彬.1995.决策行为与决策心理［M］.北京：机械工业出版社.

井润田，席酉民，冯耕中.1994.中国传统文化与群体决策过程的研究［J］.决策与决策支持系统，4（1）：16-25.

乐晴.1999.论决策团体的适度规模［J］.决策借鉴，12（3）：26，27.

黎志成，陈雪.2003.定性模拟在企业竞争行为策略选择中的应用［J］.华中科技大学学报（自然科学版），31（6）：106-108.

李炳英.2007.个体，集群，组织间知识转移影响因素的分析研究［J］.情报科学，25（10）：1458-1462.

李怀祖.1993.决策理论导引［M］.北京：机械工业出版社.

李武，席酉民，成思危.2002.群体决策过程组织研究评述［J］.管理科学学报，5（2）：55-56.

廖貅武，张帆，董广茂.2007.不完全信息的一致性和冗余性问题的研究［J］.系统工程理论与实践，（10）：140-147.

刘常勇，傅清富.2002.知识管理能力对新产品开发绩效之影响［J］.中山大学学报（社会科学版），42（5）：119-127.

刘常昱，胡晓峰，司光亚，等.2006.基于小世界网络的舆论传播模型研究［J］.系统仿真学报，18（12）：3608-3610.

刘常昱，胡晓峰，批罗，等.2008.基于不对称人际影响的舆论涌现模型研究［J］.系统仿真学报，20（4）：990-992.

刘冠晓.2006.基于多种计算智能方法的辅助决策系统的研究与应用.昆明：云南师范大学.硕士学位论文

黎志成，黎琦，胡斌.2004.研发团队绩效转换过程的定性模拟研究［J］.中国管理科学，12（2）：128-132.

刘树安，杜红涛，王晓玲.2001.粗造集理论与应用发展［J］.系统工程理论与实践，21（10）：77-82.

刘树林，席酉民.2002a.年龄与群体创建决策方案数量和质量的实验研究［J］.控制与决策，17（B11）：798-801.

刘树林，席酉民.2002b.群体大小与群体创建决策方案数量的实验研究［J］.控制与决策，17（5）：583-586.

刘树林, 席酉民, 唐均. 2003. 群体大小对群体决策可靠性影响的研究综述 [C]. 第六届全国人机环境系统工程学术会议论文集, 6: 157-161.

卢兵, 岳亮, 廖狄武. 2008. 企业通过联盟进行隐性知识转移的三阶段模型 [J]. 管理工程学报, 22 (1): 16-23.

罗志勇. 2003. 知识共享机制研究 [M]. 北京: 北京图书馆出版社.

马庆国, 徐青, 廖振鹏, 等. 2006. 知识转移的影响因素分析 [J]. 北京理工大学学报 (社会科学版), 18 (1): 40-43.

孟晓飞, 刘洪, 吴红梅. 2003. 网络环境下知识扩散的多智能体模型研究 [J]. 科学学研究, 21 (6): 636-641.

彭怡. 2006. 动态群体决策理论及其应用研究. 成都: 西南交通大学博士学位论文.

邵晨曦, 张毅, 张俊涛, 等. 2005. 基于反馈的群体疏散行为定性预测 [J]. 系统仿真学报, 17 (4): 978-981.

邵东国, 徐剑锋. 2002. 一种基于非线性多目标群决策的防洪投资分配方法 [J]. 系统工程理论与实践, 22 (4): 125-130.

邵祖峰, 胡斌, 张金隆. 2007. 基于能岗匹配的管理人员配置过程定性模拟 [J]. 系统管理学报, 16 (1): 22-26.

司夏萌, 刘云, 张立. 2008. 群体间交互对舆论演化影响的研究 [J]. 北京交通大学学报 (自然科学版) 32 (5): 77-80.

司夏萌, 刘云, 丁飞, 等. 2009. 具有社团结构的有界信任舆论涌现模型研究 [J]. 系统仿真学报, (23): 7644-7647.

宋迎法, 刘新全. 2004. 电子民主: 网络时代的民主新形式 [J]. 江海学刊, (6): 94-97.

苏俊燕, 孔令江, 刘慕仁. 2006. 加权网络上的舆论演化模型研究 [J]. 广西师范大学学报 (自然科学版), 24 (2): 1-4.

苏俊燕, 孔令江, 刘慕仁, 等. 2008. 加权网络上 Sznajd 舆论模型研究 [J]. 广西科学, 15 (1): 44-46.

孙晓东, 田澎. 2008. 群决策中基于一致性强度的专家意见集结方法 [J]. 系统工程与电子技术, 30 (10): 1895-1898.

唐方成, 席酉民. 2006a. 知识转移与网络组织的动力学行为模式 (Ⅰ) [J]. 系统工程理论与实践, 26 (5): 122-127.

唐方成, 席酉民. 2006b. 知识转移与网络组织的动力学行为模式 (Ⅱ): 吸收能力与释放能力 [J]. 系统工程理论与实践, 26 (9): 83-89.

陶厚永, 刘洪. 2008. 知识共享机制对群体绩效的影响研究 [J]. 科研管理, 29 (2): 52-60.

田兴玲, 刘慕仁, 孔令江. 2006. 一维 Sznajd 舆论模型中噪声因素对演化的影响 [J]. 广西师范大学学报 (自然科学版), 24 (1): 1-4.

涂育松, 李晓, 邓敏艺, 等. 2005. 一维 Sznajd 舆论模型相变的研究 [J]. 广西师范大学学报 (自然科学版), 23 (3): 5-8.

万迪昉, 谢刚, 乔志林. 2003. 管理学新视角: 实验管理学 [J]. 科学学研究, 21 (3): 131-136.

王丹力，戴汝为 . 2001. 群体一致性及其在研讨厅中的应用［J］. 系统工程与电子技术，7（23）：33-38.

王丹力，戴汝为 . 2002. 专家群体思维收敛的研究［J］. 管理科学学报，5（2）：1-5.

王刊良，席酉民，汪应洛 . 1994. 群体支持系统理论基础［J］. 管理科学学报，（4）：1-6.

王龙，伏锋，等 . 2008. 复杂网络上的群体决策［J］. 智能系统学报，3（2）：96-108.

王茹，蔡勖 . 2008. 推广小世界网络上的 Sznajd 舆论模型［J］. 广西师范大学学报（自然科学版），26（1）：7-10.

王茹 . 2009. 复杂网络 Opinion 动力学研究 . 武汉：华中师范大学博士学位论文 .

维娜·艾莉 . 1998. 知识的进化［M］. 刘民慧等译 . 珠海：珠海出版社 .

魏存平，邱菀华 . 2000. 群体决策基本理论评述［J］. 北京航空航天大学学报（社会科学版），13（2）：24-28.

魏光兴，谢安石 . 2008. 人力资源管理研究的实验方法［J］. 科技进步与对策，25（9）：135-138.

吴青峰，孔令江，刘慕仁 . 2004. 元胞自动机舆论传播模型中人员个性的影响［J］. 广西师范大学学报（自然科学版），22（4）：5-9.

吴青峰，程庆华，刘慕仁 . 2006. 噪声影响下舆论传播的建模与仿真［J］. 长江大学学报（理工卷），3（1）：59-62.

席酉民，汪应洛，王刊良，等 . 1997. GDSS 环境下群体大小的实验研究［J］. 决策与决策支持系统，7（2）：1-10.

席运江，党延忠 . 2007. 基于加权知识网络的组织知识存量表示与度量［J］. 科学学研究，25（3）：493-497.

肖海林，邓敏艺，孔令江，等 . 2005. 元胞自动机舆论模型中人员移动对传播的影响［J］. 系统工程学报，20（3）：225-231.

谢刚，万迪昉 . 2003. 管理实验——管理研究的重要方法［J］. 管理科学，16（2）：2-6.

谢刚，胡笑寒，乔志林 . 2004. 管理实验与设计研究［J］. 管理工程学报，18（4）：17-20.

徐泽水 . 2002. 模糊互补判断矩阵的排序方法研究［J］. 系统工程与电子技术，24（11）：73-75.

徐泽水，陈剑 . 2007. 一种基于区间直觉判断矩阵的群体决策方法［J］. 系统工程理论与实践，27（4）：126-133.

宣慧玉，张发 . 2008. 复杂系统仿真及应用［M］. 北京：清华大学出版社 .

闫慧，雒波 . 2005. 信息时代的企业决策［J］. 科技成果纵横，（3）：56.

杨雷，席酉民 . 1997a. 群体讨论对个体偏好极端性转移的影响［J］. 系统工程，15（1）：9-13.

杨雷，席酉民 . 1997b. 一种模糊偏好的群体决策方法［J］. 系统工程理论与实践，17（9）：22-26.

杨雷，席酉民 . 1998. 理性群体决策的概率集结研究［J］. 系统工程理论与实践，（4）：90-112.

杨雷 . 2004. 群体决策理论与应用［M］. 北京：经济科学出版社 .

杨雷 . 2007. 不完全信息条件下的多指标群体决策方法［J］. 系统工程理论与实践, 27（3）:
　　172-176.

杨雷, 姜明月 . 2010. 知识转移对群体决策偏好收敛速度的影响［J］. 工业工程, 13（3）:
　　6-12.

杨雷, 习鹏 . 2011. 决策者个性混合群体观点演化的仿真［J］. 工业工程, 14（1）: 23-27.

杨洍, 师萍 . 2005. 员工个人隐性知识扩散条件与激励［J］. 中国海洋大学学报（社会科学
　　版）, 4: 50-53.

余雁, 梁樑, 蒋跃进, 等 . 2004. 一种新的基于模糊偏好的 TOPSIS 改进方法［J］. 系统工程,
　　22（8）: 87-90.

元继学, 吴祈宗 . 2004. 多属性群体决策算法及一致性分析研究［J］. 数学的实践与认识, 24
　　（8）: 51-57.

张芳, 司光亚, 罗批 . 2009. 谣言传播模型研究综述［J］. 复杂系统与复杂性科学, 6（4）:
　　1-11.

张军 . 2008. 研究社会系统演化的计算实验方法［J］. 实验室研究与探索, 27（10）: 74, 75

张开富, 张杰, 李原 . 2008. 装配工序的多准则群体决策协调权评价算法［J］. 计算机集成制
　　造系统, 14（11）: 2199-2203.

张立, 刘云 . 2009. 舆论演进中个体策略选择的仿真研究［J］. 系统仿真学报, （12）:
　　3518-3521.

张龙, 刘洪 . 2006. 组织内收入偏好分布及主体激励, 模型构建与模拟［J］. 复杂系统与复杂
　　性科学, 3（1）: 21-28.

张冉, 任浩 . 2006. 群体决策的影响力模型［J］. 统计与决策, （3）: 52-55.

张志勇 . 刘益 . 2007. 基于网络视角的企业间知识转移研究［J］. 情报杂志, 1（11）: 70-72.

郑全全, 朱华燕, 胡凌雁, 等 . 2001. 群体决策过程中的信息取样偏差［J］. 心理学报, 33
　　（1）: 68-74.

郑全全, 朱华燕 . 2001. 自由讨论条件下群体决策质量的影响因素［J］. 心理学报, 33（3）:
　　264-269.

郑全全, 刘方珍 . 2003. 任务难度、决策培训诸因素对群体决策的影响［J］. 心理学报, 35
　　（5）: 669-676.

郑全全, 郑波, 郑锡宁, 等 . 2005. 多决策方法多交流方式的群体决策比较［J］. 心理学报,
　　37（2）: 246-252.

周洁, 李德敏 . 1999. 群决策一致性寻求方法与算法［J］. 系统工程理论与实践, 19（6）: 80-
　　84.

朱建军, 刘思峰 . 2008. 群体决策中多阶段多元判断偏好的集结方法研究［J］. 控制与决策,
　　23（7）: 730-734.

卓越, 王红 . 1999. 群体决策支持系统的一致性分析技术［J］. 控制与决策, 14（6）:
　　636-641.

左美云 . 2006. 知识转移与企业信息化［M］. 北京: 科学出版社 .

Ackoff R L. 1979. The future of operational research is past［J］. Journal of the Operational Research

Society，30（2）：93-104.

Aiken M，Krosp J，Shirani A. 1994. Electronic brainstorming in small and large groups ［J］. Information & Management，27（3）：141-149.

Alaali A，Purvis M A. 2008. Vector opinion dynamics：an extended model for consensus in social networks ［C］. International Conference on Web Intelligence and Intelligent Agent Technology，3：394-397.

Albert R，Barabási A L. 2002. Statistical mechanics of complex networks ［J］. Reviews of Modern Physics，74（1）：47-97.

Alderfer C P，Smith K K. 1982. Studying intergroup relations embedded in organizations ［J］. Administrative Science Quarterly，27（1）：35-65.

Amblard F，Deffuant G. 2004. The role of network topology on extremism propagation with the relative agreement opinion dynamics ［J］. Physica A，343：725-738.

Andrews K M，Delahaye B L. 2002. Influences on knowledge processes in organizational learning：the psychosocial filter ［J］. Journal of Management Studies，37（6）：797-810.

Argote L，Ingram P，Levine J M，et al. 2000. Knowledge transfer in organizations：Learning from the experience of others ［J］. Organizational Behavior and Human Decision Processes，82（1）：1-8.

Argote L，Ingram P. 2000. Knowledge transfer：a basis for competitive advantage in firms ［J］. Organizational Behavior and Human decision Processes，82（1）：150-169.

Arieh D，Easton T. 2007. Multi- criteria group consensus under linear cost opinion elasticity ［J］. Decision Support System. 43（3）：713-721.

Armstrong R D，Cook W D，Seiford L M. 1982. Priority ranking and consensus formation：the case of ties ［J］. Management Science，28（6）：638-645.

Arrow K J. 1963. Social Choice and Individual Values ［M］. New Haven：Yale University Press.

Asch S E. 1956. Studies of independence and conformity：a minority of one against a unanimous majority ［J］. Psychological Monographs，70（9）：1-70.

Austin J R. 2003. Transactive memory in organizational groups：the effects of content，consensus，specialization，and accuracy on group performance ［J］. Journal of Applied Psychology，88（5）：866-878.

Axelrod R. 1997a. The Complexity of Cooperation ［M］. Princeton，NJ：Princeton University Press.

Axelrod R. 1997b. The dissemination of culture ［J］. Journal of Conflict Resolution，41（2）：203-226.

Azadivara F，George T. 1999. Simulation optimization with qualitative variables and structural model changes：a genetic algorithm approach ［J］. European Journal of Operational Research，113（1）：169-182.

Bacharach M. 1975. Group decisions in the face of differences of opinion ［J］. Management Science，22（2）：182-191.

Bacharach M. 1985. Some extensions of a claim of Aumann in an axiomatic model of knowledge ［J］. Journal of Economic Theory，37（1）：167-190.

Barthélemy J P, Bisdorff R, Coppin G. 2002. Human centered processes and decision support systems [J]. European Journal of Operational Research, 136 (2): 233-252.

Bayley C, French S. 2008. Designing a participatory process for stakeholder involvement in a societal decision [J]. Group Decision and Negotiation, 17 (3): 195-210.

Benbunan-Fich R, Hiltz S R, Turoff M. 2003. A comparative content analysis of face-to-face vs. asynchronous group decision making [J]. Decision Support Systems, 34 (4): 457-469.

Benenson I. 1998. Multi-agent simulations of residential dynamics in the city [J]. Computer, Environment and Urban Systems, 22 (1): 25-42.

Ben-Arieh D, Chen Z. 2004. A new linguistic labels aggregation and consensus in group decision making [C]. Proceedings of the Confevence of IERC.

Ben-Arieh D, Chen Z. 2006. Linguistic-labels aggregation and consensus measure for autocratic decision making using group recommendations [J]. Systems, Man and Cybernetics, Part A: Systems and Humans, IEEE Transactions on, 36 (3): 558-568.

Ben-Arieh D, Easton T. 2007. Multi-criteria group consensus under linear cost opinion elasticity [J]. Decision Support Systems, 43 (3): 713-721.

Ben-Naim E, Frachebourg L, Krapivsky P L. 1996. Coarsening and persistence in the voter model [J]. Physical Review E, 53 (4): 3078-3087.

Ben-Naim E. 2005. Opinion dynamics: rise and fall of political parties [J]. Europhysics Letters, 69 (5): 671-677.

Berends P, Romme G. 1999. Simulation as a research tool in management studies [J]. European Management Journal, 17 (6): 576-583.

Bernardes A T, Costa U, Araujo A D, et al. 2001. Damage spreading, coarsening dynamics and distribution of political votes in sznajd model on square lattice [J]. International Journal of Modern Physics C-Physics and Computer, 12 (2): 159-168.

Bernardes A T, Stauffer D, Kertész J. 2002. Election results and the Sznajd model on Barabasi network [J]. The European Physical Journal B-Condensed Matter and Complex Systems, 25 (1): 123-127.

Berndsen R. 1995. Casual ordering in economic models [J]. Decision Support Systems, 15 (2): 157-165.

Bertotti M L, Delitala M, Bellomo N. 2008. On the existence of limit cycles in opinion formation processes under time periodic influence of persuaders [J]. Mathematical Models and Methods in Applied Sciences, 18 (6): 913-934.

Bian Y. 1997. Bringing strong ties back in: indirect ties, network bridges, and job searches in China [J]. American Sociological Review, 62 (3): 366-385.

Black D. 1948. On the rationale of group decision-making [J]. The Journal of Political Economy, 56 (1): 23-34.

Blin J M, Whinston A B. 1974. Note—a note on majority rule under transitivity constraints [J]. Management Science, 20 (11): 1439-1440.

Borda J C. 1781. Mémoire sur les élections au scrutiny [J]. Histoire de LAcadémie royale des Sciences, 2: 657-665.

Bordley R F. 1982. A multiplicative formula for aggregating probability assessments [J]. Management Science, 28 (10): 1137-1148.

Bordogna C M, Albano E V. 2007. Statistical methods applied to the study of opinion formation models: a brief overview and results of a numerical study of a model based on the social impact theory [J]. Journal of Physics: Condensed Matter, 19 (6): 65144. 1-65144. 18.

Bordogna G, Fedrizzi M, Pasi G. 1997. A linguistic modeling of consensus in group decision making based on OWA operators [J]. IEEE Transactions on Systems, Man and Cybernetics, 27 (1): 126-132.

Brannick M T, Prince C. 1997. An overview of team performance measurement [J]. Team Performance Assessment and Measurement: Theory, Methods, and Applications, 53 (7): 3-16.

Brehmer B. 1986. New Directions in Research on Decision Making [M]. Amsterdam: Elsevier Science.

Brehmer B, Hagafors R. 1986. Use of experts in complex decision making: a paradigm for the study of staff work [J]. Organizational Behavior and Human Decision Processes, 38 (2): 181-195.

Brock W A, Durlauf S N. 2001. Discrete choice with social interactions [J]. The Review of Economic Studies, 68 (2): 235-236.

Brodbeck F C, Kerschreiter R, Mojzisch A, et al. 2007. Group decision making under conditions of distributed knowledge: The information asymmetries model [J]. The Academy of Management Review, 32 (2): 459-479.

Brookes B C. 1980. The foundations of information science [J]. Journal of Information Science, 2 (3, 4): 125-133.

Bryman A, Cramer D. 1997. Quantitative data analysis with SPSS for Windows [M]. Abingdon: Routledge.

Bryson N. 1996. Group decision-making and analytic hierarchy process: exploring the consensus-relevant information content [J]. Elsevier Science, 1 (23): 27-35.

Carletti T, Fanelli D, Guarino A, et al. 2008. Birth and death in a continuous opinion dynamics model [J]. The European Physical Journal B-Condensed Matter and Complex Systems, 64 (2): 285-292.

Carletti T. 2008. Meet, discuss and trust each other: large versus small groups [J]. complexity, 7 (3): 55-63

Castellano C. 2003. Effect of network topology on the ordering dynamics of voter models [J]. Modeling Cooperative Behavior in the Social Sciences, 779: 114-120.

Castellano C, Vilone D, Vespignani A. 2003. Incomplete ordering of the voter model on small-world networks [J]. Europhysics Letters, 63 (1): 153-158.

Castellano C, Fortunato S, Loreto V. 2009. Statistical physics of social dynamics [J]. Reviews of Modern Physics, 81 (2): 591-646.

Cattell R B. 1965. The scientific analysis of personality [M]. Oxford: Penguin Books.

Cauawoy M R, Esser J K. 1984. Group think: effects of cohesiveness and problem-solving procedures on group decision making [J]. Social Behavior and Personality, 12 (2): 157-164.

Cave J. 1983. Learning to agree [J]. Economics Letters, 12 (2): 147-152.

Centola D, González-Avella J C, Eguíluz V M, et al. 2007. Homophily, cultural drift, and the co-evolution of cultural groups [J]. Journal of Conflict Resolution, 51 (6): 905-913.

Chakrabarti B K, Chakraborti A, Chatterjee A. 2006. Econophysics and Sociophysics: Trends and perspectives [M]. India: Wiley-VCH Verlag GmbH.

Chiclana F, Herrera F, Herrera-Viedma E. 1998. Integrating three representation models in fuzzy multipurpose decision making based on fuzzy preference relations [J]. Fuzzy Sets and Systems, 97 (1): 33-48.

Chuang T, Yadav S. 1998. The development of an adaptive decision support system [J]. Decision Support System. 24 (2): 73-87.

Condorcet M. 1785. Essay on the application of mathematics to the theory of decision-making [M]. Keith: Selected Writings.

Cook W D, Kress M. 1985. Ordinal ranking with intensity of preference [J]. Management Science, 31 (1): 26-32.

Cook W D, Kress M. 1991. A multiple criteria decision model with ordinal preference data [J]. European Journal of Operational Research, 54 (2): 191-198.

Cramton C D. 2001. The mutual knowledge problem and its consequences for dispersed collaboration [J]. Organization Science, 12 (3): 346-371.

Cramton C D. 2002. Attribution in distributed work groups [J]. Distributed Work, 76 (8): 191-212.

Crokidakis N, Forgerini F L. 2010. Consequence of reputation in the Sznajd consensus model [J]. Physics Letters A, 374 (34): 3380-3383.

Darr E D, Argote L, Epple D. 1995. The acquisition, transfer, and depreciation of knowledge in service organizations: productivity in franchises [J]. Management Science, 41 (11): 1750-1762.

Davenport T H, Prusak L. 1998. Working knowledge: How Organizations Manage What They Know [M]. Boston: Harvard Business School Press.

Davenport T H, Prusak L, Wills G, et al. 1998. Working knowledge [M]. United States of America: Harvard Business School Press.

Davies M A P. 1994. A multi-criteria decision model application for managing group decisions [J]. The Journal of the Operational Research Society, 45 (1): 47-58.

Davis J H. 1973. Group decision and social interaction: A theory of social decision schemes [J]. Psychological Review, 80 (2): 97-125.

De Groot S R. 1974. Relativistic kinetic theory [J]. Revista Mexicana De Fisica, 23 (4): 405-422.

De Oliveira P M C, Stauffer D, Lima F W S, et al. 2007. Bit-strings and other modifications of Viviane model for language competition [J]. Physica A: Statistical Mechanics and Its Applications,

376: 609-616.

De Sanctis L, Galla T. 2009. Effects of noise and confidence thresholds in nominal and metric Axelrod dynamics of social influence [J]. Physical Review E, 79 (4): 46108. 1-46108. 15.

Deffuant G, Neau D, Weisbuch G, et al. 2000. Mixing beliefs among interacting agents [J]. Advances in Complex Systems, 1 (4): 87-98.

Degroot M H. 1974. Reaching a consensus [J]. Journal of the American Statistical Association, 69 (345): 118-121.

Dennis A R, Valacich J S. 1990. An experimental investigation of the effects of group size in an electronic meeting environment [J]. IEEE Systems, Man and Cybernetics Society, 20 (5): 1049-1057.

Ding F, Liu Y, Shen B, et al. 2010. An evolutionary game theory model of binary opinion formation [J]. Physica A: Statistical Mechanics and Its Applications, 389 (8): 1745-1752.

Dong-Gil K, Laurie J K, William R K. 2005. Antecedents of knowledge transfer from consultants to clients in enterprise system implementations [J]. MIS Quarterly, 29 (1): 59-85.

Dornic I, Chaté H, Chave J, et al. 2001. Critical coarsening without surface tension: The universality class of the voter model [J]. Physical Review Letters, 87 (4): 45701. 1-45701. 4.

Elgazzar A S. 2003. Applications of small-world networks to some socio-economic systems [J]. Physica A: Statistical Mechanics and its Applications, 324 (1, 2): 402-407.

Enrique H V, Francisco H, Francisco C. 2002. A consensus model for multiperson decision making with different preference structures [J]. IEEE transactions on systems. Man and Cybernetics—Part A: Systems and Humans, 32 (3): 394-402.

Fairhurst M C, Rahman A R. 2000. Enhancing consensus in multiple experts decision fusion [J]. Vision, Image and Signal Processing, 147 (1): 39-46.

Fedrizzi M, Fedrizzi M, Pereira R. 1999. Soft consensus and network dynamics in group decision making [J]. International Journal of Intelligent Systems, 14 (1): 63-77.

Forsyth D R. 1990. Group Dynamics [M]. USA: Wadsworth Publisher Corporation.

Forsythe R, Rietz T, Myerson R, et al. 1996. An experimental study of voting rules and polls in three-candidate elections [J]. International Journal of Game Theory, 25 (3): 355-383.

Fortunato S, Latora V, Pluchino A, et al. 2005. Vector opinion dynamics in a bounded confidence consensus model [J]. International Journal of Modern Physics C, 16 (10): 1535-1551.

Fortunato S. 2004a. The Krause-Hegselmann consensus model with discrete opinions [J]. International Journal of Modern Physics C, 15 (7): 1021-1029.

Fortunato S. 2004b. Universality of the threshold for complete consensus for the opinion dynamics of deffuant [J]. International Journal of Modern Physics C, 15 (9): 1301-1307.

Fortunato S. 2005a. On the consensus threshold for the opinion dynamics of Krause-Hegselmann [J]. International Journal of Modern Physics C, 16 (2): 259-270.

Fortunato S. 2005b. The Sznajd consensus model with continuous opinions [J]. International Journal of Modern Physics C, 16 (1): 17-24.

Galam S, Gefen Y, Shapir Y. 1982. Sociophysics: a new approach of sociological collective behavior [J] Journal of Mathematical Sociologg, 9 (1): 1-3.

Galam S, Gefen Y. 1982. Sociophysics: a mean behavior model for the process of strike [J]. Mathematical Journal of Sociology, 9: 1-13.

Galam S. 1990. Social paradoxes of majority rule voting and renormalization group [J]. Journal of Statistical Physics, 61 (3): 943-951.

Galam S, Moscovici S. 1991. Towards a theory of collective phenomena: consensus and attitude changes in groups [J]. European Journal of Social Psychology, 21 (1): 49-74.

Galam S. 2002a. Minority opinion spreading in random geometry [J]. The European Physical Journal B-Condensed Matter and Complex Systems, 25 (4): 403-406.

Galam S. 2002b. Real space renormalization group and totalitarian paradox of majority rule voting [J]. Physica A: Statistical Mechanics and its Applications, 285 (1, 2): 66-76.

Galam S. 2003. Modelling rumors: the no plane Pentagon French hoax case [J]. Physica A: Statistical Mechanics and Its Applications, 320: 571-580.

Galam S. 2004a. Contrarian deterministic effects on opinion dynamics [J]. Physica A: Statistical and Theoretical Physics, 333: 453-460.

Galam S. 2004b. Sociophysics: a personal testimony [J]. Physica A: Statistical and Theoretical Physics, 336 (1-2): 49-55.

Galam S, Vignes A. 2005. Fashion, novelty and optimality: an application from Physics [J]. Physica A: Statistical Mechanics and Its Applications, 351 (2-4): 605-619.

Galam S, Jacobs F. 2007. The role of inflexible minorities in the breaking of democratic opinion dynamics [J]. Physica A: Statistical Mechanics and Its Applications, 381: 366-376.

Gallupe R B, Dennis A R, Cooper W H, et al. 1992. Electronic brainstorming and group Size [J]. The Academy of Management Journal, 35 (2): 350-369.

Gargiulo F, Huet S. 2010. When group level is different from the population level: an adaptive network with the Deffuant model [J]. Intemational Journal of Modem Physics, 21 (4): 65-70.

Gigone D, Hastie R. 1993. The common knowledge effect: information sharing and group judgment [J]. Journal of Personality and Social Psychology, 65 (5): 959-974.

Goh S C. 2002. Managing effective knowledge transfer: an integrative framework and some practice implications [J]. Journal of Knowledge Management, 6 (1): 23-30.

Gorsuch R L, Venable G D. 1983. Development of an "Age Universal" I-E scale [J]. Journal for the Scientific Study of Religion, 22 (2): 181-187.

Grabowski A, Kosinski R A. 2006. Ising-based model of opinion formation in a complex network of interpersonal interactions [J]. Physica A: Statistical Mechanics and Its Applications, 361 (2): 651-664.

Grabowski A. 2009. Opinion formation in a social network: the role of human activity [J]. Physica A: Statistical Mechanics and Its Applications, 388 (6): 961-966.

Granovetter M S. 1973. The strength of weak ties [J]. American Journal of Sociology, 78 (6):

1360-1380.

Gruenfeld D H, Mannix E A, Williams K Y, et al. 1996. Group composition and decision making: how member familiarity and information distribution affect process and performance [J]. Organizational Behavior and Human Decision Processes, 67 (1): 1-15.

Guan J Y, Wu Z X, Wang Y H. 2000. Effects of inhomogeneous influence of individuals on an order-disorder transition in opinion dynamics [J]. Physical Review E, 76 (4): 42102. 1-42102. 4.

Hackman J R. 1990. Groups That Work (and those that don't): Creating Conditions for Effective Teamwork [M]. San Francisco: Jossey-Bass.

Hegselmann R, Flache A. 1998. Solidarity and Social Impact in Cellular Worlds-results and Sensitivity Analyses, in Social Science Microsimulation: Tools for Modeling, Parameter Optimization and Sensitivity Analysis [M]. Berlin: Springer Verlag.

Hegselmann R, Krause U. 2002. Opinion dynamics and bounded confidence models, analysis and simulation [J]. Journal of Artificial Societies and Social Simulation, 5 (3): 2-35.

Herrera F, Herrera-Viedma E. 1996. A model of consensus in group decision making under linguistic assessments [J]. Fuzzy Sets and Systems, 78 (1): 73-87.

Herrera F, Herrera-Viedma E, Verdegay J L. 1997. A rational consensus model in group decision making using linguistic assessments [J]. Fuzzy Sets and Systems, 88 (1): 31-49.

Herrera F, Herrera-Viedma E. 2002. Aggregation operators for linguistic weighted information [J]. IEEE Transactions on, Systems, Man and Cybernetics, 27 (5): 646-656.

Hethcote H W. 2000. The mathematics of infectious diseases [J]. SIAM review, 42 (4): 599-653.

Hinsz V B, Tindale R S, Vollrath D A. 1997. The emerging conceptualization of groups as information processors [J]. Psychological Bulletin, 121 (1): 43-64.

Hollenbeck J R, Ilgen D R, Sego D J, et al. 1995. Multilevel theory of team decision making: Decision performance in teams incorporating distributed expertise [J]. Journal of Applied Psychology, 80 (2): 292-316.

Holley R A, Liggett T M. 1975. Ergodic theorems for weakly interacting infinite systems and the voter model [J]. The Annals of Probability, 3 (4): 643-663.

Hollingshead A B. 1998. Communication, learning, and retrieval in transactive memory systems [J]. Journal of Experimental Social Psychology, 34 (5): 423-442.

Holtham C, Courtery N. 2001. Developing managerial learning styles in the context of the strategic application of information and communications technologies [J]. International Journal of Training & Development, 5 (1): 23-33.

Holyst J A, Kacperski K, Schweitzer F. 2000. Phase transitions in social impact models of opinion formation [J]. Physical A: Statistical Mechanics and Its Applications, 285 (1, 2): 199-210

Howells G, Fairhurst M C, Rahman F. 2000. An exploration of a new paradigm for weightless RAM-based neural networks [J]. Connection Science, 12 (1): 65-90.

Hua Z, Jiang W, Liang L. 2007. Adjusting inconsistency through learning in group decision-making, and its application to China's MBA recruiting interview [J]. Socio-Economic Planning Sciences, 41

(3): 195-207.

Huang W W. 2003. Impacts of GSS generic structures and task types on group communication process and outcome: some expected and unexpected research findings [J] . Behaviour and Information Technology, 22 (1): 17-29.

Huber G P. 1991. Organizational learning: the contributing processes and the literatures [J]. Organization science, 2 (1): 88-115.

Hwang C L, Lin M J. 1987. Group Decision Making under Multiple Criteria: Methods and Applications [M] . New York: Springer verlag.

Hwang H, Guynes J. 1994. The effect of group size on group performance in computer-supported decision making [J] . Informotion & Management, 26 (4): 189-198.

Ibanez M, Czermak S, Sutter M. 2009. Searching for a better deal: on the influence of team decision making, time pressure and gender [J] . Journal of Economic Psychology, 30 (1): 1-10.

Ingram P, Simons T. 1999. The exchange of experience in a moral economy: embedded ties and vicarious learning in kibbutz agriculture [C] . Academy of Management Proceedings.

Inkpen A C, Dinur A. 1998. Knowledge management processes and international joint ventures [J]. Organization Science, 9 (4): 454-468.

Inkpen A C, Tsang E W K. 2005. Social capital, networks, and knowledge transfer [J] . Academy of Management Review, 30 (1): 146-165.

Iwasaki Y. 1991. Qualitative simulation, modeling and analysis [M] . New York: Springer verlag.

Janis I L. 1982. Groupthink: Psychological Studies of Policy Decisions and Fiascoes [M] . Houghton: Mifflin School:

Janis I L, Mann L. 1997. Decision Making: a Psychological Analysis of Conflict, Choice, and Commitment [M] . New York: Free Press.

Jennifer E F, Eduardo S, Renee J S, et al. 1999. Does CRM training improve teamwork skills in the cockpit? Two evaluation studies [J] . Human Factors: The Journal of the Human Factors and Ergonomics, 41 (2): 326-343.

Jessup L M, Connolly T, Galegher J. 1990. The effects of anonymity on GDSS group process with an idea-generating task [J] . MIS Quarterly, 14 (3): 313-321.

Jian Ma, Zhi-Ping Fan, Yan-Ping Jiang, et al. 2006. A method for repairing the inconsistency of fuzzy preference relations [J] . Fuzzy Sets and Systems, 157 (1): 20-33.

Köhle K, Simons C, Weidlich S, et al. 1971. Psychological aspects in the treatment of Leukemia Patients in the isolated-bed system "life island" [J] . Psychotherapy and Psychosomatics, 19 (1, 2): 85-91.

Kacprzyk J, Fedrizzi M. 1988. A soft measure of consensus in the setting of partial (fuzzy) preferences [J] . European Journal of Operational Research, 34 (3): 316-325.

Kacprzyk J, Nurmi H, Fedrizzi M. 1997. Consensus under fuzziness [M] . Norwell: Kluwer Academic Publishers.

Keeney R L, Kirkwood C W. 1975. Group decision making using cardinal social welfare functions [J] .

Management Science, 22 (4): 430-437.

Kengpol A, Tuominen M. 2006. A framework for group decision support systems: an application in the evaluation of information technology for logistics firms [J]. International Journal of Production Economics, 101 (1): 159-171.

Keynes J M. 1937. The general theory of employment [J]. The Quarterly Journal of Economics, 51 (2): 209-223.

Kim S H, Ahn B S. 1997. Group decision making procedure considering preference strength under incomplete information [J]. Computers & operations research, 24 (12): 1101-1112.

Kim S Y, Park C H, Kim K. 2007. Collective political opinion Formation in Nonlinear social interaction [J]. International Journal of Modern Physics C, 18 (9): 1429-1434.

Klemm K, Eguiluz V M, Toral R, et al. 2005. Globalization, polarization and cultural drift [J]. Journal of Economic Dynamics and Control, 29 (1, 2): 321-334.

Ko D G, Kirsch L J, King W R. 2005. Antecedents of knowledge transfer from consultants to clients in enterprise system implementations [J]. MIS Quarterly, 29 (1): 59-85.

Koehler J, Hoffmann J. 2000. On reasonable and forced goal orderings and their use in an agenda-driven planning algorithm [J]. Journal of Artificial Intelligence Research, 12 (1): 339-386.

Kogut B, Zander U. 1993. Knowledge of the firm and the evolutionary theory of the multinational enterprise [J]. Journal of International Business Studies, 24 (4): 625-645.

Kosmidis K, Halley J M, Argyrakis P. 2005. Language evolution and population dynamics in a system of two interacting species [J]. Physica A: Statistical Mechanics and Its Applications, 353 (1): 595-612.

Kostova T. 1999. Transnational transfer of strategic organizational practices: a contextual perspective [J]. Academy of Management Review, 24 (2): 308-324.

Kozma B, Barrat A. 2008. Consensus formation on adaptive networks [J]. Physical Review E, 77 (1): 16102. 1-16102. 10.

Krapivsky P L. 1992. Kinetics of random sequential parking on a line [J]. Journal of Statistical Physics, 69 (1): 135-150.

Krapivsky P L, Redner S. 2003. Dynamics of majority rule in two-state interacting spin systems [J]. Physical Review Letters, 90 (23): 238701. 1-238701. 4

Kuramoto Y. 1984. Cooperative dynamics of oscillator community [J]. Progress of Theoretical Physics suppl, 79: 223-240.

Laguna M F, Abramson G, Zanette D H. 2003. Vector opinion dynamics in a model for social influence [J]. Physica A: Statistical Mechanics and Its Applications, 329 (3, 4): 459-472.

Laguna M F, Risau Gusman S, Abramson G, et al. 2005. The dynamics of opinion in hierarchical organizations [J]. Physica A: Statistical Mechanics and Its Applications, 351 (2-4): 580-592.

Laguna M, Marti R, Martí R C. 2003. Scatter search: Methodology and Implementations in C [M]. Norwoll, USA: Kluwer Acudemic Publishers.

Lam A. 2000. Tacit knowledge, organizational learning and societal institutions: an integrated framework [J] . Organization Studies, 21 (3): 487.

Lambiotte R, Ausloos M, Ho Yst J A. 2007. Majority model on a network with communities [J]. Physical Review E, 75 (3): 030101. 1-030101. 4.

Larson J R, Winquist J R. 1998. Information pooling: when it impacts group decision making [J]. Journal of Personality and Social Psychology. 74 (2): 371-377.

Latane B. 1981. The psychology of social impact [J] . American Psychologist, 36 (4): 343-356.

Lau D C, Murnighan J K. 1998. Demographic diversity and faultlines: the compositional dynamics of organizational groups [J] . Academy of Management Review, 23 (2): 325-340.

Lee H S. 2002. Optimal consensus of fuzzy opinions under group decision making environment [J]. Fuzzy Sets and Systems, 132 (3): 303-315.

Lewis K, Belliveau M, Herndon B, et al. 2007. Group cognition, membership change, and performance: investigating the benefits and detriments of collective knowledge [J] . Organizational Behavior and Human Decision Processes, 103 (2): 159-178.

Li H J, Lin L Z, Sun H, et al. 2008. The Sznajd model with team work [J] . International Journal of Modern Physics C, 19 (4): 549-556.

Li P P, Zheng D F, Hui P M. 2006. Dynamics of opinion formation in a small-world network [J]. Physical Review E, 73 (5): 056128. 1-056128. 5.

Liang D W, Moreland R, Argote L. 1995. Group versus individual training and group performance: the mediating role of transactive memory [J] . Personality and Social Psychology Bulletin, 21 (4): 384-393.

Liggett T M. 1985. Interacting Particle Systems [M]. New York: Springer Verlag.

Lin K, Farley A M. 1995. Causal reasoning in economic models [J] . Decision Support Systems, 1 (15): 167-177.

Lin Y, Farley R, Orville H. 1983. Bulk parameterization of the snow field in a cloud model [J]. Journal of Applied Meteorology, 22 (6): 1065-1092.

Littlepage G, Robison W, Reddington K. 1997. Effects of task experience and group experience on group performance, member ability, and recognition of expertise [J] . Organizational Behavior and Human Decision Processes, 69 (2): 133-147.

Lorenz J. 2007. Continuous opinion dynamics under bounded confidence: a survery [J] . International Journal of Modern Physics C, 18 (12): 1819-1838.

Lowry P B, Roberts T L, Jr. Romano N C, et al. 2006. The impact of group Size and social presence on small-group communication: does computer-mediated communication make a difference? [J]. Small Group Research, 37 (6): 631-661.

Luce R D, Suppes P. 1965. Preference, utility, and subjective probability [J] . Handbook of Mathematical Psychology, 3: 249-410.

Machlup F, Mansfield U. 1983. The Study of Information: Interdisciplinary Messages [M] . New York: John Wiley & Sons, Inc.

Madansky, Albert. 1978. Introduction to symposium on forecasting with econometric methods [J].

Journal of Business, 51 (2): 548-600.

Mark G, Duckstein L. 1983. Multiobjective approaches to river basin planning [J]. Journal of Water Resources Planning and Management, 109 (1): 13-28.

Mateos A, Jiménez A, Rios-Insua S. 2006. Monte Carlo simulation techniques for group decision making with incomplete information [J]. European Journal of Operational Research, 174 (3): 1842-1864.

Mathieu J E, Gilson L L, Ruddy T M. 2006. Empowerment and team effectiveness: an empirical test of an integrated model [J]. Journal of Applied Psychology, 91 (1): 97-108.

Mendon A D, Beroggi G, Van Gent D, et al. 2006. Designing gaming simulations for the assessment of group decision support systems in emergency response [J]. Safety Science, 44 (6): 523-535.

Meyer J W, Rowan B. 1977. Institutionalized organizations: formal structure as myth and ceremony [J]. American Journal of Sociology, 83 (2): 340-363.

Michailova S, Husted K. 2004. Decision making in organizations hostile to knowledge sharing [J]. Journal for East European Management Studies, 9 (1): 7-19.

Mikhailov A S. 1990. Foundations of Synergetics I: Distributed Active Systems [M]. New York: Springer Verlag

Milgram S. 2009. Obedience to Authority: An Experimental View [M]. New York: Harper and Row.

Mirchandani D, Pakath R. 1999. Four models for a decision support system [J]. Information & Management, 35 (1): 31-42.

Mobilia M, Redner S. 2003. Majority versus minority dynamics: Phase transition in an interacting two-state spin system [J]. Physical Review E, 68 (4): 046106. 1-046106. 11.

Mobilia M, Petersen A, Redner S. 2007. On the role of zealotry in the voter model [J]. Journal of Statistical Mechanics: Theory and Experiment, 128 (8): 447-483.

Moreira A A, Andrade J S, Stauffer D. 2001. Sznajd social model on square lattice with correlated Percolation [J]. International Journal of Modern Physics C-Physics and Computer, 12 (1): 39-42.

Moreland R L, Mcminn J G. 1999. Gone but not forgotten: loyalty and betrayal among ex-members of small groups [J]. Personality and Social Psychology Bulletin, 25 (12): 1476-1486.

Moreland R L, Myaskovsky L. 2000. Exploring the performance benefits of group training: transactive memory or improved communication [J]. Organizational Behavior and Human Decision Processes, 82 (1): 117-133.

Morris P A. 1997. Combining expert judgments: a Bayesian approach [J]. Management Science, 23 (7): 679-693.

Moser B K, Stevens G R. 1992. Homogeneity of variance in the two- sample means test [J]. The American statistician, 46 (1): 19-21.

Nekovee M, Moreno Y, Bianconi G, et al. 2007. Theory of rumour spreading in complex social networks [J]. Physica A: Statistical Mechanics and Its Applications, 374 (1): 457-470.

Nelson R R. 1993. National innovation systems: a comparative analysis [M]. New York: Oxford University Press.

Ness J, Hoffman C. 1998. Putting Sense into Consensus: Solving the Puzzle of Making Team Decisions

［M］. Tacoma, Wash: Vista.

Ng K C, Abramson B. 1992. Consensus diagnosis: a simulation study ［J］. IEEE Transactions on Systems, Man, and Cybernetics, 22 (5): 916-928.

Nonaka I, Takeuchi H. 1991. The knowledge-creating company ［J］. Harvard Business Review, 85 (7-7): 162-171.

Nonaka I. 1994. A dynamic theory of organizational knowledge creation ［J］. Organization Science, 5 (1): 14-37.

Nonaka I, Takeuchi H. 1995. The Knowledge-creating Company: How Japanese Companies create the Dynamics of Innovation ［M］. Now gork: Oxford University Press.

Nyczka P. 2011. A model of opinion dynamics with bounded confidence and noise ［J］. Adaption and Self-Organing Systems, 5 (1): 21-41.

Orlovsky S A. 1978. Decision-making with a fuzzy preference relation ［J］. Fuzzy Sets and Systems, 1 (3): 155-167.

Parks C, Cowlin R. 1996. Acceptance of uncommon information into group discussion when that information is or is not demonstrable ［J］. Organizational Behavior and Human Decision Processes, 66 (3): 307-315.

Pelz D, Andrews F M. 1966. Scientists in organizations productive climates for research and development ［M］. New York: Wiley.

Peter B, Georges R. 1999. Simulation as a research tool in management studies ［J］. European Management Journal, 17 (6): 576-583.

Peterson R S. 1997. A directive leadership style in group decision making can be both virtue and vice: evidence from elite and experimental groups ［J］. Journal of Personality and Social Psychology, 72 (5): 1107-1121.

Peterson R S, Behfar K J. 2003. The dynamic relationship between performance feedback, trust, and conflict in groups: a longitudinal study ［J］. Organizational Behavior and Human Decision Processes, 92 (1, 2): 102-112.

Phillips K W, Mannix E A, Neale M A. 2004. Diverse groups and information sharing: the effects of congruent ties ［J］. Journal of Experimental Social Psychology, 40 (4): 497-510.

Pineda M, Toral R, Hernandez-Garcia E. 2009. Noisy continuous-opinion dynamics ［J］. Journal of Statistical Mechanics: Theory and Experiment, 5 (8): 08001-08018.

Pinto J K, Mantel J S. 1990. The causes of project failure ［J］. IEEE Transactions on Engineering Management, 37 (4): 269-276.

Piuchino A, Bocca L, Latora V. 2006. Opinion dynamis and synchronization in a network of scientific collaborations ［J］. Phsica A, 16 (4): 316-325.

Polanyi M. 1962. Personal Knowledge: Towards a Post-Critical Philosophy ［M］. Chicago: Chicago Press.

Randall T, Larcher D F, Ittner C D. 2003. Performance implications of strategic performance measurement in financial services firms ［J］. Accounting, Organizations and Society, 28 (7): 715-741.

Robinson S, Alifantis T, Edwards J S, et al. 2004. Knowledge-based improvement: simulation and artificial intelligence for identifying and improving human decision-making in an operations system [J]. Journal of the Operational Research Society, 56 (8): 912-921.

Rodrigues F A. 2005. Surviving opinions in sznajd models on complex networks [J]. International Journal of Modern Physics C, 16: 1785-1792.

Roy B. 1971. Problems and methods with multiple objective functions [J]. Mathematical Programming, 1 (1): 239-266.

Roy B. 1975. The outranking approach and the foundations of electre methods [J]. Theory and Decision, 31 (1): 49-73.

Saaty T L. 1990. How to make a decision: the analytic hierarchy process [J]. European Journal of Operational Research, 48 (1): 9-26.

Salas E, Fowlkes J E, Stout R J, et al. 1999. Does CRM training improve teamwork skills in the cockpit: two evaluation studies [J]. Human Factors: The Journal of the Human Factors and Ergonomics Society, 41 (2): 326-343.

Sanchez J R. 2004. A modified one-dimensional Sznajd model [J]. Statistical Mechanics, 24 (1): 22-28.

Santiago G, Damian H. 2006. Coevolution of agent networks: opinion spreading and community disconnection [J]. Physics Letter A, 356 (2): 89-94.

Satty T. 1982. Decision Making for Leaders: The Analytical Hierarchy Process for Decisions in A Complex world [M]. Belmont: Lifetime Learning Publications.

Schelling T C. 1971. Dynamic models of segregation [J]. The Journal of Mathematical Sociology, 1 (2): 143-186.

Scheucher M, Spohn H. 1988. A soluble kinetic model for spinodal decomposition [J]. Journal of Statistical Physics, 53 (1): 279-294.

Scholten L, Van Knippenberg D, Nijstad B A, et al. 2007. Motivated information processing and group decision-making: effects of process accountability on information processing and decision quality [J]. Journal of Experimental Social Psychology, 43 (4): 539-552.

Schulze C. 2003. Advertising in the Sznajd marketing model [J]. International Journal of Modern Physics C, 14 (1): 95-98.

Schulze C, Stauffer D. 2005. Monte Carlo simulation of the rise and the fall of languages [J]. International Journal of Modern Physics C, 16 (5): 781-787.

Schulze C, Stauffer D, Wichmann S. 2007. Birth survival and death of languages by monte carlo simulation [J]. Physical Review, 3 (2): 271-295.

Schweitzer F, Ho Yst J A. 2000. Modelling collective opinion formation by means of active Brownian particles [J]. The European Physical Journal B-Condensed Matter and Complex Systems, 15 (4): 723-732.

Shannon C E. 2001. A mathematical theory of communication [J]. Mobile Computing and Communications Review, 5 (1): 164-175.

Shanteau J, Weiss D J, Thomas R P, et al. 2002. Performance-based assessment of expertise: how to decide if someone is an expert or not [J]. European Journal of Operational Research, 136 (2): 253-263.

Simon H A. 1991. Bounded rationality and organizational learning [J]. Organization Science, 2 (1): 125-134.

Slanina F, Lavicka H. 2003. Analytical results for the Sznajd model of opinion formation [J]. The European Physical Journal B-Condensed Matter and Complex Systems, 35 (2): 279-288.

Slanina F. 2010. Dynamical phase transitions in Hegselmann- Krause model of opinion dynamics and consensus [J]. The European Physical Journal B, 79 (1): 99-106.

Slanina F. 2011. Dynamical phase transitions in Hegselmann-Krause model of opinion dynamics and consensus [J]. The European Physical Journal B-Condensed Matter and Complex Systems, 79 (1): 99-106.

Sniezek J A, Henry R A. 1990. Revision, weighting, and commitment in consensus group judgment [J]. Organizational Behavior and Human Decision Processes, 45 (1): 66-84.

Sobkowicz P. 2009. Modelling opinion formation with physics tools: call for closer link with reality [J]. Journal of Artificial Societies and Social Simulation, 12 (1): 11-25.

Sood V, Redner S. 2005. Voter model on heterogeneous graphs [J]. Physical Review Letters, 94 (17): 178701. 1-178701. 4.

Stark H U, Tessone C J, Schweitzer F. 2008. Slower is faster: fostering consensus formation by Heterogenous Inertia [J]. Advances in Complex Systems, 11 (4): 551-563.

Stasser G, Stewart D D, Wittenbaum G M. 1995. Expert roles and information exchange during discussion: the importance of knowing who knows what [J]. Journal of Experimental Social Psychology, 31 (3): 244-265.

Stasser G, Vaughan S I, Stewart D D. 2000. Pooling unshared information: the benefits of knowing how access to information is distributed among group members [J]. Organizational Behavior and Human Decision Processes, 82 (1): 102-116.

Stauffer D. 2002a. Frustration from simultaneous updating in Sznajd consensus model [J]. Statistical Mechanics, 7 (3): 7-14.

Stauffer D. 2002b. Sociophysics: the Sznajd model and its applications [J]. Computer Physics Communications, 146 (1): 93-98.

Stauffer D. 2002c. The Sznajd model of consensus building with limited persuasion [J]. International Journal of Modern physics, 13 (3): 315-317.

Stauffer D, Sousa A O, de Oliveira S M. 2000. Generalization to square lattice of Sznajd sociophysics model [J]. International Journal of Modern Physics C-Physics and Computer, 11 (6): 1239-1246.

Stauffer D. 2004. Introduction to statistical physics outside physics [J]. Physica A: Statistical and Theoretical Physics, 336 (1, 2): 1-5.

Stauffer D, Meyer-Ortmanns H. 2004. Simulation of consensus model of Deffuant et al. on a Barabási-

Albert network [J]. International Journal of Modern Physics C, 15 (2): 241-246.

Stauffer D, Schulze C. 2005. Microscopic and macroscopic simulation of competition between languages [J]. Physics of Life Reviews, 2 (2): 89-116.

Stewart D D, Stasser G. 1995. Expert role assignment and information sampling during collective recall and decision making [J]. Journal of Personality and Social Psychology, 69 (4): 619-628.

Suchecki K, Eguíluz V M, San Miguel M. 2005. Voter model dynamics in complex networks: Role of dimensionality, disorder, and degree distribution [J]. Physical Review E, 72 (3): 036132.

Sveiby K E. 1997. The New Organizational Wealth: Managing & Measuring Knowledge-based Assets [M]. San Francisco: Berrett-Koehler Publishers.

Sveiby K E. 1997. The new organizational wealth: managing & measuring knowledge-based assets [M]. San Francisco: Berrett-Koehler Publisher.

Sznajd-Weron K, Sznajd J. 2000. Opinion evolution in closed community [J]. International Journal of Modern Physics C, 11 (6): 1157-1165.

Sznajd-Weron K, Weron R. 2003. How effective is advertising in duopoly markets? [J]. Physica A: Statistical Mechanics and Its Applications, 324 (1, 2): 437-444.

Sznajd-Weron K. 2004. Dynamical model of Ising spins [J]. Physical Review E, 70 (3): 70-74.

Sznajd-Weron K, Krupa S. 2005. Relaxation under outflow dynamics with random sequential updating [J]. Physics Review, 36 (7): 44-53.

Szulanski G. 1996. Exploring internal stickiness: impediments to the transfer of best practice within the firm [J]. Strategic Management Journal, 17 (1): 27-43.

Tang K C, Davis A. 1995. Critical factors in the determination of focus group size [J]. Family Practice, 12 (4): 474, 475.

Teece D J. 1997. Technology transfer by multinational firms: the resource cost of transferring technological know-how [J]. The Economic Journal, 87 (346): 242-261.

Tsai W, Ghoshal S. 1998. Social capital and value creation: the role of intrafirm networks [J]. Academy of Management Journal, 41 (4): 464-476.

Tuomi I. 1999a. Data is more than knowledge [J]. System Sciences, 16 (3): 103-117.

Tuomi I. 1999b. Data is more than knowledge: implications of the reversed knowledge hierarchy for knowledge management and organizational memory [J]. Journal of Management Information systems, 16 (3): 12-23.

Uzzi B. 1997. Social structure and competition in interfirm networks: the paradox of embeddedness [J]. Administrative Science Quarterly, 42 (1): 35-67.

Valacich J S, Dennis A R, Nunamaker Jr J F. 1992. Group size and anonymity effects on computer mediated idea generation [J]. Small Group Research, 23 (1): 49-73.

Valacichalan R, Joseph S, Nunamaker J F. 1991. Electronic meeting support: The groupsystems concept [J]. International Journal of Man-Machine Studies, 34 (2): 261-282.

Von Neumann J, Burks A W. 1994. Theory of self-reproducing automata [J]. IEEE Transactions on Neural Networks, 5 (1): 3-14.

Von Neumann. 1951. The general and logical theory of automata [M]. New York: Wiley.

Von Winterfeldt D, Edwards W. 1986. Decision analysis and Behavioral Research [M]. Cambridge: Cambridge University Press.

Warfield J N, Teigen C. 1993. Groupthink, clanthink, spreadthink and linkthink [J]. Decision-making on Complex Issues in Organization, 15 (2): 33-45.

Warfield J N. 1995. Spreadthink: explaining ineffective groups [J]. Systems Research, 12 (1): 5-14.

Waston R T, Ho T H, Raman K S. 1994. Culture: a fourth dimension of group supports systems [J]. Communications of the ACM, 37 (10): 44-45.

Wegner D M, Schneider D J, Carter S R, et al. 1987. Paradoxical effects of thought suppression [J]. Journal of Personality and Social Psychology, 53 (1): 5-13.

Weidlich W. 1971. The statistical description of polarization phenomena in society [J]. British Journal of Mathematical and Statistical Psychology, 24 (2): 251-266.

Weisbuch G R, Deffuant G, Amblard F. 2003. Interacting agents and continuous opinions dynamics [J]. Business and Economics, 521 (3): 225-242.

Weisbuch G R, Deffuant G, Amblarda F. 2005. Persuasion dynamics [J]. Physica A, 353: 555-575.

Wendy P, Knippenberg V D. 2009. Knowledge about the distribution of information and group decision making: when and why does it work [J]. Organizational Behavior and Human Decision Process, 108 (2): 218-229.

Winquist J R, Larson J R. 1998. Information pooling: when it impacts group decision making [J]. Journal of Personality and Social Psychology, 74: 371-377.

Wittenbaum G M, Stasser G, Merry C J. 1996. Tacit coordination in anticipation of small group task completion [J]. Journal of Experimental Social Psychology, 32 (2): 129-152.

Wittenbaum G M, Bowman J M. 2005. Member status and information exchange in decision-making groups [J]. Research on Managing Groups and Teams, 7: 143-168.

Wolfram S. 1986. Theory and Application of Cellular Automata [M]. Singapore: World Scientific.

Wu F, Huberman B A. 2008. How public opinion forms [J]. Internet and Network Economics, 5385 (2): 334-341.

Wyatt G J, Leitch R R. 1995. Qualitative and quantitative simulation of interacting markets [J]. Decision Support Systems, 15 (2): 105-113.

Wyatta G J, Leitchb R R, Steele A. 1995. Qualitative and quantitative simulation of interacting markets [J]. Decision Support Systems, 15 (2): 105-113.

Xia H, Wang H, Xuan Z. 2010. Opinion dynamics: Disciplinary origins, recent developments, and a view on future trends [J]. Physical Review, 18 (5): 35-39.

Xie G, Wan D F. 2002. The primary analysis on experimental management [C]. The Proceeding of ICSDS' 2002, 275-280.

Yager R R. 1988. On ordered weighted averaging aggregation operators in multicriteria decisionmaking

[J] . IEEE Transactions on Systems, Man and Cybernetics, 18 (1): 183-190.

Yang H X, Wu Z X, Zhou C, et al. 2009. Effects of social diversity on the emergence of global consensus in opinion dynamics [J] . Physical Review E, 80 (4): 046108.

Yang L, Pan K. 2010. Solution on tie in three-opinion dynamics research [C] . Second International Conference on Modeling, Simulation and Visualization Methods, 3: 98-101.

Yang L, Xie J Y. 2010. The simulation and study of the dynamic evolution of group decision-making opinion [C] . Proceedings of 2010 International Conference on Information Technology and Industrial Engineer, 15: 153-157.

Yen J, Bui T X. 1990. The negotiable alternatives identifier for group negotiation support [J] . Applied Mathematics and Computation, 104 (2, 3): 259-276.

Yong-Huang Lin, Pin-Chan Lee, Ta-Peng Chang, Hsin-I Ting. 2008. Multi-attribute group decision making model under the condition of uncertain information [J] . Automation in Construction, 17 (6): 792-797.

Zack M H. 1999. Managing codified knowledge [J] . Sloan Management Review, 40 (4): 45-58.

Zahir S. 1991. Incorporating the uncertainty of decision judgements in the analytic hierarchy process [J] . European Journal of Operational Research, 53 (2): 206-216.

Zakay D. 1993. The impact of time perception processes on decision making under time stress [M] . New York: Plenum Press.

Zand D E. 1972. Trust and managerial problem solving [J] . Administrative Science Quarterly, 17 (2): 229-239.

Zanette D H. 2009. Answer to commentary on "a note on the consensus time of mean-field majority-rule dynamics" [J] . Papers in Physics, 1 (3): 69, 70.

Zanette D H, Gil S. 2006. Opinion spreading and agent segregation on evolving networks [J] . Physica D: Nonlinear Phenomena, 224 (1, 2): 156-165.

Zimbardo P G, Leippe M R. 1991. The Psychology of Attitude Change and Social Influence [M] . New York: Mcgraw-Hill Book Company.

Zsambok C E, Klein G A. 1997. Naturalistic Decision Making [M] . Mahwah, Now Jersey: Lawrence Erlbaum.